Thomas M. Krapf

ISRAEL

zwischen Krieg und Frieden

Vorwort von
Teddy Kollek

Bleicher
Verlag

Für Emanuel und Abigail
und ihre kleinen Freunde in Israel-Palästina

Die Deutsche Bibliothek – CIP-Einheitsaufnahme

Krapf, Thomas
Israel zwischen Krieg und Frieden / Thomas M. Krapf.
– 1. Aufl. – Gerlingen: Bleicher, 1996
ISBN: 3-88350-041-0

1. Auflage

Umschlag: Buchgestaltung Reichert, Stuttgart
Herstellung: Wilhelm Röck, Weinsberg
ISBN 3-88350-041-0

Inhalt

Interviews

Anhang

Alles hat seine Stunde und jeder Plan unter dem
Himmel hat seine Zeit:
Zeit zur Welt zu kommen, Zeit zu sterben,
Zeit zu pflanzen, Zeit Gepflanztes auszureißen,
Zeit zu töten, Zeit zu heilen,
Zeit abzureißen, Zeit aufzubauen,
Zeit zu weinen, Zeit zu lachen,
Zeit zu trauern, Zeit zu tanzen,
Zeit Steine wegzuwerfen, Zeit Steine zusammenzu-
sammeln,
Zeit zu umarmen, Zeit Umarmung zu meiden,
Zeit zu suchen, Zeit zu verlieren,
Zeit zu zerreißen, Zeit zu nähen,
Zeit zu schweigen, Zeit zu reden,
Zeit zu lieben, Zeit zu hassen
Zeit des Krieges, Zeit des Friedens.

Prediger Salomo 3,1-8

Anmerkung

Die lateinische Transkription hebräischer und arabischer Personen- und Ortsnamen folgt den in Israel üblichen Gepflogenheiten.

Beispiele: Shimon Peres
Yitzhak Rabin
Yitzhak Shamir
Josef Burg
Joseph Beilin

In der deutschen Publizistik ist es nicht unüblich, die Transkription von Namen zu verdeutschen. Dieses Verfahren hat jedoch seltsame Begleiterscheinungen: Kein Friedensvertrag ist von Peres mit „S**c**himon" oder von Rabin mit „**J**itzhak" unterschrieben worden, noch gibt es einen „**J**itzhak S**c**hamir". – Die unterschiedlichen Schreibweisen von Jose**f** Burg und Jose**ph** Beilin sind persönliche Präferenzen dieser Personen.

Vorwort von Teddy Kollek

Das vorliegende Buch behandelt die letzten Jahre in unserer Region und schließt somit den Friedensprozeß ein, dessen Vorgeschichte, bisherige Verwirklichungen und Grundsätze im Buch eingehend behandelt werden. Dieser Friedensprozeß, der unendlich viele Hoffnungen und vielleicht auch manche Illusionen erweckt, wird noch viel Zeit brauchen, vielleicht sogar eine oder zwei Generationen. Aber wir sind auf dem richtigen Weg, auch wenn es hier und dort Rückschläge gibt und geben wird.

Schon damals nach dem Sechstagekrieg behauptete Ben-Gurion, daß wir das eroberte Land, soweit es unseren Sicherheitsbedingungen gerecht wird, zurückgeben sollten. Wie Ben-Gurion bin auch ich und sind viele Israelis bereit, Kompromisse zu schließen, wenn diese zu einem friedlichen Miteinander mit unseren Nachbarn führen würden.

Das einzige aber, das wir nicht zurückgeben können, ist Jerusalem. Es gibt kaum jemanden in Israel, der dem zustimmen würde. Jerusalem ist und wird die Hauptstadt Israels bleiben. Kein anderes Volk hat Jerusalem je zu seiner Hauptstadt ernannt, auch nicht die Osmanen, die hier 400 Jahre herrschten. Als Jerusalem im Jahre 1967 unter der Souveränität Israels wiedervereinigt wurde, haben wir, entgegen der geschichtlichen Tradition der anderen Völker, die heiligen Stätten den jeweiligen Religionen zur selbständigen Verwaltung überlassen. Wir waren sehr darauf bedacht, die Rechte der Minderheiten und die Freiheit ihrer religiösen und kulturellen Ausübung zu garantieren und zu respektieren. Wir glauben an die Universalität Jerusalems und waren deshalb immer bestrebt, eine vereinte multikulturelle und pluralistische Stadt zu pflegen, die ihrer besonderen Bedeutung würdig ist. Trotz aller bestehender Schwierigkeiten darf man nicht die Geduld verlieren. Aussöhnung und Frieden müssen das letzte Wort behalten.

Jerusalem, 10. Mai 1996

Teddy Kollek

Einleitung

Wie ein Sandsturm in der Wüste hat der israelisch-arabische Friedensprozeß der neunziger Jahre die politische Landschaft des Nahen Ostens zur Unkenntlichkeit umgestaltet. Nach der Wahl von Benjamin Netanyahu zum Premierminister von Israel ist allerdings offen, ob künftige Historiker diese Entwicklungen als Episode oder als den Anfang vom Ende des Kriegszustands zwischen Israel und seinen arabischen Nachbarn bewerten werden. Sollte Letzteres eintreten, würde der derzeit noch nicht abgeschlossene Friedensprozeß wohl zu den weltpolitisch einschneidenden Ereignissen des ausgehenden zwanzigsten Jahrhunderts gezählt werden.

Zum gegenwärtigen Zeitpunkt erscheinen historiographische Auswertungen des noch nicht vollendeten Friedensprozesses verfrüht. Dennoch sind Hintergründe bisheriger Entwicklungen und Zusammenhänge erkennbar, die bereits jetzt verdienen, festgehalten zu werden. So werden im folgenden subjektive Wahrnehmungen eines Zaungastes vermittelt, der seit über zwei Jahrzehnten manchmal aus der Nähe, manchmal aus der Ferne an den Entwicklungen in und um Israel Anteil genommen und der seit Ende der achtziger Jahre Beobachtungen und Gespräche aufgezeichnet hat.

Der Friedensprozeß der neunziger Jahre hat freilich seine Vorgeschichte. Dazu zählen die einschneidenden psychologischen Umwälzungen der letzten drei Jahrzehnte, in denen Israel nach großen territorialen Gewinnen weitgehende Gebietsverzichte geleistet hat. Der militärische Erfolg im Juni 1967 war für Israel nicht weniger überraschend gewesen als für die sprachlose Welt. Für den jungen jüdischen Staat, der kaum zwei Jahrzehnte existierte, kam es zu folgenreichen Veränderungen. Zum ersten Mal schien das Land Grenzen zu haben, die nicht mehr von Guerillabanden unsicher gemacht werden konnten und von denen man sich in einer mörderischen geopolitischen Umwelt auch militärstrategische Sicherheit versprechen mochte. Wer damals in Israel Alarm schlug, weil die militärische Okkupation mittel- und langfristig korrumpierende und zersetzende Auswirkungen auf den eigenen Staat haben würde, galt im gesellschaftlichen Konsens als weltfremder Rufer in der Wüste.

Auch durch den Yom-Kippur-Krieg änderte sich dies nicht wesentlich. Allerdings löste sich im Oktober 1973 die Siegeseuphorie des Junikriegs in nichts auf.

Nachdem Anwar Sadat 1977 tabuisierte Berührungsverbote mit dem jüdischen Staat gebrochen hatte, bot sich für Israel zum ersten Mal die Möglichkeit, mit einem arabischen Nachbarn einen Friedensvertrag auszuhandeln. Im Gegenzug zum Verzicht auf Territorium kam Israel zu einem Vertragsfrieden und zu diplomatischen Beziehungen mit seinem mächtigsten Anrainer. Freilich folgte die Enttäuschung, weil sich Ägypten bis in die Gegenwart lediglich zu einem »kalten Frieden« bereitfindet, bei dem politische, wirtschaftliche und menschliche Annäherung nicht gefördert werden. Trotz solcher ernüchternden Erfahrungen ist der Frieden mit Ägypten für Israel ein wichtiger Meilenstein und hat sogar Modellcharakter bekommen. Denn angesichts der gedämpften Hoffnungen, die sich Israeli auf einen Frieden mit Syrien machen, ist ein solcher »kalter Frieden« nach wie vor ein erstrebenswertes – wenngleich kein optimales – Ziel.

Nach dem israelisch-ägyptischen Friedensschluß kam der israelisch-arabische Friedensprozeß in den achtziger Jahren zum Stillstand. Es setzte eine regressive Dynamik ein. Für die Entwicklungen in der Region war der Kalte Krieg selbst noch in der Gorbatschow-Ära ausschlaggebend. In Israel war das psychologische Klima von innenpolitischen Krisen beherrscht – unvermeidbare Begleiterscheinungen des Libanonkriegs und der *Intifada*.

Der Golfkrieg bedeutete eine Zäsur im israelisch-arabischen Konflikt. Die dominierende Rolle der USA lieferte den Beweis, daß die Region nicht mehr von den Kräftefeldern des Kalten Krieges bestimmt war. Jedoch vermochten die diplomatischen Initiativen der US-Regierung in der Nachkriegsära kaum etwas für Israel zu bewegen. Zu einem guten Teil dürfte dies an der aggressiven Siedlungspolitik und der diplomatischen Hinhaltetaktik der Regierung Shamir gelegen haben. Diese wurde im Juni 1992 abgewählt, und die Regierung Rabin erhielt ein klares friedenspolitisches Mandat. Im Wahlkampf hatte Yitzhak Rabin seinen Landsleuten eine radikale Änderung der politischen Prioritätenskala versprochen. Endlich konnten die neuen Möglichkeiten ausgelotet werden, die sich durch das Ende des Kalten Krieges aufgetan hatten. Es kamen die Osloer Verträge zustande. Sie eröffneten eine neue Epoche, in der unter Israeli und Palästinensern Hoffnungen auf eine für beide Seiten annehmbare Koexistenz verbreitet waren. Hintergrund waren spürbare positive Veränderungen: In den besetzten Gebieten entstanden so gut wie keine neuen Siedlungen mehr, die erfahrungsgemäß jene explosiven Reibungsflächen hervorzubringen pflegten, die den israelisch-palästinensischen Konflikt seit dem Sechstagekrieg immer wieder unnötig aufgeheizt hatten. Mit den eingesparten Milliardenbeträgen wurden das chronisch verstopfte Straßennetz in Israel saniert und das Bildungswesen verbessert. Die Wirtschaft erlebte einen Aufschwung. Zugleich hatte die Eigendynamik der Annäherung mit den Palästinensern auch außenpolitische Auswirkungen. Es kam zu einem zweiten Vertragsfrieden mit einem Anrainer, nämlich Jordanien, quasi diplomatische Beziehungen mit Marokko wurden möglich, und es gab politische und wirtschaftliche Annäherung mit anderen arabischen Staaten. Dennoch geriet der Friedensprozeß ins Kreuzfeuer der Kritik: Hintergrund waren neue Wellen von Terroranschlägen islamisch-fundamentalistischer Friedensgegner, durch die in den letzten zweieinhalb Jahren etwa 140 israelische Zivilisten getötet und fast 600 verletzt worden sind. Der Zustand zwischen Krieg und Frieden erleichterte und belastete den israelischen Alltag.

In dieser Situation ist Benjamin Netanyahu zum Premierminister gewählt worden – aufgrund einer Änderung des Wahlrechts zum ersten Mal in Direktwahlen. In den wohl schicksalhaftesten Wahlen des Staates Israel unterlag Shimon Peres, Friedensnobelpreisträger und eine der Schlüsselfiguren im Friedensprozeß, um ganze 29.457 (0,9%) Stimmen. Seit der nervenzerreißenden Wahlnacht sind viele Erklärungen des Wahlausgangs im Umlauf, deren Gegenstand vermeidbare Fehler sowie unbestimmbare Faktoren des Wahlkampfverlaufs sind. Diese Aspekte erhärten jedoch nicht die möglicherweise naheliegend erscheinende These, wonach Netanyahus knappe Mehrheit als mehrheitliches Veto gegen die Friedenspolitik der Regierung Rabin/Peres zu verstehen sei. Sicher ist lediglich, daß verunsicherte Wähler, die etwa auf die jüngste Terrorwelle im Februar und März reagierten, im kritischen Moment dem Kandidaten Shimon Peres die Unterstützung verweigert haben. Unter solchen Gesichtspunkten ist trotz des Wahlausgangs nach wie vor vorauszusetzen, daß der israelisch-palästinensische Friedensprozeß von einer Mehrheit in Israel bejaht wird. Die psychologischen Hintergründe dieser paradoxen und tragischen Situation sind keineswegs neu, und es wird im folgenden näher auf sie eingegangen. Auch unter dem finsteren Schatten, der sich für die Friedensbewegten in Israel mit Netanyahus Wahl auf den Friedensprozeß gelegt hat, sollten diese Zusammenhänge nicht aus dem Blickfeld verloren werden.

In den siebziger und achtziger Jahren war ich wiederholt in Israel. Ich erinnere mich deutlich an die Siegeseuphorie nach dem Sechstagekrieg und die Ernüchterung und Niedergeschlagenheit nach dem Yom-Kippur-Krieg. 1978-80, als Student in Jerusalem, erlebte ich das Zustandekommen des ersten Friedensvertrags mit Ägypten. Seit Oktober 1985 lebe ich wieder in Jerusalem. Nach dem Ausbruch der *Intifada* im Dezember 1987 begann ich, mich journalistisch zu betätigen. Seit dem Golfkrieg beschäftige ich mich täglich mit den politischen Entwicklungen in und um Israel.

Das vorliegende Buch enthält Aufzeichnungen, die seit 1989 entstanden sind. Sie sind überarbeitet worden, um Wiederholungen zu vermeiden. Dabei wurden Anmerkungen ergänzt, um zwischen den Texten inhaltliche Bezüge herzustellen. Sonst sind die jeweils datierten Texte jedoch nicht verändert worden, um die historischen Situationen zu dokumentieren, in denen sie entstanden sind. Sofern vereinzelt Ergänzungen aus heutiger Sicht vorgenommen worden sind, stehen sie im Anmerkungsapparat.

Um den Horizont dieser subjektiven Darstellung zu erweitern, wird sie durch Gespräche mit israelischen Politikern und Intellektuellen ergänzt. Darin geht es mitunter auch um die Vorgeschichte des gegenwärtigen Friedensprozesses sowie um Gegenstände, die für die politische und gesellschaftliche Situation des Staates Israel von Interesse sind. Chronologie, Personenverzeichnis und Sacherklärungen haben Anhangcharakter und sollen historische Hintergründe vervollständigen. Die Daten der Chronologie und des Personenverzeichnisses sind im Gesamtregister berücksichtigt.

Anstelle eines Epilogs stehen einige Anmerkungen zum israelisch-deutschen Verhältnis, das mitunter Thema der Gespräche ist.

Das Buch ist meinen Kindern gewidmet, die gegenwärtig auf der Kraulfläche und im Sandkasten erste Erfahrungen von Konfliktbewältigung sammeln. Damit verbindet sich die Hoffnung, daß der israelisch-arabische Konflikt nicht mehr militärisch ausgetragen wird, bis ihre Generation ins wehrpflichtige Alter kommt.

Jerusalem, im Juni 1996

Thomas M. Krapf

Aufzeichnungen

Anfang 1991, als Saddam Hussein keinerlei Anstalten machte, das Ultimatum des UN-Sicherheitsrates vom 29.11.1990 einzuhalten, hatte der Countdown zum Golfkrieg begonnen[1]. Zugleich war für Israel nach über drei Jahren Intifada[2] kein Ausweg aus der Sackgasse absehbar: Zwar hatte sich in der Öffentlichkeit die Einsicht verbreitet, daß die Fortsetzung der Okkupation von Cisjordanien und des Gazastreifens den Zusammenhalt der israelischen Gesellschaft wie ein bösartiges Krebsgeschwulst zerstörte, aber es bestand keinerlei Aussicht auf eine annehmbare diplomatische Lösung. Dies lag zu einem nicht unerheblichen Teil an der kompromißlosen Sturheit der Regierung Shamir. Jedoch waren auch innerhalb der PLO-Führung keinerlei Entwicklungen erkennbar, die auf eine Anerkennung Israels durch die PLO hoffen ließen. Vielmehr wirkte die Allianz ernüchternd, die Yassir Arafat und König Hussein von Jordanien mit Saddam Hussein eingegangen waren.

Israel zwischen Intifada und Golfkrise

Anfang Januar 1991

Bereits in den ersten Wochen, nachdem irakische Truppen am 2. August 1990 Kuwait besetzt hatten, wurde der irakische Präsident Saddam Hussein von Palästinensern auf beiden Seiten des Jordan als moderner Saladin, Befreier der arabischen Welt, und als Retter von zionistisch-amerikanischem Neokolonialismus gefeiert. Der irakische Diktator konnte – wenn auch aus dubiosem Eigeninteresse – zutreffend geltend machen, daß die Golfregion das außergewöhnliche Interesse der Weltöffentlichkeit ihren Erdölreserven (zwei Drittel des globalen Vorkommens) verdankte. Dennoch fiel es innerhalb und außerhalb der arabischen Welt

[1] Zu den regionalen und weltpolitischen Entwicklungen dieser Zeit vgl. S. 269.
[2] Siehe S. 268f.

nicht schwer, den von Hussein konstruierten Zusammenhang zwischen seiner Annektierung des reichen Golfnachbarn mit dem palästinensisch-israelischen Konflikt am entlegenen Mittelmeer als absurd zu qualifizieren. Indessen bedeutete die irakische Expansionspolitik für Israel eine Verschärfung seiner inneren und äußeren politischen Lage.

Die Intifada als israelisches Dilemma

Als im Juni 1967 die *Armee zur Verteidigung Israels* (so die offizielle Bezeichnung der israelischen Streitkräfte) den Sinai, den Gazastreifen, Cisjordanien und die Golanhöhen besetzte, legten zwei prominente Persönlichkeiten Widerspruch ein: David Ben-Gurion, Premierminister i.R., der diesen territorialen Zuwachs mit einer großen, feindlich gesonnenen Bevölkerung für gefährlich hielt, und ferner Yeshayahu Leibowitz[3], der von Zeitgenossen als bedeutender jüdischer Denker geachtet ist und anerkennend gelegentlich mit dem Typ eines mittelalterlichen Gelehrten in Verbindung gebracht wird. Eindringlich empfahl der in mehreren Disziplinen der Natur- und Geisteswissenschaften promovierte Professor der Hebräischen Universität seinen Landsleuten, die besetzten Gebiete kampflos aufzugeben, damit der jüdische Staat nicht wie alle anderen kolonialistischen Regime der Geschichte korrumpiert werde. Damals prallten derartige Warnungen hart auf den euphorischen Zeitgeist, den der für Israel überraschende Sieg hervorgebracht hatte. Was lag auch näher, als an den strategisch wichtigen Gebieten der Golanhöhen und Cisjordaniens festzuhalten, nachdem in den Monaten und Wochen vor dem Krieg das Überleben des jüdischen Staates an einem hauchdünnen Faden gehangen hatte?

Zwei Jahrzehnte später, in der Hitze des Sommers 1988, noch bevor der Beginn der *Intifada* sich gejährt hatte, inmitten einer von heftigen Diskussionen aufgeladenen Atmosphäre, hatte die Anklage Abraham B. Yehoshuas, eines prominenten israelischen Schriftstellers, eine elektrisierende Wirkung auf die Öffentlichkeit. Laut Yehoshua hatte der Ausbruch der *Intifada* unter seinen Landsleuten zu-

[3] Siehe Interview mit Yeshayahu Leibowitz S.200ff.

nächst Betroffenheit ausgelöst. Hatte sie ihnen doch in aller Deutlichkeit vor Augen geführt, daß das Vertagen einer echten Lösung des israelisch-palästinensischen Konflikts in eine immer fernere Zukunft den politischen Suizid des jüdischen Staats bedeuten würde. Yehoshua beklagte nun, daß ein gutes halbes Jahr später diese Erkenntnis einer lähmenden Apathie Platz gemacht hatte. Dieses Verhalten verglich er mit jenem, dessen Opfer das jüdische Volk selbst geworden war: nämlich mit der Gleichgültigkeit der meisten Deutschen gegenüber der Shoa. Die assoziative Verbindung mit der administrativ geplanten und dann mit bürokratisch-industrieller Effizienz durchgeführten Vernichtung des europäischen Judentums, dem ein Drittel des jüdischen Volkes zum Opfer gefallen war, trug Yehoshua den unberechtigten Vorwurf ein, er setze die Besatzung Cisjordaniens und des Gazastreifens durch die *Armee zur Verteidigung Israels* mit dem Genozid des nationalsozialistischen Terrorregimes gleich.

Der Effekt von Yehoshuas Votum hing nicht nur mit den traumatischen Erfahrungen aus der jüngsten Vergangenheit zusammen, die, wie längst bekannt, auch auf die danach geborenen und nun an der Diskussion beteiligten Generationen weiterwirken. Zugleich hatte Yehoshua eine Auseinandersetzung ausgelöst, in der es speziell um die Leidenserfahrung seines Volkes in Hinblick auf jene ethischen Werte ging, die im Judentum eine lange Tradition haben und die in der israelischen Realpolitik wahrscheinlich mehr von der Linken als von der Rechten in Ehren gehalten werden. Diese Beurteilung kann sich beispielsweise auf die Polarisierung innerhalb des orthodoxen Lagers stützen, in dem seit über zwei Jahrzehnten eine ansehnliche Minderheit linksliberaler Orthodoxer gegen rechtsstehende Siedler vertritt, daß nur die Zweistaatenlösung eine vertretbare Koexistenz von Arabern und Juden in Israel-Palästina ermöglichen könne.[4]

Ferner klang in der von Yehoshua ausgelösten Diskussion um das realpolitische Problem israelisch-palästinensischer Koexistenz ein Tenor an, der mit einem neuen Zeitgeist in der öffentlichen Meinung – seit Ausbruch der *Intifada* konstatierbar – zusammenhing. Trotz der scharfen Gegensätze über Yehoshuas Ansichten schien jene Er-

---

[4] Vgl. S. 57ff.

kenntnis, die zuvor ausschließlich von oppositionellen Intellektuellen wie Leibowitz artikuliert worden war, nun nicht mehr aus dem öffentlichen Bewußtsein Israels wegzudenken: nämlich die Einsicht, daß es kein Zurück zum status quo mehr geben werde, in dem die palästinensische Bevölkerung in den besetzten Gebieten mehr oder weniger unzufrieden, es als unbequeme aber unveränderbare Notwendigkeit akzeptiere, ohne rechtsstaatliches politisches System von den israelischen Militärbehörden regiert zu werden.

Israelische Zukunftsängste: Überleben neben einem Palästinenserstaat?

Angesichts ständig zunehmender Radikalisierung und eskalierender Gewalt unter Israeli und Palästinensern äußerte sich Ende 1990 David Grossman mit großer Sorge über die völlig ungewisse Zukunft. Ein halbes Jahr vor Ausbruch der *Intifada* hatte Grossman jene erschütternde Bestandsaufnahme des israelisch-palästinensischen Dilemmas, *Der gelbe Wind*, veröffentlicht, die nach kurzer Zeit weltweit zum Bestseller wurde. Drei Jahre nach Beginn des Palästinenseraufstands empfand nun Grossman, daß die Situation vollkommen festgefahren sei. Zugleich sah er in der besagten, inzwischen verbreiteten Einsicht, daß der status quo vor der *Intifada* ein für alle Mal passé sei, Grund zur Hoffnung. Damit stellt sich die Frage, warum dieser Konsens bisher zu keinen erkennbaren Konsequenzen in der israelischen Politik geführt hat.

Wiederholt ist in den letzten Jahren von israelischen Regierungskritikern wie Uriel Simon – Vertreter von Oz veShalom[5] und Professor für Hebräische Bibel an der jüdisch-orthodoxen Bar-Ilan-Universität – geäußert worden, man könne die Geschichte des Nahostkonflikts nicht mehr als Chronik verpaßter Gelegenheiten durch die Fatah schreiben, wenn nicht zugleich der Katalog israelischer Versäumnisse ausgewertet werde. Solche Kritiker haben hinreichend Anlaß zu verzweifeln, da die verbreitete Einsicht, daß es keine Lösung des israelisch-palästinensischen Problems ohne die Verwirkli-

[5] Vgl. S. 57ff.

chung des Zweistaatenmodells geben kann, überhaupt keine praktischen Auswirkungen auf die Konzepte der politischen Führung hat. So erzählte mir eine Vertreterin der »Interuniversitären Bewegung für eine politische Lösung«, einer ca. 1200 Mitglieder zählenden Vereinigung israelischer Hochschullehrer, von einem bemerkenswerten Meinungsaustausch mit prominenten Politikern aus dem rechten Lager. Im Sommer 1988 hatte eine informelle Unterredung stattgefunden zwischen einflußreichen Parlamentariern der Likudfraktion – darunter Beni Begin (Sohn Menahem Begins), Ehud Olmert (heute Gesundheitsminister) sowie Dan Meridor (heute Justizminister)[6] – und Vertretern der besagten Organisation, die sich ein halbes Jahr zuvor mit dem Ziel gebildet hatte, die Wiedereröffnung der nach Ausbruch der *Intifada* durch die Militärbehörden geschlossenen Universitäten in den besetzten Gebieten zu erreichen. Dabei hatten selbst diese konservativen Politiker den opponierenden Hochschullehrern zugestimmt, daß die Fortsetzung der militärischen Besatzung den politischen Interessen Israels zuwiderlaufe. Zugleich legten sie dar, daß sie, insbesondere vor den damals bevorstehenden Wahlen zur Knesset, in der Öffentlichkeit das Gegenteil behaupten müßten. In diesem Sinne versicherten sie ihren Gesprächspartnern, daß sie ihre Position leugnen würden, falls sie an die Öffentlichkeit getragen werden sollte...

Derartiger Zynismus bei Politikern ist auch in anderen Staaten dokumentiert. Hier ist er veranlaßt durch massive geopolitische Ängste in der israelischen Bevölkerung. Sie geben immer wieder den Ausschlag – entgegen der verbreiteten, intellektuell gewonnenen Einsicht, daß es ohne einen Palästinenserstaat langfristig keine Zukunft für den jüdischen Staat geben werde. Gibt es doch neben der intellektuell vollzogenen Erkenntnis Traumata, die kompromißbereitem politischen Verhalten hinderlich sind: zunächst die Erfahrung der Shoa, in der die Juden von der nichtjüdischen Welt im Stich gelassen wurden (etwa die Weigerung der Alliierten, die Vernichtungslager zu bombardieren); außerdem eine Reihe von spezifisch israelischen Erlebnissen, wie jenes vor dem Sechstagekrieg, als der strate-

[6] Olmert ist seit November 1993 Oberbürgermeister von Jerusalem (vgl. S. 281), Meridor zählt zur Likudprominenz.

gisch nicht überlebensfähige Staat, der im übrigen nicht wenige Überlebende der Shoa beheimatete, auf sich allein gestellt mit der Bedrohung der arabischen Übermacht fertigwerden mußte. Ferner verstärkt der doppelte Maßstab im Ausland das israelische Gefühl von Vereinsamung inmitten einer feindlichen Umwelt – die wiederholt gemachte Erfahrung, daß kritikwürdige politische Fehlentscheidungen in Israel von der Weltöffentlichkeit vergleichsweise härter verurteilt werden als in anderen Krisenherden, wo sie häufig überhaupt nicht zur Kenntnis genommen werden. Es bedarf keiner raffinierten psychoanalytischen Bemühungen um nachzuvollziehen, daß derlei Faktoren eine verängstigte Haltung verfestigen. Auch ist evident, daß die mitunter als »Bunkermentalität« bezeichnete Haltung – »besser nichts aufgeben, das wird sonst gefährlich« – jeder reifen politischen Kompromißbereitschaft im Wege steht. So wird der Mut, nötigenfalls unkalkulierbare Risiken einzugehen, weil es langfristig keine Alternative gibt, im Keim erstickt.

Israelische Reaktionen auf politisches Mißmanagement

Als in den letzten Tagen des vergangenen Jahres in Athen die Begnadigung der Obristen ausgesprochen und dann auf Druck der Öffentlichkeit widerrufen wurde und als in Buenos Aires die ehemaligen Juntachefs in den Genuß einer Amnestie kamen, da wurden auch in Jerusalem rechtsstaatliche Normen mit Füßen getreten: Nach knapp sieben Jahren Gefängnis wurden drei rechtsradikale jüdische Terroristen aus lebenslänglicher Haftstrafe entlassen. Formaljuristisch kam es durch drei in der Öffentlichkeit jeweils heiß umstrittene Begnadigungen des Staatspräsidenten Chaim Herzog zu diesem Skandal.[7] Es ist aktenkundig, daß palästinensische Terroristen, die ihrerseits Menschenleben auf dem Gewissen haben, nicht in dieser Weise freikommen. Aber auch bei ihnen gibt es Präzedenzfälle für Freilassungen, die rechtsstaatlich problematisch sind: nämlich im Austausch mit israelischen Kriegsgefangenen. Angesichts skandalöser Fehler

[7] Vgl. S. 270.

dieser Art fällt es einem Außenstehenden nicht schwer, die Verbitterung und Verzweiflung oppositioneller Israeli über ihre politische Führung nachzuvollziehen, wenn sie sich der talmudischen Weisung erinnern: »Mit dem, der keinen Verstand hat, darf man kein Mitleid empfinden.« Indessen ist man als in Israel lebender Ausländer und Zaungast beim israelisch-palästinensischen Konfliktgeschehen gut beraten, aus seinem Glaskasten schützender Privilegien keine Anklagen herauszuschleudern. Hat doch die eigene Betroffenheit nicht vergleichbare existentielle Dimensionen wie bei Nachbarn, Kollegen und Freunden, die ihren jährlichen Reservedienst in den besetzten Gebieten leisten müssen und dabei immer wieder zwischen das Mühlwerk von Gewissensnot und wirtschaftlicher Verantwortung für ihre Familien geraten. Ferner werden – auch schon vor dem Beginn der gegenwärtigen Masseneinwanderung aus der Sowjetunion – Israeli durch ihre wirtschaftliche Alltagsrealität eines Schwellenlands psychisch weit mehr beansprucht als die meisten Beobachter nördlicher EG-Zonen aus eigenem Erleben nachvollziehen können. Aber auch die erwähnten, fast täglich getroffenen politischen Fehlentscheidungen, auf die eine bedeutende Minderheit mit Empörung und die Mehrheit mit resignierter, mitunter defensiver Gleichgültigkeit reagieren, haben eine andere Qualität als in jenen nördlichen Breiten, in denen die meisten ausländischen Beobachter beheimatet sind. Leben doch die Menschen in Israel in dem Bewußtsein, daß Entscheidungen auf sozialpolitischem Gebiet (soziales Gefälle zwischen jüdischen und arabischen Israeli), im militärpolitischen Bereich (Siedlungspolitik, Vorgehen gegenüber der palästinensischen Bevölkerung in den besetzten Gebieten) sowie in der Außenpolitik für das Fortbestehen ihres Staates ausschlaggebend sind. Dagegen wird in der nördlichen Hemisphäre die staatliche Existenz als solche vom üblichen Maß an politischen Mißmanagement auf sensiblen Gebieten (etwa in der Umwelt-, Asylanten-, Wirtschafts- und Beschäftigungspolitik) in keiner Weise tangiert. Anders im jüdischen Staat – einem Schwellenland mit chronisch kranker Volkswirtschaft (keine Rohstoffe; durch Klimaveränderungen verschärfter Niederschlagsmangel; horrende Rüstungslasten), einem Land mit geostrategisch ungünstigen Voraussetzungen bei einer außenpolitisch bedrohlichen Situation, und einer Gesellschaft, die sich aus einer großen palästinensischen Minderheit und einer heterogenen jüdischen Mehrheit aus einigen Dutzend Exilländern zusammensetzt. Ein solcher Staat kennt keinen Spielraum für politische Fehler.

Langfristige Perspektiven Israels

Auch abgesehen von den benannten traumatischen Erfahrungen sind die langfristigen realpolitischen Perspektiven Israels beängstigend. Angesichts der massiven, durch die Golfkrise aufs neue verstärkte Aufrüstung im gesamten Nahen Osten wird die *Armee zur Verteidigung Israels*, die freilich als eine der modernsten und kampftüchtigsten bekannt ist und die bisher die Existenz des Staates gewährleisten konnte, dazu immer weniger in der Lage sein. Denn selbst die Schaffung eines Palästinenserstaats verbürgt nur möglicherweise die friedliche Koexistenz, nämlich dann, wenn auch im arabischen Lager die politische Reife zu echter Kompromißbereitschaft aufgebracht wird. Dagegen steht fest, daß bei nachlassendem Koexistenzinteresse, ein Palästinenserstaat, der Cisjordanien einschließt, Israel militärstrategisch gefährlich werden wird. Die Tragweite derartiger Aspekte wird in Diskussionen, die im Ausland geführt werden, vielfach ausgeblendet. Anders ist den allermeisten israelischen Befürwortern eines Palästinenserstaats klar, daß er keinesfalls die friedliche Koexistenz garantiert. Trotz dieses Wissens sind die Tauben in Israel davon überzeugt, daß das Festhalten an den besetzten Gebieten und das Nichtzustandekommen eines Palästinenserstaats auf lange Sicht sowohl außen- und militärpolitisch als auch innen- und gesellschaftspolitisch den Ruin des jüdischen Staats bedeuten: Zum einen weil Israel dem steigenden diplomatischen Druck innerhalb und außerhalb des Nahen Ostens auf die Dauer nicht standhalten kann, zum anderen weil die israelische Gesellschaft mehr und mehr Gefahr läuft, sich in der Auseinandersetzung zwischen Gegnern und Befürwortern einer Anerkennung der politischen Rechte der Palästinenser aufzureiben.

In dieser prekären Situation werden selbst manche Vertreter der israelischen Linken intolerant, wenn Palästinenser Saddam Hussein unterstützen. So reagierte Yossi Sarid, ein prominenter Befürworter des Palästinenserstaats und Knesset-Abgeordneter für die linksstehende Bürgerrechtsbewegung, in hohem Maße allergisch, als im Spätsommer 1990 eine Reihe von palästinensischen Parlamentariern (d.h. arabisch-israelische Knesset-Abgeordnete) zusammen mit Vertretern der palästinensischen Führung in den besetzten Gebieten sich hinter Hussein stellten. Zwar ist hinreichend dokumentiert, daß Sarid, ein rhetorisch außergewöhnlich begabter und seit vielen Jahren engagierter und kompromißloser Anwalt für die politischen Rechte der Palästinenser, durchaus deren Frustration, Verbitterung und Zorn nachempfinden kann. Nichtsdestoweniger erlebte er deren Solidarisierung mit dem irakischen Diktator, der wiederholt die Vernichtung Israels mit chemischen Waffen angedroht hatte, als Ablehnung seitens seiner eigenen Dialogpartner. Dabei ist für Sarid charakteristisch, daß er einige Wochen später seine erste heftige Reaktion zu bedauern schien und schon nicht mehr auf seiner in der Öffentlichkeit umstrittenen Ansicht beharrte, daß der israelisch-palästinensische Dialog nur noch Gegenstand der Geschichtsschreibung sein könne.

Israelische Reaktionen auf die Golfkrise

Schon vor der Golfkrise und vor der *Intifada* zeigten sich ausländische Besucher immer wieder erstaunt und nicht selten schockiert über die massive Präsenz von Uniformierten im Straßenbild Israels. Tatsächlich ist in diesem Staat, für dessen Entstehen und Fortbestehen die Armee entscheidend war, das Militär nicht nur für das optische Erleben bestimmend. Für Frauen gilt eine in aller Regel einmalige Wehrpflicht von zwei Jahren, für Männer eine dreijährige, auf die danach der jährliche Reservedienst von mindestens einem Monat folgt, bis zum sechsundfünfzigsten Lebensjahr – bis zur »Reifeprüfung«, wie dieser biographische Meilenstein im Volksmund heißt.[8]

Unter derartigen Voraussetzungen sind die in Israel lebenden Men-

[8] Nach der im Juni 1995 geltenden Regelung ist die Wehrpflicht geringfügig verkürzt worden: für Frauen auf 21 Monate; der jährliche Reservedienst für Männer auf höchstens 29 Tage (von Ausnahmen abgesehen); die »Reifeprüfung« wurde um etwa vier Jahre vorgezogen.

schen mit allem Militärischen vertraut. Dies empfinden sie als Selbstverständlichkeit – im Unterschied zu manchen entsetzten Besuchern aus ruhigeren Regionen, die dazu neigen, dieses Phänomen als Indiz für politischen Militarismus zu bewerten. Abgesehen von der Problematik dieser zu wenig differenzierenden Beurteilung muß man den Alltagscharakter alles Militärischen vor Augen haben, um vielleicht die eiskalte Nüchternheit nachzuvollziehen, mit der Israeli sich in den letzten Monaten mit der Möglichkeit des von Saddam Hussein wiederholt angedrohten Gasangriffs auseinandergesetzt haben: Im August hatte die Aussicht eines möglicherweise auch gegen den jüdischen Staat gerichteten Waffengangs zunächst Angst ausgelöst, was mitunter zu panikartigen Reaktionen geführt hatte, die in den Ballungsgebieten die Konjunktur käuflich erwerbbarer Gasmasken und Schutzutensilien aller Art (vom Sodapulver bis zum Kunststoffanzug) belebt hatten. Nach diesem ersten Schrecken waren jedoch für die Stimmung in der Öffentlichkeit die Diskussionen bestimmend geworden, in denen mit professioneller Nüchternheit die Wahrscheinlichkeit und die Erfolgsaussichten eines irakischen Angriffs erörtert wurden. Das sachliche Interesse an strategischen und waffentechnischen Details, mit dem Israeli, deren Mehrheit ja nicht Berufssoldaten sind, solche Debatten verfolgten oder selbst führten, ist wohl geeignet, auf Mitstreiter in europäischen Friedensbewegungen befremdend zu wirken. Indessen werden bei einer in Minuten meßbaren Entfernung zum irakischen Luftraum Materien wie Geschwindigkeit, Treffsicherheit, Anzahl und Zerstörungspotential irakischer Raketen sowie die Schlagkraft der feindlichen Luftwaffe lebenswichtig.

In diesen militärstrategischen Diskussionen setzte sich bald einmütig die Auffassung durch, daß Saddam Hussein zur Zeit noch nicht in der Lage sei, Israel militärisch zu schlagen. Demgegenüber wurde und wird von niemandem bezweifelt, daß sich dies in zwei, drei Jahren ändern werde, wenn der Diktator nicht jetzt außer Gefecht gesetzt wird. Die große Nüchternheit, mit der Israeli diese Folgerungen zogen, erklärt paradoxerweise auch ihre fast indifferente Haltung gegenüber einem möglichen Gasangriff. Als im Oktober die Verteilung der Gasmasken an die Zivilbevölkerung begann, reagierte die Mehrheit der Israeli mit frappierender Apathie: Während die

Palästinenser in den besetzten Gebieten sich beeilten, ihre Masken abzuholen – voraussichtlich wird deren Verwendung gegen Tränengas zu einem erhöhten Gebrauch von Gummi- und Feuermunition durch israelische Truppen führen – fanden sich die in den Medien vielfach aufgeforderten Israeli mit bemerkenswerter Zurückhaltung an den Verteilungsstellen ein. Bei dieser stoischen Gelassenheit dürfte ein weiterer Faktor im Spiel sein, der bezeichnenderweise privat, jedoch nicht in öffentlichen Debatten beim Namen genannt wird: Für jedermann ist Gas als Mordwaffe mit äußerst traumatischen Assoziationen besetzt. Es fällt irgendwie schwer, sich vorzustellen, daß die politische Führung tatenlos den ersten Gasangriff abwarten werde, ohne selbst einen Präventivschlag zu führen, wenn sie denn wirklich einen irakischen Gaskrieg befürchtet. Wozu dann die übertriebene Hast, um für eine Gasmaske Schlange zu stehen...?

Nach der Golfkrise

Seit der Besetzung Kuwaits versuchen israelische Regierungskreise die Hoffnung zu suggerieren, daß nun die Regierungen der USA und der EG-Staaten begreifen würden, wie unzuverlässig PLO-Chef Arafat als Dialogpartner sei, da er sich nicht unzweideutig von Saddam Husseins Annektierung Kuwaits distanziert habe. Und tatsächlich konnte auf einige erboste Reaktionen in westlichen Hauptstädten hingewiesen werden, die diese Erwartung zu bestätigen schienen. Indessen meldeten sich schon in den ersten Wochen der Golfkrise Kommentatoren zu Wort, die die Zukunft ihres Landes äußerst pessimistisch beurteilten. Es wurde auseinandergesetzt, daß Israel, nachdem es ohnehin durch das Ende des Kalten Kriegs seine außergewöhnliche strategische Bedeutung eingebüßt hat, nun durch die Golfkrise weiter geschwächt werde. Arabische Staaten mit instabilen Regierungen wie Ägypten, Syrien und Saudi-Arabien würden bereits durch die USA massiv aufgerüstet. Langfristig würde nach der Golfkrise der amerikanische Druck auf Israel zunehmen. Die USA würden es ihren arabischen Verbündeten schuldig sein, die Zeitbombe des Palästinenserproblems zu entschärfen, das Saddam Hussein als wirkungsvolle propagandistische Waffe zu nutzen verstanden habe und das so lange eine Gefahrenquelle bleiben werde, bis es gelöst werde.

Die von Saddam Hussein vollzogene Identifizierung seiner eigenen expansionistischen Ziele mit palästinensischen Souveränitätsbestrebungen hat sowohl im israelischen Kernland als auch in den besetzten Gebieten eine Verschärfung des israelisch-palästinensischen Konflikts bewirkt. Die Aussichten Israels am Tage nach der Golfkrise sind äußerst düster: Oppositionelle Kreise befürchten, daß die Likudregierung mit ihrer Großisrael-Ideologie und ihrer Abhängigkeit von rechtslastigen Koalitionspartnern nicht in der Lage sein wird, die notwendigen mutigen Schritte zu wagen, um Israel innerhalb und außerhalb des Nahen Ostens vor politischer Isolation zu bewahren. Vorläufig erfüllt eine andere Vorstellung Israeli aller politischen Schattierungen mit Furcht und Zittern: Ein Ausgang der Golfkrise, bei dem Hussein eventuell den Irak weiter regieren, sein Land mit ABC-Waffen aufrüsten und in der arabischen Welt eine führende Rolle übernehmen könnte. Dazu ein Jerusalemer Beobachter: »Es ist gar nicht auszudenken, was wir dann unternehmen müßten, um das Unvermeidbare abzuwenden.«

»Nie wieder Masada!«

Das Erbe des Staates Israel als psychologischer Faktor im Nahostkonflikt

Mai 1991

Die Leidensgeschichte der Diaspora ist reich an traumatischen Erfahrungen, lange bevor im 20. Jahrhundert ein Drittel des jüdischen Volks im Zeichen der Endlösung ermordet wird. Zugleich kommt es zur Gründung des jüdischen Staats: nachdem die Generationen zweier Jahrtausende dreimal täglich für die Rückkehr in das Land Israel gebetet hatten und nach zweitausendjähriger politischer Machtlosigkeit. Für Israeli aller politischer Ausrichtungen ist eine frappierende Wundergläubigkeit, ein irrational anmutendes Vertrauen in das Unvorhersehbare charakteristisch. Ebenso ist das Bewußtsein allgegenwärtig, daß die Existenz des Staats chronisch bedroht ist. Partiell sind dies Faktoren, die Versäumnisse und gravierende Fehler in Israels Realpolitik erklären.

Katastrophenbewußtsein, Wundergläubigkeit und Überlebenstechnik

Mitte April interviewte ich Haim Zadok, einen israelischen *elder statesman*, der in den sechziger und siebziger Jahren Regierungen der Arbeiterpartei angehört hatte. Mit realpolitischem Weitblick legte er seine auch von anderen Vertretern der israelischen Linken vertretene Position dar, wonach Israel im eigenen Interesse die besetzten Gebiete aufgeben müsse, weil der wirtschafs-, gesellschafts-, innen- und außenpolitische Schaden der Okkupation unermeßlich und zweifellos auch beängstigend sei. Um später im Interview an diese Position von neuem anzuknüpfen, paraphrasierte ich sie und formulierte, daß der Staat Israel bei Andauern der Okkupation keine Zukunft habe. Zu meiner Überraschung widersprach Zadok jedoch dieser Aussage mit emphatischem Nachdruck: Unter gar keinen Umständen habe er implizieren wollen, der Staat habe keine Zukunft. Vielmehr sei gemeint gewesen, die Fortdauer der Okkupation bedeute eine hohe Belastung für die Zukunft des Staats. Dabei nahm der Politiker jedoch nichts von seinen gut begründeten Darlegungen über die Auswirkungen der Okkupation zurück, die sein nüchternes Verständnis für die Realitäten bezeugen. Nach lexikalischen Begriffen hätten die von Haim Zadok beschriebenen Folgen der Okkupation als verheerend gelten müssen. Paradoxerweise war ihm dennoch wichtig, daß der Staat Israel selbst bei Fortdauer der von ihm persönlich abgelehnten Okkupation eine Zukunft habe, wenngleich eine mit vielen vermeidbaren Schwierigkeiten.

Einem Außenstehenden mag diese Haltung als irrationale Zuversicht in das Unvorhersehbare erscheinen. Zugleich ist frappierend, wie verbreitet diese Haltung unter Israeli ist und daß selbst unter überzeugten Atheisten eine merkwürdig anmutende Disposition zur Wundergläubigkeit anzutreffen ist. Dieses Phänomen wirkt sich unmittelbar auf den Umgang mit politischen Problemen aus: Tagaus, tagein ist die israelische Öffentlichkeit mit Problemen konfrontiert, die auf Katastrophen entsetzlichen Ausmaßes deuten. So verhieß die außenpolitische Situation seit Bestehen des Staats, vom ägyptisch-israelischen Friedensschluß abgesehen, nichts Gutes. Selbst nach dem in Madrid begonnenen Friedensprozeß gilt sie nach wie vor als höchst prekär... Die Wirtschaft ist chronisch krank... Zu einem nicht unerheblichen Teil aufgrund von wirtschaftspolitischem Mißmanagement entwickelt sich die Einwanderungswelle aus der ehemaligen Sowjetunion zu einem beschäftigungs- und gesellschaftspolitischen Fiasko... Wassermangel und -qualität verschlechtern sich stetig... Die Umwelt verkommt, ohne daß jenes in der nördlichen Hemisphäre vorhandene ökologische Bewußtsein in einer breiten Schicht der Bevölkerung verbreitet ist... Die Liste von Damoklesschwertern an hauchdünnem Faden ist lang und muß hier nicht vervollständigt werden. Worauf es ankommt, ist, daß Israeli allen Grund haben, sich von Katastrophen apokalyptischen Ausmaßes bedroht zu fühlen. Unter diesen Umständen ist es unfaßbar, daß Gespräche über die stets bedrängenden Probleme des Landes fast immer einem Naturgesetz zu unterliegen scheinen, wonach Israeli mit stoischer Gelassenheit und vitalem Fatalismus den Refrain dieser Gespräche anstimmen: »Es wird gut werden.« Oder gar: »Alles wird gut werden.« Diese und ähnlich lautende Formulierungen sind im Neuhebräischen längst idiomatisiert worden.

Bemerkenswert ist, daß die hier als irrational und fatalistisch benannte Haltung sich erfahrungsgemäß immer wieder bezahlt macht. Daran ist surrealistisch, daß oft genug das Unerwartete tatsächlich eintrifft, und zwar wider jede mit gesundem Menschenverstand nachvollziehbare Empirie. Wer noch vor einem halben Jahrzehnt bemüht war, politisch rechtsstehenden Siedlern ihr Besiedlungsvorhaben der besetzten Gebieten als demographischen Irrsinn auszureden, wurde mit dem unsachlichen Argument einer Einwanderungswelle gigantischen Ausmaßes in einer unabsehbaren Zukunft abgespeist. Wer seinerzeit dazu neigte, diese Vorstellung als zwar mißbrauchte, aber ohnehin erledigte Utopie abzutun, muß jetzt mit Bangen schweigen... In der Tat ist erstaunlich, wie sehr das Vertrauen auf das Ungewisse sich in der Geschichte des Zionismus bewährt hat und wie sehr sich diese als Kette von unvorhersehbaren, glücklichen Ereignissen verstehen läßt, die im kritischen Moment die Rettung brachten, obgleich sie nach empirischem Ermessen überhaupt nicht hätten eintreffen dürfen. Bei einem wahrscheinlich gesunden Gespür für realpolitische Gegebenheiten ist freilich nach wie vor die Frage geboten: Was wird, wenn das erste Glied in dieser Kette ausfällt?

Laut einem alten Standardwitz ist der angesprochene, lebensbejahende Optimismus das Geheimnis jüdischer Überlebenskunst: Die Menschheit hat sich darauf einzustellen, daß in der bevorstehenden Woche sämtliche Kontinente des Planeten im Weltenmeer versinken werden. Während die Autoritäten diverser Weltreligionen und Sekten ihr eigenes Requiem vorwegnehmen, gibt der Oberrabiner in Jerusalem bekannt: »Wir haben eine Woche Zeit, um zu lernen, wie man unter Wasser lebt!« Die hier karikierte Vitalität ist sicher ein maßgeblicher Faktor für das Gelingen des zionistischen Vorhabens gewesen, das seinerzeit von vielen als zum Scheitern verurteiltes Sisyphusprojekt abgelehnt wurde, während zionistische Pioniere bereit waren, ihre Karriere und ihr Leben zur Disposition zu stellen.

Israeli, die Erben der Pioniere, wachen tagtäglich mit dem Wissen auf, von entsetzlichen Katastrophen bedroht zu sein. Die Verbindung dieses Bewußtseins mit jenem unerschütterbaren, irrational anmutenden Optimismus prägt auch den Stil des politischen Managements. Minister verfolgen einander widersprechende Konzepte, Regierungen scheinen sich nicht um Pläne zu bemühen, die den konkreten, den Staat bedrängenden Problemen gerecht werden. Beispielsweise bekam US-Außenminister James Baker wiederholt innerhalb eines halben Tages vom Außenminister und Premierminister einander widersprechende Positionen zu hören, obwohl sie beide der gleichen Partei angehörten und sich jeweils auf Regierungsbeschlüsse beriefen – soweit für die Öffentlichkeit erkennbar mit Fug und Recht. Vielleicht läßt sich dies partiell als Ausdruck jenes kulturellen Phänomens erklären, das als »talmudischer Pluralismus« umschrieben wird und worüber Juden spotten: »zwei Juden – drei Meinungen« oder »viereinhalb Millionen Israeli – viereinhalb Millionen Präsidenten.« Indessen dürfte der für israelische Regierungen kennzeichnende Konzeptionspluralismus sowie deren Konzeptionslosigkeit auch mit anderen Faktoren zusammenhängen: Hier dürfte sich wiederum das erwähnte Katastrophenbewußtsein auswirken. Denn die anstehenden Probleme sind so gewaltig und die tagespolitischen Entwicklungen so rasant, daß meistens nur noch Improvisation machbar ist. So hörte ich vor kurzem in privatem Kreis die Klage eines früheren Kabinettsmitglieds: Gegenstand der wöchentlichen Kabinettssitzungen, die jeden Sonntagvormittag stattfinden, seien so gut wie nie durchdachte politische Konzepte gewesen, die mit Weitblick entworfen worden waren. Vielmehr sei es in unterschiedlicher Form immer um die aktuellste aller Fragen gegangen: »Wie retten wir uns bis zum nächsten Shabbat durch?« In diesem Sinne indiziert das buchstäblich chaotische Verhalten der Regierung im letzten Jahr, daß sie sich mit der Frage auseinandersetzte: »Wie überstehen wir den nächsten amerikanischen Versuch, uns Zugeständnisse abzuzwingen?« Daß die regierten Israeli sich mit derartigem Mißmanagement abzufinden bereit sind, hängt zu einem erheblichen Teil mit der deckungsgleichen Erfahrung ihrer Alltagsrealität zusammen: Konfrontiert mit einer von Ephraim Kishon kaum überzeichneten, zur Verzweiflung treibenden Bürokratie, mit chronischer Geldentwertung, mit Streiks und anderem mehr, kennen Israeli aus eigenem Erleben kaum eine bewährteres Überlebensprogramm als das amerikanische Idiom: »*Thank God it's Friday!*« – so lautet denn auch der

Titel eines englischsprachigen Radioprogramms, das der Sender, »Die Stimme Israels«, vor jedem Wochenende ausstrahlt.

In wohl noch krasserer Form ist dieser chaotische Stil auch andernorts im Nahen Osten anzutreffen. Ebenso haben die Entwicklungsländer der Region noch mehr als das Schwellenland Israel mit drohenden wirtschaftlichen und sozialen Katastrophen zu kämpfen. Ferner zeigt das Schicksal des Libanon und der Kurden, daß auch andere Staaten und Völker in Israels Nachbarschaft Ursache haben, sich bedroht zu fühlen. Hier erübrigen sich jedoch diese Vergleiche, weil es um die Hintergründe der angesprochenen israelischen Katastrophenängste geht.

Historische Hintergründe israelischer Sicherheitstraumata

Nach der Berechtigung von Israels Sicherheitstraumata gefragt, soll Henry Kissinger sinngemäß gesagt haben: Manchmal haben paranoide Menschen Feinde. – Der Zeitgenosse kann nicht leisten, was der Historiker erst morgen nachholen kann. So ist es gegenwärtig unmöglich, für jedermann überzeugend zu ermessen, inwieweit der Vorwurf Außenstehender berechtigt ist, Israels Sorge um seine militärische Sicherheit sei Ausdruck krankhaft übertriebener, realpolitisch gegenstandsloser Ängstlichkeit. Bemerkenswert ist jedoch, daß dieser Vorwurf zumeist von solchen erhoben wird, die selbst weder vergleichbare Ängste noch die ihnen zugrundeliegenden traumatischen Erfahrungen durchlebt haben.

Um Israels Sorge um seine militärische Sicherheit nachzuvollziehen, seien unter Verzicht eines Abrisses der jüdischen Verfolgungsgeschichte einige Momente vergegenwärtigt, die für die Entwicklung des relativ jungen Staats bestimmend sind: Die Anfänge der zionistischen Bewegung gehen auf die Erfahrung des sich verschärfenden Antisemitismus zurück, der im neunzehnten Jahrhundert trotz Aufklärung in allen Teilen Europas gedeiht. Mit Billigung der Vereinten Nationen wird 1948, nach zweitausendjähriger Diaspora, der Staat Israel gegründet. Dazu wäre es nicht gekommen ohne die *Shoa*, das heißt ohne die unter Gesichtspunkten betriebswirtschaftlicher Effizienz geplante und durchgeführte Ermordung des europäischen

Judentums. Daß sich aus dem historischen Zusammenhang zwischen *Shoa* und Staatsgründung auch ein kompliziertes psychologisches Erbe ergibt, muß nicht verwundern. Er ist für das Verständnis israelischer Sicherheitstraumata relevant.

In Israels Außenpolitik kommt immer wieder das Verhältnis des jüdischen Staats zu den Henkern und deren Nachkommen vor, die die historische Verantwortung für die *Shoa* tragen – auch wenn sie, wie z.B. Bundeskanzler Kohl, diese von sich weisen. In diesem Zusammenhang sei jetzt nur an die groteske Szene erinnert, die Israeli in jüngster Zeit mit Bundesaußenminister Genscher erlebten: Nachdem er im zurückliegenden Jahrzehnt im Namen von Regierungen unterschiedlicher Couleur wiederholt versichert hatte, die Bundesrepublik liefere nicht in Krisengebiete, stattete er im Golfkrieg Israel seinen Solidaritätsbesuch ab. Vor den Kulissen der Raketentrümmer im Großraum Tel Aviv ließ er vernehmen, es werde nicht mehr vorkommen und er schäme sich... Zwei Monate später scheitert dann die Israel zugesagte Gesetzesänderung, die künftige deutsche Waffenexporte an Israels Feinde hätte verhindern sollen...

Zugleich geht es in Israels Außenpolitik auch immer wieder um das Verhältnis zu den Zeugen der *Shoa,* das heißt zu deren Nachkommen. Während in Auschwitz täglich Tausende von Juden ermordet wurden und während britische und amerikanische Bomber militärisch wichtige Fabrikanlagen innerhalb des Komplexes Auschwitz-Birkenau angriffen, wurde der Forderung jüdischer Organisationen nicht entsprochen, dort auch die Installationen der Todesindustrie außer Betrieb zu setzen. Diese Erfahrungen saßen den aus Europa entkommenen Überlebenden der *Shoa* in den Knochen, als sie in den neu gegründeten jüdischen Staat einwanderten.

Die Erlebnisse mit den Henkern und den Zeugen der *Shoa* sind in Israel sowie in der Diaspora fester Bestandteil der kollektiven Erinnerung des jüdischen Volks. Als solche werden sie in Israel nach wie vor Neueinwanderern aus anderen Kontinenten vermittelt. Während des Golfkriegs trafen außer aus Deutschland auch aus anderen Ländern Solidaritätsdelegationen ein, die zuvor gedanken- und bedenkenlos Saddam Hussein Waffentechnologie zugeliefert hatten. Obgleich Israeli ihnen wohl nicht mit dem gleichen Zorn begegneten wie manchen deutschen Besuchern, brachten sie auch ihnen die gleiche vorsichtige Skepsis entgegen: Erst die Zukunft werde zeigen, ob der Golfkrieg wirklich bewirkt hat, was die Rhetorik der Kriegszeit verspricht, nämlich daß sogar die Rücksicht auf israelische Sicherheitsinteressen in der *neuen Weltordnung* vorkommen werde.

Diesbezüglich geben erste Anzeichen wie die Wiederaufnahme des Waffenhandels mit dem Irak sowie der seit Kriegsende unter Beweis gestellte Zynismus amerikanischer Nahostpolitik kaum Anlaß zu Optimismus. Israel scheint auch in der *neuen Weltordnung* keinerlei Grund zu haben, sich auf amerikanische und europäische Sicherheitsgarantien verlassen zu können, da deren Motiv heute wie gestern eigennützig ist. Unter realpolitischen Gesichtspunkten muß Israel wie bisher darauf vorbereitet sein, daß es im kritischen Fall die Sorge um seine Sicherheit nur dann mit anderen teilen kann, wenn Interessenkongruenz vorhanden ist. Deshalb muß es sich auf die Gegebenheiten in der Region einstellen, ohne übertriebene Hoffnungen auf externe Mächte zu setzen. Wie diese Form von israelischer Realpolitik auszusehen hat, ist innerhalb von Israel zwischen Tauben und Falken freilich umstritten...

Israel im Nahen Osten: David gegen Goliath

Schon lange vor Saddam Husseins Kuwaitabenteuer fehlt es in der Geschichte des jungen jüdischen Staats nicht an Erfahrungen mit der Region, die ausreichend Stoff für Sicherheitstraumata hergeben.

Zunächst der Unabhängigkeitskrieg: In jenem Teil Palästinas, der von der UN-Vollversammlung den Juden zugesprochen wurde, wird am 15. Mai 1948 der Staat Israel proklamiert. In der folgenden Nacht wird der junge Staat von den Armeen der vier arabischen Nachbarstaaten sowie des Irak angegriffen. Mit der Gründung ihres Staats assoziieren Israeli das Erlebnis, von einem Meer feindlicher Nachbarn umgeben zu sein. Der kleine David, der sich allein gegenüber einem unberechenbaren, physisch übermächtigen Goliath behaupten muß – diese Erfahrung ist durch fast jeden Krieg bestätigt worden und ist aus der kollektiven Psyche der israelischen Öffentlichkeit nicht wegzudenken.

Seit der Staatsgründung vergeht kein Jahrzehnt, ohne daß Israel einen Krieg erlebt: Zunächst muß es 1956 seine Seewege im Roten Meer durch den Sinaikrieg sichern. In den sechziger Jahren findet Ägyptens Staatspräsident Nasser dann eine Möglichkeit, Israels Seewege erneut abzuschneiden, dieses Mal ohne westliche Interessen zu verletzen. Als in den kritischen Wochen des Sommers 1967 britische und französische Sicherheitsgarantien aus politischem Kalkül nicht eingehalten werden, muß sich Israel von der übrigen Welt erneut im Stich gelassen fühlen. Allein und verlassen steht Israel ägyptischen, jordanischen, syrischen, irakischen, kuwaitischen, saudiarabischen, algerischen und marokkanischen Streitkräften gegenüber. In dieser Situation der israelische Präventivschlag. Er endet mit einem aufsehenerregenden militärischen Sieg und trägt Israel in einer knappen Woche die politischen Sympathien der ganzen westlichen Welt ein. Dieser plötzliche Stimmungsumschwung vermag nicht zu verhindern, daß die traumatische Erfahrung der Wochen und Tage vor dem Sechstagekrieg, allein der feindlichen Übermacht ausgeliefert zu sein, bis heute in Israels kollektivem Bewußtsein lebendig ist.

1973 der Oktoberkrieg: Am *Yom Kippur,* dem höchsten jüdischen Feiertag, schrecken die Sirenen Israels Reservisten, die den größten Teil der Streitkräfte stellen, aus ihren Synagogen und Wohnungen an die syrische und an die ägyptische Front. – Nach dem Verlust Cisjordaniens im Sechstagekrieg zieht König Hussein es vor, sich aus diesem Krieg herauszuhalten. – Israel ist unvorbereitet. Nur mit großer Mühe gelingt es einer Hand voll tapferer Panzertruppen, in den ersten vierundzwanzig Stunden den syrischen Großangriff auf den Golanhöhen aufzuhalten, bis Verstärkung zur Stelle ist. In diesen kritischen Stunden wird die zweite Shoa des Jahrhunderts befürchtet. Was aus dem dichtbesiedelten Großraum Haifa im Norden des Landes hätte werden können, ist unvorstellbar... Dem verlustreichen Oktoberkrieg folgt internationale Isolation und Wirtschaftsboykott. Der Druck des arabischen Ölkartells veranlaßt Politiker und Öffentlichkeit im Ausland, ihre Sympathien für Israel neu zu überdenken.

1982 löst der Libanonkrieg eine nationale Identitätskrise aus. Es kommt zu einer bisher nicht gekannten Polarisierung der israelischen Gesellschaft, die später durch die *Intifada* noch verschärft wird. Die Invasion des Libanon ist der erste Krieg, den ein großer Teil der

Israeli ablehnt, weil es sich nicht mehr um einen Defensivkrieg (oder defensiven Präventivschlag wie 1967) handelt. Nichtsdestoweniger geht es auch hier *zunächst* um ein legitimes Sicherheitsinteresse des Staats: Vorausgegangen sind die permanenten Angriffe auf die israelische Zivilbevölkerung im Grenzgebiet durch PLO-Terroristen. Daß *etwas* unternommen werden muß, ist allen Israeli klar. Strittig ist jedoch das Ausmaß der militärisch nötigen und politisch sinnvollen Verwicklung im Libanon. (Unter diesem Gesichtspunkt wird die bis heute bestehende 40 Kilometer breite Sicherheitszone im Südlibanon von Israeli aller politischen Ausrichtungen gebilligt.)

Seit April 1990 besteht die Drohung Saddam Husseins, er werde halb Israel mit B- und C-Waffen verbrennen. Aufgrund seines Angriffs auf die kurdische Zivilbevölkerung in Halabja zwei Jahre zuvor kann diese Drohung nicht ignoriert werden. Während des Golfkriegs Anfang 1991 werden neununddreißig irakische Raketen auf die Zivilbevölkerung Israels abgeschossen. Außerdem ist unklar, ob ein Waffengang mit dem pro-irakischen jordanischen Nachbarn bevorsteht.

Obgleich inzwischen ein Friedensvertrag mit Ägypten zustande gekommen ist, ist Israel auch von seinen diplomatischen Erfahrungen gezeichnet. Seit Gründung des Staats Israel bestreiten ihm seine arabischen Nachbarn »das Existenzrecht«, indem sie direkte Verhandlungen verweigern. In der arabischen Welt wird Ägypten jahrelang geächtet, weil es mit dem zionistischen Feind Frieden für Gebiete eingetauscht und diplomatische Beziehungen aufgenommen hat. Friedensnobelpreisträger Anwar Sadat zahlt mit seinem Leben.

Auch die PLO ist der Tradition verpflichtet, Israel sein Existenzrecht abzustreiten. Dennoch darf Arafat mit Palmzweig und Revolver fuchtelnd in den siebziger Jahren vor der UN-Vollversammlung auftreten. Aufgrund mehrdeutiger Äußerungen im Dezember 1988 nehmen die USA, Israels wichtigste Verbündete, den Dialog mit Arafat nahe stehenden PLO-Vertretern auf. Nach wie vor wird jedoch die Modifizierung des *Palästinensischen Nationalabkommens,* der Verfassung der PLO, verweigert. Darin ist zwischen Jordan und Mittelmeer die Vertreibung aller Juden vorgesehen – bis auf die wenigen Nachkommen jener, die bereits 1917, zur Zeit der Balfour-Erklärung, in Palästina ansässig gewesen waren. Viele Israeli können nachvollziehen, daß Arafat nicht das gleiche Schicksal wie Sadat riskieren will. Unter diesem Gesichtspunkt halten manche für möglich, daß Arafat zu echten Kompromissen bereit sein könnte, dies jedoch niemals sagen werde, weil er nicht lebensmüde sei. Aufgrund seiner unzweideutigen, realpolitisch unklugen Unterstützung von Saddam Hussein dürfte Arafat jedoch auch den Vertrauenskredit verspielt haben, den ihm manche Israeli bislang noch entgegengebracht hatten.

Weitere Verunsicherungsfaktoren

Teddy Kollek, der für seine verdienstvollen Bemühungen um Koexistenz weltberühmte Oberbürgermeister Jerusalems[1], weist häufig darauf hin, daß »Gewalt in der arabischen Welt zum politischen Vokabular gehöre«. Er pflegt dann an die erstaunliche statistische Häufigkeit zu erinnern, in der arabische Politiker nicht im Bett sterben. Sie erinnert in der Tat an mittelalterliche Verhältnisse in Europa. Dagegen weckt eine andere historische Assoziation Zweifel an einem von israelischen Regierungsvertretern gerne gebrauchten Argument: Die große Anzahl palästinensischer Opfer, die seit Beginn der *Intifada* als »Kollaborateure« von ihren Brüdern ermordet worden seien, erlaube nicht, *den Palästinensern* oder *den Arabern* zu trauen. Einem Außenstehenden kann hier die Frage kommen, ob die freilich erschreckende Statistik – am 5.12.91 waren 520 Palästinenser durch Palästinenser ermordet worden, gegenüber 707 Toten durch Zusammenstöße mit israelischen Sicherheitskräften – in der distanzierten Erwägung eines zukünftigen Historikers nicht als unvermeidbare, auch andernorts bekannte Aufreibungsserscheinungen politischen Widerstands betrachtet werden könnte. Indessen ist die Entscheidung solcher Fragen hinsichtlich einer aktuellen Lösung des israelisch-arabischen Konflikts nur bedingt relevant. Viel folgenreicher ist, daß sich Israeli aller politischen Ausrichtungen durch das in der arabischen Welt zu beobachtende Phänomen von Gewalt als legitimem Mittel politischer Auseinandersetzung immer wieder verunsichert

[1] Zu Teddy Kollek vgl. S.279.

fühlen. Auch ist nicht zu verkennen und nachvollziehbar, daß palästinensischer Terrorismus, der seit Jahrzehnten gegen die israelische Zivilbevölkerung praktiziert worden war und seit Beginn der *Intifada* verschärft worden ist, nicht vertrauensbildend wirkt.

Erfahrungsgemäß wirken autokratische Regierungssysteme nicht nur innenpolitisch, sondern auch regional destabilisierend. Israel ist die einzige Demokratie des Nahen Ostens, umgeben von Diktaturen, autokratisch verfaßten Präsidialrepubliken und solchen Monarchien. Wie schwierig es ist, unter diesen Voraussetzungen auf geschlossene Abkommen zu bauen, wurde während des Golfkriegs erneut deutlich, als die pro-irakische Stimmung unter der Bevölkerung Ägyptens und Syriens westliche Kommentatoren um die Bündnisfähigkeit Mubaraks und Asads fürchten ließ. Daß die Madrider Konferenz in Syrien nicht life übertragen wurde, ist ein weiterer, aktuellerer Beweis jener chronischen, politischen Instabilität, der für Israels mörderische Umwelt charakteristisch ist.

Unter diesen Voraussetzungen bedeutet seit einem guten Jahrzehnt der islamische Fundamentalismus eine neue Gefahr, die beispielsweise die Zukunft der Regierungen Saudi-Arabiens und Ägyptens immer fraglicher werden läßt. Im Nahen Osten scheint sich eine Entwicklung abzuzeichnen, die nach abendländischen Begriffen den Gipfel des historisch Absurden darstellt: An der Schwelle zum 21. Jahrhundert ist nicht mehr auszuschließen, daß der Beginn des dritten Jahrtausends im Zeichen einer weitreichenden Konfrontation zwischen islamischem Fundamentalismus und westlichem Säkularismus stehen könnte. Sollte sich diese Befürchtung bestätigen, dann wäre der moderne, demokratisch verfaßte jüdische Staat wie kein anderes Ungläubigenland davon betroffen.

Daß Israeli nicht bereit sind, sich ohne Gegenwehr vernichten zu lassen, ergibt sich nicht nur aus menschlichem Überlebensinstinkt, sondern auch aus einem spezifischen zionistischen Ethos, worauf noch einzugehen ist. Jedenfalls dürfte mit den bereits angesprochenen, apokalyptisch anmutenden Aussichten des Staats zusammenhängen, daß Israeli Massenvernichtungswaffen bejahen. Laut einer unmittelbar nach dem Golfkrieg (Mitte April) veröffentlichten Meinungsumfrage unterstützen 91% der Israeli die atomare Rüstung ihres Landes. Außerdem war der Anteil der Bevölkerung gestiegen, der Israels Gebrauch von atomaren Waffen befürwortete. Bei aller Absurdität dieser Haltung dürfte die zunehmende Tolerierung und Billigung solch selbstmörderischer Mittel mit der chronischen Aussichtslosigkeit zusammenhängen, jemals einen politischen Frieden zu erreichen. Deshalb das Vertrauen in militärische Abschreckung. Derartige Stimmungen sind äußerst explosiv, da sie apokalyptischen Fatalismus verstärken, der jederzeit zu einer Kurzschlußreaktion führen kann. Es dürfte nicht von ungefähr kommen, daß in politischen Diskussionen die letzten Worte der biblischen Simson-Gestalt immer wieder zitiert werden: Der von den Philistern geblendete und gefangen gehaltene Simson steht eines Tages unter den tragenden Säulen des mit Philisterprominenz überfüllten Palastes. Ohne Grund zu irgendeiner Zukunftshoffnung, weiß der blinde Recke, daß er die tragenden Teile des Gebäudes aus eigenen Kräften einreißen kann. Früher oder später – wie lang diese Zündschnur ist, sagt der biblische Bericht ja nicht – sein letzter, auch von späteren Generationen wiederholbarer Entschluß: »Sei's denn, daß ich mit den Philistern sterbe.«[2]

Vernichtung als zentrales Thema im Bewußtsein von Israeli

Eine kritische Auswertung des archäologischen Befundes legt nahe, sich das Drama auf der Festung Masada mit weniger Farben, das heißt mit weniger Volkstribunenrhetorik, vorzustellen, als Flavius Josephus in seinem fesselnden literarischen Bericht der Nachwelt suggeriert. Nicht jeder Israeli ist in der Lage, auf diesen historischen Vorbehalt mit Gelassenheit zu reagieren, weil die damit implizierte Relativierung des Masada-Mythos an einen strapazierten Nerv rührt. Für das psychologische Verständnis israelischer Traumata ist der Inhalt der von Josephus überlieferten Masada-Legende von höchster Relevanz. Denn seine Erzählung dieses Dramas im ersten Jahrhundert ist für das Selbstverständnis des modernen jüdischen Staats bestimmend: Die politischen Träume der im Land Israel lebenden Juden sind vernichtet. Ein letzter Rest von tausend hartgesottenen

2 Richter 16,30.

Kämpfern entscheidet sich, ihre als uneinnehmbar geltende Festung dem römischen Feind nicht kampflos preiszugeben. Als Masada nach einem guten Jahr nicht mehr verteidigt werden kann, ziehen die Belagerten kollektiven Selbstmord einem Sklavenschicksal unter fremden Herren auf fremdem Boden vor. Auf Masada, hoch über dem Toten Meer, inmitten unbewohnter Wüste, ist manche Elite- und Kommandoeinheit des modernen Staats vereidigt worden: in dem Bewußtsein, daß an diesem Ort ihre letzten im Land Israel beheimateten Vorfahren vernichtet wurden, bevor das jüdische Volk seinen Leidensweg der zweitausendjährigen Diaspora antrat. Politisch fühlen sich die Vereidigten und ihre Landsleute von Feinden umzingelt. So liegt die Identifikation mit ihren Masada-Vorfahren auf der Hand. – Selbst nach Camp David, denn im Unterschied zum deutsch-französischen Freundschaftsvertrag hat der Friedensvertrag mit Ägypten lediglich zu einem sogenannten »Kalten Frieden« geführt, durch den de facto keine Binnenlandgrenze überwunden worden ist. Keiner der beiden Seiten ist es gelungen, durch Austauschprogramme und ähnlichem die psychologischen Barrieren in der Bevölkerung der beiden Länder zu überwinden. Inwieweit die seit Madrid stattfindenden Verhandlungen tatsächlich einen Durchbruch bewirken könnten, ist noch nicht abzusehen.

Nicht nur physisch fühlen sich Israeli zwischen den sie umzingelnden Feinden und dem Mittelmeer wie in einer belagerten Festung. Diesbezüglich spielt auch der psychologisch vielschichtige Komplex des Antisemitismus eine Rolle. Obgleich hier nicht auf das komplizierte Verhältnis zwischen Antizionismus und Antisemitismus eingegangen werden kann, sei das Kernproblem grob skizziert, weil es die in Israel anzutreffende Festungsmentalität betrifft: Keinesfalls ist Kritik an *israelischer* Realpolitik von vornherein antisemitisch. Sie ist dies jedoch, wenn als *jüdisch* kritisiert wird, *daß* Israel sich so wie jeder andere Staat verhält, das heißt seine diversen Interessen oft mit dubiosen und kriminellen Mitteln verfolgt. Hier gilt, was auch gegenüber Individuen gilt. Die Feststellung, »Herr X ist ein Schuft, weil er mich betrogen hat«, ist eine legitime Anklage. Dagegen ist die Variation, »Herr X, der Jude, ist ein Schuft, weil er mich betrogen hat«, in erster Linie antisemitisch, selbst wenn die Aussage außerdem eine berechtigte Beschuldigung enthalten sollte. Für die

Betroffenen ist dieser Satz so niederträchtig, daß dessen möglicherweise berechtigte Anklage für sie oft nicht mehr von Interesse ist. – Daß in diesem Sinn gegenüber Israel immer wieder zweierlei Maßstab zu Unrecht angewendet wird, läßt sich zeigen. Es erübrigt sich hier darzulegen, inwiefern der zwar politisch verbrämte, in seiner Wurzel jedoch antisemitisch motivierte doppelte Maßstab inakzeptabel ist. Nichtsdestoweniger ist zu berücksichtigen, daß auf einer ganz anderen Ebene hohe Erwartungen an Israel tatsächlich gerechtfertigt sind: Zu Recht betrachtet sich Israel als die einzige Demokratie des Nahen Ostens. Unter dieser Voraussetzung hat sich Israel mit seiner gegen völkerrechtliche und rechtsstaatliche Normen verstoßenden Okkupation der besetzten Gebiete auseinanderzusetzen. Hinsichtlich israelischer Sicherheitstraumata geht es indessen darum, daß Israeli, bei aller angebrachten Kritik, immer wieder Grund haben zu empfinden, sie würden mit einem die Existenzberechtigung ihres Staats verneinenden Sondermaßstab gemessen. Wie sehr dies ihre defensive Festungshaltung verstärkt, zeigen die täglichen Diskussionen in Israel.

»Dieser Mann wird uns ein zweites Masada bescheren!« So die zornige Beschuldigung, mit der Shulamit Aloni, Vorsitzende der *Bewegung für Bürgerrechte und Frieden*, (einer zur Zeit durch fünf Abgeordnete in der Knesset vertretenen Linkspartei) Wohnungsbauminister Ariel Sharon wiederholt wegen seiner Siedlungspolitik anzugreifen pflegt. – »Nie wieder Masada!« lautet der Auftrag an den modernen jüdischen Staat, den seine Bürger von Kindesbeinen vermittelt bekommen: zu verhindern, daß kollektiver Selbstmord jemals wieder in Erwägung gezogen werden muß. Ferner meint dieses Motto die Behauptung eines zentralen zionistischen Ideals gegenüber dem Diasporaethos: Der Zionist weiß sich zu wehren, im Unterschied zu seinem Vorfahren, dem Diasporajuden, der sich in den osteuropäischen Ghettos abschlachten ließ. Zwar ruft dieses von den Pioniergenerationen noch missionarisch vertretene – und historisch wohl anzuzweifelnde – Ethos bei den Enkeln und Urenkeln eher ein nostalgisches Lächeln hervor. Nichtsdestoweniger ist das mit Masada verknüpfte Motiv der totalen Vernichtung wie eh und je für das Bewußtsein israelischer Menschen bestimmend. Dieses Motiv ist denn auch bei der Vereidigung von Elite- und Kampfeinheiten an der Klagemauer gegenwärtig: Die massiven herodianischen Quader, die Reste des letzten jüdischen Tempels, der wie Masada im Aufstand gegen die Römer zerstört wurde, verbinden Israeli zugleich mit Glanz und Vernichtung ihres Erbes – mit ihrer historischen Identität.

Seit Staatsgründung ist das Thema Vernichtung zentraler Gegenstand von Israels politischer Diskussion. Um sich Gehör zu verschaffen, müssen Israels Politiker auf die Angst vor drohender Zerstörung eingehen. Das ist der gemeinsame Nenner, auf den Linke und Rechte, Tauben und Falken jeweils auf ihre Weise Bezug nehmen: Nur das Festhalten an den strategisch unverzichtbaren Gebieten Cisjordaniens und der Golanhöhen garantiere die militärische Sicherheit des Staats, sagen die einen. Ihnen wird entgegengehalten, daß das mit territorialen Kompromissen verbundene militärische Risiko gewagt und der explosive Konflikt rechtzeitig entschärft werden müsse, um dem Staat auf lange Sicht eine politische Überlebenschance zu sichern. – Wohl nicht ohne Selbsttäuschung sagen manche: eine Überlebens*garantie*. – Mit dieser allgegenwärtigen und wohl kaum gegenstandslosen Vernichtungsangst dürfte ferner zusammenhängen, daß jene Visionen prominenter israelischer Tauben von der Verwandlung des Nahen Ostens in ein blühendes Paradies einerseits zwar die Autorenteams von *Time* und *Newsweek* zu begeistern vermögen, andererseits aber von Israeli mit resigniertem Achselzucken beantwortet werden. Für die Verwirklichung dieser machbaren Utopie ist relevant, daß es nach repräsentativen Meinungsumfragen der letzten Monate in Israel eine Mehrheit für das politische Programm »Gebiete für Frieden« gibt. Der Zwiespalt ergibt sich aus ihren mißtrauischen Zweifeln, die immer wieder Nahrung erhalten. Würden Israeli gegenwärtig vor die Wahlurnen gestellt, hätten sie Grund, sich zu fragen, was aus ihren Kindern und Enkeln wird, die seit dem Golfkrieg bei sirenenähnlichen Geräuschen Angstzustände bekommen.

Nach dem Golfkrieg

Anfang April, unmittelbar bevor James Bakers zweiter Besuch in Israel bekanntgegeben wurde, als George Bush sich noch standhaft wehrte, humanitäre Hilfe für kurdische Flüchtlinge zu bewilligen, druckte die linksliberale israelische Tageszeitung *Ha'aretz* eine Karikatur ab, die das gegenwärtige USA-Bild wiedergibt: »Hilfe! Mord!«-Schreie dringen aus einem Harem; auf dessen verschlossenen Toren das Schild: »Zutritt nur für Saddam Hussein!« Die beiden bewaffneten Wächter bleiben untätig: Fasziniert klebt Mitterand am Schlüsselloch und versucht Bush herbeizuwinken. Dieser wendet sich ab und meint: »Ich schäme mich hinzuschauen.«

Daß es bei der mit großem Pathos beschworenen *neuen Weltordnung* um wirtschaftliche Interessen geht, war israelischen Kommentatoren von vornherein klar gewesen. Auch sind sie durchaus bemüht, sich in die Lage George Bushs zu versetzen, der in der Überwindung des Vietnamsyndroms ein erfolgversprechendes Programm für seinen im nächsten Jahr anstehenden Wahlkampf sieht: der Beweis, daß die USA wieder in der Lage sind, nötigenfalls ihre Interessen militärisch durchzusetzen, anstatt die Provokationen größenwahnsinniger Potentaten aus Machtlosigkeit ignorieren zu müssen. Denn Israeli sind aus eigenem Erleben damit vertraut, daß die Mehrung nationalen Selbstwertgefühls in Wahlkämpfen ein bewährter Renner ist…

Bereits vor dem Golfkrieg hatten Israeli aller politischen Ausrichtungen – wie auch Politiker und Kommentatoren anderswo im Nahen Osten – keinen Hehl aus ihrem großen Interesse an der Entmachtung Saddam Husseins gemacht. Der machthungrige Diktator hatte versucht, das latente Potential arabischen Antizionismus für seine expansionistischen Bestrebungen zu mobilisieren. Israel hatte allen Grund, die antiirakische Koalition in jeder erdenklichen Weise zu unterstützten. Da die amtierende rechtsstehende Regierung nicht befürchten mußte, von der linken Opposition torpediert zu werden, konnte sie innenpolitisch das Risiko eines gefährlichen Präzedenzfalls vertreten: Noch nie hat ein wehrtüchtiger Staat unter Verzicht auf defensive militärische Reaktionen fast täglich erfolgende Raketenangriffe auf seine Zivilbevölkerung abgewartet (statistisch eine Rakete pro Tag). Noch nie hat sich ein Staat diese Zurückhaltung auferlegt, um die Sensibilitäten der eigenen Feinde nicht zu verletzen. Unter diesen Voraussetzungen nahm Israel sogar in Kauf, daß sein passives Verhalten von seinen arabischen Nachbarn als Schwäche ausgelegt würde. Freilich tat Israel all dies aus realpolitischem Kalkül: nämlich, daß die von den USA geführte Koalition das Problem Saddam Hussein ungestört am zuverlässigsten lösen werde. Es kam jedoch anders: Die USA nahm von der aktiven Beseitigung von Husseins Bath-Regime Abstand, worin Israeli, auch mit Blick auf amerikanische Interessen, eine politische Fehlentscheidung sehen. Wie dem auch sei, die vom amerikanischen Präsidenten demonstrierte Bereitschaft, seinen Truppenabzug aus dem Nahen Osten über Berge von kurdischen und schiitischen Leichen durchzuführen, um, koste es, was es wolle, vor den Präsidentschaftswahlen ein zweites Vietnam zu vermeiden – dieses Maß von, untertrieben gesagt, politischer Verantwortungslosigkeit wirkt sich auf Israels Öffentlichkeit ernüchternd aus. Während Kommentatoren anderer Kontinente die juristischen und humanitären Aspekte von Bushs Wechsel zwischen Moral- und Realpolitik untersuchten, stand für Israeli zunächst die Kompetenz und die Glaubwürdigkeit der US-Regierung zur Diskussion – nämlich die Gefahr, daß Israel in die Rolle eines entbehrlichen Bauern in einem zynischen Schachspiel geraten könnte. Als Baker zu seiner zweiten Runde in den Nahen Osten reiste, stellte ein für seine Ausgewogenheit respektierter Leitartikler Beobachtungen an, daß Bushs Außenminister kein Henry Kissinger sei, der die Pendeldiplomatie erfunden und meisterhaft beherrscht hätte. Kurz danach, in den Tagen nach Bakers zweitem Israelbesuch, stand einem Karikaturisten der keineswegs antiamerikanischen Tageszeitung *Jerusalem Post* die Kurdenmisere vor Augen: Aufmunternd streckt der US-Präsident Shamir eine von Blut triefende Hand entgegen: »Vertrauen Sie doch unseren Versprechen.«

Ein universales Dilemma als potentielle Zeitbombe

Der Autor David Grossman nahm in einem am 12.4.91 in *Le Monde* publizierten Interview zu den israelischen Traumata Stellung:

»In gewissem Sinn sind wir Opfer unserer Geschichte und unserer Psychologie. Aber heute, bezüglich der Palästinenser, sind wir die Unterdrücker. Es ist nicht einfach, dies zuzugeben. Aber ich weigere mich, die Unterdrücker als Opfer zu betrachten. Wenn wir Opfer sind, dann sind wir Opfer unserer eigenen Ängste. Es ist wahr, daß es in vier oder fünf Jahrzehnten Kriege gegeben hat, die uns hätten vernichten können. (Schweigen) Fragen Sie sich ehrlich: Wie oft würden Sie, kartesianische, progressive und intellektuelle Franzosen, so demokratisch, tolerant und liberal bleiben?... Sie selbst, wären Sie in einer solchen Situation fähig, Ihre Ängste zu überwinden und abzulegen, um Ihre Mitbürger zu ermahnen, politische Zugeständnisse zu machen und das Risiko auf sich zu nehmen, Ihren Feinden zu trauen?«

Auf israelischer Seite sind die Siedlungen nach wie vor das größte Hindernis im israelisch-arabischen Friedensprozeß. Zwar hat Benjamin Netanyahu im Wahlkampf versprochen, er werde die bereits geschlossenen Osloer Verträge respektieren, in denen Israel auf die Fortsetzung der Besiedlung Cisjordaniens weitgehend verzichtet. Dies hat ihn jedoch nicht gehindert, im Wahlkampf zugleich auch ausdrücklich die Fortsetzung der Besiedlung Cisjordaniens zu versprechen – eine Politik die von der israelischen Rechten seit dem Sechstagekrieg konsequent vertreten wird. Unter diesen Umständen ist seit Netanyahus knappem Wahlsieg in weiten Teilen der Öffentlichkeit die Befürchtung verbreitet, daß es zu einer Fortsetzung der Siedlungspolitik mit vielen negativen Auswirkungen kommen wird, vor allem zu einer neuen Intifada mit hohen Verlusten auf beiden Seiten.

Jedoch hat auch die Arbeiterpartei noch keinen Parteibeschluß über die anzustrebende Dauerregelung in Cisjordanien gefaßt. Es ist aber bekannt, daß der Alpher-Plan[1] für maßgebliche Vertreter der Arbeiterpartei Modellcharakter hat. Nach diesem Modell würden bei der künftigen israelisch-palästinensischen Dauerregelung etwa 70% der israelischen Siedler samt ihren Siedlungen von Israel annektiert werden (auf ungefähr 11% des heutigen cisjordanischen Territoriums). Von den politischen Problemen einer derartigen Annektierung abgesehen, ist nach allen bisherigen Erfahrungen nicht vorstellbar, wie jene Siedler, die bei einer solchen Regelung tatsächlich im palästinensischen Gebiet wohnhaft sein wollten, mit ihren palästinensischen Nachbarn in friedlicher Koexistenz leben würden. Allerdings sind diese Probleme nach dem Wahlausgang bis auf weiteres Theorie geworden. Denn abgesehen von der befürchteten neuen Intifada würde die Besiedlung Cisjordaniens den gegenwärtigen status quo wohl auf eine Weise verändern, die die Verwirklichung des Alpher-Plans zu einem späteren Zeitpunkt ein für alle Mal vereiteln dürfte.

---

[1] Siehe S. 290 »Ein Plan für die Dauerregelung in Cisjordanien«.

Landverheißung als historische Hypothek

Besiedlung der besetzten Gebiete

Juni 1991

»Ich denke, es gibt kein größeres Friedenshindernis als die Besiedlungsaktivität, die nicht nur ohne Pause, sondern in erhöhtem Tempo fortgesetzt wird. Nichts hat meine Aufgabe, arabische und palästinensische Partner für Israel zu finden, schwerer gemacht, als bei jeder Ankunft in Israel von einer neuen Siedlung begrüßt zu werden.« So US-Außenminister James Baker Ende Mai 1991. Es fiel nicht schwer, die Frustration nachzuempfinden, die bei dem Diplomaten aufkommen mußte, der sich als ehrlicher Makler gebärdete, wenn fast jedes Mal in der Nacht vor seiner Ankunft in Israel eine neue Siedlung wie ein giftiger Pilz aus dem Boden geschossen war. Gleichwohl hatten entschlossene Gegner der israelischen Siedlungspolitik in Israel und in den USA Grund zu bezweifeln, ob Bakers Urteil der Komplexität des Nahostproblems entfernt gerecht wurde. Die De-facto-Annektierung des Libanon durch Syrien, die syrische Aufrüstung – bereits ein knappes Vierteljahr nach dem Golkrieg mit nordkoreanischen Scud-Raketen – das fortgesetzte, unberechenbare politische Manövrieren des innenpolitisch schwachen jordanischen Monarchen, der wie alle andere arabische Staaten (mit Ausnahme Ägyptens) nach wie vor Israel die politische Anerkennung und direkte Verhandlungen verweigerte – all das sind Dinge, die in den Monaten seit dem Golfkrieg als Friedenshindernisse nicht hinter der Besiedlung Cisjordaniens durch jüdische Siedler zurückstehen dürften.

Strategische Bedeutung der besetzten Gebiete

In den neunzehn Jahren zwischen der Gründung des jüdischen Staats und dem Sechstagekrieg war Israels militärische Sicherheit auf allen Seiten chronisch bedroht gewesen: Im Norden, am Fuße der Golanhöhen, in der etwa zehn Kilometer breiten Ebene Obergaliläas waren Bauern und Landstraßenbenutzer immer wieder den Launen syrischer Scharfschützen zum Opfer gefallen. Zugleich gehörten Überfälle von *Fedayeen*-Banden zum Alltag der Zivilbevölkerung. – Militärstrategisch noch risikoreicher war das Gebiet entlang der Mittelmeerküste, unterhalb der Höhen des cisjordanischen Berglands. An der schmalsten Stelle, im nördlichen Bereich eines Ballungsgebiets im Großraum Tel Aviv trennten knappe fünfzehn Kilometer das Mittelmeer vom feindlichen Jordanien. Ferner war die Zivilbevölkerung auch an dieser Grenze Opfer alltäglicher *Fedayeen*-Überfälle. – Im Süden hatte Ägyptens Kontrolle der Sinaihalbinsel dessen Präsidenten Nasser, der sich mit panarabischen Ambitionen profilierte, in den fünfziger und sechziger Jahren verleitet, im Roten Meer den Seeweg zu Israels wichtigen Hafen Eilat entweder zu bedrohen oder abzuschneiden. Zugleich diente der Gazastreifen *Fedayeen* als Operationsbasis. Sie machten das südliche Israel bis in die Gegend von Tel Aviv unsicher.

Nachdem Israel im Juni 1967 die Golanhöhen, Cisjordanien und die Sinaihalbinsel erobert hatte, waren all die genannten strategischen Schwachpunkte der vorausgegangenen zwei Jahrzehnte aus der Welt geschafft. Außerdem wurde der Alltag erträglich. Die Grenzen waren nicht mehr »heiß«. Zum ersten Mal seit Staatsgründung mußte die Zivilbevölkerung sich nicht mehr von *Fedayeen*-Banden bedroht fühlen, die neunzehn Jahre lang von Ägypten, Jordanien und Syrien aus operiert hatten. Noch nie war man sich seines Lebens so sicher gewesen. Man konnte aufatmen. In den Jahren zwischen dem Sechstagekrieg und dem Oktoberkrieg (1973) erlebten die meisten Israeli eine nicht gekannte Erleichterung und militärpolitische Selbstsicherheit. Im historischen Rückblick wird diese Stimmung verbreitet als Siegeseuphorie beurteilt. Es wird bemängelt, man sei seinerzeit realpolitisch verblendet gewesen und habe die politischen Nachteile des 1967 gewonnenen Mehr an strategischer Sicherheit verkannt.

Seit den achtziger Jahren war in Israel vor allem die Besiedlung Cisjordaniens, abgesehen von Ostjerusalem, Gegenstand harter Auseinandersetzungen gewesen. Zum einen, weil die Reibungen in diesem palästinensisch dicht besiedelten Gebiet auch schon vor der *Intifada* politisch explosiv gewesen waren; zum anderen, weil der strategische Nutzen der Besiedlung des cisjordanischen Berglandes in jenen Jahren fraglicher denn je geworden war.

Erste Siedlungen in den besetzten Gebieten – politischer Sündenfall der Arbeiterpartei

Trotz der erwähnten Hochstimmung nach dem Sechstagekrieg ist die jüdische Besiedlung Cisjordaniens sowie des Gazastreifens von Anfang an höchst umstritten gewesen. Gleich nach dem Sechstagekrieg plädierte der pensionierte Regierungschef Ben-Gurion dafür, die besetzten Gebiete aufzugeben. Er fürchtete, die Okkupation werde Israels Gesellschaft korrumpieren. Damals schlossen sich dieser Auffassung vereinzelt auch andere Israeli innerhalb und außerhalb der regierenden Arbeiterpartei an. Professor Raanan Weitz, eine international anerkannte Kapazität für Wirtschaftsentwicklung, war in seiner Eigenschaft als hochgestellter Regierungsbeamter Berater des amtierenden Premierministers Levi Eshkol. Im Mai 1991 erzählte mir Weitz, er habe nur drei Monate nach dem Sechstagekrieg Eshkol einen Plan vorgelegt, der in Cisjordanien und im Gazastreifen die Gründung eines Palästinenserstaats vorsah. Dieser nie veröffentlichte Plan ist insofern bemerkenswert, als in der ersten Zeit nach dem Sechstagekrieg vereinzelt die Rückgabe Cisjordaniens an das Haschemitische Königreich von Transjordanien zur Diskussion stand, jedoch so gut wie nie die Schaffung eines souveränen Palästinenserstaats. Weitz erinnerte sich, daß sein Plan seinerzeit am Widerstand Moshe Dayans, des im Sechstagekrieg so erfolgreichen Verteidigungsministers, gescheitert sei.

Es gibt Anzeichen dafür, daß Weitz nicht nur in seiner Erinnerung, sondern in der historischen Wirklichkeit tatsächlich gegen den Strom der verbreiteten Siegesstimmung geschwommen ist. So bezeugt sein in den frühen siebziger Jahren veröffentlichter Entwicklungsplan für Israel einschließlich der besetzten Gebiete bemerkenswerten politischen Weitblick: Der Plan baut auf einem Lösungsvorschlag auf, der in seinen wesentlichen Grundzügen dem Plan Yigal Allons vom Sommer 1967 entspricht. Nach dem Allonplan war vorgesehen, daß lediglich das relativ dünn besiedelte Jordantal israelisch bleiben sollte. Durch die Ansiedlung israelischer Landwirte wollte Allon Israels militärische Kontrolle dieses strategisch wichtigen Gebiets festigen. Zugleich sah der Allonplan vor, daß Israel das übrige Cisjordanien aufgeben würde. Bedingung für Israels Verzicht auf dieses Gebiet war dessen Entmilitarisierung.

1967 wurde der Allonplan vom Kabinett weder angenommen noch abgelehnt. Dennoch beriefen sich Regierungsvertreter der Arbeiterpartei sowohl gegenüber der Öffentlichkeit als auch gegenüber ausländischen Regierungen – etwa gegenüber den US-Präsidenten Lyndon Johnson und Richard Nixon – immer wieder auf den Allonplan. So kam er in den Ruf, offizielles Programm der israelischen Arbeiterpartei zu sein. Indessen war er für die Besiedlung Cisjordaniens gegenstandslos, selbst im Jahrzehnt nach dem Sechstagekrieg, als Israels Koalitionsregierungen unter Federführung der Arbeiterpartei gebildet wurden. Raanan Weitz berichtet von einer beispielhaften Reaktion Yigal Allons: Direkt bei Hebron, im südlichen Cisjordanien, hatten sich politisch rechtsstehende Siedler bereits 1968 illegal niedergelassen und ihre neue Stadt nach der dort gelegenen biblischen Ortschaft Quiryat Arba genannt. Die Regierung gab dem Druck der Öffentlichkeit nach und genehmigte nachträglich die Gründung Qiryat Arbas und zwar mit Allons Zustimmung, obgleich dies seinen eigenen Plan untergrub und obgleich er den Siedlern politisch fern stand. Raanan Weitz erinnert sich, wie hilflos Allon sich zu verteidigen versuchte: »Raanan, es ist doch Hebron…« – Mit Hebron verbinden sich wichtige biblische Traditionen und bis in die Gegenwart eine fast ununterbrochene jüdische Präsenz[2]. So wurden 1969-73 von der Regierung der Arbeiterpartei über zehn Millionen Dollar gebilligt.

Allons Reaktion dürfte symptomatisch für einen Zeitgeist sein, der nach dem Sechstagekrieg in Israel gedieh. Die Eroberung Cisjordaniens, des biblischen Judäa und Samaria, schien für viele die Vollendung der historischen Legitimation des Zionismus zu bedeuten. Was der UN-Teilungsplan von 1947 vereitelt hatte und was sich im folgenden Jahr durch den Unabhängigkeitskrieg zum geopolitischen status quo des nach Jahrtausenden wiedergeborenen jüdischen Staates verfestigte, das war nun endlich richtiggestellt worden. Nun hatte das jüdische Volk sein historisches Land zurückerlangt, wo die Namen von Orten, Bächen, Tälern, Bergen und Landschaften Erinnerungen wachriefen, die in den Überlieferungen, Träumen und Sehn-

[2] Vgl. S. 96ff. »Nach dem Massaker«.

süchten der eigenen Väter und Großväter noch voller Leben waren. Dieses historische Wunder vermochte selbst bei Juden, die wie Allon keineswegs traditionsbewußt waren, Saiten zum Schwingen zu bringen, die keinen Gleichklang mit nüchternem, realpolitischem Kalkül zuließen.

Immer wieder behaupten Vertreter der Arbeiterpartei, *ihre* Regierungen hätten die Besiedlung Cisjordaniens nach dem Allonplan, das heißt ausschließlich aufgrund legitimer Sicherheitsinteressen, gutgeheißen. Dabei wird freilich zugegeben, daß mitunter dem Druck rechtsstehender Koalitionspartner nachgegeben werden mußte. Dies sind selbstgefällige Beschönigungen, obgleich die Arbeiterpartei im Unterschied zum Likud nie die Politik einer schleichenden, aber systematischen Annektierung Cisjordaniens verfolgt hat. So ist die Siedlungspolitik der Regierungen Eshkol und Meir von Unentschlossenheit und Wankelmütigkeit charakterisiert gewesen. In vielleicht noch stärkerem Maß war dann die Regierung Rabin[3] geneigt, sich dem Druck der öffentlichen Meinung anzupassen. Die beiden Erzrivalen, Yitzhak Rabin und Shimon Peres, konkurrierten selbst um den Superlativ, den radikaleren *Gush Emunim* Advokaten in ihrem Ministerium zu beschäftigen: Premierminister Rabin berief 1975 Ariel Sharon als seinen Berater in Sicherheitsfragen. Im Gegenzug ernannte Verteidigungsminister Shimon Peres Yuval Ne'eman zu seinem persönlichen Berater; Ne'eman, zur Zeit Energie- und Wissenschaftsminister, trat schon damals für die Annektierung Cisjordaniens ein. Damit nicht genug, Rabin und Peres ließen sich vom *Gush Emunim* ausspielen. 1974 gründete eine Gruppe des *Gush Emunim* unweit von Sebastia, des biblischen Samaria, illegal eine Siedlung, der sie den biblischen Namen Elon Moreh gaben. Rabin mochte die Siedler nicht ausweisen, weil dies die Regierungskoalition mit der Nationalreligiösen Partei gefährdet hätte. Außerdem gab es innerhalb der eigenen Partei harte Widerstände. Verteidigungsminister Peres lehnte nicht nur die Ausweisung der Siedler ab, sondern stellte ihnen Generatoren und Wasser zur Verfügung. Nach monatelangem Tauziehen kam schließlich ein Scheinkompromiß zustande: Die Siedlung Elon Moreh wurde um einige Kilometer verlegt. Danach war sie eine voll-

---

[3] D.h. die erste Regierung Rabin (1974-77).

endete Tatsache. Quiryat Arba und Elon Moreh waren Präzedenzfälle. Der *Gush Emunim* hatte gelernt, wie man ohne und gegen Regierungsbeschlüsse Siedlungen gründet. Anfang 1977, als die Epoche der Arbeiterpartei zu Ende ging, gab es in Cisjordanien fünf Gush-Emunim-Siedlungen.

Damals lebten ca. 20.000 Siedler in den besetzten Gebieten. Deshalb kann die Arbeiterpartei geltend machen, daß die allermeisten Siedlungen unter den seit 1977 fast ununterbrochen von der Likudpartei geführten Koalitionsregierungen gegründet worden sind. Außerdem kann die Arbeiterpartei beanspruchen, daß die Siedlungsaktivität von 1984-86 gedrosselt wurde, als Shimon Peres – dieser hatte Rabin bereits 1977 als Spitzenkandidat seiner Partei abgelöst – einer mit dem Likud gebildeten großen Koalitionsregierung vorstand. Und doch machen maßgebliche Vertreter der Arbeiterpartei auch in der Gegenwart bei der kontroversen Besiedlung des palästinensisch dicht bevölkerten cisjordanienischen Berglands mit. Ohne von der Arbeiterpartei Unterstützung zu erhalten, setzten sich in den letzten Jahren die links von ihr stehenden Parteien, die zur Zeit in der *Knesset* durch fünfzehn Parlamentsabgeordnete vertreten sind, sowie verschiedene Friedensgruppen für einen Wirtschaftsboykott der israelischen Siedler in den besetzten Gebieten ein. Bei dieser Frontstellung brach in der letzten Maiwoche (1991) ein neuer Konflikt zwischen der zentrumsnahen Arbeiterpartei und der israelischen Linken aus. In Ariel, einer etwa dreißig Kilometer östlich von Tel Aviv gelegenen Siedlung wurde ein Gewerkschaftshaus der *Histadrut,* der israelischen Einheitsgewerkschaft, eingeweiht. Bei dieser Veranstaltung kam es zu Handgemengen zwischen linken Demonstranten und Vertretern der mit der Arbeiterpartei verschwisterten *Histadrut,* als deren Vorsitzender, Israel Kessar (außerdem Knessetabgeordneter der Arbeiterpartei), ausgepfiffen wurde. Wie bei vielen seiner tonangebenden Parteifreunden war Kessars Argumentation eine Blüte absurden Theaters: »Das Gewerkschaftshaus in Ariel hat mit meinen politischen Auffassungen überhaupt nichts zu tun. Ich stehe zu der Position meiner Partei, ›Gebiete für Frieden‹.«

Der Umfang der jüdischen Besiedlung in den besetzten Gebieten

Als zionistische Organisation, die fast drei Jahrzehnte vor Staatsgründung geschaffen wurde, nimmt die *Jewish Agency* nach wie vor wichtige politische Funktionen wahr. Bis Mitte der achtziger Jahre leitete Raanan Weitz deren Abteilung für Besiedlung und Entwicklung. Da über die Besiedlung der besetzten Gebiete widersprüchliche Statistiken vorliegen, sind seine vorsichtigen Schätzungen aufschlußreich, weil sie frei von politisch motivierten Übertreibungen die gefährliche Tendenz der Besiedlung deutlich illustrieren: Von Jerusalem abgesehen ist in der öffentlichen Diskussion gewöhnlich von 70.000 Siedlern die Rede.[4] Dagegen ist nach Weitz gesichert, daß sich mindestens 50.000 jüdische Siedler in den besetzten Gebieten (ohne Jerusalem) niedergelassen haben. Davon leben ca 4.500 im Jordantal. Sie haben mit den etwa 2.500 Siedlern im Gazastreifen gemein, daß sie sich ihren Lebensunterhalt vorort in der Landwirtschaft erwerben. Demnach leben nach den zurückhaltenden Schätzungen von Weitz ca. 43.000 Siedler im palästinensisch dicht besiedelten Bergland Cisjordaniens, (das nach dem Allonplan von Israel hätte aufgegeben werden sollen).[5] Nach Weitz wird der Unterhalt für mindestens 85% dieser Bevölkerung außerhalb der besetzten Gebiete erworben. So sind die israelischen Siedlungen in Cisjordanien weitgehend Schlafstädte. Nichtsdestoweniger sind sie attraktiv, weil hier, wie auch in strukturarmen Gegenden außerhalb der besetzten Gebiete, besonders günstige, staatlich subventionierte Baukredite gewährt werden. Über deren Höhe gibt es kein umfassendes, zuverlässiges Zahlenmaterial. Nach verbreiteten, vorsichtigen Schätzungen

---

[4] 1991, nach dem Golfkrieg, geriet die Siedlungspolitik in der öffentlichen Diskussion erneut ins Zwielicht. Damals bestand Anlaß, den Befürwortern der Siedlungspolitik zuzutrauen, sie blähten im Vorfeld des Wahlkampfes ihre Statistiken auf, um die Siedlungspolitik als *fait accompli* darzustellen. Wie sich dann später herausstellte, waren ihre Statistiken (angeblich 150.000 Siedler in Cisjordanien und im Gazastreifen) tatsächlich übertrieben worden, allerdings nicht in dem verbreitet angenommenen Ausmaß.

[5] Als die Regierung Shamir im Juni 1992 abgewählt wurde, gab es in Cisjordanien und im Gazastreifen 148 Siedlungen. Seither sind keine neuen Siedlungen gegründet worden. Nach offiziellen Angaben waren am 30.6.1995, 148.000

(nicht von Weitz) kann eine fünfköpfige Familie, die in den besetzten Gebieten siedelt, beim Erwerb eines Eigenheims auf einen Vermögensvorteil in Höhe von ca. 30.000 Dollar zählen.

Die Mehrheit der Siedler in Cisjordanien gehören der Mittelklasse an – Lehrer, Angestellte, Ingenieure, Facharbeiter und andere. Von ihnen dürften etwa 20% ideologisch motiviert sein. Das heißt für die Mehrzahl der israelischen Siedler sind es wirtschaftliche Anreize, die sie dazu verführen, sich in freilich schöner Berglandschaft in befestigten Siedlungen mit unsicheren Anfahrtswegen niederzulassen. Nach Weitz' zurückhaltenden Schätzungen beläuft sich die aus der Staatskasse finanzierte Ansiedlung bisher auf 2,5 Milliarden Dollar für direkte Zuwendungen (Bauhypotheken u.ä). Weitere fünf Milliarden Dollar seien zugunsten der Siedler in die Infrastruktur der besetzten Gebiete investiert worden (vor allem Straßenbau). Für die Aufrechterhaltung der bestehenden Siedlungen wende die Staatskasse jährlich 30 Millionen Dollar auf: ca. 0,3% des neun Milliardenhaushalts, von dem etwa ein Drittel für die horrende Staatsverschuldung und fast ein weiteres Drittel für hohe Militärausgaben ausgegeben werden.

In der Regel ist die Gründung neuer Siedlungen von Prozessen enteigneter palästinensischer Eigentümer begleitet. Jedoch liegt diesbezüglich kein zuverlässiges Zahlenmaterial vor, da methodisch gewissenhaft recherchierende israelische Menschenrechtsorganisationen zu diesem Thema zwar zahlreiche Einzelfälle publiziert haben, jedoch noch keine Gesamtauswertung vorliegt. Nichtsdestoweniger scheint die Einschätzung vertretbar, daß die häufig grundrechtswidrigen Enteignungen für Reibungen mit der palästinensischen Bevölkerung sorgen und deren Radikalisierung begünstigen.

Fortsetzung Anmerkung 5

Israeli in Cisjordanien und im Gazastreifen gemeldet. Vier Monate später, am 31.10.1995, waren es 133.500. Die Diskrepanz ergibt sich weitgehend aus der Eliminierung von Scheinsiedlern. (Steuerliche Vorteile und die Hoffnung auf Entschädigungszahlungen bei einer denkbaren Räumung der Siedlungen machen einen Wohnsitz in den Siedlungen attraktiv.) Die Regierung Rabin hat jährlich 200-250 Millionen Dollar in bestehende Siedlungen gesteckt; diese Gelder werden jedoch gegen Bürgschaften verrechnet, die von den USA jährlich in Höhe von zwei Milliarden Dollar gewährt werden.

Ideologische Voraussetzungen der jüdischen Besiedlung

Obgleich die große Mehrheit der israelischen Siedler in Cisjordanien (wie auch im Gazastreifen) nicht ideologisch motiviert sind, ist außerhalb Israels das Bild verbreitet, die Besiedlung dieser Gebiete gehe von »den Ultrareligiösen« oder von »den Orthodoxen« aus. Indessen ist die Besiedlung der besetzten Gebiete unter orthodoxen Juden umstritten.

Während seiner zweitausendjährigen Diaspora hatte das verfolgte jüdische Volk dreimal täglich für das Kommen des Messias sowie für die Heimkehr in das Land Israel gebetet. In der Neuzeit entstand dann als säkulare, politische Bewegung der Zionismus, der aufgrund des in Europa sich verschärfenden Antisemitismus einen Staat für das jüdische Volk erstrebte. Als dieser 1948 in Palästina gegründet wurde, gehörte die Küstenebene zu seinem Hoheitssgebiet, während über dem biblischen Israel, nämlich über den Berghöhen Cisjordaniens, die Flagge des Haschemitischen Königreichs von Jordanien wehte. Manche traditionsbewußte Juden, deren Vorfahren sich zwei Jahrtausende lang nach dem Land ihrer Väter gesehnt hatten, sahen in dieser Umkehrung eine historische Ironie.

Unter religiösen Juden gibt es heute Kreise, die den von Menschen gegründeten modernen Staat ablehnen: Nur der Messias könne dies vollbringen. Der moderne Staat Israel sei nicht das Richtige, weil er nicht gottgewollt sei. Dagegen bejahen andere orthodoxe Kreise den Staat. Unter ihnen gibt es Gruppen, die in der Inbesitznahme Cisjordaniens durch die israelischen Streitkräfte im Sechstagekrieg mehr als die schon angesprochene Vollendung des zionistischen Programms sehen. Im nationalreligiösen Lager wird die Inbesitznahme von Judäa und Samaria als messianisches Zeichen erlebt. Daß derartige Mischungen aus biblischem Messianismus und politischen Ideologien eine explosive Verbindung sind, ist weder in der Geschichte des jüdischen Volks noch in jener des christlichen Abendlands eine neue Erfahrung. Ebenso universal ist, daß Fanatiker oft fleißige politische Aktivisten sind, die mit spektakulären Aktionen das Rampenlicht der Medien auf sich zu ziehen verstehen. Zu dieser Kategorie zählen in Israel der *Gush Emunim*, vertreten durch Rabbi Moshe Levinger, sowie den im vergangenen Herbst in New York ermordeten Rabbi Meir Kahane, dessen Partei wegen ihres faschistisch-rassistischen Programms 1988 von den Parlamentswahlen ausgeschlossen wurde. Allerdings ist im Ausland kaum bekannt, daß diesen politisch rechtsstehenden jüdisch orthodoxen Siedlern im eigenen Lager eine ideologisch starke, wenngleich innenpolitisch nur bedingt tonangebende Opposition gegenübersteht.[6]

Besiedlung und Rückgabe der besetzten Gebiete

Nach repräsentativen Meinungsumfragen unterstützt heute die Mehrheit der israelischen Öffentlichkeit den Verzicht auf Cisjordanien. Da jedoch das cisjordanische Bergland in der jüdischen Tradition einen so zentralen Stellenwert hat, ist auch politisch linksstehenden, traditionsbewußten Juden an ihrem Recht gelegen, sich in diesem Gebieten niederlassen zu dürfen. So wird immer wieder die Forderung laut, ein zukünftiger, in Cisjordanien zu gründender Palästinenserstaat müsse Juden als gleichberechtigte Minderheit in seinen Grenzen dulden – so wie Palästinenser seit 1948 als wahlberechtigte Minderheit in Israel lebten.

Religiöse und säkulare Linke hoffen derzeit, daß die US-Regierung ihre Wirtschaftshilfe für Israel entschiedener als bisher von der Einstellung der Besiedlung Cisjordaniens abhängig machen wird. Zum einen, weil diese von Anfang an politischer Irrsinn gewesen sei. Zum anderen, weil ein wirtschafts- und gesellschaftspolitisches Fiasko zu befürchten stehe, wenn Mittel, die für die Aufnahme der Einwanderungswelle aus der Sowjetunion dringend nötig seien, weiterhin für die Besiedlung der früher oder später ohnehin abzutretenden Gebiete vergeudet würden.

[6] Siehe S. 57ff. »Religiöse Zionisten gegen Okkupation und Annektierung«.

Das politische und gesellschaftliche Engagement von Israeli, die sich als orthodoxe, zionistische Juden verstehen und als solche die Okkupation der besetzten Gebiete bekämpfen, ist außerhalb Israels vielfach unbekannt. Dagegen sind die politischen Umtriebe ihrer fanatischen Gegenspieler im rechten Flügel des nationalreligiösen Lagers weltbekannt. In diesen Kreisen wird ein Baruch Goldstein, der am 25.2.1994 in der Hebroner Ibrahim-Moschee unter betenden Moslems ein Massaker anrichtete, bis heute als Idol verehrt. Entsprechendes gilt von einem Yigal Amir, einem fanatisierten Theokraten, der Yitzhak Rabin ermordete. Auch im jüngsten Wahlkampf haben die orthodoxen Gegner der Okkupation eindringlich vor einem Regierungwechsel gewarnt. –

Nachfolgender Text entstand, weil ein gängiges Vorurteil religiöse Juden von vornherein zu Anwälten der Okkupation und Besiedlung Cisjordaniens werden läßt. Obgleich bereits 1989 verfaßt, soll der Beitrag an dieser Stelle die politische und ideologische Opposition des im vorausgehenden Kapitel wiederholt angesprochenen Gush Emunim *zu ihrem Recht kommen lassen.*

Religiöse Zionisten gegen Okkupation und Annektierung

April 1989

Eine vor einigen Jahren in der israelischen Tageszeitung Ha'aretz *veröffentlichte Karikatur illustrierte die Differenzen religiöser Israeli: Zwei prominente Politiker des religiösen Lagers steigen in entgegengesetzten Richtungen vom Sinai herab. Jeder von ihnen trägt eines von zwei Fragmenten der Tora (oder Gesetzestafeln) davon, welche einst Mose auf seinen Abstieg von jenem Berg mitgegeben worden waren. Eines der Fragmente hat die Gestalt Cisjordaniens und ist aus dem Korpus der*

Toratafeln herausgebrochen, welche in die andere Richtung weggeschafft werden.
Die getrennten Wege dieser beiden Wanderer stellen unversöhnliche Differenzen dar, welche die politisch Engagierten unter den religiösen Israeli entzweien. Für beide Lager könnte die Auseinandersetzung nicht existentieller sein, berufen sie sich doch jeweils auf die Tora, deren höchste Autorität für sie unumstritten ist.

Politischer Rechtsextremismus sanktioniert durch religiöse Ideologie

Mit dem ehrgeizigen Ziel, die neueroberten Gebiete jüdisch zu besiedeln, fanden sich nach dem Sechstagekrieg rechtsstehende religiöse Zionisten im *Gush Emunim* (»Block der Gläubigen«) zusammen. Für diese Gruppierung ist die staatlich Ganzheit von *Erez Israel*, vom heiligen Land Israel, integraler Bestandteil von Gottes Heilsplan. Die Wiederherstellung jüdischer Souveränität über Judäa und Samaria – nur diesen Namen verdiene Cisjordanien, das einstige Kernland des biblischen *Erez Israel* – sei ein weiteres untrügliches Zeichen der hereinbrechenden messianischen Ära. In dieser Zeit seien Juden gehalten, das in seiner Ganzheit verheißene *Erez Israel* in Besitz zu nehmen.

Bei allem ideologischen Schwärmertum verfügt der *Gush Emunim* über ein gerüttelt Maß von politischem Pragmatismus, was nicht zuletzt die Zusammensetzung seiner mächtigen, gut organisierten politischen Lobby verrät. Im Parlament ist sie vertreten durch eine verblüffend bunte Palette sich religiös und säkular verstehender Abgeordneter des rechten Lagers: Prominente Abgeordnete ausgesprochen weltlicher Rechtsparteien – *Tehia, Zomet* sowie des rechten Flügels des *Likud;* daneben verfügt der *Gush Emunim* innerhalb der Fraktion der *Nationalreligiösen Partei (Mavdal)* über seine eigentliche parlamentarische Hausmacht. Damit sind dem *Gush Emunim* kräftige Hebel gegeben, seine mit messianischem Pathos vertretene Ideologie realpolitisch umzusetzen – zuletzt Ende März, als trotz der *Intifada* und rigoroser Sparmaßnahmen 20 Millionen Dollar für neue Siedlungen bewilligt wurden.

Die Antithese religiöser Zionisten

In *Oz veShalom* – deutscher Titel: »*Religiöse Zionisten für Stärke und Frieden*« (in Anknüpfung an Psalm 29,11) – haben sich religiöse Zionisten zusammengeschlossen, welche die *Tora* ganz anders verstehen: Sie sind der Überzeugung, daß der jüdische Staat die Besetzung der strittigen Gebiete Cisjordaniens (sowie des Gazastreifens) weder gesellschaftspolitisch noch religiös-ethisch verkraften könne. Die Achtung der menschlichen Würde und eine Gesellschaft, in der alle Menschen zu ihrem Recht kommen, weil sie alle in gleicher Weise Geschöpfe im Ebenbild Gottes sind – das seien die Werte der reichen jüdischen Tradition, auf die es ankomme. Dagegen sei das Festhalten um jeden Preis an traditionsreichen, territorialen Ansprüchen politisch und religiös äußerst gefährlich: Nicht nur habe die Besetzung der strittigen Gebiete langfristig keine realpolitische Zukunft. Ebenso sei ethisch und gesellschaftspolitisch die Besetzung einer diskriminierten, demographisch explodierenden Minderheit mit ausgeprägtem Nationalbewußtsein für den jüdischen Staat destruktiv, weil korrumpierende Rückwirkungen auf den Staat und auf die Gesellschaft der Besatzungsmacht unvermeidbar seien. »Theologisch« begründete Ansprüche taugten nicht, um Diskriminierung und Unrecht zu legitimieren. Als Empfänger jener offenbarten Tradition, in deren Mittelpunkt die Würde des in Gottes Ebenbild erschaffenen Menschen steht, hätten Juden die Aufgabe, mit dieser geheiligten Überlieferung verantwortungsvoll umzugehen: Über dreieinhalb Jahrtausende Menschheitsgeschichte und zweitausend Jahre jüdischen Exils hinweg ließen sich als sakrosankt geltende biblische Anweisungen, wonach die Bevölkerung des verheißenen Landes auszurotten sei, nicht aufrechterhalten. Nicht zuletzt, weil das jüdische Volk selbst viel gelitten hätte unter messianischen Bewegungen, die beanspruchten, den Heilsplan Gottes für die zeitgenössische Generation zu kennen…

Die Anfänge des *Oz veShalom*

Die ersten Anfänge von *Oz veShalom* reichen in die frühen siebziger Jahre zurück, als der *Gush Emunim* mehr und mehr den religiösen Zionismus zu monopolisieren begann. 1975 kam es dann zur Gründung von *Oz veShalom* – nach den Worten Moshe Unnas, einem der Gründer, »eine Arbeitsgemeinschaft von religiös-gesetzestreuen Zionisten, für die die Verwirklichung ihrer Ideen abhängt von der Bewahrung der Komplexität des Judentums als Träger einer religiösen, nationalen und ethischen Sendung.« Geistig stand der Gründerkreis, zu dem unter anderen Ernst Simon und Joseph Walk zählen, Martin Buber nahe.

Als Vereinigung religiöser Zionisten hat *Oz veShalom* von Anfang an vertreten, daß Juden das Recht haben müßten, sich im biblischen Kernland von Judäa und Samaria niederzulassen. Anders als bei der politischen Rechten bedeutet dieses Grundrecht jedoch nicht die Verneinung territorialer Kompromisse. Gerade diese werden als unverzichtbar erachtet: Eine Friedenslösung müsse beinhalten, daß Palästinenser und Juden als Minderheit ohne irgendwelche Diskriminierung jeweils in Israel oder im palästinensischen Staat leben könnten.

Die Wirksamkeit des *Oz veShalom*

Während die spektakuläre Besiedlungsaktivität des dynamischen *Gush Emunim* weltweit viel Aufsehen erregt, ist *Oz veShalom* außerhalb Israels weitgehend unbekannt. Mit seinen gefühlsbetonten, nicht immer folgerichtigen, oft fundamentalistischen und eingängigen Vereinfachungen weiß der *Gush Emunim* sowohl in Israel als auch in der Diaspora – vorwiegend in den USA – Sympathisanten zu gewinnen und mitunter in christlichen fundamentalistischen Kreisen Sympathisanten anzusprechen. Dagegen hat *Oz veShalom* keine vergleichbare Breitenwirkung. Zum einen liegt dies daran, daß *Oz veShalom* der Rückhalt einer finanzstarken politischen Lobby fehlt; zum anderen ist dies durch das liberale Ethos dieser weitgehend von Intellektuellen getragenen Vereinigung bedingt, für die Bildungsarbeit wichtiger ist als politische Propaganda. Ein weiterer Aspekt des für *Oz veShalom* charakteristischen politischen Nonkonformismus ist ein im politischen Alltag ungewöhnliches Maß an sachlichem, methodisch sauberem Analysieren des politischen Geschehens; dabei fällt der unkonventionelle Begriff von Realpolitik auf, wonach ethische Mißstände nicht von den absehbaren gesellschaftspolitischen Folgen getrennt werden dürfen. In den Publikationen – auf hebräisch, englisch und deutsch – und Veranstaltungen des *Oz veShalom* wird die Absurdität messianisch-politischer Patentrezepte deutlich, und es kommen die Ambivalenzen historischer Entwicklungen zu ihrem Recht. Der religiösen Öffentlichkeit wird vor Augen gehalten, wie wirklichkeitsfremd religiöse Existenz wird, wenn die kreative, selbständige Auseinandersetzung mit den politischen und sozialen Problemen der Gegenwart engstirnigem Traditionalismus weicht.

Pluralismus, intellektuelle Offenheit, geistige Beweglichkeit und Kreativität – das sind die Werte der religiösen Tradition des Judentums, die von *Oz veShalom* hoch veranschlagt werden. So finden sich immer wieder gleichgesinnte »säkulare« Persönlichkeiten des öffentlichen Lebens zu den Veranstaltungen der am praktizierten Judentum interessierten Zionisten ein. In einem der jüngsten Foren legte Mordechai Bar-On (Oberst a.D.und ehemaliger Knessetabgeordneter der linksliberalen *Razpartei*) in einem eineinhalbstündigen Vortrag eine detaillierte Analyse zur Stagnation des Friedensprozesses vor. Nach seiner Auffassung vereitelt die Regierung Shamir den Dialog mit der PLO. Zugleich zeigten demoskopische Daten, daß die Mehrheit der israelischen Bevölkerung den gegenwärtig versäumten Dialog mit der PLO langfristig für unvermeidbar hält.

Daß *Oz veShalom* mit seiner unbequemen Botschaft bislang in der Öffentlichkeit wenig Breitenwirkung hat, erinnert an prophetische Gestalten. Ebenso steht die Prioritätenskala, die ethische Werte und soziale Gerechtigkeit höher als die Realisierung eines selektiv hochgehaltenen messianisch-territorialpolitischen Ideals veranschlagt, in der Tradition biblischer Propheten. Statt eines Großisraelprogramms wird friedliche Koexistenz erstrebt, in der jedermann unter seinem Weinstock und unter seinem Feigenbaum sitzen können wird – so die universalistisch inspirierte, poetische Beschreibung eines Weltfriedens, die von alten prophetischen Traditionen überliefert ist.[1] Um diese Koexistenz zu verwirklichen, verlangt *Oz veShalom,* die Verantwortung wahrzunehmen, mit einer Spannung umzugehen, die bereits für die biblische Prophetie charakteristisch gewesen ist: Nämlich zwischen transzendenten Forderungen einerseits und vorfindlichen, verbesserungsbedürftigen, gesellschaftlichen und politischen Gegebenheiten andererseits.

[1] Micha 4,4a.

Acht Monate nach dem Golfkrieg wurde im Herbst 1991 die Madrider Nahostfriedenskonferenz einberufen. In dieser Zeit erreichten die amerikanisch-israelischen Beziehungen einen Tiefpunkt. Konkreter Anlaß war die provokative Siedlungspolitik, die von Premierminister Yitzhak Shamir und Wohnungsbauminister Ariel Sharon mit unbelehrbarer Sturheit verfolgt wurde. Zugleich erlebten selbst regierungskritische Israeli das arrogante Auftreten von US-Außenminister James Baker und US-Präsident George Bush als alarmierend. Aufs ganze gesehen war die gestörte Kommunikation zwischen den Spitzenpolitikern in Washington und Jerusalem ein maßgeblicher Faktor der Verschlechterung der israelisch-amerikanischen Beziehungen. Dies änderte sich schlagartig im Sommer 1992 mit dem Regierungswechsel in Israel. Eine Sofortmaßnahme war die Beendigung der größenwahnsinnigen Siedlungspolitik der Regierung Shamir. Der Regierungswechsel in Washington im Januar 1993 hatte dann eine weitere Verbesserung des amerikanisch-israelischen Verhältnisses zur Folge, eine Tendenz, die seither unvermindert angehalten hat.

Nachfolgender Text entstand ein Jahr nach dem Golfkrieg, als die israelisch-amerikanischen Beziehungen von der chronischen Krise gefährdet waren und in dem in Madrid angeregten Friedensprozeß kein Durchbruch absehbar war. – Obgleich die Regierungen Rabin und Peres seither den Friedensprozeß erfolgreich vorangebracht haben, wird in Israel nach wie vor mit der Möglichkeit eines Nahostkrieges gerechnet, der mit unkonventionellen Waffen ausgetragen werden würde: Mit massiver russischer und inzwischen wohl verringerter europäischer Hilfe ist der Iran dabei, sein unkonventionelles Waffenarsenal mit Nuklearwaffen auszubauen. In Lybien entsteht eine gefährliche Produktionsanlage von C-Waffen. Im Irak ist mit den gleichen Entwicklungen zu rechnen, sollte die Kontrolle durch die UN entfallen. Schließlich ist ungewiß, ob und wann ein bilateraler Friedensvertrag mit Syrien zustandekommen wird, das ebenfalls über ein bedrohliches Arsenal unkonventioneller Waffen verfügt.

Bedrohung durch unkonventionelle Waffen

Israel in der Nachgolfkriegsära

Januar 1992

Während Scud-Raketen über die Köpfe der in Cisjordanien lebenden Palästinenser hinwegfliegen, tanzen nicht wenige von ihnen auf den Dächern ihrer Häuser... In ihrer Sichtweite liegen Großstädte, in denen israelische Zivilisten beim allabendlichen russischen Roulette Schrekkenssekunden durchleben, die höllische Ewigkeiten dauern... Dieses surrealistische Tableau hat erneut illustriert, wie die Schicksale von Israeli und Palästinensern auf Gedeih und Verderb ineinander verklammert sind.
Mit dem Ende des Golfkriegs hat für Israel eine neue Epoche begonnen. Es ist noch nicht zu ermessen, ob sich Israels Lage verbessert oder verschlechtert hat. Einander vollkommen gegenläufige Entwicklungen legen widersprechende Schlußfolgerungen nahe: Als Präzedenzfall, bei dem strategische Waffen gezielt gegen die israelische Zivilbevölkerung eingesetzt worden sind, könnte der Golfkrieg den Gebrauch von Massenvernichtungswaffen im Nahen Osten vorbereitet haben. – In dem sich rasant verändernden Kräftefeld der von George Bush verheißenen »Neuen Weltordnung« gefährdet der Verfall der israelisch-amerikanischen Beziehungen vielversprechende diplomatische Entwicklungen. – Gefährlich ist die in Israel anzutreffende Untergangsstimmung, die zuläßt,daß mit erhöhten Einsätzen um die Zukunft des Staates gepokert wird...

Eine durchbrochene Schallmauer

Fast unbemerkt haben die neununddreißig Scud-Raketen, die innerhalb von vier bis sechs Minuten vom westlichen Irak sieben- bis neunhundert Kilometer zu den Ballungsgebieten israelischer Großstädte zurücklegten, auch eine psychologische Schallmauer durchdrungen. Diesbezüglich fällt nicht ins Gewicht, daß dreizehn israelische Zivilisten ihr Leben verloren, daß zweihundertneununddreißig verletzt wurden und daß sich die Zahl zerstörter oder beschädigter Wohnungen auf zwanzigtausend beläuft. So schlimm dies ist, angesichts moderner Waffentechnik hätte diese trockene Statistik verheerender ausfallen können. Politisch beunruhigender ist der von ihr verschwiegene Langzeitschaden, der durch den Ersteinsatz strategischer Waffen gegen israelische Zivilisten angerichtet worden ist.

Die Bilder von zerstörten Wohnvierteln im Großraum Tel Aviv sowie von Zivilisten, die in die den Scuds unerreichbaren südlichen Teile Israels flohen, haben die empirisch gesicherten Prämissen der israelischen Verteidigungsdoktrin zunichte gemacht. Seit dem Golfkrieg können israelische Strategen nicht mehr voraussetzen, was bei allen vorausgegangenen Kriegen gegolten hatte: Die für die israelischen Streitkräfte mehr oder weniger verlustreichen Kriege fanden auf dem Schlachtfeld statt. Nur dort, so konnte bisher angenommen werden, würde der Feind schließlich bezwungen werden, während Israels Zivilbevölkerung von den Kampfhandlungen nicht in Mitleidenschaft gezogen werde. – Ferner hat der Beschuß der Zivilbevölkerung sowohl in Israel als auch in der Diaspora empfindliche Saiten zum Schwingen gebracht. Vernichtender als die Tel Aviver Wohnungen haben die waffentechnisch noch perfektionierbaren und im Golfkrieg *noch* nicht mit ABC-Sprengköpfen bestückten Scuds den wohl empfindlichsten Nerv jüdischer Existenz getroffen: Nämlich die angesprochenen Vernichtungstraumata, die eine zweitausendjährige Vorgeschichte hatten, bevor dann zu Lebzeiten heutiger Zeitgenossen ein Drittel des jüdischen Volks einer industrialisierten Mordmaschinerie zum Opfer fiel.

Unter den Gegebenheiten, die während des Kalten Krieges in Westeuropa vorherrschten, ist schwer zu verstehen, weshalb aus israelischer Sicht die seit Jahrzehnten vorhandenen unkonventionellen Waffen nicht schon lange vor dem Golfkrieg als konkrete Bedrohung erlebt wurden: In Westeuropa hatte die Aufrüstung mit unkonventionellen Waffen dahin geführt, daß ein konventioneller Waffengang immer weniger als die eigentliche Gefährdung des Kontinents erschien. Vielmehr fühlten sich weite Teile der Öffentlichkeit von der explosiven Spannung zwischen den Großmächten bedroht, deren Arsenale strategischer Nuklearwaffen in immer rasanterem Tempo expandierten.

Anders im israelisch-arabischen Konflikt: Seitdem der Staat Israel 1948 gegründet worden ist, erleben dessen Bürger, daß kein Jahrzehnt vergeht, ohne daß sie in einem konventionellen Krieg für die Existenz ihres Staates kämpfen müssen. Zwar nicht unter politischem, jedoch unter biographischem Gesichtspunkt bedeuten nicht einmal die achtziger Jahre eine Ausnahme von dieser Regel: »Kein Jahrzehnt ohne Krieg!« Denn der bis zum fünfundfünfzigsten Lebensjahr wehrpflichtige Israeli, wurde damals wieder zu den Waffen gerufen – selbst wenn er persönlich, wie weite Teile der israelischen Öffentlichkeit, die höchst umstrittene Offensive gegen den Libanon nicht als Verteidigungskrieg anerkannte. – So war es zu jener Situation gekommen, daß Israeli, die im wehrpflichtigen Alter erfahrungsgemäß dreimal im Leben zu einem konventionellen Krieg eingezogen werden, keinen Anlaß sahen, sich in erster Linie von unkonventionellen Waffen bedroht zu fühlen. Im Unterschied zu ihren europäischen Zeitgenossen hatten Nuklearwaffen im subjektiven Erleben der Israeli eine theoretische Bedrohung dargestellt. Erst durch den Golfkrieg ist dies anders geworden.

Psychologische Auswirkungen der Scud-Angriffe

Über die psychologischen Auswirkungen der Scudangriffe wird in der israelischen Öffentlichkeit nicht diskutiert. Dennoch sind sie auf verschiedenen Ebenen evident.

Zunächst fällt auf, daß die diversen Bemühungen der Militärs, künftig den Schutz der Zivilbevölkerung zu gewährleisten, ein neues Dauerthema in den Medien geworden ist. Ohne auf Details einzugehen, sei zusammenfassend festgehalten, daß die Militärs Grund zur Besorgnis sehen, wie künftig die Gefahr angreifender Raketen abgewehrt werden kann. Die *Patriot*-Raketen, die im Golfkrieg von den USA bereitgestellt und in Israel und Saudi-Arabien gegen angreifende Scuds eingesetzt worden waren, gelten als unzureichende Abwehr strategischer Waffen. Solange diese nicht gewährleistet werden könne, darin gehen Experten einig, werde der einzig zuverlässige Schutz in der wirkungsvollen Offensive bestehen, die den oder die Angreifer ausschalte, bevor zu einem vernichtenden Schlag gegen Israel ausgeholt werden kann. Dies bedeutet eine neue Gefahr für die Region: Wird in Rechnung gestellt, daß mit großer Wahrscheinlichkeit israelische Nuklearwaffen bereits im Golfkrieg aus den Silos gefahren worden waren, dann könnten künftig ungleich nervösere Finger den Abzug kontrollieren. Daß der Einsatz von Nuklearwaffen, etwa gegen das benachbarte Syrien, für Israel selbst ökologisch verheerende Folgen hätte, dürfte die politische und militärische Führung nur solange zurückhalten, als sie sich nicht veranlaßt sieht, die Vernichtung des jüdischen Staates zu befürchten.

Daß die neue prekäre Sicherheitssituation sich auf die Außenpolitik der aus Falken zusammengesetzten Regierung in Jerusalem mehr rhetorisch als realiter auswirkt, dürfte mit dem Druck der fast uneingeschränkt schaltenden und waltenden amerikanischen Supermacht zusammenhängen. Indessen sprechen innenpolitische Stimmungsbarometer eine deutliche Sprache. Beispielsweise dürfte das nervöse Taktieren der israelischen Arbeiterpartei, deren prominenteste Persönlichkeiten in den Wochen nach der Madrider Friedenskonferenz die konfusesten Widersprüche über die Zukunft der Golanhöhen vertreten haben, als Reaktion auf die tatsächliche oder vorausgesetzte Stimmung unter den Wählern zu verstehen sein, die vor November 1992 an die Urnen gehen.

Es gibt Anzeichen, daß selbst im Alltag eine bisher unbekannte fatalistische Untergangsstimmung durchzuschlagen beginnt. Freilich läßt sich darüber streiten, inwiefern subjektive Eindrücke tatsächlich eine verbreitete Tendenz erfassen. Jedoch sei in diesem Bewußtsein ein persönliches Erlebnis mitgeteilt: Wenige Wochen nach der Madrider Nahostfriedenskonferenz wurde ich Zeuge einer Unterhaltung zwischen einem Klempner und einem Hausbesitzer, die die Wasserversorgung eines Haushalts besprachen. Der Hausbesitzer rühmte den hierzulande seit Jahrzehnten geschätzten Vorzug des hauseigenen Wasserreservoirs, das mit Sonnenenergie beheizt wird: Er hob hervor, daß im Kriegsfall keine Abhängigkeit von der städtischen Wasserversorgung bestehe, welche naheliegendes Ziel potentieller Angreifer sei. Darauf versicherte ihm der Klempner, daß derlei Überlegungen beim nächsten Waffengang überflüssig seien, weil dieser nicht mehr konventionell geführt werden würde, und sämtliche Wasserreservoirs des Landes ohnehin verstrahlt würden…

Die Nach-Golfkriegsära aus israelischer Perspektive

Aus israelischer Sicht war das Ergebnis des *Wüstensturms* ein politisches Fiasko: Nachdem Saddam Hussein als Verbrecher gegen Menschheit und Ökologie Superlative geerntet hatte, erlebte er in den letzten Stunden des Golfkriegs wie in einem Alptraum eine unheimliche Metamorphose: Aus amerikanischer Sicht zum kleinsten Übel für die Region avanciert, wurde auf seine Beseitigung verzichtet. Daß darüber – laut »informierten Quellen« in Washington – neun Monate später, angesichts des bevorstehenden Wahlkampfes im Weißen Haus von neuem nachgedacht würde, löste in Israel keine Erleichterung aus... – Nur Wochen nach dem Golfkrieg vollzog Syrien (als antiirakischer Bündnispartner mit Billigung der US-Regierung...) die De-facto-Annektierung des Libanon. Außerdem kann Damaskus unkontrolliert in gefährlichem Ausmaß aufrüsten. – Aufgrund verschiedener Entwicklungen, die nicht nur das Ergebnis von Shamirs undiplomatischem Stil, seine Außenpolitik zu gestalten, sind, kann sich Israel von dem bewährten Bündnis mit den USA nur noch bedingt Sicherheit versprechen.

Freilich sind diese ernüchternden Entwicklungen und Enttäuschungen für die realpolitische Bilanz irrelevant, die von Israel im eigenen Interesse möglichst emotionslos gezogen werden muß: Durch den Ausgang des Golfkrieges sind westliche Wirtschaftsinteressen – einschließlich der israelischen – gesichert worden. Dagegen wurde das Problem, das der irakische Diktator für die gesamte Region verkörperte, nicht aus der Welt geschafft. Inzwischen werden unkonventionelle Waffen auf Schwarzmärkten rund um den Globus meistbietend verhökert. Im Nahen Osten, wo die zahlungskräftigsten Kunden beheimatet sind, wird die Aufrüstung in erschreckendem Tempo fortgesetzt. Zugleich zeichnen sich in den Staaten der Region keine versprechenden Demokratisierungsprozesse ab. So steht aus israelischer Sicht nach wie vor zu befürchten, daß ein bis an die Zähne bewaffneter Despot mit oder ohne expansionistische panarabische Ambitionen eine apokalyptische Vernichtung des Nahen Ostens inszenieren könnte.

Diese allgemeinen Tendenzen nehmen konkrete Formen an: Zunächst sehen Israeli Grund zur Annahme, daß eine Bedrohung aus dem Irak im nächsten halben Jahrzehnt unwahrscheinlich ist. Kurz- und mittelfristig beunruhigender sind dagegen die nordkoreanischen Scud-Raketen, die in beängstigendem Ausmaß nach Syrien geliefert werden. Daß sie Israels Zivilbevölkerung vernichten könnten, erfahren Israeli aus ihren Tageszeitungen: Bei verbesserter Treffsicherheit reichen dazu konventionelle Sprengköpfe, von B- und C-Sprengköpfen ganz zu schweigen. In Jerusalem haben Politiker aller Richtungen keinen Grund zur Illusion, daß ein Premierminister irgendeiner Partei sich noch einmal erlauben könnte,was Shamir im Golfkrieg gerade noch möglich war: sich aus Kampfhandlungen herauszuhalten, während die Zivilbevölkerung täglich unter Raketenbeschuß liegt. Daß ein Zurückgreifen auf diese Taktik undenkbar erscheint, hängt mit einem weiteren psychologischen Novum der Nach-Golfkriegsära zusammen, das für die derzeitigen Entwicklungen in der Region eine entscheidende Rolle spielt: In den Monaten nach dem Golfkrieg haben Israeli mehr und mehr das Bewußtsein verloren, Bürger des »einundfünfzigsten US-Staats im Nahen Osten« zu sein...

Historische Ironien – Chancen und Gefahren der *Neuen Weltordnung*

Die Nach-Golfkriegsära scheint von einer entsetzlichen historischen Ironie gekennzeichnet zu sein. Sie liegt in der nur wenige Jahre zuvor unvorstellbaren Desillusionierung, die die Verwirklichung einer jahrzehntelang gepflegten Utopie überschattet: Noch Mitte der achtziger Jahre wurden politische Kommentatoren in Israel nicht müde, sich jene zukünftige Epoche auszumalen, in der die Arsenale ihrer explosiven Region nicht mehr mit den immer perfektionierteren Waffensystemen der konkurrierenden Großmächte vollgestopft werden würden. Inzwischen hat sich dieser Traum partiell verwirklicht, insofern der Konkurrenzfaktor zwischen den verfeindeten Blöcken passé ist. Indessen ist der Zynismus der US-Regierung – beispielsweise ihr wechselhaftes Verhalten gegenüber den Opfern Saddam Husseins – symptomatisch für die Arroganz der Macht, die sich in der Nahostpolitik der alleinherrschenden Supermacht immer weniger verkennen läßt.

Aus der Sicht israelischer Regierungskritiker ist diese Entwicklung besorgniserregend, weil sie eine historische Chance ruinieren könnte: In den zurückliegenden zwei Jahrzehnten waren kompromißbereite Israeli immer wieder daran verzweifelt, daß US-Regierungen freiwillig oder unfreiwillig die destruktive Politik israelischer Regierungen im Libanon und in den besetzten Gebieten gebilligt hatten. Als sich gegen Ende der achtziger Jahre die inzwischen eingetretene grundlegende Veränderung im Ost-West-Kräftefeld abzuzeichnen begann, hatte mancher oppositionelle Israeli gehofft, daß in absehbarer Zukunft nun endlich der nötige Druck der US-Regierung auf Jerusalem erfolgen werde. Denn seit Ausbruch der *Intifada* schien sowohl das Verhalten der Shamir-Peres-Koalition (*Likud* – Arbeiterpartei) als auch das der zur Zeit regierenden Rechtskoalition zu zeigen, daß eine israelisch-palästinensische Annäherung nur unter konstruktivem Zwang versucht werden würde. Unter diesem Gesichtspunkt begrüßten Vertreter der israelischen Friedensbewegung den seit dem Golfkrieg aus Washington erfolgenden Druck. Jedoch ist dieser in den letzten Monaten in einer Art ausgeübt worden, die selbst kompromißbereite Israeli beunruhigt und somit Gefahr läuft, von Shamirs Kritikern nicht mehr mitgetragen zu werden. Dadurch könnte eine historische Chance vertan werden, weil die gegenwärtige innenpolitische Konstellation unter einem weiteren Gesichtspunkt selten vielversprechend ist.

Auch dies hängt mit einer historischen Ironie zusammen. Bemerkenswerterweise war sie beim letzten Wahlkampf sogar die Aussage des dümmlichen Slogans, »Nur der *Likud* kann!« – Zwar wird seither in der israelischen Öffentlichkeit fast täglich von neuem die verzweifelte Frage gestellt, was der *Likud* überhaupt könne. Dennoch weiß dessen Opposition zu schätzen, daß tatsächlich nur der *Likud* in der Lage ist, die für einen Frieden unverzichtbaren Kompromisse politisch zu vertreten. Von niemandem links vom *Likud* ist jemals behauptet worden, daß der Friedensvertrag mit Ägypten eine Chance gehabt hätte, wenn er seinerzeit von Menahem Begins Opposition bekämpft worden wäre.

Analog wird auch jetzt von der linken Opposition nicht bezweifelt, daß amerikanischer Druck nur dann Ergebnisse zeitigen kann, wenn eine vom *Likud* (der stärksten Rechtspartei) geführte Regierungskoalition die erzwungenen Kompromisse gegenüber dem konservativen Lager vertreten muß.

Unter diesen Voraussetzungen tritt neuerdings ein Komplikationsfaktor auf: Zwar wird Shamirs wiederholt ausgesprochenes Credo, keine Handbreit Cisjordaniens abtreten zu wollen, von seiner Opposition als politischer Selbstmord abgelehnt. Dennoch ist auch Shamirs Gegnern klar, daß ihre Alternative verheerende Folgen haben könnte. Vertreter der israelischen Friedensbewegung sprechen immer wieder aus, daß territoriale Kompromisse gegenüber Syrien und den Palästinensern im günstigen Fall die *Voraussetzung* der erstrebten friedlichen Koexistenz schaffen werden. Aber auch sie empfinden, daß es in Israels erfahrungsgemäß mörderischen Umwelt keine Garantie gibt, daß der Kompromißfrieden halten wird, was man sich in der Friedensbewegung von ihm erhofft. Daß nun die US-Regierung zunehmend als Makler mit dubiosen Eigeninteressen gesehen wird, fördert nicht die Risikobereitschaft in der israelischen Bevölkerung, deren Mehrheit laut repräsentativen Meinungsumfragen das Programm, »Gebiete für Frieden«, unterstützt. Denn der Eindruck, daß die legitimen Sicherheitsinteressen Israels von der Supermacht mißachtet werden, wirkt angesichts der jüdischen Leidensgeschichte auf Juden in Israel und in der Diaspora alarmierend.

Krise der israelisch-amerikanischen Beziehungen

Wer in das hehre Engagement der US-Regierung für Demokratie, Menschenrechte etc. Vertrauen gesetzt hatte – vor einem Jahr hat es entsprechende Ansichten gegeben –, mußte spätestens beim Ausgang des Golfkriegs die ökonomische Motivation als des Pudels Kern erkennen. Der Übergang von der Moral- zur Realpolitik, die Tatsache, daß die USA im Nahen Osten in erster Linie eigene Interessen verfolgen, wird von israelischen Kommentatoren mit Verständnis nachvollzogen. Es wird zwar als unbequem, jedoch als folgerichtig erlebt, daß amerikanische und israelische Interessen mit Beendigung des Kalten Krieges nicht mehr wie einst weitgehend deckungsgleich sind. Dennoch wirft die anbrechende *Neue Weltordnung* Schatten voraus, die Juden in Israel sowie in der Diaspora beunruhigen müssen. Per se hängt dies nicht mit den Zielen amerikanischer Nahostpolitik zusammen, sondern mit der Art, in der diese verfolgt werden. Dies sei am Streit über die Bürgschaften illustriert.

Jüngste Meinungsumfragen unter Entscheidungsträgern in jüdischen Organisationen in den USA haben gezeigt, daß George Bush mit seiner Absicht, die Einstellung der israelischen Siedlungspolitik zu erzwingen, auf das Verständnis von etwa achtzig Prozent der Befragten hätte zählen können. Entsprechendes gilt von der israelischen Öffentlichkeit, wie bereits erwähnt wurde. – Nun hatten sich regierungskritische Kreise in Israel schon im Frühsommer 1991 ausgerechnet, daß die US-Regierung die von Jerusalem beantragte Bürgschaft (in Höhe von zehn Milliarden Dollar) zwecks Integrierung der Einwanderungswelle aus der ehemaligen Sowjetunion als Druckmittel benutzen würde, um die Einstellung der Siedlungspolitik in den besetzten Gebieten durchzusetzen. Daß Letztere von Baker wiederholt als »größtes Hindernis für den Frieden« verurteilt worden war, hatte jedoch keinen Eindruck auf Shamirs Regierung gemacht. Daraufhin wies der US-Präsident, wie von Shamirs Opposition erhofft, im September 1991 den Bürgschaftsantrag tatsächlich zurück. Allerdings führte Bush aus politisch unnachvollziehbaren Gründen die Auseinandersetzung mit Shamirs Regierung in einer Art, die von Juden in Israel und in der Diaspora, unabhängig von ihrer politischen Auffassung, als bedrohlich empfunden werden mußte: Anstatt von vornherein die Auseinandersetzung auf die Einstellung der in Israel ohnehin heftig umstrittenen Siedlungspolitik zu begrenzen, ließ sich Bush zu einer Personalisierung des Streites und dann zu einer offenen Fehde mit Shamir hinreißen. Im Verlauf dieser unklugen Auseinandersetzung wurde immer unklarer, inwieweit das legitime Anliegen der Bürgschaft, nämlich die Integrierung der Einwandererwelle, vom US-Präsidenten noch anerkannt wurde. Dies löste eine offensive Öffentlichkeitskampagne aus, die jüdische Organisationen in den USA nicht ohne Erfolg im Kongreß und im Senat führten. Bush hatte wohl Grund zu befürchten, er werde den Kürzeren ziehen. Jedenfall fühlte er sich wiederholt zu abfälligen Bemerkungen über die staatsbürgerliche Loyalität amerikanischer Juden veranlaßt[1]. Dies mußte als Alarmsignal verstanden werden: Amerikanische Juden und Israeli empfanden, daß George Bush unterhalb der Gürtellinie kämpfte: Schließlich gelten in jener Wiege der Demokratie – die Bewertung dieses Pathos sei dahingestellt – derartige Öffentlichkeitskampagnen als legitimes Mittel politischer Interessenvertretung. Vor allem aber legen die Erfahrungen der jüdischen Leidensgeschichte beunruhigende Zweifel nahe: Was sollen die deplazierten Äußerungen des US-Präsidenten? Warum greift er Juden an, wenn sie wie andere Gruppen in den USA ihre Interessen verfolgen? Ist die US-Regierung nicht mehr in der Lage, ist sie überhaupt noch willens, Israels berechtigte Interessen anzuerkennen? Hat Israel im Kampf um sein Überleben in den USA noch einen Verbündeten?...

Der psychologische Durchbruch in Madrid

Bei aller Veranlassung zur Reserviertheit gegenüber der amerikanischen Rolle beim Friedensprozeß rechnen Vertreter der israelischen Friedensbewegung James Baker das Zustandekommen der Madrider Nahostfriedenskonferenz hoch an. Auch wenn sie nach allen Erfahrungen nur als Beginn eines langen Weges mit ungewissem Ausgang betrachtet werden kann, wird die Madrider Konferenz schon jetzt als Fortschritt in der Nahostdiplomatie verbucht. Allerdings ist noch nicht zu ermessen, inwiefern der in Madrid begonnene Prozeß geeignet ist, der erwähnten neuen Gefahr zu steuern, die der Einsatz strategischer Waffen gegen die Zivilbevölkerung auf den Plan führt. Unter diesem Gesichtspunkt ist derzeit noch offen, welche konkreten Veränderungen das Geschehen im Madrider *Palacio de Oriente*

---

[1] Wenige Wochen nach Verfassung des vorliegenden Textes wurde ferner bekannt, daß US-Außenminister James Baker seine jüdischen Mitbürger offenbar auf vulgäre Weise beschimpft hatte: »Fuck the Jews« hätte Baker gesagt, weil deren Mehrheit die Republikaner nicht unterstützten. Dies berichtete Edward Koch, der ehemaliger Bürgermeister von New York, in einem Artikel vom 6.3.92 in der *New York Post.* Nach Koch soll sich der Vorfall vierzehn Tage zuvor in einer Besprechung hinter verschlossenen Türen im Weißen Haus ereignet haben. Koch berief sich auf eine zuverlässige Quelle, nämlich einen hochgestellten Regierungsvertreter, der an jener Sitzung teilgenommen hätte. Dieser sei US-Wohnungsbauminister Jack Kemp gewesen, teilte die israelische Tageszeitung *Ha'aretz* am 8.3.92 mit, indem sie ihrerseits eine »zuverlässige Quelle« anführte.

bewirken wird, das weltweit als »historisches Ereignis« gefeiert worden ist.

Daß die Parteien des israelisch-arabischen Konflikts sich vor den Kameras der Weltöffentlichkeit am Verhandlungstisch niederließen, ist ein psychologisch nicht zu unterschätzender Fortschritt. Denn von den geregelten bilateralen Beziehungen zwischen Israel und Ägypten abgesehen, hatte es im Lauf der Jahrzehnte diplomatische Kontakte zwischen Israeli und Arabern lediglich hinter den Kulissen, sporadisch, unsystematisch und ohne wesentliche Konsequenzen gegeben. Bei dieser Vorgeschichte ist im *Palacio de Oriente* der Präzedenzfall statuiert worden, durch den der Mythos von der Unmöglichkeit zu verhandeln zerstört worden ist. Unter diesem Gesichtspunkt wird die Madrider Konferenz schon jetzt in der Chronik des israelisch-arabischen Konflikts festgehalten. – Außerdem wurden in Madrid die klaren Verhältnisse zwischen Eroberern und Eroberten annulliert: Daß die Mehrheit der palästinensischen Delegierten israelische Gefängnisse von innen gesehen hatte, gehört zu dem schweren psychologischen Erbe, das durch den in Madrid begonnenen Prozeß in kleinen, mühsamen Schritten überwunden werden könnte.

Gerade weil die Madrider Nahostkonferenz als aufwendiges Medienereignis weltweit zelebriert worden ist, konnte sich über die Bildschirme ein neuer Zeitgeist unter Israeli und Palästinensern verbreiten: In den besetzten Gebieten gab es zum ersten Mal Massendemonstrationen mit Ölzweigen. In Israel steht die Außenpolitik seither an oberster Stelle der politischen Tagesordnung.

Diplomatisches Protokoll und verfestigte Feindbilder

»Ein großes Ereignis mit kleinen Leuten« – so der Tenor von Kommentatoren der israelischen Friedensszene. Trotz aller Hoffnungen, mit denen die Madrider Friedenskonferenz in Israel verfolgt worden ist, hat sie weder die Begeisterung noch die Zuversicht auszulösen vermocht, die vierzehn Jahre zuvor mit der mutigen Jerusalemreise Anwar Sadats aufgekommen waren. Selbst wer die Konferenz begrüßte, hatte kaum Anlaß zu Euphorie, da sie unter freiwilligem Zwang stattfand – auf daß supermächtlicher Wille geschehe.

Das mit unbestreitbarer Regiekunst inszenierte Zeremoniell war ernüchternd. Die Vertreter der inzwischen aufgelösten Sowjetunion spielten in ihrer Eigenschaft als Mitveranstalter eine konstruktive, unverzichtbare Statistenrolle. Sie erinnerten an die realpolitische Voraussetzung der US-Friedensinitiative: Schon aus wirtschaftlichem Eigeninteresse würde die auf die USA angewiesene Sowjetunion sich künftig aus dem Nahostkonflikt aktiv heraushalten... Mit dem Selbstbewußtsein des *Mister World* auftretend, hielt dann George Bush die unvermeidliche Sonntagsrede, die aus seinem Mund freilich historiographisch selbstgefällig klang, um gleich danach zum Auftakt seines Wahlkampfes nach Texas weiterzujeten... Inhaltlich relevanter waren die hautnahen, surrealistischen Widersprüche des israelisch-arabischen Konflikts. Denn das Ineinander von diplomatischem Protokoll und unkommunikativer Körpersprache im *Palacio de Oriente* schien ein Bild der gegenwärtigen Situation im Nahen Osten zu vermitteln, das an Tiefenschärfe kaum noch zu überbieten war:

Einem Jerusalemer Leitartikler war aufgefallen, die Madrider Tischplatte sei großzügig genug angelegt gewesen, um keinem Teilnehmer zu ermöglichen, seinem Gegenüber ins Schienbein zu treten, und keinen in die Verlegenheit zu bringen, seinem Nachbarn unfreiwillig die Hand schütteln zu müssen. So wurden unter Verzicht auf physische Tuchfühlung und bei sparsam bemessenem Augenkontakt die begrenzten Artikulationsmöglichkeiten der Symbolsprache ausgereizt: Da Israels Regierung das Recht der Palästinenser auf einen souveränen Staat nicht anerkennt, hätte die Konferenz am Flaggenproblem scheitern können. Sie wurde jedoch gerettet dank der Hegemonie der amerikanischen Protokollchefs, die souverän diktieren konnten, daß lediglich Schilder mit den Namen der Delegationen auf dem Konferenztisch zugelassen würden. Indessen blieben den nach Madrid gelangten israelischen Delegierten, die parteipolitisch der Großisrael-Ideologie des konservativen Lagers verpflichtet sind, erhebliche Bauchschmerzen nicht erspart. Die politische Biographie dieser Repräsentanten Israels verbat ihnen, auf die Fiktion zu verzichten, daß ihnen keine Vertreter der PLO gegenüber gesetzt wurden. Die für diese Realitätswahrnehmung notwendige Form intellektueller Aufrichtigkeit vermag allerdings nur nachzuvollziehen, wer im Adamskostüm des Kaisers dessen Prachtgewand erkennt: Von dem offenen Geheimnis ganz zu schweigen, daß die im Konferenzsaal sitzenden Palästinenser Statisten der eigentlichen Drahtzieher waren – nämlich Feisal al-Husseini, Dr. Hanan Ashrawi u.a., die von ihren Hotelzimmern aus die Verbindung zur PLO-Führung in Tunis hielten... Damit nicht genug, die Absurdität von Shamirs Weigerung, mit PLO-Vertretern zu verhandeln, war nicht einmal im Konferenzsaal, im Refugium protokollarischer Etikette, zu verbergen. Aus undurchschaubaren Gründen hatte Shamir akzeptiert, keinem Geringeren als einem Mitbegründer der PLO, Dr. Haider Abed al-Shafi, in dessen Eigenschaft als Leiter der palästinesischen Delegation im Konferenzsaal gegenüberzusitzen. Um jedoch die volle Tragweite von Shamirs unsinniger Position zu verdeutlichen, bedurfte es freilich einer kommunikativen Initiative. Sie wurde ergriffen, als ausgerechnet ein Mitglied der palästinensischen Delegation als einziger einen Modus fand, seine Fahne zu zeigen, ohne die Vorschrift des Flaggenprotokolls zu verletzen: Dr. Sa'eb Erakat, hatte sich eine Woche vor Eröffnung der Konferenz öffentlich zu seiner den israelischen Militärbehörden längst bekannten Verbindung zur PLO bekannt. Shamirs Forderung, ihn deswegen von der Konferenz auszuschließen, war an Bakers Einspruch gescheitert. Im Konferenzsaal antwortete Erakat dann mit einer Provokation, auf die sich Shamir schlechterdings keine Reaktion leisten konnte: Als einziger palästinensischer Delegierter erschien Erakat zu jeder Sitzung mit einer schwarz-weiß gemusterten *Kafia* über den Schultern. Die *Kafia,* das traditionelle arabische Kopftuch, ist zwar in keinem PLO-Dokument als nationales Emblem der Palästinenser ausgewiesen. Jedoch ist sie in der *Intifada* zu einer alternativen Palästina-Flagge geworden – gerade weil israelische Besatzungstruppen nicht auf Kopftücher Jagd machen.

Trotz mißlungener Kommunikation und unstaatsmännischem, um nicht zu sagen unreifem Verhalten auf beiden Seiten bedeuten die Plenarsitzungen im *Palacio de Oriente* einen psycholgischen Fortschritt, von dem Generationen nur hatten träumen können: »Endlich wird verhandelt!« – In dem für Israel sonst sehr bedrückenden ersten Jahr nach dem Golfkrieg ist das Brechen dieses Tabus immerhin ein Schritt in die richtige Richtung, in der die Konfliktparteien, wie James Baker warnte, erst würden kriechen müssen, bevor sie gehen und schließlich laufen könnten.

Israel nach Madrid

Nach seinem Urteil über die Madrider Friedenskonferenz gefragt, hatte der ehemahlige US-Außenminister Henry Kissinger davor gewarnt, daß der exzessive Optimismus während der Konferenz durch übertriebenen Pessimismus abgelöst werden könnte. Beides sei deplaziert, weil die Direktverhandlungen zwischen Israel und seinen arabischen Nachbarn nach allen Erfahrungen kompliziert, langwierig und frustrierend zu werden versprächen. Dennoch meinte Kissinger, könnten sie auf lange Sicht zu Ergebnissen führen, sofern versucht werde, einer umfassenden Nahostfriedenslösung in Form von separaten Friedensverträgen zwischen Israel und seinen Nachbarn näher zu kommen. Dagegen sei es gefährlich, sich darauf festzulegen, daß solche Verträge in ein Paket verschnürt würden, das dann ganz oder gar nicht zu ratifizieren sei. Dadurch werde jeder einzelnenen der eventuell unzufriedenen arabischen Parteien ermöglicht, die Ratifizierung aller übrigen Friedensverträge mit Israel zu vereiteln.

Nach allen Erfahrungen der Region war nach Madrid von vornherein mit erheblichen Schwierigkeiten beim Friedensprozeß zu rechnen. Die Probleme, die bei der Aufnahme der folgenden Verhandlungsrunde in Washington aufgetreten sind, haben diese Erfahrung von neuem bestätigt. Jedenfalls wäre es verfrüht, über Dauer, Verlauf und Erfolgsaussichten des Friedensprozesses Prognosen abzugeben. Eine skizzenartige Bestandsaufnahme sehr verschiedener Aspekte mag die Komplexität von Israels Lage in dieser neuen Epoche verdeutlichen, in der Verhandlungen nicht mehr mit einem Tabu belegt sind.

Für Israel sind die Verhandlungen mit Syrien gegenwärtig am wenigsten versprechend. Dies ist insofern entmutigend, als eine alte Faustregel Jerusalemer Außenpolitik lautet: »Ohne Ägypten gibt es keinen Krieg, ohne Syrien keinen Frieden.« – Aus Israels Sicht verspricht sich Damaskus vom Friedensprozeß, die Golanhöhen wieder in Besitz zu nehmen. Jedoch hat Damaskus bisher nicht signalisiert, bei einem israelischen Rückzug von den Golanhöhen selbst zu territorialen Kompromissen bereit zu sein. Dagegen bestehen auch die zu Verzicht bereiten Israeli auf »angemessenen Sicherheitsvorkehrungen«: Nach den Erfahrungen der neunzehn Jahre zwischen der Gründung Israels und dem Sechstagekrieg, als die israelische Zivilbevölkerung in Obergaliläa den Launen syrischer Scharfschützen auf den Golanhöhen und den Überfällen von *Fedayeen* ausgeliefert war, gibt es in Israel keine politische Kraft, die für die Wiederherstellung des status quo eintritt. Ohne verläßlich konrollierbare Entmilitarisierung auf beiden Seiten und ohne Grenzkorrekturen zu diesem Zweck, ist in Israel kein Abkommen mit Damaskus mehrheitsfähig. Die bereits erwähnten Machtkämpfe innerhalb der Arbeiterpartei, deren Falken parteiintern zwar ohne Erfolg, jedoch nicht ohne gesundes innenpolitische Gespür die verstärkte Besiedlung der Golanhöhen befürworten, ist als Reflex der öffentlichen Meinung zu verstehen. So verwendet sich zur Zeit keine politische Kraft in Israel dafür, als Vorbedingung israelisch-syrischer Verhandlungen auf die Golanhöhen verzichten zu sollen.

Nach der De-facto-Annektierung des Libanon durch Syrien wird in Israel kein Vertrag mit dem nördlichen Nachbarn erwartet, solange Damaskus sein placet verweigert. Unter diesen Voraussetzungen ist nicht abzusehen, daß Israel in naher Zukunft die miltärische Kontrolle über die selbsterklärte, ca. vierzig Kilometer breite Sicherheitszone im Südlibanon wird aufgeben wollen. In den frühen achtziger Jahre hatten Übergriffe von Terroristenkommandos, die vom Libanon aus gegen die Zivilbevölkerung im Norden Israels operiert hatten, zu dem in der israelischen Öffentlichkeit höchst kontroversen Libanonabenteuer Ariel Sharons und Menachem Begins geführt. Daß Israel seit dem im April 1985 abgeschlossenen Truppenabzug diese selbsterklärte Sicherheitszone weiterhin kontrolliert, wird auch von Vertretern der Friedensbewegung akzeptiert. Auch sie wissen keine Alternative, um die Bevölkerung an der Nordgrenze vor palästinensischen und schiitischen Terroristenkommandos zu schützen, die derzeit mit Syriens Billigung vom Libanon aus operieren. Aus israelischer Sicht ist ein vollständiger Truppenrückzug aus dem Südlibanon erst dann diskutabel, wenn die libanesische Regierung im eigenen Interesse und ohne Syriens Einmischung selbst die Befriedung des israelisch-libanesischen Grenzgebiets gewährleisten kann.

Dagegen sind die Aussichten versprechend, mit Jordanien zu einem Vertragsfrieden zu kommen. Damit würde der seit fast zwei Jahrzehnten herrschende De-facto-Frieden mit dem östlichen Nachbarn mit der längsten Landgrenze aufgewertet werden. Das Haschemitische Königreich hatte sich schon 1973 aus dem von Ägypten und Syrien gegen Israel begonnenen Oktoberkrieg herausgehalten, indem es die Jordanfront gegen Israel nicht eröffnete. Daß das Haschemitische Königreich (wie auch Marokko) sich dennoch nicht völlig unsolidarisch aus dem Krieg gegen Israel heraushalten mochte und einen Verband an die syrische Front schickte, ist für diese Bewertung freilich unerheblich... In der Gegenwart ist jedenfalls neu, daß amerikanische Rückendeckung König Hussein ermöglicht, sich einen Alleingang ohne und vor allem *gegen* Syrien zu leisten. Gegenwärtig ist der von wirtschafts- und sozialpolitisch explosiven Problemen geplagte Monarch außerdem durch politisches Eigeninteresse motiviert, eine aktive Rolle bei dem von Washington angeregten Friedensprozeß zu übernehmen. Für den politischen Überlebenskünstler ist dies die einzige Rettung, nachdem er sich durch seine Unterstützung Saddam Husseins in ein auswegloses politisches Abseits manövriert hatte. Angesichts der palästinensischen Bevölkerungsmehrheit (ca. sechzig bis siebzig Prozent) kann sich das Haschemitische Königreich allerdings keine Annäherung an Israel unter Verzicht auf eine befriedigende Lösung des Palästinenserproblems erlauben. Da die Palästinenser, die beim Friedensprozeß am meisten zu gewinnen haben, ihrerseits an einer Einigung mit Israel interessiert sind, scheint ein Friedensvertrag zwischen Israel und Jordanien wahrscheinlicher denn je.

Der Ausbruch der *Intifada* im Dezember 1987 hat der israelischen Öffentlichkeit vor Augen geführt, daß die Lösung der Palästinenserfrage integraler Bestandteil des israelisch-arabischen Friedens sein müsse. Nicht einmal den Großisrael-Ideologen ist seither gelungen, ihre über viele Jahre praktizierte Vogelstraußpolitik fortzusetzen: die israelisch-palästinensische Komponente des Konflikts durch Totschweigen aus der politischen Tagesordnung auszublenden. Zwar wiederholen Vertreter von Shamirs Regierung auch nach Madrid ihr augenwischerisches Credo, mit PLO-Vertretern werde nicht verhandelt und in Cisjordanien – sowie auf den Golanhöhen – werde keine Handbreit preisgegeben werden. Jedoch erinnert dieses rhetorische Gebaren an das lautstarke Reagieren getroffener Hunde, insofern sich die Großisrael-Ideologen angesichts unabwendbarer geopolitischer Entwicklungen ihrer Machtlosigkeit bewußt zu sein scheinen.

Allerdings wäre es realitätsfern, diese Rhetorik als gegenstandslos zu ignorieren: Auch wer sich nicht von ihr überzeugen läßt, kann kaum verkennen, daß sie den Ängsten vieler Israeli entspricht. Denn obgleich deren Mehrheit mit dem Verstand das Programm »Gebiete für Frieden« unterstützt, läßt sich im ersten Jahr nach dem Golfkrieg die Berechtigung jener tiefsitzenden Sicherheitstraumata kaum mit überzeugenden Argumenten bestreiten, die Israel als historisches Erbe mit sich herumträgt.

Perspektiven

Oft genug haben sich als gesichert geltende Konstellationen der Nahostpolitik über Nacht grundlegend verwandelt – gleich den Wanderdünen in den Wüstenlandschaften dieser Region. Bei den Risiken, in einer solchen Gegend Prognosen zu stellen, kann abschliessend festgehalten werden, was sich gegenwärtig abzuzeichnen *scheint.*

Früher oder später, vielleicht allerdings erst nach den 1992 stattfindenden Knessetwahlen, dürfte Israels Regierung mit der Forderung konfrontiert werden, seine Siedlungspolitik einzustellen. Je länger dieser Forderung nicht entsprochen wird, desto komplizierter wird die israelisch-palästinensische Einigung. Neuerdings warnen Vertreter der israelischen Friedensbewegung, daß die geopolitisch überlegt plazierten Siedlungen die Rückgabe Cisjordaniens bereits unmöglich gemacht habe.

Immer häufiger erinnern sich Vertreter des gesamten politischen Spektrums in Israel an die schwierige Zwangsevakuierung von Yamit. Je auf ihre Weise sehen Tauben und Falken in der etwa zweitausend Einwohner zählenden Siedlung, die beim Friedensabkommen mit Ägypten vertragsgemäß von israelischen Sicherheitskräften geräumt werden mußte, einen Präzedenzfall: Für die einen bedeutet er, daß israelische Siedlungen mit außenpolitischem Gewinn abgetreten werden können... Für die anderen symbolisiert die legendäre Siedlung im nördlichen Sinai, daß das Übel israelischer *appeasement* - Politik bis aufs Messer bekämpft werden müsse... Daß die Räumung Cisjordaniens mit derzeit ca. hunderttausend israelischen Siedlern ungleich komplizierter werden wird, läßt sich ohne viel Phantasie vorstellen. Da eine beträchtliche Anzahl der militanten Siedler fanatisiert ist, scheint die unter Israeli verbreitete Befürchtung nicht von ungefähr zu sein, daß bei der Räumung Cisjordaniens bewaffnete, bürgerkriegsähnliche Auseinandersetzungen bevorstehen könnten.

Sind territoriale Kompromisse unverzichtbarer Bestandteil einer israelisch-palästinensichen Einigung, so ist ungewiß, wie Israels berechtigte Sicherheitsinteressen mit verständlichen palästinensischen Nationalstaatsbedürfnissen vereinbart werden können: In dieser Region, aus deren Alltag martialische Männlichkeitssymbole nicht wegzudenken sind, dürfte ein staatliche Souveränität anstrebendes politisches Gebilde kaum überlebensfähig sein, wenn es seine nationalstaatliche Identität lediglich durch Flagge und Paß ohne die unersetzbare Bleispritze zum Ausdruck bringen sollte. Wie dieser Gegebenheit in einem Palästinenserstaat Rechnung getragen werden könnte, ohne daß Israels Sicherheit durch eine weitere angriffstüchtige Armee gefährdet wird, ist nicht abzusehen. Ebenso unklar ist die Lösung der anstehenden multilateralen Nahostprobleme, die laut dem Plan der US-Regierung Bestandteil des Friedensprozesses sein sollen: Abrüstung, Wasser, Umwelt.

Nachfolgender Text entstand in den Wochen nach den Wahlen zur 13. Knesset am 23. Juni und vor Antritt der neuen Regierung am 13. Juli 1992. Obgleich große Hoffnungen auf einen neuen politischen Kurs bestanden, dokumentiert der Text eine Unterschätzung von Yitzhak Rabins staatsmännischer Größe. Nach meiner Erinnerung war damals niemand auf die epochalen Umwälzungen eingestellt, die in der 13. Legislaturperiode tatsächlich stattgefunden haben: Allein die außenpolitischen Leistungen der Regierung Rabin – das Osloer Vertragswerk, der Friedensvertrag mit Jordanien und ein umfangreicher Normalisierungsprozeß mit weiten Teilen der arabischen Welt – haben Israel in eine neue Ära geführt. Dies hat durchweg positive volkswirtschaftliche Auswirkungen, die vor dem Regierungswechsel traumhaft erscheinen mußten. Wer zuvor unter den gesellschaftspolitischen und psychologischen Folgen der Okkupation gelitten hatte, wird der Regierung Rabin ferner eine Verbesserung des gesellschaftlichen Klimas hoch anrechnen. Daß all dies unmittelbar nach der 13. Knessetwahl nicht absehbar war, dürfte zu einem erheblichen Teil mit Rabins politischer Biographie zusammenhängen: Trotz unbestreitbarer historischer Leistungen als Militär, hatte der langjährige Politiker Rabin keinerlei staatsmännisches Format bewiesen. Im Gegenteil, nur wenige Jahre zuvor, in Regierungen der nationalen Einheit unter Premierminister Shamir (1986-90), hatte Verteidigungsminister Rabin während der Intifada *die Charakteristika eines engstirnigen, phantasielosen Militärs an den Tag gelegt. Seinerzeit hatten Vertreter der Friedensbewegung immer wieder Grund gehabt, an seinen Grenzen zu verzweifeln. Wer nach der 13. Knessetwahl Rabin die staatsmännische Größe zugetraut hätte, die er dann tatsächlich bewies, wäre wohl als Phantast belächelt worden.*

Politische Wende und Kursänderung im Friedensprozeß

Anfang Juli, 1992

»Wir gehen einer neuen Epoche entgegen, in der es möglich sein wird, uns mit unseren Nachbarn auszusöhnen, bessere Beziehungen mit den USA und Europa herzustellen und weltweit unsere Bindung mit dem Judentum zu festigen«, hatte Shulamit Aloni, Vorsitzende des Meretzblocks und Bildungsministerin in der von Yitzhak Rabin gebildeten Koalitionsregierung, am Abend nach der Wahl[1] erklärt. Abgesehen vom Ende außenpolitischer Isolierung verspricht man sich in der israelischen Öffentlichkeit von der parlamentarischen Entmachtung der Großisrael-Ideologen eine Verbesserung der innen-, rechts-, sozial-, gesellschafts- und wirtschaftspolitischen Lebensqualität.

Die von Rabin versprochene »Änderung der nationalen Prioritätenskala« wirkte auf Israeli anziehend, weil elementarste Interessen durch die vom Likud verantwortete Regierung vernachlässigt worden waren: Zu einem unersättlichen Moloch hochgepeppelt, hatte die Siedlungspolitik astronomische Milliardenbeträge verschlungen, die in Form von schmerzlich fehlenden Millionensümmlein lebenswichtigen Bereichen abgezweigt wurden: dem Sozial-, Bildungs- und Gesundheitswesen, dem außerhalb der besetzten Gebiete im argen liegenden Straßen- und Wohnungsbau sowie beschäftigungspolitischen Programmen, die angesichts der Einwanderung aus dem Bereich der ehemaligen Sowjetunion dringend nötig gewesen wären. Man muß nicht parteipolitisch gefärbter Propaganda verfallen, um sich auszurechnen, daß der Schaden, der in diesen Bereichen von der abgewählten Regierung angerichtet worden ist, sich kaum in einer Legislaturperiode wird reparieren lassen. Von diesen materiellen Schäden abgesehen, haben ideologischer Größenwahn und korrupte Praktiken der tonangebenden Großisrael-Verfechter das gesellschaftliche Klima nachhaltig vergiftet.

[1] 23. Juni 1992.

Von Premierminister Yitzhak Shamir gebilligt, wurde die Siedlungspolitik zu einem politischen Abenteuer eines farblosen, phantasielos sturen Geheimdienstsaboteurs, der während seiner achtzehnjährigen parlamentarischen Laufbahn nicht dazugelernt hatte, politische Interessen mit demokratisch-rechtsstaatlichen Mitteln zu verfolgen. Unter eben dieser Voraussetzung war es folgerichtig, daß die Siedlungspolitik den fähigen Händen von Wohnungsbauminister Ariel Sharon anvertraut wurde, einem verantwortungslos draufgängerischen Militär, der von Leuten, die mit ihm zu tun bekommen (in den fünfziger Jahren schon von Ben-Gurion), als pathologischer Lügner betrachtet wird... Um die von der abgewählten Regierung kultivierten Verhältnisse zu illustrieren, sei exemplarisch eine jüngere Entwicklung in der Rechts- und Gesellschaftspolitik vergegenwärtigt: Während der Wochen vor den Wahlen waren mehrere israelische Zivilisten palästinensischen Fanatikern zum Opfer gefallen, die wehrlose Passanten mit Messern, Äxten und ähnlichen Mordwaffen angriffen. In dieser Sache wiederholte Premierminister Shamir unbelehrbar Äußerungen, die, selbst wenn sie im Affekt ausgesprochen werden, aus dem Mund eines erfahrenen Kabinettspolitikers unentschuldbar sind: Kaltblütig mordende Terroristen – beteuerte Shamir – sollten ohne Gerichtsverfahren an Ort und Stelle getötet werden. Zeigte der mächtigste Amtsträger im Staat kein Vertrauen in rechtsstaatlich geregelte Rechtsprechung, so war es kaum ein Wunder, daß in Jerusalem ein Mob aufgebrachter Augenzeugen einen Terroristen zu lynchen versuchte, als dieser ein Kind erstechen wollte. Vom Premierminister öffentlich sanktioniert, wäre der Täter mit improvisierten Exekutionsmethoden umgebracht worden, wenn nicht eine israelische Frau – eine Mutter von sieben Kindern – todesmutige Zivilcourage bewiesen hätte, indem sie sich schützend über den zu Boden geworfenen Terroristen legte, bis er von herbeigerufenen Sicherheitskräften festgenommen wurde.

War in den letzten Jahren ein politisch-gesellschaftliches Klima entstanden, in dem arroganter Machtmißbrauch gedieh und Korruption mehr und mehr zum vielversprechendsten Mittel politischen Handelns wurde, so ist die demütigende Niederlage des Likud als Protest gegen die erwähnten Mißstände zu verstehen. Zugleich hatte der Likud in den letzten zwei Jahren, seitdem die Arbeitspartei im

Frühjahr 1990 aus der großen Koalition ausgeschieden war, die Tuchfühlung mit der Bevölkerung verloren. Ironischerweise zeigte sich dies an der Art, wie die amtierende Rechtsregierung mit dem nationalen Selbstwertgefühl der Öffentlichkeit umging.

Israeli sind patriotisch, in einem Ausmaß, das bei ausländischen Besuchern, insbesondere der deutschen Nachkriegsgeneration, immer wieder Befremden auslöst. Gleichwohl ist der in Israel anzutreffende Patriotismus auf dem Hintergrund seiner Vorgeschichte nicht weniger folgerichtig als die in Deutschland nach 1945 zumindest angezeigte – wenngleich nicht selbstverständliche – Abneigung gegen Enthusiasmus für Vaterländisches. Denn die Gründung und Behauptung eines Staats, der ein Volk mit einer Geschichte von zwei Jahrtausenden Verfolgung ohne geographische Heimat und ohne politische Macht beherbergen sollte, ist ein politisches und gesellschaftliches Experiment, das auf aktives Engagement angewiesen ist. Ist die Verwirklichung des zionistischen Traums eine Gemeinschaftsleistung, so muß nicht verwundern, daß kollektiver Stolz auf gesellschaftliche, technologische, wissenschaftliche, sportliche und andere Leistungen unter Israeli verbreitet anzutreffen ist. Dieser psychologische Moment kollektiven Ehrgefühls war beispielsweise auch daran zu erkennen, daß es bis in die siebziger Jahre beachtliche Zahlen gut situierter Einwanderer aus industrialisierten Ländern gab, die motiviert waren, wegen ihrer Immigration materielle Einbußen hinzunehmen und mitunter auch auf Karrieremöglichkeiten zu verzichten. Umgekehrt spielte die patriotische Disposition eine Rolle, als es in den achtziger Jahren durch den Libanonkrieg sowie durch den Ausbruch der *Intifada* zu Krisen des nationalen Selbstwertgefühls kam – der Grund: die Verstrickung der *Armee zur Verteidigung Israels* in militärische Aggression und in korrumpierende Okkupation.

Angesichts der allgemeinen Wehrpflicht mit jährlichen Reserveübungen bis zum sechsundfünfzigsten Lebensjahr fühlte sich die Bevölkerung insgesamt von diesen beiden Krisen betroffen. Dagegen war eine vergleichsweise kleinere, aber dennoch breite Schicht von der jüngsten Krise des kollektiven Selbstwertgefühls erschüttert: Nämlich vom Mißmanagement der Einwanderung aus dem Bereich der ehemaligen Sowjetunion, das dazu geführt hatte, daß Einwanderungswillige nicht kamen und bereits Eingewanderte hoffnungslos strandeten. Auch dieses politische Versagen der abgewählten Regierung, durch das die *raison d'être* des Staates Israel ad absurdum geführt wurde, traf einen äußerst empfindlichen Nerv.

Verschiebung parlamentarischer Kräfteverhältnisse

Eine umfassende Analyse des Wählerverhaltens liegt bisher nicht vor. Es ist lediglich bekannt, daß die überwältigende Mehrheit der als rechtslastig geltenden Neueinwanderer aus dem Bereich der ehemaligen Sowjetunion wider Erwarten die israelische Linke unterstützt hat: Von den in den letzten vier Jahren Immigrierten stimmten dreiundsiebzig Prozent für die Arbeiterpartei und elf Prozent für den links von ihr angesiedelten Meretzblock gegenüber ganzen sechzehn Prozent, die Likud wählten. Dieses Wählerverhalten ist bemerkenswert, da Immigranten weltweit dazu neigen, bei den ersten Wahlen im neuen Land die amtierende Regierung zu unterstützen.

Um die Tragweite der politischen Wende zu ermessen, sei vorweg die Mandatsverteilung festgehalten: Die Arbeiterpartei verfügt über vierundvierzig (vorher neununddreißig), der Meretzblock über zwölf (vorher zehn), die kommunistische Hadashpartei über drei (vorher vier) und die Demokratische Arabische Liste – eine Partei palästinensischer Israeli – über zwei (vorher einen) Parlamentssitz. In die übrigen neunundfünfzig Knessetmandate teilen sich fünf ehemalige Regierungsparteien sowie eine Liste, durch die sich kurz vor den Wahlen drei weitere Partner der ehemaligen Regierungskoalition zusammengeschlossen hatten: Likud zweiunddreißig (vorher vierzig), Zomet acht (vorher zwei), Moledet drei (vorher zwei), die National-Religiöse Partei sechs (vorher fünf), Shass – eine Partei ultraorthodoxer sephardischer Juden – sechs (vorher sechs) und Yahadut HaTora – eine Liste ultraorthodoxer, mehrheitlich aschkenasicher Juden – vier (vorher sieben) Mandate.

Die dreizehnte Knessetwahl bedeutet eine politische Metamorphose, bei der das rechte Lager, deren gemeinsamer Nenner das Großisrael-Programm ist, insgesamt sechs Stimmen in der Knesset verloren hat. Diesbezüglich sind die genannten Zahlen ergänzungsbedürftig: Zwei Rechtspartein, Tehiya und Ge'ulat Israel, deren insgesamt vier Abgeordnete die Interessen militanter Siedler vertreten hatten, mußten aus der Knesset ausziehen, weil sie die erforderlichen eineinhalb Prozent der abgegebenen Stimmen (knapp vierzigtausend) nicht erhielten.

Verfügt das rechte Lager über insgesamt neunundvierzig und ultraorthodoxe Parlamentarier über zehn weitere Mandate, so könnte die Mehrheit der Großisrael-Gegner nicht schmäler sein: eine ganze Stimme. – Stehen für die ultraorthodoxen Parlamentarier gesellschaftspolitische und finanzielle Privilegien an oberster Stelle ihrer politischen Tagesordnung, so sind sie seit Jahrzehnten an Koalitionen mit der jeweils stärkeren parlamentarischen Lobby interessiert. Jedoch ist es seit der letzten Wende (1977), durch die der Likud die stärkste Fraktion wurde, nicht vorgekommen, daß (abgesehen von einer großen Koalition, 1984-88) eine Regierungskoalition ohne ultraorthodoxe Politiker möglich gewesen wäre. Diese haben es denn auch verstanden, ihre Funktion als Zünglein an der Waage ebenso systematisch wie schamlos auszunützen, um sich Priviliegien zu sichern.

Könnte die Mehrheit der Linken nicht kleiner sein, so bestimmen zwei Fixpunkte das Koordinatenkreuz des politischen Kräftefelds: Zum einen sind die Großisrael-Ideologen entmachtet. Zum anderen sind die Ultraorthodoxen außerstande, eine auf sie angewiesene Koalitionsregierung zu erpressen, um egoistische Gruppeninteressen durchzusetzen. In der Vergangenheit hatte dies dazu geführt, daß die Außen-, Gesellschafts- und Investitionspolitik des Staates einem unheiligen Bündnis zwischen Großisrael-Ideologie und klerikaler Machtpolitik anheim gefallen war. Auch diese explosive Mischung hatte über viele Jahre zu der bereits angesprochenen Vergiftung der politischen Kultur und des gesellschaftlichen Klimas in Israel beigetragen. Hat sich nun Rabin eine verläßliche parlamentarische Mehrheit durch eine Koalition erkauft, in der außer Meretz auch ultraorthodoxe Parlamentarier vertreten sind, so ist eine nachhaltige Klimaverbesserung zwischen säkularisierten und ultraorthodoxen Israeli unwahrscheinlich: Die ultraorthodoxen Koalitionspartner werden sich wie bisher ihre Unterstützung pekuniär vergelten lassen *müssen,* da ihre zahlreichen Talmudhochschulen ohne staatliche Mittel nicht überlebensfähig wären... Nach menschlichem Ermessen wird auch die Freistellung ultraorthodoxer Talmudstudenten vom

Militärdienst nicht aufgehoben werden. Entsprechendes gilt von der gesetzlich verordneten Betriebseinstellung sämtlicher öffentlicher Verkehrsmittel am Shabbat... Unter diesen Voraussetzung steht keine historische Klimabereinigung zwischen säkularen und ultraorthodoxen Israeli bevor. Allerdings erlauben die neuen parlamentarischen Kräfteverhältnisse, bei denen auch ohne die Ultraorthodoxen regiert werden könnte, daß Plünderungen öffentlicher Kassen stärker als bisher begrenzt werden.

Dynamiken der israelischen Demokratie

Das Wahlergebnis war auch insofern eine Erleichterung, als in den Wochen zuvor einige höchst alarmierende Symptome von Staats- und Demokratieverdrossenheit aufgetreten waren. Frisch publizierte Untersuchungen hatten gezeigt, daß etwa die Hälfte aller Israeli sich die Lösung ihrer politischen Probleme vom starken Mann erhofften. Ein weiteres besorgniserregendes Indiz für Staatsverdrossenheit war die Art, wie vor allem Jungwähler mit einem an sich verständlichen Wahlkriterium umgingen: nämlich das Verlangen nach Politikern »mit sauberen Händen«, das heißt unkorrumpierbare Volksvertreter, die ihren Status in der Knesset nicht mißbrauchten, um ihre Parteien buchstäblich aus der Staatskasse zu bedienen. Dabei war alarmierend, daß das Bedürfnis nach radikalen Antikorruptionskuren bei dreieinhalb Prozent der Wahlberechtigten, mehrheitlich Jungwählern, dazu führte, daß sie sich drei Wochen vor der Wahl zwischen zwei entgegengesetzten ideologischen Polen nicht entscheiden mochten: einerseits Meretz, eine Gruppierung demokratischer Linksliberaler, die einen souveränen Palästinenserstaat fordert; und andererseits Zomet, eine militärisch, autoritär strukturierte Hierarchie, die die Großisrael-Ideologie verficht. Gemeinsamer Nenner dieser Gruppen ist ihr kompromißloses Engagement bei der Bekämpfung von Korruption im Staatsapparat und ihr lautstarker Einspruch gegen gesellschaftliche Privilegien (z.B. die Freistellung vom Militärdienst) und finanzielle Vorteile, die von ultraorthodoxen Israeli genossen werden.

Das Kriterium der sauberen Weste, die von einer dominierenden

Persönlichkeit getragen wird, brachte der rechten Zometpartei, dessen Gallionsfigur Parteivositzender Raphael Eytan ist, einen Mandatszuwachs von dreihundert Prozent ein. Eytan, ein wortkarger Landwirt und Generalstabschef a.D., seit 1984 Knessetabgeordneter und seit 1988 Landwirtschaftsminister, verkörpert den Mythos des *Zabar* – das Image des Pioniers alter Schule, dessen Katalog von Pfadfindertugenden vielen Israeli längst zum Klischee geworden ist: Bescheidenheit, Opferbereitschaft, Unbestechlichkeit, Improvisationsfreudigkeit, Entschlossenheit. Obgleich Eytan – wie auch Sharon – sich während seiner Karriere immer wieder als korrupt ausgewiesen hat, verdankt er diesem Leisten seine stolze parlamentarische Hausmacht, die sich auf sieben Fraktionskollegen stützt – rustikal wirkende Biederleute und altkluge Primustypen, die weder parlamentarische Erfahrung noch eine eigene Meinung haben. Was immer von dieser politischen Partei zu halten ist, das Ausmaß kollektiver Amnesie, aus der Eytan – wie sein Weggefährte Sharon – politisch Kapital schlagen kann, ist unfaßlich, wenngleich in der Innenpolitik anderer demokratischer Staaten Vergleichbares beobachtet werden kann. So gelten Eytan und Sharon als Hauptkomplizen der Phalangisten, die vom 16. bis 18.9.1982 Tausende wehrloser Palästinenser in Sabra und Shatila abschlachteten. Im Bericht des Kahan-Ausschusses, der das Verbrechen untersuchte, wird Eytan als Lügner entlarvt. Obgleich das kollektive Gedächtnis offenbar auch nicht mehr zu den ersten Tagen des Libanonkrieges zurückreicht, war Eytan seit dessen Beginn ein wichtiger Komplize Sharons gewesen. Letzterer hatte die Öffentlichkeit, die Opposition, das Kabinett und angeblich selbst Regierungschef Begin von Anfang an systematisch hinters Licht geführt: Seinen Plan, die Armee bis nach Beirut zu schicken, hatte er als begrenzte militärische Operation dargestellt, die auf zwei Tage bemessen sein würde. Wie Sharon war auch Eytan selbst gegenüber der Knesset um Lügen nicht verlegen, um das Ausmaß der Operation zu vertuschen.[2]

Bei den jüngsten Wahlen hat der Meretzblock auf dem linken Flügel des politischen Spektrums von einem deutlich entpersonalisierten Verlangen nach der sauberen Weste und vom verbreiteten Verdruß

[2] Siehe S. 266f.

über die großen Parteien profitiert. Dabei scheint der Mandatszuwachs der Meretzfraktion (vorher zehn, jetzt zwölf Knessetsitze) die öffentliche Unterstützung dieser Gruppierung zu untertreiben. Diese ist aufgrund des Wahlausgangs noch nicht zu ermessen, weil bisher kein Zahlenmaterial über die vielen Meretzsympathisanten vorliegt, die unter taktischen Gesichtspunkten der Arbeitspartei die Stimme gaben, um ihr im Falle einer großen Koalition mit dem Likud den Rücken zu stärken. (Letztere war eine Woche vor den Wahlen von Rabin als wahrscheinlich angekündigt worden…) Jedenfalls dürfte die straffere Organisation des Zomet für den vergleichsweise bescheideneren Wahlerfolg des Meretz nicht das Ausschlaggebende gewesen sein. Denn während es dem militärischen Pioniergeist des Zomet entspricht, in ihrem Parteivorsitzenden eine gebieterische Führungsfigur zu haben, so dürfte auf die weitgehend intellektuellen Meretzanhänger der kollegiale Umgangsstil vertrauensbildend wirken.

Unterstützt von der breiten Schicht gesellschaftlich und wirtschaftlich benachteiligter Israeli aus islamischen Ländern, die seinerzeit von der Arbeiterpartei enttäuscht waren, war 1977 der Likud in die Regierung gewählt worden[3]. Waren sie bei den folgenden drei Wahlen dem Likud treu geblieben, so sind sozial schwache, meist arbeitslose Likud-Anhänger, dieses Mal entweder aus Protest gegen Korruption und gegen als hochnäsig empfundene Gleichgültigkeit seitens der Likudspitze der Wahl ferngeblieben, oder sie haben gar die Arbeiterpartei gewählt. Bemerkenswert ist dabei, daß der Einspruch dieser nationalistisch gesonnenen Likud-Anhänger gegen die Besiedlung der besetzten Gebiete freilich ganz anders motiviert ist als das Veto, das seit vielen Jahren von der israelischen Friedensbewegung erhoben wird: Letzteres wird mit der realpolitisch nüchtern vorausdenkenden Sicht begründet, daß militärische Besatzung kein Stabilität versprechendes politisches System sei. (Von israelischen *peaceniks* dürfte die humanistisch begründete Sorge über Menschenrechtsverletzungen selten von diesem realpolitisch-pragmatischen Gesichtspunkt isoliert werden.) Dagegen sind die von hoher Arbeits-

---

[3] Zu den Voraussetzungen dieser Entwicklung vgl. Amos Oz, *Im Lande Israel,* Frankfurt/M. 1984. Dort Kapitel über Beth Shemesh.

losigkeit (landesweit über elf Prozent) und chronischer Wohnungsnot hart betroffenen Protestwähler über die sozialpolitischen Auswirkungen der Siedlungspolitik empört. Sie verlangen, daß die auf Bauprojekte in Cisjordanien verschwendeten astronomischen Beträge in Israel investiert werden sollen, wo Arbeitsplätze und Wohnungen dringend gebraucht werden.

Yitzhak Rabin, Mister Security

Ex-Premierminister Yitzhak Shamir hatte seinen Landsleuten wiederholt glaubhaft versichert, er wolle nicht als derjenige Regierungschef in die jüdische Geschichte eingehen, der auch nur eine Handbreit von Großisrael abgetreten hätte. Daß das historische Vermächtnis des bis ins Greisenalter nicht gereiften Saboteurs auf einer doppelzüngigen, diplomatischen Strategie gründen sollte, konnte kaum noch überraschen: Zwei Tage nach seiner Wahlniederlage gab Shamir in einem Zeitungsinterview bekannt, er hätte beabsichtigt, während des kommenden Jahrzehnts die Verhandlungen mit den Palästinensern in die Länge zu ziehen, keinerlei territoriale Zugeständnisse zu machen und unterdessen durch massive Besiedlungsprojekte die jüdische Bevölkerung in Cisjordanien von jetzt knapp hunderttausend auf etwa eine halbe Million Siedler zu verfünffachen... Im historischen Klartext heißt das, eine krankhaft kurzsichtige Großisrael-Utopie sollte allen realpolitischen Eigeninteressen zum Trotz in nicht mehr rückgängig zu machende demographische Tatsachen umgesetzt werden.

Der Schlußstrich unter dieses volkswirtschaftlich und außenpolitisch größenwahnsinnige Vorhaben, wird nun durch die von Yitzhak Rabin vorgesehene Korrektur der nationalen Prioritätenskala gezogen. Rabins Weltbild ist frei von irrationalen, romantischen Heimatideen, mit denen in diversen ideologischen Cocktails von nationalistisch-säkularen oder nationalistisch-fundamentalistischen Großisrael-Aposteln explosive Verbindungen hergestellt werden – von einem Kabarettisten äußerst makaber karikiert: »Wer kein Blut im Land Israel vergießt, verliert sein Anrecht darauf...« Allein weil die neue Regierung derlei militanten Opiaten abgeneigt ist, von denen absehbar ist, daß sie früher oder später zu Katastrophen führen, dürfte die dreizehnte Knessetwahl eine historische *Wende* bedeuten. Gleichwohl scheinen Rabins persönlicher Beweglichkeit und politischer Kompromißfähigkeit Grenzen gesetzt zu sein, die mit der Prägung des neuen Regierungschefs als Berufssoldat zusammenhängen dürften.

Rabin (Jahrgang 1922) hat großes taktisches und operationelles Können unter Beweis gestellt, als er auf der Höhe seiner militärischen Karriere als Generalstabschef im Sechstagekrieg den erfolgreichsten militärischen Sieg seines Landes erkämpfte. Tatkräftiges Handeln hat er dann auch als jüngster Premierminister Israels (1974-77) bei der Entebbe Blitzaktion bewiesen. Ebenso als Verteidigungsminister (1984-90), wobei er sich freilich viel Kritik zuzog: Nämlich als er in den ersten Monaten der *Intifada* unbeirrbar zu seiner Devise stand, den Aufständischen die Knochen zu brechen. (Blieb Rabin dafür ungestraft, so werden zur Zeit seines gegenwärtigen *comeback* noch Gefängnisstrafen von Soldaten verbüßt, die sich das Rezept ihres Dienstherrn zu eigen gemacht hatten...) Wie sehr Rabin in seinem Denken und Handeln eher der tatkräftige, jedoch phantasielose Militär als der vorausblickende Staatsmann ist, sei an zwei Reaktionen illustriert: Zu Beginn der *Intifada* ließ Verteidigungsminister Rabin in den besetzten Gebieten nach und nach sämtliche Universitäten und Schulen schließen, weil sie laut militärischem Jargon als »Unruheherde« galten. Abgesehen vom moralischen Aspekt war in der israelischen Öffentlichkeit auch die Zweckmäßigkeit dieser Maßnahme umstritten, weil es für auf die Straße gesetzte Jugendliche naheliegen mußte, sich aktiv an der *Intifada* zu beteiligen. Unterdessen ließ es sich Verteidigungsminister Rabin jedoch nicht nehmen, mit technokratischer Geflissenheit die Monatsstatistiken geworfener Steine und Molotow-Cocktails auszuwerten. Diese Daten bot er der Öffentlichkeit als Gradmesser für Entwicklung und Gefährlichkeit des Aufstands.

Vielleicht ist Rabin in jener verfahrenen Lage zugute zu halten, daß er aufgrund seines Ministeramts meinte, in Kauf nehmen zu müssen, in der Öffentlichkeit als begrenzt zu erscheinen. Unter diesem Gesichtspunkt ist dann allerdings eine länger zurückliegende Situation aufschlußreich, in der er von derartigen Amtshandikaps frei war. Sie zeigt, wie sehr Rabins politischer Horizont stärker von mittelfristigen, militärstrategischen Kriterien denn von langfristigen, politischen Perspektiven bestimmt ist: Als 1979 der Schah gestürzt wurde, äußerte Oppositionsabgeordneter Rabin in einem Interview eine bemerkenswerte Auffassung, die mutatis mutandis dem Horizont von Durchschnittspolitikern rund um den Globus entsprechen dürfte: Damals, als das Ende des Kalten Krieges noch nicht absehbar war, meinte Rabin, man müsse sich damit abfinden, daß Diktaturen in der Dritten Welt überlebensfähiger als an Westminster orientierte Demokratien seien. Läßt sich über die empirische Richtigkeit dieser realpolitisch nüchtern getroffenen Beobachtung schwer streiten, so wirft die Schlußfolgerung manche Frage auf: Es käme nur darauf an, daß sich die globalen Kräfteverhältnisse durch instabile Verhältnisse in der Dritten Welt nicht zum Vorteil des Warschauer Pakts verschieben würde... Rabins politische Biographie scheint zu indizieren, daß er sich nicht schwer tut, militärische Strategien zu verfolgen, die unter pragmatisch-machiavelistischen Gesichtspunkten Menschenrechtsverletzungen mit sich bringen. Daß Derartiges in der Realpolitik unvermeidbar sei, ist Politikern unter Umständen zugute zu halten. Allerdings ist bisher nicht bewiesen, daß der neue israelische Regierungschef über eine integrative staatsmännische Wahrnehmumg verfügt, in der neben ökonomischen, außen- und verteidigungspolitischen Momenten auch sozial-, und rechtspolitische Faktoren historischer Prozesse erfaßt werden.

Ironischerweise scheinen Rabins Grenzen seine politische Stärke zu sein. Hatten seine Landsleute das von Shamir und Sharon in den besetzten Gebieten verfolgte größenwahnsinnige Besiedlungsvorhaben satt, so ist andererseits ein vorbehaltloser Rückzug und die sofortige Errichtung eines Palästinenserstaats westlich des Jordan nicht konsensfähig. Gibt es seit längerem in Israel eine knappe Mehrheit für das Programm »Gebiete für Frieden«, so wird dennoch verlangt, daß territoriale Kompromisse mit Behutsamkeit und unter Aufrechterhaltung der militärischen Sicherheit vorgenommen werden müßten. Unbestreitbar negative Erfahrungen mit den arabischen Nachbarn, die sich nicht pauschal als verständliche Reaktion auf israelische Aggression verzeichnen lassen, sind der historische Hintergrund. Kann auf diesen Komplex hier nicht eingegangen werden, so sei paraphrasierend festgehalten, daß in der Gegenwart die undemokratischen Staatsformen der Region, in der sich militanter Fundamentalismus gleich einem bösartigen Krebsgeschwür ausbreitet, nicht vertrauensbildend wirken.

Wie sehr aussöhnungswillige Israeli in dem Bewußtsein leben, daß die physische Existenz ihres von Anfang an bedrohten Staats nach wie vor in Frage gestellt ist, scheint eine Begebenheit zu illustrieren, deren Zeuge ich vor einiger Zeit wurde: Bei einem Gartenfest, an dem auch mehrere junge Familien teilnahmen, meinte ein deprimiert wirkender Familienvater: »Wer weiß, wie viele Kriege diese Kinder durchmachen werden...« Darauf wurde ihm ermutigend auf die Schulter geklopft: »Du unverbesserlicher Optimist. Ich frage mich, in wie vielen Kriegen ihre Kindeskinder kämpfen werden...« In einer solchen Realität, in der nur wenige in der Lage sind, Freiraum für mutige Zukunftspläne zu entdecken, liegt es nahe, daß ein qualifizierter, erfahrener – nicht unbedingt charismatischer – Militär mit begrenztem politischen Horizont der mehrheitsfähige Regierungschef wird. Unter diesem Gesichtspunkt dürfte der Wahlsieg der Arbeiterpartei – war sie doch mit dem bemerkenswert personalisierten Wahlslogan, »Arbeiterpartei, geführt von Yitzhak Rabin«, in den Wahlkampf gezogen, – das Verdienst des Spitzenkandidaten sein. Zugleich gilt nach den Erfahrungen der drei vorausgegangenen Wahlen zumindest als fraglich, ob der nachweislich unbeliebte Shamir dem ehemaligen Spitzenkandidaten der Arbeiterpartei, Shimon Peres, unterlegen wäre. Denn jene breite Öffentlichkeit, die sich von Peres' Vision von einer Pax Orientalis faszinieren läßt, wonach das menschliche Potential der Region genützt werden soll, um den Nahen Osten in ein wirtschaftlich florierendes und Stabilität versprechendes Gebiet zu verwandeln – jene Öffentlichkeit lebt in ihrer Mehrheit außerhalb Israels.

Der Regierungswechsel in Jerusalem bedeutet das Ende der subversiv-demographischen Annexion Cisjordaniens, die für Israels Zukunft nicht vielversprechend ist. Gleichwohl ist der zur Zeit erkennbare Spielraum für territoriale Kompromisse gering: Rabin hat versprochen, binnen Jahresfrist den Palästinensern in den besetzten Gebieten Autonomie zu gewähren. Dabei sei vorgesehen, daß die Palästinenser mit Ausnahme der Außen- und Verteidigungspolitik selbst über ihre politischen Angelegenheiten bestimmen sollten. Ferner hat Rabin versichert, werde es keine neuen »politischen Siedlungen« in palästinensisch dicht besiedelten Gebieten geben. Von diesen seien »strategisch lebenswichtige Siedlungen« im dünnbesiedelten Jordantal sowie auf den Golanhöhen zu unterscheiden, die nach wie vor errichtet werden müßten. Schließlich hat Rabin erklärt, werde er keinen souveränen Palästinenserstaat westlich des Jordan zulassen.

Zwischen den Zeilen dieser anscheinend deutlichen Aussagen ist üppig Platz für Textvarianten. So erwarten Vertreter der Friedensbewegung nicht, daß bestehende politische Siedlungen in den palästinensisch dicht besiedelten Gebieten Cisjordaniens entfernt werden sollen. In diesem Sinne wird außerdem nicht mehr damit gerechnet, daß der von Sharon begonnene Bau von über sechzehntausend Wohnungen in Cisjordanien noch rückgängig gemacht werden wird. Unklar sind derzeit auch die Kriterien, mit denen künftig »politische« von »strategisch lebenswichtigen« Siedlungen unterschieden werden sollen.

Verspricht Rabins Wahl Fortschritte beim Friedensprozeß, so stellt sich dennoch die Frage, ob und wie lange die Palästinenser sich damit werden abfinden, auf einen souveränen Staat verzichten zu sollen. Im Augenblick bleibt nur die Hoffnung, daß ein verbessertes Klima bei den Nahostfriedensgesprächen noch nicht erkennbare Perspektiven eröffnen wird. Zumindest haben Yassir Arafat und andere Vertreter der PLO – im Unterschied zur fundamentalistischen Hamasbewegung – Rabins Wahlsieg begrüßt.

Baruch Goldsteins Massaker in der Hebroner Ibrahim-Moschee vergegenwärtigte einer breiten israelischen Öffentlichkeit zum ersten Mal, wie gefährlich die militanten Siedler als politische Brandstifter sind. Die Fanatiker scheuten sich nicht, Goldsteins Verbrechen als »historische Leistung« zu verherrlichen. Sein Grab ist nach wie vor Mittelpunkt eines volkstümlichen Heroenkultes. Diese Entwicklungen wurden in der weiteren Öffentlichkeit von Anfang an als alarmierend registriert und waren wochenlang Thema der politischen Diskussion. Selbst Befürworter der Siedlungspolitik warnten davor, daß Fanatiker vom Schlage Goldsteins für Juden nicht ungefährlicher als für Araber seien. Wie zutreffend diese Befürchtung war, stellte sich eineinhalb Jahre später heraus, als ein Yigal Amir beschloß, den Gang der Geschichte zu verändern und dem Lebenswerk von Premierminister Yitzhak Rabin ein Ende zu setzen.

Nach dem Massaker

März 1994

Seit dem 13. September 1993, als Israels Premierminister Yitzhak Rabin und PLO-Chef Yassir Arafat auf dem Rasen des Weißen Hauses einen historischen Händedruck austauschten, hat sich die israelisch-arabische Annäherung trotz wiederholten Stockens im ganzen vorwärts bewegt. Tatsächlich hat jene historische Momentaufnahme eine neue Ära eingeläutet: Konventionalisierte Feindbilder und Tabus haben ihren dogmatischen Credo-Charakter eingebüßt. Neue Hoffnungen auf ein Ende des nunmehr hundert Jahre dauernden jüdisch-arabischen Konflikts sind erwacht. Mochten diese Entwicklungen an Wunder erinnern, so kommt deren Eigendynamik fast zum Stehen, als bei Morgengrauen des 25. Februar 1994 die Gebete in der Hebroner Ibrahim-Moschee von den tödlichen Schüssen eines israelischen Faschisten erstickt werden, und siebenunddreißig Palästinenser ihr Leben lassen. Schon jetzt zeichnet sich ab, daß dieses Verbrechen historische Dimensionen annimmt, insofern es in der kollektiven Erinnerug beider Völker wach bleiben dürfte. Unter diesem psychologischen Aspekt weist es eine Parallele zu dem Pogrom auf, der vor zwei Generationen im gleichen Stadtteil stattfand: Von ihrer politischen Führung angestachelt und von blindem Haß getrieben, drangen damals, am 24. August 1929, arabische Horden in jüdische Häuser ein und mordeten wehrlose Kinder, Frauen und Männer. Es wurden sechzig Tote und fünfzig Verletzte gezählt[1]. Dieser Auftakt der Vertreibung der Juden aus Hebron vor über sechseinhalb Jahrzehnten ist im kollektiven Bewußtsein der Israeli stets lebendig gewesen. Durch das jüngste Massaker am gleichen Tatort wird die israelisch-palästinensische Annäherung zu Beginn der neuen Friedensära einer harten Belastungsprobe ausgesetzt: Auf palästinensischer Seite, weil der ohnehin schwere Stand der Pragmatiker in der PLO weiter unterhöhlt wird. Auf israelischer Seite, weil die in der Öffentlichkeit seit den achtziger Jahren umstrittene Präsenz von derzeit vierhundertfünfzehn Siedlern im Zentrum von Hebron nun innenpolitisch höchst explosiven Konfliktstoff liefert: Hatte der Pogrom vor fünfundsechzig Jahren fast zwei Jahrtausenden ununterbrochenen jüdischen Lebens in Hebron[2] ein traumatisches Ende bereitet, so ist die psychologische Wirkung der assoziativen Verbindung mit diesem Tatort nicht zu ignorieren. Derzeit erweist sie sich innenpolitisch als Hindernis, die Ausweisung der jüdischen Siedler aus Hebron durchzusetzen, obgleich eine große Öffentlichkeit in Israel – einschließlich der Mehrheit im Kabinett – diese Maßnahme für das Gebot der Stunde hält.

Die Opfer des von Dr. med. Baruch Goldstein verübten Massakers waren noch nicht bestattet, als das Verbrechen bereits in reißerischen Schlagzeilen als »letzter Sargnagel des Friedensprozesses« vermarktet wurde. Hat dieses voreilige Urteil einen Monat später nicht an Überzeugungskraft gewonnen, so ist es auch jetzt noch zu früh, die histo-

---

[1] Hintergrund des Pogroms in Hebron waren landesweite Ausschreitungen arabischer Horden, die vom Mufti gegen den *Yishuv* aufgehetzt wurden. Vgl. dazu S. 255.

[2] Mit Ausnahme der Kreuzfahrerherrschaft (1100-1260) hat es zwischen dem ersten Jahrtausend vor der Zeitrechnung und 1936 eine kontinuierliche, mehr oder weniger starke jüdische Präsenz in Hebron gegeben.

rische Tragweite von Goldsteins Attentat auf den Friedensprozeß zu beurteilen. Nach wie vor ist der Ausgangspunkt der Gegenwart, in der es um die Zukunft der israelisch-palästinensischen Prinzipienerklärung geht, ein ganz anderer: Noch vor knapp zwei Jahren hatte der damals in Israel amtierende Premierminister Yitzhak Shamir sein *nachträglich* in aller Öffentlichkeit erklärtes Ziel verfolgt, bei den Verhandlungen mit den arabischen Gesprächspartnern durch Hinhaltetaktiken zehn Jahre Zeit zu schinden, um gleichzeitig mit einer halben bis ganzen Million neuer Siedler Cisjordanien ein für allemal demographisch zu annektieren. Daß solche Strategien vom Tisch sind, motiviert die Goldsteins – oder wie immer sonst die verbrecherischen Elemente unter den Gegnern politischer Kompromisse heißen mögen – zu Wahnsinnstaten.

Unterdessen stehen die dramatischen Sitzungen der von der Regierung bestellten Untersuchungskommission, die den Hergang des Hebroner Massakers klären soll, im Mittelpunkt der öffentlichen Diskussion. Es gilt derzeit als wahrscheinlich, daß die Verantwortung für schwerwiegende Fehler der militärischen und politischen Führung Israels zugeschrieben werden wird. Vor allem illustrieren die meist life-übertragenen Sitzungen des Untersuchungsausschusses erneut, daß die Okkupation Cisjordaniens und des Gazastreifens allein unter realpolitischen Gesichtspunkten die Zukunft Israels zumindest belastet oder – je nach politischer Anschauung – diese zerstört. Unter diesem Gesichtspunkt geht es im folgenden um die seit dem 13. September 1993 ambivalente Stimmung in der israelischen Öffentlichkeit.

Frieden im absurden Theater

Aus einer israelischen Gegenwartsperspektive betrachtet, bildet eine Szene absurden Theaters, die zu einem Jahrhundertereignis erklärt worden ist, den Auftakt der am 13. September 1993 heraufgedämmerten Umbruchsituation mit ihrer Umwertung herkömmlicher Werte: nämlich der nobelpreisverdächtige Handschlag eines Arafat und eines Rabin – des gestern noch von Israel gesuchtesten Terroristenchefs und jenes bereits zu Lebzeiten legendären Generalstabschefs des Sechstagekriegs; Letzterer hatte erst ein Vierteljahrhundert zuvor die gefährdeten Grenzen Israels wehrhaft gemacht, indem er die syrischen Golanhöhen, die ägyptische Sinaihalbinsel (einschließlich des Gazastreifens) sowie das jordanische Westjor-danland erobert hatte. Gewiß, jene Taten stehen nun in der Chronik eines anderen Zeitalters mit einer, so hoffen zumindest die kompromißbereiten Israeli, ungültig gewordenen politischen Doktrin. Ist jedenfalls am 13. September 1993 eine neue Ära heraufgedämmert, so liegt dieses historische Datum noch nicht einmal ein Jahr zurück. Ein Jahr ist es indessen her, daß Rabin sich geweigert hat, dem Gesellschaftskritiker Yeshayahu Leibowitz[3] den Israelpreis zu überreichen. Der alte Militär in Rabin hätte sich seinerzeit untreu werden müssen, um anläßlich der Verleihung der höchsten Auszeichnung des Staates Israel jenem provozierenden, greisen, prophetischen Nörgler die Hand zu reichen: Bereits unmittelbar nach dem Sechstagekrieg hatte Leibowitz – zusammen mit keinem geringeren als David Ben-Gurion, Premierminister i.R. – die nationale Euphorie gestört, indem sie für die Preisgabe der besetzten Gebiete plädiert hatten. Seitdem hat Leibowitz ein Vierteljahrhundert lang unermüdlich die Okkupation wegen ihrer korrumpierenden Auswirkungen auf Staat und Gesellschaft in Israel gegeißelt. Wegen seiner öffentlichen Aufforderung, den Militärdienst in den besetzten Gebiete zu verweigern, empfindet es Premier- und Verteidigungsminister Rabin Anfang 1993 als untragbare Zumutung, diesem *advocatus diaboli* die Hand zu geben.

Genießen Politiker den Ruf, die Kunst des Möglichen zu beherrschen, so beweist Rabin ein halbes Jahr später sowohl seine staatsmännische Kreativität als auch seine persönlichen Grenzen. Indem der israelische Regierungschef mit dem Teufel höchst persönlich einen Händedruck austauscht, zeichnet sich ein Ausweg aus jener Sackgasse ab, in die sich Israeli und Palästinenser je auf ihre Art hineinmanövriert haben: Die Palästinenser, als sie 1947 den UN-Teilungsplan ablehnen, was zum israelischen Unabhängigkeitskrieg und zur Vertreibung von ca. einer halben Million Palästinensern führt; die Israeli, indem sie seit 1967 die inzwischen auf zirka zwei Millionen

---

[3] Siehe Interview mit Yeshayahu Leibowitz S. 200ff.

angewachsene palästinensische Bevölkerung in Cisjordanien und im Gazastreifen ohne bürgerliche Rechte unter Militärbesatzung halten. Als es dann auf dem Rasen des Weißen Hauses in Bill Clintons Worten zu dem »historischen Händedruck der Versöhnung« kommt, ist die Körpersprache des ganzen Yitzhak Rabin verräterisch: Ein verlegenes Lächeln, als Arafat seinen schlaffen, willenlosen Arm im Schultergelenk um die eigene Achse schleudert. Hatte man in Israel guten Grund, angesichts dieser grotesken Szene den eigenen Augen nicht zu trauen, so wirken die folgenden Monate erst recht wie die surrealistische Romanidee eines Mikhail Bulgakow: Im neuen Zeitalter muß Israel im eigenen Interesse versuchen, Arafat politisch zu retten – denselben Arafat, der theatralisch mit Ölzweig und Pistole gestikulierend jahrzehntelang in aller Öffentlichkeit die Vernichtung Israels betreibt, bevor er in jüngster Vergangenheit mit Saddam Hussein gegen den Rest der Welt Waffenbrüderschaft schließt.

Religiöse Traditionselemente als psychologischer Faktor

Ist der Zionismus eine säkulare politische Ideologie, so mag paradox anmuten, daß seine psychologischen Wurzeln tief in das Erbe der religiösen Tradition des Judentums zurückreichen sollen. Ebenso mag als historische Ironie gelten, daß ein Theodor Herzl, der Vater der zionistischen Bewegung in Westeuropa, noch nicht einmal Hebräisch konnte, die Traditionsprache des jüdischen Volks. Herzls Distanz zur religiösen Tradition des Judentums ist freilich auch heute unter einer breiten Schicht von Israeli anzutreffen, die wie Herzl nicht die von der Tora gebotene tägliche Gebetsroutine einhält. So mag es wiederum paradox erscheinen, daß der Zionismus – die Heimkehr in ein wirtschaftlich vernachlässigtes, unwirtliches Gebiet – psychologisch durch die Gebete von etwa sechzig Generationen vorbereitet sein soll. Allerdings dürfte es während eines Jahrtausende andauernden Exils vielleicht keine stärkere Verbundenheit mit dem Boden der Vorfahren geben, als die dreimal täglich verrichteten Gebete um die Rückführung in »unser Land«, für welches in Wilna oder London während der naßkalten Wintermonate Regen erfleht wird... In der politischen Geschichte kommt es zur lang ersehnten

Rückkehr, während die nach fast zwei Jahrtausenden wiederbelebte Traditionssprache zum geistigen Medium von Menschen mit unterschiedlichsten Weltanschauungen wird. Soziopsychologisch ist bemerkenswert, daß beim täglichen Umgang mit dieser neuen, aus der Antike überlieferten Sprache Motive aus der biblischen und postbiblischen Tradition im Bewußtsein von säkularen und traditionellen Israeli eine starke Erlebenskraft beweisen. Dieses Phänomen, daß an der Schwelle zum einundzwanzigsten Jahrhundert in der politischen Kultur eines modernen, demokratischen Staats Motiven einer religiösen Tradition eine bedeutende psychologische Funktion zukommt, mag auf säkulare Zeitgenossen außerhalb des jüdischen Staates exotisch oder gar befremdend wirken. Gleichwohl soll im folgenden versucht werden, diesen psychologischen Aspekt im politischen Alltag Israels im Blickfeld zu behalten.

Status quo als Fortsetzung der Shoa

Der Beginn des neuen Kapitels des jüdisch-arabischen Konflikts, das mit dem 13. September 1993 einsetzt, liegt noch nicht einmal ein Jahr zurück. Nach wie vor ist das psychologische Klima in Israel von der Erfahrung der Shoa bestimmt. Bei aller Erleichterung über Yassir Arafats Kursänderung hat diese nicht zu ändern vermocht, daß die Zukunftsperspektiven von Befürwortern und Gegnern politischer Kompromisse in Israel von apokalyptischen Aussichten bestimmt sind. Diese hängen je auf ihre Weise mit jüngsten, ernüchternden Erfahrungen des vernichtenden Potentials des Judenhasses zusammen: Ist dieser so alt ist wie das Abendland selbst, so kann im 20. Jahrhundert ein Drittel des jüdischen Volks eingeäschert werden, ohne daß den Mördern in den Arm gefallen wird.

Rechnerisch hat der Staat Israel seit seiner Gründung im Jahr 1948 keine fünf Jahre ohne kriegerische Auseinandersetzung mit äußeren Feinden erlebt.[4] In der israelischen Öffentlichkeit besteht von rechts nach links ein Konsens, daß es sich bei den bisherigen militärischen

[4] 1956: Sinaikrieg; 1967: Sechstagekrieg; 1968-71: Abnützungskrieg an der ägyptischen Grenze; 1973 Yom Kippur-Krieg; 1982-85: Libanonkrieg; 1991: Golfkrieg.

Auseinandersetzungen überwiegend um Verteidigungskriege gehandelt hat. Lediglich der Libanonkrieg (1982-85) wird von der israelischen Linken als israelischer Aggressionskrieg gesehen. Analog gilt die 1987 ausgebrochene *Intifada* – welche in der genannten Statistik von Waffengängen mit äußeren Feinden freilich unberücksichtigt bleibt –, in der israelischen Friedensbewegung als von Israel verschuldet. Nach ihrer Auffassung hat die Entrechtung der palästinensischen Zivilbevölkerung durch die israelischen Militärbesatzungsorgane sowie die in erster Linie von Likudkoalitionen der Jahre 1977-92 forcierte Siedlungspolitik[5] zwischen Israel und der palästinensischen Bevölkerung in den besetzten Gebieten unnötigen Konfliktstoff geschaffen, der zwangsläufig zu einem gewalttätigen Volksaufstand führen mußte. So sind aus der Sicht der israelischen Friedensbewegung der Libanonkrieg und die *Intifada* das Ergebnis schwerwiegender, um nicht zu sagen unverzeihlicher politischer Fehler, die von Israel begangen wurden, als der Staat von Rechtsparteien regiert wurde.

Bei aller Kritik an den genannten Todsünden der Regierungen Begin und Shamir wird von den zu einem Kompromißfrieden bereiten Israeli jedoch nicht bestritten, daß der jüdische Staat bislang nur hat überleben können, weil dessen Existenz durch militärische Stärke versichert gewesen ist. Unter diesen Umständen ist in der israelischen Friedensbewegung das Bewußtsein anzutreffen, daß bei einem Kompromißfrieden das Fortbestehen des Staates zur Disposition gestellt wird. Daß dennoch die Risikobereitschaft besteht, selbst mit dem höchsten Einsatz, nämlich um die eigene staatliche Existenz, zu pokern, hängt mit der apokalyptischen Zukunftsperspektive zusammen, die den Befürwortern eines Kompromißfriedens vor Augen steht: Sollte es weiterhin alle paar Jahre Krieg geben, so steht über kurz oder lang ein durch Massenvernichtungswaffen angerichtetes Inferno bevor, das zumindest Israel und die Region ruinieren würde. Ging der Kalte Krieg vorüber, ohne daß Ost und West von einem Flächenbrand endzeitlicher Futurologie erfaßt wurden, so enthält die Chronik des Nahostkonflikts einen Vorgeschmack auf militärische Konflikte mit strategischen Waffen: der Golfkrieg, Anfang

---

[5] Vgl. S. 47 »Landverheißung als historische Hypothek«

1991. In jenen sechs Wochen gehörte Raketenalarm zum Abendprogramm der israelischen Zivilbevölkerung. Inzwischen weiß jedes Kind, daß die bei angelegter Gasmaske in luftdicht versiegelte Wohnräume ergriffene Flucht in grotesker Weise sinnlos war – abgesehen vom subjektiven Beruhigungseffekt angesichts der Lebensgefahr und der totalen Hilflosigkeit. Diesen hatte man ja auch der beruhigenden, paternalen Radiostimme des Militärsprechers Nachman Shai nicht absprechen können, die mit dem Aufheulen der Sirenen unbeirrbar einschärfte: »Trinken Sie Wasser!«

Bei besserer waffentechnischer Qualität hätten die Scud-Raketen, die dem Irak im Golfkrieg verfügbar waren, für die israelische Zivilbevölkerung und den Staat verheerende Folgen haben können. Davon abgesehen hatten sie eine durchschlagende psychologische Wirkung. Als Erstprodukt einer neuen Waffengeneration, die den Angegriffenen ein nur in Sekunden meßbares Intervall läßt, um sich in Sicherheit zu bringen, waren die Scuds Vorboten eines neuen Kriegszeitalters. Im Golfkrieg konnten sich Tausende von Tel Avivern für die Flucht in die von den Raketen unerreichbaren südlichen Landesteile entscheiden. Angesichts der inzwischen technisch perfektionierten, mit mathematischer Präzision einschlagenden ballistischen Waffen sind jedoch keine Zweifel mehr möglich, daß es künftig für eine millionenstarke Zivilbevölkerung in keinem Dorf und in keiner Höhle Sicherheit mehr geben wird.

Das Gefühl der Nacktheit des Landes in künftigen Kriegen, daß nämlich die Zivilbevölkerung erbarmungslos treffsicheren, konventionell oder unkonventionell bestückten Raketen als hilflose Zielscheibe ausgeliefert sein wird, veranlaßt Befürworter und Gegner eines Kompromißfriedens in Israel, unterschiedliche Schlußfolgerungen zu ziehen. Die Friedensbewegten halten die Akzeptanz des chronischen Kriegszustands für politischen Selbstmord. Gewiß, bislang konnten die israelischen Kriegsopfer von Technokraten als schmerzlicher, demographisch aber verkraftbarer Aderlaß verbucht werden. Hingegen ist angesichts der Waffen, die in den Arsenalen der Region angehäuft werden, bei einem weiteren Waffengang mit einem apokalyptischen Drama zu rechnen. In der unmittelbaren Nachbarschaft hat Syrien nach Ende des Golfkriegs in Nordkorea mehrere Dutzend verbesserte (treffsichere) Scud-C-Raketen sowie eine

Produktionsanlage für Scud-Cs eingekauft. Zwar steht zu hoffen, daß diese Bedrohung ausgeschaltet oder zumindest entschärft werden wird, sei es durch die neuerlich möglich erscheinende israelisch-syrische Annäherung, sei es durch die Impotenz der syrischen Militärmaschinerie des altersschwachen Asadschen Regimes, das nach dem Verschwinden der zuliefernden Sowjetunion zunehmend morsch wird. Wie dem auch sei, auf absehbare Zeit hat Israel mit den in Syrien vorhandenen Massenvernichtungswaffen zu rechnen.

Ferner versprechen die Entwicklungen in der weiteren Nachbarschaft nichts Gutes: Politische und militärische Kreise in Israel sehen Grund zu befürchten, daß der Iran und der Irak in nicht allzu ferner Zukunft in der Lage sein könnten, mit atomaren Sprengköpfen bestückte Raketen auf Israel abzufeuern. Nach israelischen Schätzungen könnte die Technologie, die zur Zeit aus Deutschland und den GUS-Staaten in den Iran geht, Teheran in acht bis zehn Jahren solchen Irrsinn ermöglichen. Noch früher erscheint Entsprechendes im Irak möglich – nämlich zwei bis drei Jahre nach Aufhebung der Kontrolle durch die internationale Staatengemeinschaft, die gegenwärtig ohnehin nur partiell funktioniert. Diese Entwicklungen finden in einem geopolitischen und geosoziologischen Kontext statt, in dem zumindest aus der israelischen Perspektive das Erstarken der »Islamischen Internationale« bedrohliche Formen annimmt: von Afganistan und Pakistan über den Iran, den Libanon, die von Israel besetzten Gebiete, Jordanien, Ägypten bis hin nach Algerien und nach dem Sudan. Sehen islamische Fanatiker im jüdischen Staat einen Fremdkörper im Nahen Osten, so ist die israelische Reaktion, mit der Bedrohung durch eine Islamische Atomwaffe – etwa aus Iran oder Pakistan – zu rechnen, kaum paranoid. Um so mehr, da das in sämtlichen Nachbarstaaten anzutreffende autokratische Staatssystem chronische politische Instabilität gewährleistet.

Angesichts dieser geopolitischen Situation sowie der immer raffinierter werdenden Waffentechnik zeichnet sich für die israelische Linke die Wiederholung der Shoa als ein verheerender historischer Prozeß ab: nämlich als Kriege, die Israel über kurz oder lang vernichten werden. Die Vorkämpfer eines Kompromißfriedens verfechten deshalb seit Jahren, daß militärische Sicherheit keine Bürgschaft für den Frieden ist, sondern daß allein der Frieden Israels Sicherheit garantieren wird. Jedoch ist es über Jahrzehnte realpolitisch nicht möglich gewesen, diese Maxime in die Wirklichkeit umzusetzen. Erst seitdem sich die Kraftfelder des Kalten Krieges auch im Nahen Osten aufgelöst haben, und im Juni 1992 die nationalistische Regierung Shamir in Israel abgewählt worden ist, steht Israel vor der politischen Alternative, sich auf das Experiment eines Kompromißfriedens entweder einzulassen oder davon Abstand zu nehmen. Dieser Versuch, so die Hoffnung der Friedensbewegten, wird nicht erst am Ende der Menschheitsgeschichte das von den biblischen Propheten angeregte Umschmieden der Schwerter zu Pflugscharen ermöglichen.[6]

Das Erbe biblischer Propheten

Linksorientierte Israeli neigen vielfach dazu, die jahrtausendelange jüdische Leidensgeschichte, die schließlich zur Shoa geführt hat, als Auftrag zu verstehen, auf eine ganz andere, bessere Zukunft hinzuarbeiten.[7] Ein neueres Interview mit Außenminister Shimon Peres dokumentiert, inwiefern dieses humanistische Ziel den antiken Quellen des Judentums verpflichtet sein kann: Für Peres, der sich als Sozialist versteht und der 1977-92 Vorsitzender und Spitzenkandidat der Arbeiterpartei gewesen ist, sind nicht die Denker der Arbeiterbewegung richtungweisend, sondern biblische Propheten.[8] Peres – wie auch andere Befürworter des Friedensprozesses – lassen sich sowohl von der sozialen Botschaft biblischer Propheten inspirieren als auch von deren Friedensvision, in der der *homo faber* die Urbarmachung von Wüsten dem Kriegshandwerk vorzieht.[9]

Ist das Denken und Handeln politisch engagierter Zeitgenossen in Israel von prophetischen Traditionen inspiriert, so soll dies nicht romantisch idealisiert werden. Gilt doch die grundsätzliche Bereitschaft, durch territorialen Verzicht Frieden zu machen, auch in lin-

---

[6] Jesaja 2,4; Micha 4,3.
[7] Vgl. in jüngster Zeit Shimon Peres, *The New Middle East,* New York 1993, S.183ff.
[8] *Le Monde,* 28.12.93, S.2.
[9] Vgl. Peres, *The New Middle East,* New York 1993, S. 69, 132.

ken Kreisen außerhalb Israels als Desiderat – jedenfalls dürfte es sich um ein universales Phänomen handeln, wenn Linksliberale die Betonung nationaler Souveränität u.ä. als chauvinistischen Nationalstolz und pubertäre Kleingeisterei ablehnen. Nichtsdestoweniger scheinen biblische Propheten Pate zu stehen, wenn Frieden und soziale Gerechtigkeit an oberster Stelle auf der Prioritätenskala der Friedensbewegten in Israel stehen. Zwar manifestiert sich dies niemals durch bedingungslose Kriegsdienstverweigerung – nach neuzeitlichen Rechtsbegriffen zwar ein Grundrecht, jedoch in der Praxis mitunter ein Privileg, das zumindest in der Realpolitik des von Feinden umzingelten jüdischen Staats politischer Selbstmord wäre. Aber auch ohne die Option pazifistisch motivierter Kriegsdienstverweigerung ist die Priorität, die soziale Gerechtigkeit und Frieden für die linksorientierten Friedensbewegten in Israel haben, durch den Kontrast zur Werteskala der Nationalisten deutlich: Letzteren ist nichts wichtiger als der Besitz von Gebieten, die dem jüdischen Volk laut Jahrtausende alter göttlicher Verheißungen zugesagt sind, weswegen in der Gegenwart Eigentum an enteignetem Boden ein sakrosankter Rechtsanspruch sein soll.

Indem Befürworter eines politischen Kompromißfriedens mit den arabischen Nachbarn für Gerechtigkeit und Frieden kämpfen, scheint auch auf einer existentiellen Ebene eine Parallele zu biblischen Propheten erkennbar, obgleich dies nicht bewußt reflektiert wird: Im politischen Kräftespiel ihrer Zeit machten sich biblische Propheten immer wieder Todfeinde mit ihrer Forderung, daß die Außenpolitik ihres Staatswesens unter Ignorierung der kalkulierbaren politischen Faktoren zu gestalten sei. Im ersten Jahrtausend v. d. Z. lautete ihr alternatives Konzept: bedingsloses Vertrauen in den Gott Israels, weil dieser sein Volk auch in der Vergangenheit nicht im Stich gelassen hatte. Diese geschichtstheologische Begrifflichkeit dürfte auf die linksliberale, überwiegend säkular orientierte Friedensbewegung in Israel befremdend wirken. Insofern scheint eine Ironie darin zu liegen, daß sich israelische Befürworter des Kompromißfriedens – meist ohne dies zu ahnen – jene Maxime der Propheten zueigen machen: daß nämlich die Gefährlichkeit absehbarer Risikofaktoren, konkret ein möglicher Vernichtungskrieg mit modernster Massenmordtechnik, die Außenpolitik letztlich nicht bestimmen darf.

Status quo als Überlebensrezept

Nationalistische Kreise in Israel bringen ihre Ablehnung der israelisch-palästinensischen Prinzipienerklärung durch den Vergleich mit dem Münchner Abkommen von 1938 zum Ausdruck. Daß die politische Rechte Verzicht auf Territorium oder auf geopolitische Interessenssphären als Ausverkauf und Verrat am Nationalismus empfindet, kann freilich auch außerhalb Israels beobachtet werden. Gleichwohl dürfte die Assoziation mit dem politischen Fehler Chamberlainscher *appeasement*-Politik einen psychologischen Aspekt beleuchten, der spezifisch israelisch ist: nämlich, daß territoriale Verzichte für israelische Nationalisten mit einer Wiederholung der Shoa gleichbedeutend sind.

An eine alte biblische Tradition aus der Mosezeit[10] anknüpfend, ist Amalek die Verkörperung von Israels Todfeind, welcher das Ziel verfolgt, das Volk Israel zu vernichten. In den späteren Epochen der zweitausendjährigen Diaspora- und Leidensgeschichte des jüdischen Volks ist keiner Generation die Begegnung mit Amalek erspart geblieben, bis dann in diesem Jahrhundert ein Drittel des jüdischen Volks im nazistischen Amalekreich zu Asche gemacht wurde. Damit nicht genug: Die wenigen, denen es gelang, sich aus den Vernichtungslagern in das Land ihrer Väter zu retten, stießen im fruchtbaren Halbmond wie eh und je auf Amalek – in Gestalt der arabischen Nachbarn, die sich die Vernichtung des jüdischen Staats auf die Fahnen geschrieben hatten. Einer der prominentesten Amalek-Gestalten der Gegenwart ist der PLO-Vorsitzende und Terroristenchef Yassir Arafat, der mit einer angeblichen, jedoch niemals nachgewiesenen Blutsverwandschaft mit Haj Amin al-Husseini prahlt, jenem Mufti von Jerusalem, der Hitlers Völkermord an den Juden tatkräftig unterstützt hatte. Lassen diese historischen Querverbindungen ganz frische und doch so uralte Traumata lebendig werden, eignet der Assoziation mit Chamberlains politischem Verzicht eine existentielle Note, die spezifisch jüdisch ist: die Kapitulation vor Amalek, vor jener Macht, die in jeder Generation aufs neue versucht, das jüdische Volk vom Erdboden zu vertilgen.

[10] Exodus 17,8-16; Deuteronomium 25,17-19.

Trotz der geographischen Nähe zu Hochburgen des Islam ist Unkenntnis der moslemischen Kultur in Israel weit verbreitet. Ist dies Vorurteilen förderlich, so werden solche außerdem durch den Umstand begünstigt, daß die übelsten Verirrungen religiöser Ideologie im Bewußtsein einer breiten israelischen Öffentlichkeit den Islam repräsentieren. Anknüpfungspunkt sind Mordanschläge, die seit einigen Jahren immer wieder auf offener Straße und am hellichten Tag von islamisch-fundamentalistischen Selbstmordkommandos auf israelische Zivilisten verübt werden – mit charakteristisch blutrünstiger Note, indem sprichwörtlich *mittelalterliche* Mordwaffen wie Schwerter, Äxte, Messer u.ä. verwendet werden. Unter diesen Voraussetzungen legt die israelische Rechte gegenüber allem Arabischen eine tiefe Verachtung an den Tag. Als erschöpften sich die Charakteristika arabischer Kultur in außenpolitischem Expansionismus, pathologischer Grausamkeit, Tyrannei, Heuchelei, wird alles Arabische und Islamische abgetan, als entstamme es einem Zeitalter vor der Magna Charta. In der Gegenwart wird diese Wahrnehmung etwa durch das *Palästinensische Nationalabkommen* bestätigt, die Verfassung, die die PLO sich 1964 gegeben hat. Sieht sie unter anderem die Vernichtung des zionistischen Staates vor, so ist dies für israelische Nationalisten ein klares Signal: An der Schwelle zum 21. Jahrhundert, da sich Demokratie und Kapitalismus behauptet haben, redet man in der arabischen Welt wie in antiken Legenden davon, daß man uns vernichten will! Das hat sich noch nicht einmal in der neuen Ära geändert, die mit dem weltweit bejubelten Arafat-Rabin-Handschlag heraufgedämmert sein soll. Denn nachdem Arafat in der israelisch-palästinensischen Prinzipienerklärung die Außerkraftsetzung der für Israel unannehmbaren Artikel des palästinensischen Nationalabkommens akzeptiert hatte, ist nichts Derartiges geschehen. Redet die Regierung Rabin dennoch mit diesen Leuten, so verfolgt sie die Politik der Judenräte in der Shoa. Diese hatten gemeint, sie könnten ihr Volk retten, indem sie mit den Mördern verhandelten. Auf diese Weise assozieren israelische Nationalisten die diplomatischen Kontakte mit der PLO mit dem Verhalten von Schafen, die widerspruchslos in die Krematorien laufen. Letztere, historisch höchst problematische Darstellung des Verhaltens von Shoaopfern, ist freilich ein Eckpfeiler rechter politischer Ideologie in Israel: Nach der historischen Sicht der Rechten wird sich die Wiederholung der Shoa nur vermeiden lassen, wenn der jüdische Staat wehrhaft ist. Hatte die Welt damals tatenlos zugesehen, so darf sich das jüdische Volk seitdem nur auf sich selbst verlassen. In die Realpolitik des Nahen Ostens übersetzt, heißt das, daß Israel mit konventionellen und unkonventionellen Waffen bis an die Zähne bewaffnet sein muß. Nur so wird es sich im Vorderen Orient, in einer der gefährlichsten Weltgegenden, gegen die feindlichen Amalekmächte behaupten können.

Zwar nicht öffentlich, jedoch bei privaten Anlässen wird mitunter von prominenten Politikern der rechten politischen Szene geäußert, die Arbeiterpartei gehe mit dem Einsatz von Israels atomarer Muskulatur viel zu zimperlich um. So sei Premierministerin Golda Meir im Yom-Kippur-Krieg ein gravierender Fehler unterlaufen. Als syrische Truppen fast die Front im Norden durchbrochen hätten, wodurch die Großstadt Haifa in Gefahr gewesen wäre, und als ägyptische Truppen auf die Sinaihalbinsel übergesetzt hatten, hätten klare Verhältnisse geschaffen werden müssen. Anstatt mit konventioneller Kriegsführung zu antworten, hätte Golda Meir Syrien und Ägypten unmißverständliche Ultimata stellen müssen: »Wir werden in Damaskus und in Kairo ein zweites Hiroschima und Nagasaki anrichten, wenn ihr euch nicht zurückzieht!«

Was eine solch irrsinnige Strategie zu Zeiten des Kalten Kriegs für die Nahost- und Weltpolitik bedeutet hätte, bedarf keiner Erläuterungen. Davon abgesehen ist ohnehin nicht vorstellbar, wie Israel entsprechende radioaktive Strahlendosen überleben sollte.[11] Psychologisch ist festzuhalten, daß die unter israelischen Nationalisten anzutreffende, verzweifelte Entschlossenheit, mit dem Feind sich selbst zu zerstören, als Reaktion auf die Erfahrung der Shoa zu verstehen sein dürfte – eine Erfahrung, die seitdem noch einmal gemacht worden ist, freilich unter anderen politischen Voraussetzungen als in den vierziger Jahren in Europa, nämlich vor dem Sechstagekrieg: In jenen kritischen Wochen des Sommers 1967 wurden britische und französische Sicherheitsgarantien aus politischem Kalkül nicht eingehalten. Die ganze Welt war untätiger Zaungast, als Israel allein den Armeen Ägyptens, Jordaniens, Syriens, Iraks, Kuwaits, Saudi-Ara-

[11] Luftlinie Damaskus-Haifa: 160 km; Kairo-Tel Aviv/Jerusalem: ca. 400 km.

biens sowie Algeriens gegenüberstand. Kaum zwei Jahrzehnte nach der Shoa, als die Alliierten sich geweigert hatten, einige Bomben für die Stillegung der Todesindustrie in Auschwitz bereitzustellen, eiterte in jenen kritischen Wochen vor dem Sechstagekrieg die noch nicht vernarbte Wunde des frischen Traumas auf: die Welt schaut zu, während das jüdische Volk vom Erdboden getilgt wird.

Die verzweifelte Entschlossenheit, mit dem Feind sich selbst zu zerstören, ist ebenfalls ein Motiv, das bereits in der biblischen Tradition begegnet: Von seinen Kerkermeistern geblendet, hat Simson, eine legendäre Gestalt mit übermenschlichen physischen Kräften,[12] keinerlei Zukunftsperspektive mehr. Indem er sich das Leben nimmt, wählt er ein Mittel, durch das er auch seine Feinde und Peiniger in den Tod reißt. Bezeichnenderweise sind Simsons letzte Worte – »Sei's denn, daß ich mit den Philistern sterbe!«[13] – im politischen Lexikon der öffentlichen Diskussion in Israel geradezu sprichwörtlich geworden.

Bürgerkrieg – mörderischer Messianismus – eine suizidale Variante des »Nie wieder Masada!«

Seit Staatsgründung ist das Masada-Motiv im kollektiven Bewußtsein der israelischen Öffentlichkeit lebendig: Umgeben von Amalekmächten, die Israel von der Landkarte radieren wollen, können sich Israeli mit jenen Zeloten identifizierten, die sich vor zwei Jahrtausenden hoch über dem Toten Meer in der Masada-Festung verschanzen: Als die römischen Truppen nach über einem Jahr Belagerung schließlich die Festung stürmen, haben die Insassen bereits kollektiven Selbstmord begangen. Hatte die Diaspora mit der Masada-Erfahrung eingesetzt, so soll mit der Gründung Israels ein Schlußstrich unter die zweitausendjährige Leidensgeschichte des jüdischen Volks gezogen werden. Im kollektiven Bewußtsein des modernen jüdischen Staats, der sich von bis an die Zähne bewaffneten Amalekmächten umzingelt sieht, wird »Nie wieder Masada!« zum beherrschenden

[12] Richter 13,2-16,31.
[13] Richter 16,30.

Motiv: Für die meisten Israeli ist dieses Motto Ausdruck für die Entschlossenheit, es nicht zur Vernichtung des Staates Israel und zu einer weiteren Vertreibung kommen zu lassen.

Zwar können suizidale Neigungen dem konservativen Lager nicht pauschal nachgesagt werden. Indessen kristallisiert sich seit der Unterzeichnung der israelisch-palästinensischen Prinzipienerklärung innerhalb des nationalistischen Lagers eine solche Variante des »Nie wieder Masada!« heraus. Dahinter steht die fixe Idee, die Räumung israelischer Siedlungen in Cisjordanien, Bestandteil des biblischen Landes Israel, besiegele den Verrat der zionistischen Idee – nämlich das Überleben des jüdischen Volks durch einen eigenen Staat zu gewährleisten.

Unter den etwa 120.000 Siedlern, dürften etwa siebzig Prozent als Wirtschaftssiedler zu klassifizieren sein. Dabei handelt es sich um einen Personenkreis, der nicht aufgrund einer säkularen oder religiösen Großisrael-Ideologie nach Cisjordanien gezogen war. Als Miet- und Kaufpreise landauf, landab horrend waren, hatten staatliche Subventionen einen verführerisch attraktiven Wohnungsmarkt in den besetzten Gebieten geschaffen: eine halbe, dreiviertel Stunde Fahrtzeit zum Arbeitsplatz in Tel Aviv oder Jerusalem, Wohnungen zu Billigstpreisen, gut organisierte (staatlich subventionierte) Dienstleistungen in den Schlafstädten, diese meist in pastoraler Berglandschaft gelegen – warum sollte man da widerstehen? Offenbar dachte die Mehrheit anders, insofern die 80.000 bis 90.000 Wirtschaftssiedler kaum zwei Prozent der jüdischen Bevölkerung Israels ausmachen. Denn trotz schwindelerregender Spottpreise auf dem Immobilienmarkt ist ein Mindestmaß politischer Indifferenz nötig, um sich auf derartige Geschäfte einzulassen, wobei die Grenzen zu Charakterschwäche und Dummheit verschwimmen: Wer intellektuell tatsächlich außerstande gewesen war, über den Stacheldraht der eigenen Siedlung hinaus zu erkennen, daß die politische Zukunft der besetzten Gebiete mittel- und langfristig ungewiß sein würde, konnte zumindest nicht in der eigenen Privatsphäre die physische Gefahr auf dem täglichen Weg zum Arbeitsplatz verkennen. Waren doch diese Fahrten spätestens in den Jahren der *Intifada* lebensgefährlich geworden.

Die tatkräftige finanzielle und politische Förderung der Siedlungen durch die Regierung Shamir hatte Anfang der neunziger Jahre nicht allein für Traumpreise auf dem Immobilienmarkt gesorgt, die empirische Gesetzmäßigkeiten der Volkswirtschaft Lügen straften. Politisch explosiver als die verschleuderten Milliardenbeträge[14] ist das damals entstandene psychologische Klima, dessen Auswirkungen nach dem Massaker in der Ibrahim-Moschee mehr denn je spürbar sind. Unter militantem Gebaren verschanzen sich nun selbstgerechte politische Brandstifter in ihren meist luxuriösen Siedlungen, nachdem sie über viele Jahre vom Staat als Fackelträger der zionistischen Idee verhätschelt worden sind. »Hebron ist Israel« heißt ihr Slogan, da derzeit die Ausweisung von 415 Siedlern aus dem Stadtzentrum zur Diskussion steht.

Trotz ihrer geographischen Nähe liegen die Siedlungen für eine breite Öffentlichkeit in Israel auf einem anderen Planeten. Das zeigen beispielsweise die Schockwellen, die im Lauf des letzten Jahres periodisch von Bildern ausgelöst worden sind, die in der Gegend des knapp vierzig Kilometer von Jerusalem entfernten Hebron entstanden waren: Reportagen von randalierenden Siedlermilizen oder Wildwestszenen, in denen Siedler am 3. Dezember 1993 am hellichten Tag im Zentrum von Hebron mit automatischen Schußwaffen auf Palästinenser wie auf Freiwild ballerten. Kaum ein Vierteljahr später hat das Massaker in der Ibrahim-Moschee erneut bewiesen, wie surrealistisch jene astronomischen Entfernungen zwischen Israeli innerhalb und außerhalb der besetzten Gebiete sind. Denn auf viele Israeli dürfte zutreffen, was ausgerechnet Generalstabschef Ehud Barak meinte, vor dem Untersuchungsausschuß zu Protokoll geben zu sollen: »Das Massaker fiel auf uns (sc.: die militärische Führung!) wie der Blitz aus heiterem Himmel.«

Wurde die politische Gefährlichkeit der Siedler jahrelang unterschätzt, so geht es nach dem Massaker in der öffentlichen Diskussion um jenes höchst explosive Gemisch von Pionierromantik, Kriminalität, religiösem Fanatismus und suizidalen Messianismus. Zu diesem Phänomen sei exemplarisch ein Hebroner Siedler zitiert: »Wir sind bereit, gegen die Ausweisung aus Hebron zu kämpfen. Niemand

---

[14] Seit Antritt der ersten Likudregierung 1977 bis 1992 sind zirka 15 Milliarden Dollar für die Siedlungspolitik ausgegeben worden.

in der Regierung soll sich Illusionen machen, daß das in Ruhe geschehen kann... Es wird hier Blut vergossen werden. 1929 mußten sie Juden umbringen, um die jüdischen Einwohner aus Hebron zu vertreiben. Dieses Mal werden wir kämpfen. (...) Wenn sie (die Soldaten) den Befehl nicht verweigern, werden sie auf Juden schießen müssen. Auch auf unserer Seite werden sich die Leute nicht zurückhalten.«[15]

»Nie wieder Masada!« ist für die Mehrheit in Israel Ausdruck des Willens, als jüdischer Staat zu überleben. In realpolitischer Praxis schließt das Verzicht und Kompromisse ein. – Nicht so der Kern der Hartgesottenen unter den Siedlern: Sie identifizieren Masada mit ihrem jeweiligen Stacheldrahtverhau, wobei sie sich in der Rolle jener Vorfahren sehen, die furchtlos Selbstmord begingen und als tragische Helden in die kollektive Erinnerung eingingen. Wie explosiv das Gemisch aus solch gefährlichem Hollywood-Kitsch und militantem Messianismus sein kann, beweist der am 27. April 1984 gerade noch rechtzeitig vereitelte Versuch nationalreligiöser Extremisten, die al-Aqsa-Moschee in Jerusalem in die Luft zu sprengen. So sieht die militärische Führung zur Zeit Anlaß, bei der Räumung von Siedlungen auf die zu Befehlsverweigerung und Bürgerkrieg entschlossenen Elemente eingestellt zu sein.

»Ein Volk das abseits wohnt, das sich nicht sieht wie die anderen Völker«

Auch nach dem 13. September 1993 lauert im Nahen Osten nach wie vor die Gefahr eines Krieges mit Massenvernichtungswaffen. In dieser Situation zeichnen sich für Israel die neuerlichen Friedensmöglichkeiten wie eine in der Ferne liegende Oase ab, von der keiner sagen kann, ob sie sich als Fata Morgana erweisen wird. Zunächst ist der Weg dorthin ungewiß: Zwar ist neu, daß die Errichtung eines Palästinenserstaats nun absehbar ist. Gleichwohl gilt als offen, ob Arafat in der Lage sein wird, die palästinensischen militanten Friedensgegner unter Kontrolle zu halten. Ebenso ist keine prak-

[15] Zitiert aus der israelischen Tageszeitung *Ha'aretz* vom 21.3.94, S. 4A.

tikable, das heißt für beide Seiten annehmbare Lösung des Problems der israelischen Siedlungen in Sicht. Was die Annäherung mit Syrien betrifft, scheint sich die Öffentlichkeit in Israel auf die Preisgabe der Golanhöhen einzustellen. Allerdings ist ein Friedensschluß und eine befriedete Grenze mit Syrien keineswegs eine abgemachte Sache, da sich Syrien bisher nicht bereit zeigt, Israels Sicherheitsinteressen anzuerkennen.

Trotz dieser Ungewißheiten und Sorgen, hat es in Israel wohl noch nie bessere Aussichten auf eine umfassende Entschärfung des israelischen-arabischen Konflikts gegeben. In dieser Situation klingt zwischen den Zeilen der öffentlichen Diskussion der gegenseitige Vorwurf an, der politische Gegner ergötzte sich an talmudischer Logik, die vielleicht auf dem Papier funktioniert, aber niemals in der Wirklichkeit. Auf Außenstehende mag das Weltbild von Befürwortern und Gegnern eines politischen Ausgleichs je auf seine Weise wie Irrsinn wirken, insofern beiden Lagern ein apokalyptisches Inferno durch Massenvernichtungswaffen vor Augen steht. Tatsächlich scheint auf das Weltbild linker und rechter Israeli in gleicher Weise zuzutreffen, was bereits Hamlet zugute gehalten wurde: *»Though this be madness, yet there is method in't.«*

Mancher jüdische Witz über talmudische Kasuistik thematisiert eine alte Gepflogenheit, die Wirklichkeit theologisch zu historisieren. In dieser Weise wird denn auch im politischen Alltag der Gegenwart mit einem von der Tradition ins zweite Jahrtausend vor der Zeitrechnung datierten Orakel umgegangen: Bileam, ein im ganzen Orient bekannter Zauberer, hatte von Israels Feind den Auftrag erhalten, das Volk Israel zu verfluchen. Nach der in Numeri 23,9 festgehaltenen Überlieferung, brachte der Seher jedoch lediglich kryptische Worte über die Lippen: »Ein Volk das abseits wohnt, das sich nicht sieht wie die anderen Völker.« Indem Nationalisten dieses Wort zu ihrem Programm umfunktionieren, wollen sie es als Segen verstanden wissen. Nicht so die israelische Linke: An der Schwelle zum 21. Jahrhundert, da die Menschheit in ein globales Dorf zusammenrückt, wird das Ergebnis dieser politischen Funktionalisierung des Bileamspruchs als Fluch erlebt.

Nach dem Wahlsieg von Benjamin Netanyahu gilt es, die Verdienste der Regierungen Rabin und Peres um den Friedensprozeß festzuhalten. Freilich müssen dabei auch die unvermeidlichen Probleme festgehalten werden, die trotz des starken politischen Friedenswillens dieser Regierungen den Friedensprozeß erschwert haben. Es folgt eine Bestandsaufnahme, die im Juni 1995, das heißt fünf Jahre nach dem Auftakt des israelisch-arabischen Friedensprozesses der neunziger Jahre, vorgenommen wurde. Zu diesem Zeitpunkt hatte die Aufheizung der innenpolitischen Atmosphäre noch nicht stattgefunden, die dann wenige Monate später in der Ermordung Rabins gipfelte.[1] *– Allerdings hat es inzwischen weitere bemerkenswerte Fortschritte und Rückschläge im Friedensprozeß gegeben, die vorweg zu nennen sind: Mit dem Interimsvertrag zwischen Israel und der PLO vom 28.9.1995*[2] *ist der israelisch-palästinensische Entflechtungsprozeß in Cisjordanien weiter vorangekommen. Zu dieser Entwicklung haben außerdem die Wahlen im Palästinensischen Autonomiegebiet vom 20.1.1996 beigetragen, in denen die Position Yassir Arafats gestärkt worden ist*[3]*. Als Fortschritt politischer Koexistenz ist ferner zu bewerten, daß Arafat seit den Anschlägen auf die israelische Zivilbevölkerung im Februar und März, gegen Terroristen im Palästinensischen Autonomiegebiet entschlossen vorgegangen ist – nicht zuletzt wohl auch, um die Wahl von Shimon Peres zu ermöglichen. Zugleich hat sich im Gefolge der Anschläge tagtäglich gezeigt, wie sehr die gegenwärtige Oslo-II-Übergangssituation mit explosivem Konfliktpotential geladen ist. Bereits vor Netanyahus Wahl waren Reibungen zwischen Siedlern und Palästinensern in Cisjordanien, insbesondere in Hebron, an der Tagesordnung gewesen und hatten für unnötige Spannungen gesorgt. Außerdem erzeugte die fortgesetzte Absperrung Cisjordaniens und des Gazastreifens, die angesichts der Terroranschläge für Israel unvermeidbar geworden war, neue Probleme mit absehbaren Langzeitschäden: Seit der jüngsten Terrorwelle hat sich in der israelischen Volkswirtschaft der Trend verstärkt, die ca. 100.000*

---

[1] Siehe S. 130ff. »Das Erdbeben«
[2] »Oslo II«,siehe S. 273 und S. 285.
[3] Siehe S. 274.

ausgesperrten palästinensischen Arbeitnehmer aus Cis-jordanien und dem Gazastreifen nach und nach durch Gastarbeiter aus Osteuropa und Asien zu ersetzen. Das bedeutet, die israelisch-palästinensische Trennung, aus Israels Sicht eine Schutzmaßnahme der Zivilbevölkerung, verursacht in Cisjordanien und im Gazastrei-fen Arbeitslosigkeit mit schwerwiegenden sozialen und volkswirtschaftlichen Folgen. So wird die Hoffnung, durch ökonomische Interdependenz den Friedensprozeß zu stabilisieren, auf nicht absehbare Zeit unrealisierbar. Im Ergebnis ist diese Entwicklung als bedrükkender Erfolg fanatischer Verbrecher zu bewerten, denen jedes Mittel recht ist, um den Friedensprozeß aufzuhalten. – Soweit für die israelische Öffentlichkeit erkennbar ist, hat Staatspräsident Hafiz Asad von Syrien seit Juni 1995 kein glaubwürdiges Interesse an einem Kompromißfrieden gezeigt. In jüngster Zeit, vor und während des Libanonkriegs im April 1996, ist die syrische Rückendeckung der Hizbullah äußerst ernüchternd gewesen.

Ein halbes Jahrzehnt nach der Golfkrise – eine Zwischenbilanz des Friedensprozesses

Juni 1995

In den Morgenstunden des 2. August 1990 besetzten irakische Truppen das benachbarte Scheichtum Kuwait. Im Golfkrieg, den Saddam Hussein in den achtziger Jahren mit dem Iran ausgefochten hatte, hatte der Irak seinen Zugang zum Meer verloren. Vor diesem Hintergrund gewannen alte irakische Ansprüche auf kuwaitisches Gebiet an Aktualität. Als das reiche Ölscheichtum im Morgengrauen überfallen wurde, begann ein Prozeß, durch den die politische Landschaft des Nahen Ostens, gleich den Wanderdünen der Region nach einem nächtlichen Sandsturm, zur Unkenntlichkeit umgestaltet worden ist.

Die psychologischen Folgen des Golfkriegs zur Wiederherstellung der

Unabhängigkeit Kuwaits – für Saddam Hussein »die Mutter aller Schlachten«, für seine Gegner »Operation Wüstensturm« – waren für alle einschneidend. Die Parteien des Nahostkonflikts erlebten, daß die Kräftefelder des Kalten Krieges wirkungslos geworden waren. Dadurch wurde der Weg der israelisch-arabischen Annäherung frei – eine Dynamik, die Assoziationen mit den siebziger Jahren aufkommen läßt: Seinerzeit hatte das Ende der ägyptisch-sowjetischen Interessengemeinschaft den Durchbruch zum Frieden zwischen Ägypten und Israel ermöglicht, der jahrzehntelang unvorstellbar gewesen war.

In politischen Diskussionen in Israel wird mitunter ein hebräisches Sprichwort aus biblischer Zeit zitiert, wonach aus dem Fresser Speise hervorgegangen ist und Schreckliches Süßes hervorgebracht hat[4]. Seit dem Golfkrieg ist dieser Vergleich wiederholt auch auf Saddam Husseins Expansionspolitik und dessen Folgen angewendet worden. Denn Israel hat in dieser Zeit Entwicklungen erlebt, die der Erfüllung von jahrzehntelang gehegten Wunschträumen gleichzukommen schienen. So hat die schwierige Einigung mit den Palästinensern außenpolitische Begleiterscheinungen gezeitigt, die das geopolitische Umfeld Israels radikal verändert haben. Es kamen ein weiterer Friedensvertrag und diplomatische Beziehungen mit dem Anrainer mit der längsten Landesgrenze zustande. Von diesem Frieden mit Jordanien abgesehen, unterhält Israel nun mit Marokko quasi diplomatische Beziehungen. Ferner scheint sich die Normalisierung der Beziehungen mit den Golfstaaten abzuzeichnen.

Trotz dieser positiven Bilanz erhärten die bisherigen Erfahrungen der neunziger Jahren eine Auffassung, die seit den siebziger Jahren in Israel als Binsenweisheit gilt: Nämlich, daß die Annäherung mit den Palästinensern und Syrien ungleich schwieriger sein würde als sie es vor eineinhalb Jahrzehnten mit Ägypten gewesen war. In der Gegenwart ruft der Friedensprozeß selbst unter dessen Verfechtern immer wieder eine skeptisch-pessimistische Stimmung hervor. Denn mitunter geht der Friedensprozeß mit den Palästinensern so schleppend voran, daß dessen Fortsetzung in Frage gestellt scheint. Zu-

---

[4] Richter 14,14.

gleich ist für die israelische Öffentlichkeit nicht erkennbar, ob beim Friedensprozeß mit Syrien ein Durchbruch zu einem Friedensvertrag oder die Fortsetzung des Kriegszustands bevorsteht. Unter diesen Gesichtspunkten, ist eine Bewertung der mittel- und langfristigen Auswirkungen der irakischen Expansionspolitik auf den israelisch-arabischen Konflikt verfrüht. Derzeit, da der Friedensprozeß noch in Bewegung ist, kann allenfalls eine Zwischenbilanz gezogen werden. Im folgenden soll mit einer skizzenhaften Bestandsaufnahme von einschneidenden Veränderungen der letzten Jahre versucht werden, das bereits Geleistete und das noch nicht Bewältigte in ein perspektivisches Verhältnis zu rücken.

Alte und neue Kraftfelder

Wie der israelisch-ägyptische Friedensprozeß in den siebziger Jahren ist auch der diplomatische Durchbruch nach dem Golfkrieg von schweren Rückschlägen begleitet gewesen. Es stellte sich bald heraus, daß das Interesse der amerikanischen Supermacht, den Nahen Osten zu befrieden, am Horizont der Wirtschaftsinteressen endete. Für Hindernisse anderer Art sorgten die Parteien des israelisch-arabischen Konflikts selbst: Unter Federführung von Premierminister Yitzhak Shamir und Wohnungsbauminister Ariel Sharon verfolgte die israelische Regierung 1990-92 eine größenwahnsinnige Siedlungspolitik. Der Traum, innerhalb eines Jahrzehnts Cisjordanien mit einer halben bis ganzen Million Siedlern demographisch zu annektieren, diktierte die Tagespolitik. Aber auch die politische Führung der Palästinenser schien außerstande, eine diplomatische Wende zu initiieren. Der Pakt, den die PLO-Führung mit Saddam Hussein eingegangen war, hatte sie international unglaubwürdig gemacht und der palästinensischen Bevölkerung in den besetzten Gebieten schweren wirtschaftlichen Schaden zugefügt. Als sich die PLO-Führung auf den von der amerikanischen Supermacht verordneten Friedensprozeß einließ, schien sie dies mehr der Not gehorchend als freiwillig zu tun.

Syrien hatte davon abgesehen, dem *Wüstensturm* hinderlich zu sein, in welchem die Supermacht dem Bagdader Bath-Regime – seit Jahrzehnten der syrischen Bath-Partei zutiefst verfeindet – buchstäblich die Hölle heiß gemacht hatte. Nach dem Golfkrieg stand Syrien auf der Seite der Sieger. Damit hatte Staatspräsident Hafiz al-Asad im Unterschied zur PLO-Führung und zu König Hussein von Jordanien eine stärkere Position, um dem Druck der Regierung Bush Widerstand zu leisten. Dies machte er sich zu Nutzen, um abzuwarten und sein Land mit unkonventionellen Waffen aufzurüsten.[5] Diese Strategie verfolgte Asad, auch nachdem im Oktober 1991 der Madrider Prozeß einsetzte. Inwieweit die mit dem Amtsantritt der Regierung Rabin bewirkte Kurswende der israelischen Diplomatie die syrische Bereitschaft zu einem Kompromißfrieden verstärkt hat, scheint auch jetzt noch offen zu sein.[6]

Soweit schien auch nach dem *Wüstensturm* alles beim alten geblieben zu sein. Und doch war vieles anders. Die nach heutigen Maßstäben waffentechnisch rückständigen Raketen Saddam Husseins hatten in Israel dreizehn Menschen getötet, über zweihundert ver-

---

5 Laut einer am 26.5.95 veröffentlichten Studie des *Begin-Sadat-Zentrums für strategische Forschungen* der Bar-Ilan-Universität verfügt Syrien über das größte und gefährlichste Arsenal von C-Waffen in der arabischen Welt. Aufgrund der Reichweite und der technischen Perfektion der syrischen Scud-C-Raketen ist das ganze israelische Staatsgebiet von diesen Waffen bedroht.

6 Aufgrund einschlägiger israelischer Erfahrungen mit syrischer Aggression besteht auch die Regierung Rabin auf umfassenden Sicherheitsgarantien. Sind in einer breiten Öffentlichkeit starke Reserven gegenüber Konzessionen auf den Golanhöhen verbreitet, so hat Rabin wiederholt dargelegt, daß er keinen Friedensvertrag mit Damaskus unterschreiben wird, in dem das israelisch-syrische Einvernehmen über folgende vier Komplexe nicht eindeutig definiert ist: 1. Der Verlauf der Friedensgrenze. – 2. Zeitplan des (auf mehrere Jahren zu veranschlagenden) Rückzugs zur Friedensgrenze, deren Verlauf bislang nicht vereinbart ist. – 3. Im Vorfeld des Rückzugs auf die Friedensgrenze: Absicherungen, daß in einer etwa dreijährigen Übergangszeit die vollständige Normalisierung der Beziehungen (diplomatische Beziehungen; Grenzverkehr von Personen und Waren in beiden Richtungen) verwirklicht und erprobt wird, während Israel nur einen sehr begrenzten, eher symbolischen als geographischen Rückzug (Räumung von höchstens einer Siedlung auf dem Golan) vollzieht. – 4. Sicherheitsvorkehrungen nach dem Rückzug auf die Friedensgrenze, durch welche vor allem zwei Gefahren abgewehrt werden sollen: a) tägliche Reibungen, etwa durch Grenzzwischenfälle oder durch Überfälle eindringender Terroristen; b) die Möglichkeit eines Überraschungsangriffs (d.h. Entmilitarisierung, Frühwarnsysteme u.ä.). Rabin pflegt diese vier Komplexe als die vier Beine zu bezeichnen, auf denen der israelisch-syrische Frieden aufgebaut werden müsse. Ferner wird Israel auf der Sicherung seines Trinkwassers aus dem Jordan und dem See Genezareth, dem wichtigsten Reservoir des Landes, bestehen müssen.

letzt und gewaltige Trümmerhaufen angerichtet. Trotz der waffentechnischen Mängel dieser Geschosse scheinen deren Einschläge in Israel psychologische Umwälzungen bewirkt zu haben, die sich auf die gesamte Region auswirken. Als werde nach völlig anderen Spielregeln gehandelt, scheint jeder Spieler in aller Stille sein Blatt neu geordnet zu haben. In dieser Situation ließen sich die Regierung Rabin und die PLO-Führung auf den Friedensprozeß ein, der trotz der mitunter anders lautenden Rhetorik eine Einbahnstraße ist: Beide Seiten scheinen zu wissen, daß ein Zurück zum status quo vor dem Osloer Vertragswerk ein Fiasko zur Folge hätte.

Verschiebungen des politischen und psychologischen Horizonts

Nach verbreiteter Annahme wird der nächste Krieg mit ballistischen Waffen geführt werden, wodurch es zur Inszenierung apokalyptischer Alpträume kommen dürfte. Inwieweit dieses Damoklesschwert zur Kursänderung der israelischen Politik geführt hat, ist allerdings nicht ermeßbar. Zunächst ist keineswegs gesichert, daß solche Schreckensbilder beim letzten Urnengang, welcher zur Bildung der Regierung Rabin führte, den Ausschlag gegeben haben. Außerdem ist ohnehin offen, ob kollektive Angst zu Verzichten motiviert, wenn ein großer Teil der Gesellschaft den Gegenstand des Verzichts zu recht oder zu unrecht als eine unvertretbare oder gar selbstmörderische Reduzierung der eigenen Sicherheit versteht.

Was immer die ausschlaggebenden psychologischen Faktoren gewesen sein mögen, historische Tatsache ist, daß die Regierung Rabin den Friedensprozeß in Gang gebracht hat. Dadurch sind Fakten geschaffen worden, die von einer nationalistischen Regierung in Israel allenfalls mit großen Schwierigkeiten noch rückgängig gemacht werden könnten: Inzwischen gibt es in Israel keine Mehrheit, die den Gazastreifen von neuem besetzten wollte, obgleich Politiker des nationalistischen Lagers mit kraftprotziger Rhetorik das Gegenteil in Aussicht stellen. Ebenso ist fraglich, ob die Präsenz israelischer Truppen im cisjordanischen Bergland noch von einer Mehrheit von Israeli für strategisch unverzichtbar gehalten wird. War diese Frage noch vor wenigen Jahren umstritten, so ist sie seit dem Osloer Vertrag passé. Denn inzwischen gilt als sicher, daß Israel seine Truppen aus Cisjordanien – wohl mit Ausnahme des Jordantals – abziehen wird. Umstritten ist jetzt nur noch, wann und unter welchen Modalitäten dies geschehen wird. Unter diesen Umständen ist als Novum zu verbuchen, daß der Abzug der israelischen Armee aus dem cisjordanischen Bergland absehbar geworden ist. Für das Faktum dieser Entwicklung ist unwesentlich, daß zur Zeit noch unklar ist, in welchem Ausmaß die israelischen Siedlungen dem Entflechtungsprozeß hinderlich sein werden. Denn unabhängig von der Explosivität des Siedlungsproblems hat eine Verschiebung des politischen Horizonts stattgefunden: Inzwischen ist das Argument, die militärische Besetzung Cisjordaniens sei sicherheitspolitisch zwingend, nicht mehr aktuell. Ferner setzt sich selbst im nationalistischen Lager die als unliebsam empfundene Erkenntnis durch, daß das Entstehen eines Palästinenserstaats im Gazastreifen und in Cisjordanien wohl nicht mehr zu verhindern ist. Die Größenordnung dieser psychologischen Entwicklungen vergegenwärtigt beispielsweise eine kabarettistische Darbietung aus einer früheren Epoche, in der man vor nur wenigen Jahren noch lebte: Ein Palästinenser mit israelischer Staasangehörigkeit wird wegen Hochverrats zu einer Freiheitsstrafe verurteilt, weil er in seinen Selbstgesprächen mit einem Palästinenser redet und damit den Tatbestand des Hochverrats erfüllt... So die Karikierung des inzwischen aufgehobenen Gesetzes, das israelischen Staatsbürgern jahrzehntelang verboten hatte, mit PLO-Vertretern zu verkehren. Daß die Bitterkeit dieses Sketchs kurz vor den letzten Knessetwahlen landauf, landab nachvollzogen wurde, dokumentiert, wie einschneidend die Veränderungen der letzten drei Jahre sind.

Abgesehen von den mittel- und langfristigen politischen Perspektiven, die sich für den Staat Israel grundlegend verändert haben, haben die Entwicklungen der letzten Jahre auch für den Alltag der Israeli positive Auswirkungen mit sich gebracht: Die buchstäblich lebensgefährliche Absurdität der militärischen Präsenz im Gazastreifen, die von Wehrpflichtigen erlitten werden mußte, war seit Ausbruch der *Intifada* unerträglich geworden. So gesehen war dieser militärische Rückzug für die allermeisten Israeli eine nicht überschätzbare Erleichterung und ein politischer Reingewinn. Davon abgesehen hatte der israelisch-palästinensische Friedensprozeß im Sommer 1994 eine erfrischende und aufbauende Begleiterscheinung: nämlich der zweite Friedensschluß mit einem arabischen Nachbarstaat, dem Haschemitischen Königreich von Jordanien. Im Unterschied zum Zustandekommen des Osloer Vertrags im Jahr zuvor grenzte diese Entwicklung nicht mehr an ein Wunder. Denn nach den Verträgen von Oslo und Kairo hatte in Israel als sicher gegolten, daß König Hussein nur noch den für ihn versprechendsten Augenblick abwarten würde, um das Ende des Kriegszustandes mit Israel zu erklären. Und doch liefen die Menschen auf die Straßen, als der Monarch am 4. August 1994 sein Flugzeug in israelischen Luftraum lenkte und begleitet von israelischen Kampfflugzeugen über Tel Aviv und Jerusalem einige Kreise zog. In dem von Frieden nicht verwöhnten Israel kam eine Freude auf, die wohl kaum hatte größer sein können, als Mose ein Wunder wirkte, wodurch den in der Wüste dürstenden Israeliten zu Trinkwasser verholfen wurde, witzelte ein Kommentator.[7] Tatsächlich war in jenen Tagen des Sommers 1994 auffallend, daß Nachrichtenmoderatoren gewohnheitsmäßig das Bedürfnis hatten, sich für die Wiederholung des inzwischen verbrauchten Superlativs »historisch« zu entschuldigen: Mitte Juli wurde bekanntgegeben, daß Rabin und Hussein sich zum ersten Mal in aller Öffentlichkeit treffen würden. Wenige Tage später wurde vor dem Weißen Haus der Tisch aufgebaut, auf dem der israelisch-ägyptische Friedensvertrag sowie die israelisch-palästinensische Prinzipienerklärung signiert worden waren. Es kam zu der routinemäßigen, aber psychologisch unverzichtbaren Medienveranstaltung, in der die politische Führung eines weiteren arabischen Nachbarn ohne Scheu vor dem Rampenlicht der Medien die Beendigung des Kriegszustands mit Israel besiegelte. Kaum war Hussein in der Woche darauf wie in einem Traum über Tel Aviv und Jerusalem geschwebt, als er drei Tage später mit Staatspräsident Ezer Weizmann die erste direkte Telefonverbindung zwischen beiden Ländern einweihte. Einen Tag nach dieser Verbesserung der technischen Kommunikation ergriff der jordanische Kronprinz Hassan eine politisch eher ästhetische, aber psychologisch äußerst wirkungsvolle Initiative: Mitten in der Wüste, bei glühender Hitze fand er einen passenden Anlaß, Worte des biblischen Prophe-

[7] Vgl. Numeri 20,2-11.

ten Hosea zu zitieren: »Das Tal des Unheils zur Pforte der Hoffnung machen.«[8] Er tat dies bei der Eröffnung des ersten Grenzübergangs, auch dies ein psychologisch unverzichtbares Medienereignis, das rund um den Globus verbreitet wurde. Daß der zweite Mann im Haschemitischen Königreich in aller Öffentlichkeit hebräische Worte über seine Lippen brachte, wurde in Israel als weiteres Omen glücklicher Friedenszeit bewertet.

Die sehr verschiedenartigen Entwicklungen der letzten Jahre scheinen den politischen Erfahrungshorizont der Israeli zwar erweitert, aber nicht grundlegend verändert zu haben: Zum einen werden die Gefahren einer weiteren militärischen Auseinandersetzung mit Massenvernichtungswaffen als fatal empfunden. Jedoch gilt auf einer anderen Ebene das frühere Axiom als ungesichert, wonach der Verzicht auf die besetzten Gebiete die Preisgabe der Sicherheit des Staates bedeuten müsse. Außerdem sind verfestigte Feindbilder verblaßt und haben an Tiefenschärfe eingebüßt. Innerhalb dieser paradoxen Verschiebung von Perspektiven scheinen Visionen von einem *Neuen Nahen Osten,* wie Shimon Peres sie gewohnheitsmäßig der Öffentlichkeit mitteilt, noch von der Mehrheit seiner Landsleute wie eine hübsche Utopie mit gleichgültigem Achselzucken beantwortet zu werden. Denn wie das Tal des Unheils zur Pforte der Hoffnung umgestaltet werden soll, ist keineswegs evident. Dennoch ist als Novum zu verzeichnen, daß die Realitätsferne solcher Vorstellungen argumentativ als Utopie erwiesen werden muß – im Unterschied zur Zeit vor dem Osloer Vertrag als die empirische Absurdität des *Neuen Nahen Ostens* weithin selbstverständlich war.

Terrorismus als Damoklesschwert des Friedensprozesses

Verfestigte Feindbilder, die die Politik der Region über Jahrzehnte bestimmt hatten, sind durch den Friedensprozeß unscharf geworden. Dennoch werden zugleich Erfahrungen gemacht, die linke Kritiker der Regierung Rabin immer wieder befürchten lassen, der israelisch-palästinensische Friedensprozeß sei nicht mehr zu retten. Dies ist

---

[8] Hosea 2,17.

eine Reaktion auf eine gefährliche Dynamik, in der das Tempo des Friedensprozesses von Terroristen diktiert wird. Im folgenden soll sie während des letzten Jahres skizziert werden.

Seitdem die israelischen Streitkräfte im Mai 1994 im Gazastreifen und in der Jerichoenklave von den Polizeikräften der Palästinensischen Autonomiebehörde abgelöst worden sind, ist es innerhalb des israelischen Staatsgebiets, d.h. außerhalb der besetzten Gebiete, zu mehreren blutigen Anschlägen durch palästinensische islamisch-fundamentalistische Selbstmordattentäter gekommen.[9] Dabei wurden mehrere Dutzend israelische Zivilisten getötet. Der Friedensprozeß geriet in einen Teufelskreis, der tief in Sackgassen führte, in denen er steckenzubleiben droht.

Befürworter des Kompromißfriedens, der auf territoriale Verzichte baut, hatten mit der Verbesserung der inneren Sicherheit für die Räumung des Gazastreifens plädiert: Durch die Aufgabe von Gaza und Jericho (und später von ganz Cisjordanien), so lautete die gängige Argumentation, würden die palästinensischen Behörden aus eigenem Interesse Terroranschläge gegen Israel unterbinden. Dagegen schienen die tatsächlichen Entwicklungen das Gegenteil zu beweisen. Die Folge war, daß nach jedem Anschlag die bohrende Frage der Friedensgegner von einer stetig anwachsenden Öffentlichkeit gestellt wurde: »Hat die Abgabe von Gaza und Jericho die israelische Bevölkerung nicht einer nie gekannten Terrorismusgefahr ausgeliefert?« Angesichts dieser Stimmung hatte die Regierung Rabin Popularitätseinbußen hinzunehmen, die von demokratisch gewählten Politikern wohl als schwindelerregend erlebt werden mußten. So demonstrierte Rabin entschlossenes Handeln: Der Gazastreifen und das gesamte cisjordanische Gebiet wurde mit Absperrungen belegt. Ferner wurde nach dem Anschlag in Bet Lid (bei Netanja) am 22. Januar 1995 eine physische Trennungsanlage geplant: eine Zaunanlage, die um ein um etwa 11% verkleinertes Cisjordanien gelegt werden könnte. Derzeit ist unklar, ob und wann dieses Millionenprojekt verwirklicht werden soll, das von Vertretern des gesamten politischen Spektrums angefochten wird. Unter anderem dürfte die Zukunft dieses Projekts davon abhängen, wie bald es zu einer israe-

---

[9] Siehe S. 272f.

lisch-palästinensischen Interimsregelung kommen wird, die ihrerseits die Dauerregelung vorbereiten soll. Sollte sich die Umsetzung der israelisch-palästinensischen Abkommen weiterhin verzögern, würde der Trennungsplan eine einseitige Grenzziehung zwischen dem israelischen Staatsgebiet und Cisjordanien ermöglichen.

Abgesehen von diesem Plan erweisen sich andere Folgen des Anschlags von Bet Lid als Friedenshindernis: Inzwischen sind die besetzten Gebiete seit mehreren Monaten abgesperrt, was für die meisten palästinensischen Arbeitnehmer Arbeitslosigkeit und materielles Elend bedeutet. Dies wird von Israel als Zeitbombe anerkannt. Dennoch sieht die Regierung Rabin keine Alternative. Sie sieht sich gezwungen, der israelischen Öffentlichkeit zu versichern, daß ihre Sicherheit nicht leichtfertig aufs Spiel gesetzt wird. Es soll vermittelt werden, daß Sicherheit und Frieden durch territoriale Verzichte in einem verkleinerten israelischen Staatsgebiet keine Gegensätze sind, obgleich über zwei Jahrzehnte lang gegolten hatte, daß die Räumung Cisjordaniens außen- und sicherheitspolitischer Selbstmord sei.[10]

Im ersten Jahr der Palästinensischen Autonomie hat Yassir Arafat die Erwartungen vieler Israeli enttäuscht. Es war die Hoffnung verbreitet gewesen, daß mit Arafats Einzug in Gaza der Terrorismus in Israel beendet sein würde. Statt dessen versucht Israel, sich mit Absperrungen der besetzen Gebiete vor Terrorismus zu schützen. In Israel wird darüber gestritten, ob diese Enttäuschung über Arafat an dessen mangelndem politischen Willen oder an seiner Unfähigkeit liegt, anarchische Verhältnisse zu steuern. Immer wieder wird der Vorwurf laut, der PLO-Chef drücke sich um jene risikoreiche, aber unvermeidbare politische Feuerprobe, die auch Ben-Gurion nicht erspart geblieben sei. Dieser hatte am 20.6.1948, mitten im Unab-

---

[10] Das Dilemma der politischen und militärischen Führung in Israel beschrieb Generalstabschef Amnon Lipkin Shahak am 25.4.1995 vor dem außen- und sicherheitspolitischen Ausschuß der Knesset wie folgt: »Die Situation ist äußerst komplex. Einerseits müssen wir das Interesse haben, daß mehr Arbeiter aus dem Gazastreifen in Israel arbeiten, damit dort weniger wirtschaftliche Probleme entstehen. Aber andererseits ist für uns aus egoistischer, sicherheitspolitischer Sicht die Absperrung bequemer, weil sie einen deutlichen Rückgang der Angriffe im israelischen Staatsgebiet mit sich bringt, obgleich sie nicht Angriffe auf Soldaten und Zivilisten in den besetzten Gebieten verhindern wird.«

hängigkeitskrieg, die *Altalena,* das Waffenschiff der nationalistischen *Etzel*-Miliz, samt siebzig *Etzel*-Angehörigen und zwölf Besatzungsmitgliedern versenken lassen. Anlaß war die Weigerung der *Etzel* gewesen, die Autorität der *Armee zur Verteidigung Israels* anzuerkennen. Die Versenkung der *Altalena* hatte eine scharfe Polarisierung in Israel zur Folge, die das politische Klima des Landes über Jahrzehnte spürbar belastet hat.[11] Arafats Kritiker in Israel meinen, der PLO-Chef müsse endlich den politischen Mut aufbringen, »seine *Altalena* zu versenken«, indem er die Hamas und andere Friedensgegner im palästinensischen Lager ausschalte, nötigenfalls mit Waffengewalt.

Neben dieser Kritik an Arafat ist in Israel auch die nüchterne realpolitische Einschätzung anzutreffen, daß die hohen Erwartungen, die an ihn gestellt worden waren, ohnehin unrealistisch sind. Wie dem auch sei, das Arafat zur Last gelegte Versagen dürfte mehr und mehr für die Regierung Rabin zum Dilemma werden. Rabins linke Kritiker sehen Grund zu befürchten, das schleppende Tempo auf den verschiedenen israelisch-palästinensischen Verhandlungsebenen werde dazu führen, daß der Friedensprozeß im Morast ungeklärter Detailfragen versinken wird. Als Alternative wird vorgeschlagen, schon jetzt Probleme der Dauerregelung zu lösen, obgleich noch nicht einmal begonnen worden ist, die Interimsregelung zu verwirklichen. In diesem Sinne wird von Umweltminister Yossi Sarid (Meretz-Block) regelmäßig verlangt, die vierhundert Seelen zählende Siedlung in Hebron sowie die Siedlerenklaven im Gazastreifen umgehend zu räumen, obgleich Israel laut Vertrag dazu nicht verpflichtet ist. Seinerseits scheint Rabin durchaus motiviert zu sein, die Siedlungen im Gazastreifen vorzeitig aufzugeben. So jedenfalls dürfte seine Karikierung der Siedlung Nezarim im Gazastreifen zu verstehen sein. Die Einwohner dieser Siedlung haben ihre Erstwohnungen im israelischen Staatsgebiet und demonstrieren im Rotationsverfahren, daß sie in Nezarim zu Hause sind. Dieser Tatbestand veranlaßte Rabin zu dem Vergleich: »Wenn Nezarim eine Siedlung ist, dann bin ich ein Kugellager.« (Diese spontane Unmutsbezeugung löste im nationalistischen Lager eine Welle von Zornesausbrüchen aus, die Rabin

[11] Zur *Altalena*-Affäre siehe S. 257.

kaum als Erfolg politischer Öffentlichkeitsarbeit verbucht haben wird.) Ebenso liegt nahe, daß Rabin, ein erfahrener Militärstratege, die Präsenz von etwa vierhundert rechtslastig fanatisierten israelischen Siedlern inmitten von ca. hunderttausend Palästinensern im strategisch belanglosen Hebron als innenpolitisches Pulverfaß und als außenpolitische Hypothek betrachtet. Während er sich jedoch angesichts der öffentlichen Meinung außerstande sieht, die Siedlungen in Hebron und im Gazastreifen räumen zu lassen, wird ihm von seinen linken Kritikern politische Schwäche vorgeworfen[12].

In dieser Situation befürchten Rabins linke Kritiker, daß Arafat die Motivation verlieren könnte, die Verhandlungen mit der Regierung Rabin fortzusetzen. Wie Rabin, so argumentieren sie, könne auch Arafat keine Politik unter Ignorierung der öffentlichen Meinung machen. Deshalb müsse der Abzug der israelischen Truppen aus den Städten in Cisjordanien bald erfolgen, damit, wie vertraglich vorgesehen, die Wahlen zum Palästinensischen Autonomierat ohne israelische Präsenz stattfinden können.

Bislang scheint jedoch dieser erste Schritt zur Umsetzung der Interimsregelung an dem Problem der israelischen Siedler zu scheitern: Vertragsgemäß ist Israel berechtigt, während der Interimszeit die Siedlungen in Cisjordanien und im Gazastreifen weiterhin bestehen zu lassen. Innerhalb von Rabins Koalitionskabinett gibt es keine Mehrheit, die willens ist, eine frühzeitige Räumung der Siedlungen

---

[12] Bislang hat Rabin seine Vorstellungen über den Verlauf der Grenze zwischen Israel und einem künftigen Palästinenserstaat der Öffentlichkeit noch nicht dargelegt. Indessen ist im Januar 1995 vom *Yaffe Institut für Strategische Forschungen* der Universität Tel Aviv eine Landkarte publiziert worden, die weitgehend Rabins Vorstellungen für die Grenzziehung der Dauerlösung entsprechen soll. Nach dieser Karte weist die Trennungslinie einige Abweichungen von der sogenannten Grünen Linie (die israelisch-jordanische Staatsgrenze bis zum Sechstagekrieg) auf. Das Ergebnis der neuen Grenzziehung ist, daß etwa elf Prozent des cisjordanischen Gebiets annektiert werden: Nämlich der Großraum Jerusalem, die südlich daran angrenzende Enklave Gush Ezion, sowie ein ca. sechzig Kilometer langer und mehrere Kilometer breiter Streifen, der im mittleren und nördlichen Cisjordanien östlich der Grünen Linie verläuft. Diese Abweichungen von der Grünen Linie folgen einer demographischen Richtlinie: Ein Großteil der israelischen Siedlungen mit siebzig Prozent der cisjordanischen Siedler (ca. 100.000) werden israelisches Hoheitsgebiet. Die Zahl der von der Annektierung betroffenen palästinensischen Bevölkerung wird mit »einigen Zehntausend« beziffert. Hebron würde im Palästinenserstaat liegen. – Zu den aktuellen Siedlerstatistiken vgl. Seite 53f.

gegenüber der Öffentlichkeit zu vertreten. Statt dessen ist man bemüht, während der Interimsregelung den Kontakt zwischen Siedlern und Palästinensern auf das unvermeidbare Minimum zu reduzieren. Zu diesem Zweck werden kostspielige Umgehungsstraßen palästinesischer Ortschaften gebaut. Dabei werden auf Kosten palästinensischer Landbesitzer umfangreiche Landenteignungen vorgenommen. Somit sind Spannungen und Reibungen zwischen Siedlern und Palästinensern während der Interimszeit vorprogrammiert. Die wahrscheinlichen Folgen dieser Entwicklung für den weiteren Verlauf des Friedensprozesses stellen sich bei optimistischer Beurteilung als nicht absehbar und bei pessimistischer Einschätzung als Fiasko dar.

Unter diesen Voraussetzungen mag die von Yossi Sarid und anderen Repräsentanten der Friedensbewegung vertretene Politik einleuchten: Da die Siedlungen ohnehin aufgegeben werden müssen, sollte dieser Schritt frühzeitig getan werden, um von vornherein unnötige Reibungsflächen zu beseitigen. Das Argument, so Rabins linke Kritiker, Arafat müsse den Terror gegen Israel unterbinden, sei intellektuel unaufrichtig und realpolitisch verfehlt: Die Palästinensische Autonomiebehörde sei gegenüber dem Terrorismus auch nicht ohnmächtiger als die israelische Armee es seinerzeit gewesen sei, als sie den Gazastreifen besetzt gehalten hatte. Jetzt verspreche nur die schnelle Trennung beider Völker deren Koexistenz in Israel-Palästina. Dagegen drohen weitere Verzögerungen bei der Umsetzung der Interimsregelung sowie die Fortsetzung der explosiven Verflechtung der israelischen und palästinensischen Bevölkerung in Cisjordanien den Friedensprozeß im Keim zu ersticken.

Gesamtregionale Gefahren

In dieser Zwischenbilanz seien abschließend gesamtregionale Konstellationen angesprochen, deren Gefährlichkeit die politischen und militärischen Führung in Israel wohl nicht weniger beschäftigt als der Friedensprozeß mit den Palästinensern und Syrien.

Israelische Nahostexperten beobachten mit Sorge, wie die »islamisch-fundamentalistische Internationale« sich in der Region ausbreitet. Dieser Begriff meint den zunehmenden politischen Einfluß islamischer Fundamentalisten von Afganistan über den Iran, Syrien, Libanon, die von Israel besetzten Gebiete, Jordanien, Ägypten, Sudan bis hin zum Maghreb. Die gleichzeitige Verbreitung von Massenvernichtungswaffen in der Region verschärft die Bedrohlichkeit dieser Entwicklung.

In dieser gesamtregionalen Entwicklung, dürfte der Iran die unmittelbarste Gefahr für Israel darstellen – zumindest solange der Friedensprozeß mit Syrien noch andauert und der von Saddam Hussein beherrschte Irak noch durch die Vereinten Nationen unter Kontrolle gehalten wird. In Israel wird befürchtet, daß der Iran in etwa drei Jahren mit einsatzbereiten, nuklearen Offensivwaffen ausgerüstet sein wird, die Israel vernichten könnten. Die Regierung Rabin schlägt daher in letzter Zeit wegen der russischen Unterstützung der iranischen Nukleartechnologie, die angeblich nur der zivilen Nuklearindustrie zugute kommen soll, Alarm. Ebenso haben die deutsch-iranischen Kontakte in jüngster Zeit Spannungen zwischen Jerusalem und Bonn verursacht. Schließlich sind diese Entwicklungen der Hintergrund der entschlossenen Opposition, die in der Öffentlichkeit und der Regierung gegen die Forderung aufkommt, Israel solle den Atomwaffensperrvertrag ratifizieren.

Die Ermordung Yitzhak Rabins löste in Israel eine Schockwelle aus. Die politische Rechte wurde pauschal mit dem Mörder identifiziert und war gesellschaftlich geächtet. Angesichts der Popularitätseinbußen der Rechten verbreitete sich eine realitätsfremde Sicherheit, wonach der Mord das Ergebnis der im Jahr 1996 anstehenden Wahlen bereits zugunsten von Rabins Nachfolger Shimon Peres und der Linken vorweggenommen hätte. Diese Stimmung hielt kaum vier Monate an, nämlich bis zum 25. Februar 1996, als es zum Auftakt einer neuen Terrorwelle kam. Mit ihrer Opposition gegen das Osloer Vertragswerk wurde die Rechte über Nacht wieder salonfähig. Dies geschah ohne ihr eigenes Zutun. Ursache sind die vorausgehend angesprochenen tiefsitzenden Ängste ums Überleben in Israel. Dieser Stimmungsumschwung wurde durch die weiteren Terroranschläge in den folgenden acht Tagen verstärkt und gab am 29. Mai 1996, an dem für den Friedensprozeß schicksalshaften Wahltag, knapp den Ausschlag gegen die politischen Erben Rabins.

Das Erdbeben

Nach dem Attentat auf Yitzhak Rabin

Mitte Februar 1996

Am 4. November 1995 um 21.40 werden vor dem Tel Aviver Rathaus aus kaum einem Meter Entfernung zwei tödliche Dumdumgeschosse auf den Rücken von Premierminister Yitzhak Rabin abgegeben. Der Attentäter, Yigal Amir, ist Jude und Israeli. Die psychologischen Folgen dieses Verbrechens gleichen einem Erdbeben, das in Israel keinen Stein auf dem anderen läßt. Das ganze Land wird von instinktiver Panik erfaßt. Es verbreiten sich Verzweiflung über moralischen Bankrott, Angst vor einem Bürgerkrieg und vor dem Ruin des jüdischen Staates. Die politische

Rechte in Israel erlebt einen nicht gekannten Vertrauensverlust. Dennoch ist es derzeit ungewiß, ob Rabins politische Freunde bei den bevorstehenden Wahlen das Mandat für die Fortsetzung der Friedenspolitik erhalten werden.

Ende einer Ära

Am Morgen nach dem Mord wird der Leichnam von Premier- und Verteidigungsminister Yitzhak Rabin nach Jerusalem überführt. Sechs Generäle und zwei Polizeichefs sitzen links und rechts des Sarges auf dem offenen Militärfahrzeug. Einer der größten Soldaten des jungen jüdischen Staates wird zu Grabe getragen. Wie bei Bestattungen anderer Persönlichkeiten seiner Generation, die in den letzten Jahren stattfanden, wird auch dieser Trauerzug als Ende der Gründerära des Staates erlebt. Indessen sorgt dieses Mal die erdrükkende Untergangsstimmung dafür, daß keine Nostalgie aufkommen kann. In diesem Drama nimmt der Ermordete ein selbstbetrügerisches Narrenparadies mit ins Grab – nämlich die fixe Idee, daß es *in Israel* niemals zur Ermordung des mächtigsten Amtsträgers würde kommen können. In dem Vakuum, das zurückbleibt, ist kein Raum mehr für Illusionen. Der Schock geht so tief, daß eine überwältigende Mehrheit sich mit dem Lebenswerk des Ermordeten identifiziert – eine geradezu erdrückende Mehrheit, wie er sie sein Lebtag nicht erlebt hat.

Als Angehöriger der *Palmach* kämpft Rabin in den vierziger Jahren für den künftigen und dann für den jungen Staat. Am Tag nach dem Attentat wird der Sarg den Sha'ar Hagay oder Bab al-Wad, das »Tor des Tales« hinaufgefahren, das der Ermordete 1948 als Befehlshaber der Harel-Brigade im Unabhängigkeitskrieg freigekämpft hat, um das belagerte Jerusalem zu erreichen. Die Karosserien der Militärfahrzeuge, die in jenen Kämpfen ausgebombt wurden und seither regelmäßig restauriert werden, liegen bis heute links und rechts der Straße, als Fossilien eines vergangenen technischen Zeitalters und Zeugen heroischer Geburtswehen des Staates Israel, als Zeugen einer verklärten Ära, in der Linke und Rechte angeblich gegen äußere Feinde zusammenhielten. Am Tag nach Rabins Ermordung ist die

Strecke nach Jerusalem von Zehntausenden fassungsloser Menschen gesäumt. »Ein Alptraum...« – »Dieser Mann, sein Lebensweg ist die Geschichte des Staates.« – »Ein Verbrecher, ein Nichts, der nichts geleistet hat, streckt diesen Riesen einfach nieder...« So einige Stimmen am Straßenrand.

Ziel der Militärkolonne ist der Platz vor der Knesset, die Kulisse, hinter der Yitzhak Rabin an seinem zweiten großen Lebenswerk gearbeitet hat. Für vierundzwanzig Stunden wird hier der Sarg des Staatsmannes aufgebahrt, der in den letzten drei Jahren sein Wahlversprechen wahrgemacht hat, die politische Prioritätenskala seines Landes radikal zu verändern und einen völlig neuen politischen Kurs zu steuern. Jedoch scheinen diese historischen Leistungen nicht die eigentliche Quelle der magnetischen Kraft zu sein, die der aufgebahrte Sarg des Ermordeten auf dessen Landsleute ausübt.

In den vierundzwanzig Stunden vor der Beerdigung zieht ein nicht endender Strom von Menschen am Sarg vorbei: Schätzungsweise sind es eine Million Menschen, die vier, fünf und mehr Stunden Schlange stehen, um schweigend vorbeizudefilieren, Kerzen anzuzünden, Kränze und beschriebene Zettel zurückzulassen. Über ein Fünftel der Bevölkerung läßt sich nicht nehmen, »Yitzhak Rabin die letzte Ehre zu erweisen«. Auf diese Sprachkonvention greifen viele der Trauernden zurück, wenn sie erklären sollen, was sie bewegt, weite Wege und lange Wartezeiten nicht zu scheuen. Auch zahlreiche Gesichter von Rabins politischen Gegnern erscheinen in dieser Menge – Menschen, die vor ihm weder als Politiker noch als Mensch Respekt an den Tag gelegt haben.

Es ist ein merkwürdiges Band, das hier Rabins Anhänger und Gegner zusammenführt. Kommentatoren meinen, diese sprach- und machtlose Masse sei entschlossen, unabhängig von politischen Ansichten einen wortlosen, aber unmißverständlichen Protest gegen den Mord am mächtigsten Mann im Staat zum Ausdruck zu bringen. Zugleich dokumentieren die Äußerungen dieser Tage, daß Panik und Angst unter Israeli sämtlicher politischer Couleur verbreitet ist. Der Schreck sitzt so tief, daß Rabins Gegner über längere Zeit bereit sind, die Unterdrückung ihrer Meinungsfreiheit hinzunehmen. Selbst Wochen nach dem Attentat wird Kritik am Toten und dessen Lebenswerk, die frei von politischer Verhetzung ist, als verhohlene Identifizierung mit dem Mörder empfunden und bisweilen strafrechtlich geahndet.

Ein weiterer Magnet, der tagelang Hunderttausende von Menschen anzieht, ist der Tatort, der *Platz der Könige Israels* vor dem Tel Aviver Rathaus. Hier nimmt Yitzhak Rabin in den letzten Stunden seines Lebens an einer Großkundgebung teil, auf der er und Außenminister Shimon Peres von Zehntausenden von Menschen für ihre Friedenspolitik bejubelt werden. Es ist eine der größten politischen Demonstrationen, die in Israel je stattgefunden hat. Auch ohne ihr tragisches Ende hätte sie zeitgeschichtlich bedeutsam werden können.

Seit vielen Monaten ist man an Aufkleber, »Rabin ist ein Verräter« und »Rabin ist ein Mörder«, gewöhnt. Sie sind landauf, landab verbreitet. Niemand schlägt Alarm. Über den qualitativen Unterschied zu den unschuldigen Aufklebern der Friedensbewegung mit Aussagen wie »Es gibt ein Mandat für den Frieden« werden in der breiten Öffentlichkeit keine Worte verloren. Unterdessen schreitet die Polarisierung der gegensätzlichen Lager fort, während sich die Akzeptanz von Gewalt als legitimes Mittel der politischen Auseinandersetzung wie ein Krebsgeschwür verbreitet. In diesem psychologischen Klima beginnt das nationalistische Lager im Sommer 1995 den sogenannten »Kampf um die Hügel«: Täglich machen die Besetzungen cisjordanischer Hügel durch Siedler und deren Sympathisanten aus dem israelischen Staatsgebiet Schlagzeilen. Bei diesen Demonstrationen »passiven Widerstands« gegen das Osloer Vertragswerk kommt es häufig zur Gewaltanwendung. Zugleich provoziert der als »passiv« dargestellte Widerstand der *Zu-Arzenu*-Bewegung gewalttätige Auseinandersetzungen mit den Sicherheitskräften. Diese Gruppierung spezialisiert sich darauf, das Verkehrsnetz des Landes lahmzulegen, indem sie immer wieder innerhalb und außerhalb der Städte wichtige Straßenkreuzungen blockiert. Am 5. Oktober, einen Monat vor Rabins Ermordung, scheint dann eine weitere Etappe eskalierender Gewaltbereitschaft erreicht zu sein: Auf einer Großkundgebung gegen das »Oslo B-Abkommen« in Jerusalem gelingt es Polizisten nur mit Mühe zu verhindern, daß Wohnungsbauminister Binyamin Ben-Eliezer von einer randalierenden Menge aus seinem Wagen gerissen wird. Kurz zuvor kommt es auf dieser Veranstaltung zu einem politischen Skandal, als ein Plakat mit Rabin in einer SS-

Uniform gezeigt wird. Hauptredner auf dieser Demonstration ist Likudvorsitzender Benjamin Netanyahu. Noch Wochen später, nur wenige Tage vor seiner Ermordung, macht Rabin Netanyahu schwere Vorwürfe, weil er es nicht für nötig hielt, angesichts dieses Plakats seine Rede abzubrechen.

Vor diesem Hintergrund wird am 4. November unter dem Motto »Ja zum Frieden, nein zur Gewalt« eine Großkundgebung für die Friedenspolitik der Regierung organisiert. Nach anfänglichen Zweifeln über die Zweckmäßigkeit der Veranstaltung setzt sich auch in der Regierung die Überzeugung durch, daß bei entsprechendem organisatorischen Aufwand an diesem Abend die breite Unterstützung der Friedenspolitik erwiesen werden kann. Einer der Hauptorganisatoren ist Shlomo Lahat, langjähriger Bürgermeister von Tel Aviv, der trotz seiner Bindungen an den Likud bereits seit den siebziger Jahren gegenüber den Palästinensern und den arabischen Staaten eine kompromißbereite Politik vertreten hat. Er steht am Abend des 4. November mit Rabin auf dem Rednerpodium. Am folgenden Tag berichtet er, wie glücklich und zufrieden Rabin in den letzten Minuten seines Lebens war, Augenblicke, die auch von Kameras dokumentiert werden: Zaghaft, unbeholfen lächelnd und kaum hörbar, stimmt Rabin in das Friedenslied ein, das die Menge auf dem *Platz der Könige Israels* schmettert. Diese friedliche Veranstaltung ist die erste Antwort auf die gewalttätige Opposition der Rechten gegen die Annäherung mit den Palästinensern. Bis zuletzt hat Rabin die breite Unterstützung seiner Friedenspolitik vor Augen, die Israel auch schmerzhafte Verzichte abverlangt – bis er die Treppe hinuntergeht, an deren Fuße ihm der feige Mörder auflauert. Das Bild von Rabins letzten Minuten – zu seinen Füßen die riesige Menschenmenge, die ihn für seine Friedenspolitik mit Jubel überschüttet – läßt bei seinen Landsleuten Assoziationen mit dem Lebensende des Mose aufkommen. Laut biblischer Tradition[1] ist es Mose nicht vergönnt, ins verheißene Land zu ziehen. Indessen darf er jenseits des Jordan auf dem Berge Nebo aus der Ferne ins Land spähen, wo Israel »Ruhe und Erbe« verheißen ist. So ergeht es Rabin, einer der letzten großen Gestalten der Gründergeneration des modernen Staates Israel, über

[1] Deuteronomium 34,1-4.

dreitausend Jahre später: Er erlebt weder die ersten Wahlen der Palästinenser, durch die Israels Verhandlungspartner am 20.1.1996 politisch legitimiert werden, noch die jetzt ausstehende Dauerregelung mit den Palästinensern in Cisjordanien. Ebenso liegen für Rabin die Konturen einer Friedensregelung mit Syrien jenseits des Horizonts. Gleichwohl dokumentiert seine letzte Rede, die er in der fröhlichen, zuversichtlichen Stimmung auf der Großkundgebung auf dem *Platz der Könige Israels* hält, welche ermutigenden Friedensperspektiven sich bereits vor ihm auftun:

> »Erlauben Sie mir zu sagen, daß auch ich begeistert bin. Ich möchte jedem einzelnen von Ihnen danken, daß Sie hierher gekommen sind, um sich der Gewalt entgegenzustellen und den Frieden zu unterstützen. (...) Ich habe immer geglaubt, daß die Mehrheit des Volkes Frieden will und bereit ist, für den Frieden Risiken einzugehen. Und indem Sie zu dieser Großkundgebung gekommen sind, beweisen Sie mit vielen anderen, die es nicht geschafft haben, daß das Volk tatsächlich Frieden will und Gewalt ablehnt. (...) Ich möchte sagen, daß ich stolz darauf bin, daß hier die Vertreter der Staaten erschienen sind und auch in Zukunft erscheinen werden, mit denen wir in Frieden leben: Ägypten, Jordanien und Marokko.«

Die Schüsse, denen Rabin eineinhalb Stunden später erliegt, lassen diese glücklichen Augenblicke zu den letzten Momentaufnahmen einer vergangenen Epoche verblassen. Die Meldung von der Ermordung des mächtigsten Amtsträgers im jüdischen Staat durch einen jüdischen Attentäter, wirkt auf die israelische Öffentlichkeit wie der Anblick des Grauens, der laut biblischer Legende Lots Frau zur Salzsäule erstarren läßt.[2] Unabhängig von politischen Überzeugungen ist man landauf, landab in einem Schockzustand. Dabei geht eine unwiderstehliche Anziehungskraft vom Ort des Verbrechens aus. Es kommt zu großen Menschenansammlungen, man ist außer sich vor Erschütterung und Verwirrung: »Wir sind mitschuldig, weil wir die Hetzereien, ›Rabin ist ein Verräter‹ und ›Rabin ist ein Mörder‹, zugelassen haben,« erklärt ein Mann, der auf dem *Platz der Könige Israels* eine Kerze anzündet. Angesichts der Häufigkeit, in der derar-

---

[2] Genesis 19,26.

tige Geständnisse an diesem Ort hörbar werden, drängen sich Assoziationen mit Tätern auf, die es zum Tatort zurücktreibt. In diesem Sinne meint der Popsänger Aviv Gefen einen Monat später: »Irgendwo waren wir das Schießpulver in der Kugel, die ihn getötet hat.« Unterdessen kommt es am Tatort in den Stunden und Tagen nach dem Mord zu spontanen Bezeugungen tiefer Sympathie, die Yitzhak Rabin zu seinen Lebzeiten in dieser Intensität nie zuteil geworden ist. Eine gute Woche lang ist der *Platz der Könige Israels* tagaus, tagein nie menschenleer. Es entsteht ein Meer brennender Kerzen. Menschen, die sich nicht kennen, stehen zusammen. Immer wieder erklingt das Friedenslied der Großkundgebung, der Schwanengesang des Ermordeten, der nun zur Hymne der sogenannten »Friedenskinder« wird. Sie sorgen dafür, daß wenige Stunden nach der Ermordung auf dem Platz vor dem Tel Aviver Rathaus auf keiner beschreibbaren Fläche die Graffitiaufschrift, »Yitzhak-Rabin-Platz«, fehlt. Am folgenden Samstagabend, genau eine Woche nach der Ermordung, findet dann eine weitere Großkundgebung statt. Im Beisein von Lea Rabin, der Witwe des Ermordeten, erfolgt ein weiterer Akt kollektiver Trauerarbeit. Der *Platz der Könige Israels,* auf dem manche wichtige Demonstration des Landes stattgefunden hat, wird offiziell in *Yitzhak-Rabin-Platz* umbenannt. Mißbilligung, die in rechten Kreisen vorhanden ist, wird nicht laut. Ein solches Maß an mangelnder *political correctness* wäre in dieser Situation ohnehin gefährlich.

Die Umbenennung des Tel Aviver Rathausplatzes von *Platz der Könige Israels* zu *Yitzhak-Rabin-Platz* dürfte ein weiterer Meilenstein am Beginn der neuen Ära in Israel sein. Um die Phantasie zu beflügeln, besteht nun kein Bedarf mehr an einem amorphen Kollektiv von Königen aus einer vermeintlich idealen Zeit vor dem ersten Exil im ersten Jahrtausend vor der Zeitrechnung. Haben doch die tödlichen Schüsse eine bemerkenswerte Metamorphose bewirkt: Über Nacht wird die Biographie eines Politikers mit der Geschichte des Staates Israel deckungsgleich. Ein erstaunlicher Vorgang, da Rabins Lebensweg bei allen unbestreitbaren staatsmännischen Leistungen, für die er mit dem Friedensnobelpreis ausgezeichnet wird, doch immer wieder von den Eigenheiten eines begrenzten Militärs geprägt ist. Naturgemäß wird bei einem Prozeß derartiger Legendenbildung ein Idol geboren. Unter diesem Gesichtspunkt wird eine hypothetische Frage zwingend: Ist es denkbar, daß Rabin eine vergleichbare, sofort einsetzende posthume Idealisierung zuteil geworden wäre, wenn er am 4. November 1995 nicht den Kugeln eines Mörders erlegen, sondern in einem Verkehrsunfall ums Leben gekommen oder wenn er an diesem Tag im Alter von 73 Jahren eines natürlichen Todes gestorben wäre?

Zwischen Geschichte und Mythos

Das Bedürfnis, Yitzhak Rabins Lebensweg mit der Geschichte des Staates Israel deckungsgleich werden zu lassen, dürfte Ausdruck des vernichtenden Verlustes sein, den Israeli empfinden, als ihr Premierminister einem Attentäter aus den eigenen Reihen zum Opfer fällt. Zwar läßt sich nicht bestreiten, daß zwischen Rabins Leben und der Geschichte seines Landes viele Parallelen erkennbar sind, jedoch lassen sich solche ebenso deutlich bei anderen Vertretern seiner Generation nachzeichnen.

Um zu verdeutlichen, wie schmerzlich der Schock empfunden wird, den Rabins Ermordung auslöst, sollen im folgenden die Parallelen zwischen seiner Biographie und der Geschichte des Staates Israel nachskizziert werden. Dabei fließen mitunter vereinfachende Beschönigungen in die Darstellung ein, die alles andere als ausgewogene historische Urteile sind. Als Produkt der legendenhaften Historiographie, welche die Trauerarbeit erleichtern soll, erhellen sie jedoch das Ausmaß des Verlustes, der nach der Ermordung verschmerzt werden muß.

Von Geburt *Zabar,* vor der Staatsgründung *Palmach*kämpfer, im Unabhängigkeitskrieg Befehlshaber der *Harel*-Brigade, befreit Rabin 1948 in einem Kampf, der wochenlang aussichtslos erscheint, das belagerte Jerusalem. Danach befehligt er die »Operation Horev«, durch die der Negev und Eilat befreit werden. Allein dieser Lebensabschnitt soll Leon Uris vor Augen gestanden haben, als er in seinem Bestseller *Exodus* einen oder mehrere seiner Helden zur Darstellung bringt. Die Fortsetzung von Rabins Biographie, nämlich seine militärtische Karriere in der *Armee zur Verteidigung Israels,* ist mit dem wohl aufsehenerregendsten Kapitel soldatischen Heldentums des jungen Staates verknüpft: 1967 ist Rabin Generalstabschef, als sich Israel von der Welt im Stich gelassen und mit einer Phalanx ägyptischer, jordanischer, syrischer, irakischer, saudiarabischer, jemenitischer und algerischer Armeen konfrontiert sieht. Es kommt zu einem israelischen Präventivschlag, für dessen Planung und Durchführung Rabin die Verantwortung trägt. In sechs Tagen gelingt Israel ein unfaßbarer militärischer Sieg. Die gesamte Sinaihalbinsel, der Gazastreifen, Cisjordanien und die Golanhöhen werden erobert – Gebiete, die etwa doppelt so groß wie der Staat Israel sind. Der Sieg des jüdischen Staates, den die arabische Welt hatte vernichten wollen, löst in der ganzen westlichen Welt euphorischen Beifall und ungeteilte Sympathien aus: Der kleine David hat den schrecklichen Goliath bezwungen... Yitzhak Rabin, ein kompetenter, trockener, introvertierter, bisweilen sogar schüchterner Militär verkörpert den tapferen Krieger der biblischen Tradition.

Nach Auffassung nicht weniger Israeli weiß Verteidigungsminister Moshe Dayan sich auf Rabins Kosten den Kredit für den spektakulären Sieg zu sichern. Dennoch dürfte das Image des klugen, tapferen Winzlings, der den übermächtigen, unintelligenten, tölpelhaften Dinosaurier zur Strecke bringt, Rabin zu Beginn seiner Karriere im Zivilleben zustatten gekommen sein. Durch den israelischen Sieg im Sechstagekrieg wurden ägyptische Hegemoniebestrebungen im Nahen Osten, die den amerikanischen Einfluß in der Region gefährdeten, zunichte gemacht. Ein Jahr nach dem Sechstagekrieg wird Rabin Botschafter in Washington. Während seiner fünfjährigen Amtszeit in den USA werden die Grundlagen der amerikanisch-israelischen Allianz gelegt. Deren weiterer Ausbau während Rabins erster Amtszeit als Premierminister gilt ebenfalls als unbestreitbare politische Leistung. Denn obgleich die erste Regierung Rabin (1974-77) sonst eine stolze Bilanz von politischen Fehlern aufweist, ist die amerikanisch-israelische Allianz bis heute, selbst nach dem Ende des Kalten Kriegs, die tragende Säule der israelischen Außen- und Sicherheitspolitik. Auch dies eine parallele Entwicklung in Rabins Biographie und in der Geschichte des Staates Israel.

Der Yom-Kippur-Krieg ist der erste Krieg seit Staatsgründung, in dem Israels Kampf gegen die feindliche Übermacht mit Niederlagen und territorialen Verlusten endet. Lea Rabin erinnert sich, jene Wochen seien für ihren Mann unerträglich gewesen. Zum ersten Mal ist er nicht dabei. Das Gefühl der Machtlosigkeit und der Frustration zermürbt ihn. Ob es auch unter einem Generalstabschef oder Premierminister Rabin in den Jahren vor dem Yom-Kippur-Krieg zu jenen gravierenden militärischen und nachrichtendienstlichen Pannen gekommen wäre, die diesen Waffengang für Israel zu einem Fiasko werden ließen, ist eine hypothetische, historisch unergiebige Frage. Dagegen spielt für die Legendenbildung eine Rolle, daß die Parallele zwischen Rabins Biographie und der Geschichte des jungen Staates sich selbst während dieses Tiefs fortzusetzen scheint. Freilich ist dies ein Umstand, der lediglich als Ergebnis einer Kette von Zufällen nachvollziehbar ist: Nach drei Jahren im höchsten Rang der *Armee zur Verteidigung Israels,* muß Rabin 1968 nach siebenundzwanzig Jahren im Dienste der Armee seinen Abschied nehmen. Als es fünf Jahre später zum Yom-Kippur-Krieg kommt, hat Botschafter Rabin auf die Entscheidungen über Krieg und Frieden keinen Einfluß. Der Mann, der gewohnt war, militärische Macht mit großem Erfolg einzusetzen, muß nun erleben, daß er nicht an der Schaltstelle sitzt und daß er machtlos ist. Eine ähnlich frustrierende Erfahrung bestimmt nach dem Yom-Kippur-Krieg über lange Zeit das politische und gesellschaftliche Klima in Israel. Denn bis zu diesem Krieg gilt, daß militärische Stärke Sicherheit verbürgt. So gesehen scheint eine weitere Ironie darin zu liegen, daß Rabin, der im Sechstagekrieg erfolgreich und im Yom-Kippur-Krieg machtlos ist, drei Jahre nach der Niederlage der mächtigste politische Amtsträger ist, als seine Landsleute zum ersten Mal nach dem Yom-Kippur-Krieg das Selbstvertrauen in ihre militärische Schlagkraft zurückgewinnen.

Der verlustreiche Yom-Kippur-Krieg löst eine schwere psychologische Krise aus. Während der kritischen Schlacht auf den Golanhöhen müssen eine Handvoll israelischer Panzer den Angriff ganzer Panzer- und Artillerieverbände aufhalten. In diesen Stunden sieht sich Israel unter dem Damoklesschwert der zweiten Shoa des 20. Jahrhunderts. Seitdem erleben Israeli von neuem, daß ihre staatliche Existenz in gleicher Weise wie vor dem Sechstagekrieg in Frage gestellt ist. Die Selbstsicherheit, die der sensationelle Sieg vom Juni 1967 bewirkt hat, ist wie weggeblasen. Zugleich haben Israels politische und militärische Fehler, die die ägyptische und syrische Offensive vom 6.10.1973 zu einem für Israel lebensgefährlichen Überraschungsangriff werden lassen, schwere innenpolitische Krisen zur Folge. Premierministerin Golda Meir muß ein halbes Jahr später, am 10.4.1974, zurücktreten. Rabin, am 31.12.1973 in die Knesset gewählt und am 10.3.1974 als Arbeitsminister ins Kabinett berufen, übernimmt bereits nach wenigen Wochen Regierungserfahrung am 3.6.1974 das Amt des Premierministers. Er ist der erste *Zabar,* der dieses Amt bekleidet. Zwei Jahre darauf vollbringt Israel dann einen Husarenstreich, der die Vernarbung seines angeschlagenen Selbstwertgefühls erleichtert: Am Abend des 3. Juli 1976 landen israelische Sonderkommandos unbemerkt in Entebbe, um israelische Geiseln einer entführten Air-France-Maschine zu befreien. 101 Geiseln werden lebend befreit, vier Geiseln und ein israelischer Offizier – Oberstleutnant Yonatan Netanyahu, Bruder des heutigen Spitzenkandidaten des Likud, Benjamin Netanyahu – kommen ums Leben. Trotz dieser Verluste ist die Befreiung der schwer bewachten Geiseln ein sensationeller Erfolg. In Israel bricht Euphorie aus. Tausende von Menschen strömen zum Flughafen in Tel Aviv, um die Heimkehrer zu bejubeln. Nach der Niederlage des Yom-Kippur-Kriegs endlich wieder ein Erweis eigener Schlagkraft und Wehrhaftigkeit. Regierungschef Rabin hat die Aktion gebilligt und politisch verantwortet. Wiederum ist bemerkenswert, daß die Wellenbewegung von Glück und Unglück, die zwischen Sechstagekrieg, Yom-Kippur-Krieg und Entebbe das psychologische Klima der Nation bestimmt, auch auf Rabins persönlichem Weg verfolgt werden kann.

Bereits während seiner ersten Amtszeit als Premierminister (1974-77) ist Rabin vom Allonplan überzeugt, der dem Kabinett Eshkol schon drei Wochen nach dem Sechstagekrieg vorgelegt wurde. Der Plan von Yigal Allon, der 1967 in der Regierung Levi Eshkols Bildungsminister und später in der ersten Regierung Rabin Außenminister ist, ist als Friedensplan für Cisjordanien entworfen. Danach soll Cisjordanien weitgehend an das Haschemitische Königreich von Jordanien zurückgegeben werden. Lediglich das dünnbesiedelte Jordantal und Ostjerusalem sollen unter israelischer Kontrolle verbleiben. Westlich des Jordans sollen keine arabischen Streitkräfte geduldet werden. In diesem Sinne macht Rabin während seiner ersten Amtszeit als Premierminister König Hussein mehrere Angebote. Daß sie von Hussein abgelehnt werden, hat innenpolitische Gründe. Seinerseits bringt jedoch Premierminister Rabin nicht den Mut zu weitergehenden Zugeständnissen auf, um den Plan seines Außenministers für Hussein annehmbarer zu gestalten. Auch das hat innenpolitische Gründe, nicht zuletzt die Opposition von Rabins Verteidigungsminister und innerparteilichen Rivalen, Shimon Peres. So setzt Rabin zunächst mehr aus Pragmatismus denn aus Überzeugung die Politik seiner Vorgängerin Golda Meir fort, nämlich die Entscheidung über die Zukunft Cisjordaniens auf unbestimmte Zeit zu vertagen. Wiederum fällt auch in dieser Etappe eine frappierende Parallele zwischen seiner Biographie und der Geschichte seines Landes auf. Obgleich der Militär in Rabin vom Allonplan überzeugt ist, ist er, als er das Amt des Premierministers ausüben muß, überfordert und außerstande, in Cisjordanien den aggressiven Siedlungsaktionen des *Gush Emunim,* die in dieser Zeit in der Öffentlichkeit einen breiten Rückhalt genießen, ein Ende zu setzen.[3] Deshalb wird in Hinblick auf die Zukunft Cisjordaniens Golda Meirs Vogelstraußpolitik fortgesetzt. Inzwischen ist die israelische Kontrolle über Cisjordanien im Bewußtsein der meisten Israeli längst kein echtes Provisorium mehr, weil sie stillschweigend, ohne formale Majoritätsentscheidung von einer Mehrheit als status quo anerkannt worden ist. Es ist eine jener Situationen, in der es nichts Haltbareres als ein konventionalisiertes Provisorium gibt – ein paradoxes psychologisches Phänomen, das freilich auch andernorts im politischen Geschehen beobachtet werden kann.[4] Obgleich einzelne Personen des politischen und gesellschaftlichen Lebens immer wieder vor der unvermeidlichen Gegenreaktion der palästinensischen Bevölkerung warnen, werden keinerlei Konsequenzen gezogen. Konzeptionslos wird von Tag zu Tag weiterregiert. Unterdessen füllt sich das Maß bis eines Tages, ein Jahrzehnt später, ein banales Alltagsereignis, nämlich ein Autounfall, den Ausbruch der *Intifada* verursacht. Insgesamt ist je-

[3] Siehe S. 47f. »Landverheißung als historische Hypothek«.

[4] Beispielsweise die zwei deutschen Staaten während des Kalten Kriegs. Zumindest in der Altbundesrepublik werden sie jahrzehntelang, bis in die späten achtziger Jahre, zwar nicht offiziell, aber de facto als Dauerlösung behandelt.

doch der Mangel an Phantasie, der die Cisjordanienpolitik der Regierung Meir sowie der ersten Regierung Rabin bestimmt, charakteristisch für die öffentliche Stimmung in den siebziger und erst recht in den achtziger Jahren. So gesehen werden in Rabins erster Amtszeit als Premierminister die Grundlagen jener zügellosen Siedlungspolitik späterer nationalistischer Regierungen zementiert.

Nachdem schließlich die größenwahnsinnige Siedlungspolitik der Regierung Shamir als selbstzerstörerisch erkannt wird, bietet Rabin einen Ausweg, der inzwischen konsensfähig geworden ist: Im Geiste des Allonplans verspricht Rabin 1992 im Wahlkampf, nur die Besiedlung des Jordangrabens und des Großraums Jerusalem sei politisch vertretbar. Es liege nicht im Interesse Israels, palästinensisch dicht bevölkerte Gebiete besiedeln und kontrollieren zu müssen. Dieses Programm ist ein rettender Ausweg, der aus der Sackgasse von *Intifada* und internen gesellschaftlichen Konflikten über die politische und ethische Vertretbarkeit der Okkupation zu einem Vertragsfrieden mit den Palästinensern führt. Für diese staatsmännische Leistung werden er und Shimon Peres mit dem Nobelpreis ausgezeichnet.

Dennoch ist es erstaunlich, daß Rabin nach seiner Ermordung unter anderem auch für seine staatsmännische Haltung während der *Intifada* gepriesen wird. *Aus Menschlichkeit,* so heißt es nach dem 4. November 1995, habe er seinerzeit vertreten, Knochenbrechen sei besser als Schießen… Tatsächlich wurde Rabins Befehl, den Aufständischen die Knochen zu brechen, als drakonische, wenn nicht als rachsüchtige Strafmaßnahme verstanden und von einer breiten Öffentlichkeit von Armeereservisten – freilich auch von Zivilisten – abgelehnt. Seinerzeit wird Rabin in jenen ersten zweieinhalb Jahren der *Intifada* als phantasieloser Technokrat und bornierter Militär erlebt. Bei Ausbruch der *Intifada* ist er, wie viele seiner Landsleute, in frappierender Weise realitätsfern. Einzelne warnen seit Jahren, Israel sitze auf einem Pulverfaß, an dem eine sehr kurze Zündschnur schon seit langem brenne. Solche Warnungen werden ignoriert. Das ermöglicht Verteidigungsminister Rabin am 10.12.1987, zwei Tage nach Ausbruch der ersten Unruhen im Gazastreifen, zu einem routinemäßigen Arbeitsbesuch bei seinem amerikanischen Amtskollegen,

Frank Carluzzi, nach Washington zu reisen. Die Entwicklungen im Gazastreifen verbucht der Technokrat in Rabin als »keine besonderen Vorkommnisse«, die der von langer Hand geplanten Reise mit zwei engen Mitarbeitern und der Ehefrau nicht im Weg stehen sollen. Von diesem Auftakt abgesehen, legt Rabin auch in den nächsten zweieinhalb Jahren immer wieder erschreckende Grenzen an den Tag. So pflegt er sich jeden Monat mit technokratischer Kurzsichtigkeit auf die Statistiken von Steinen und anderer Wurfgeschosse als Gradmesser für die Gefährlichkeit der *Intifada* zu berufen. Personen, die ihm nahestehen, berichten allerdings, er mache in dieser Zeit eine wichtige Entwicklung durch: Angesichts der *Intifada* werde ihm klar, daß das Problem der Palästinenser nicht militärisch, sondern politisch gelöst werden müsse. Diese Darstellung ist angesichts der politischen Kursänderung, die seit 1992 von Rabin vollzogen wird, durchaus glaubhaft.

Wie auch immer die posthume Legendenbildung im einzelnen zu beurteilen ist, zu seinen Lebzeiten steht Rabin bei den Palästinensern im Ruf, ein härterer Verteidigungsminister als sein Nachfolger, Moshe Arens, zu sein, der sich seinerseits als Likud- und Großisraelpolitiker freilich nicht als palästinenserfreundlich profilierte. Ferner ist nach Rabins Ermordung auch die Ausweisung von über 415 Hamas-Aktivisten in die verschneiten Berge im südlichen Libanon vergessen, die er im Dezember 1992 anordnet. Sie ist innenpolitisch umstritten, erweist sich als sicherheitspolitisch wirkungslos und als außenpolitisch unklug.

Es ist fraglich, ob derartige Register von Rabins Grenzen, die ja auch über die genannten Anlässe hinaus immer wieder heftige Kritik auslösen, nun lediglich aus Pietät gegenüber dem von einem Mörder vernichteten Menschenleben verschwiegen werden. Zweifellos sollte solches Mitleid als emotioneller Faktor nicht unterschätzt werden, der nach Rabins Ermordung die Reaktion seiner Landsleute bestimmt. Davon abgesehen dürften es die hier kritisch beurteilten harten Seiten sein, die auf Rabins Landsleute Vertrauen erweckend wirkten: Als verdienter Militär, der freilich immer wieder die Grenzen eines bornierten Uniformierten an den Tag legt, ist er *Mr. Security* in Person, der keine militärischen Risiken eingeht, um am Verhandlungstisch Erfolge zu verbuchen. Selbst seinen politischen Gegnern gelingt es nicht, ihm militärisch leichtsinnige Verzichtspolitik überzeugend nachzuweisen.

Wer geneigt ist, Rabins harte Seiten als unvorteilhafte Grenzen zu beurteilen, muß zumindest anerkennen, daß sie paradoxerweise neue Freiräume politischen Handelns erschließen, über deren Bedeutung nicht gestritten werden kann. Diese Eigenschaften sind in der israelischen Öffentlichkeit konsensfähig. Damit sind sie die psychologische Voraussetzung von Rabins historischer Größe. Denn im Horizont der Erfahrungen, die der junge jüdische Staat in einer mörderischen Umwelt macht, sind Rabins historische Leistungen ohne seine Härte undenkbar: Israels größter Sieg auf dem Schlachtfeld... Den Feinden immer wieder Härte beweisen... Wäre Rabin anders, so wäre fraglich, ob er die politische Autorität hätte, um als Staatsmann den großen Rückzug zu vollziehen, der eine Generation lang unvorstellbar war. Denn im Gefolge der Friedenspolitik, die er seit seiner Rückkehr ins Amt des Premierministers am 13. Juli 1992 macht, schlägt nun die Stunde der Wahrheit. Es muß eine schicksalhafte Entscheidung fallen: Annäherung oder Fortsetzung der Konfrontation und des Kriegszustands mit den Palästinensern. In dieser Stunde willigt der siegreiche Feldherr in den historischen Handschlag mit dem Erzterroristen Yassir Arafat ein. Diesem trieft das Blut ungezählter israelischer Terrorismusopfer geradezu sichtbar von den Händen. Die ganze Körpersprache des gebeutelten *Mr. Security* verrät dessen Bauchschmerzen. Weite Teile der israelischen Öffentlichkeit können ihm seine Beklemmungen nachfühlen. Zugleich verleiht seine Biographie dieser Darbietung absurden Theaters psychologische Legitimität. Manchem Israeli, dem angesichts des dramatischen Aktes übel wird, kann sich wenigstens mit *seinem* Darsteller identifizieren. Auf diese Weise eröffnet ein surrealistisches Geschehen eine neue Wirklichkeit. Ein Ausweg aus einer festgefahrenen, zermürbenden Pattsituation tut sich auf. *Mr. Security* nimmt man ab, was die Verwirklichung einer fast messianischen Utopie zu sein scheint: Nach der langen Zeit des Krieges bricht nun tatsächlich die Zeit des Friedens an. Wie sich herausstellt, wird dieser Wunschtraum lange schon vom wortkargen *Mr. Security* gehegt. Jedenfalls erinnert er sich bei protokollarischen Anlässen seiner Friedensdiplomatie an die Tränen und den Schmerz der Hinterbliebenen von gefallenen Soldaten, und unterstreicht, diese Leidenskapitel gehörten nunmehr der Vergangenheit an. Wenn kaum einem anderen, so muß man ihm dies glauben. Dieses Vertrauen in den Mann an der Spitze ist unverzichtbar, denn bis zur Lösung des verfahrenen israelisch-palästinensischen Friedensprozesses sind noch viele schwere Schritte zu wagen.

Nach ähnlichem Grundmuster scheint die Identifizierung mit Rabin auch nach seiner Ermordung zu erfolgen. Jedenfalls meint ein Passant vor dem Tel Aviver Rathaus: »Seine Friedenspolitik hatte staatsmännisches Format. Sie hat uns vorher nicht gekannte Möglichkeiten eröffnet. Aber man konnte sich vor allem auf ihn verlassen. Wenn es nötig war, hat er sich nicht gescheut, hart zu sein, oder ›mal schnell‹ einen kleinen Krieg im Libanon zu führen.«[5]

Diese psychologische Dynamik, in der Rabins harte Seiten geschätzt und idealisiert werden, scheint bei der posthumen Legendenbildung der letztlich entscheidende Faktor zu sein. Sie setzt mit den Schüssen, die ihm das Leben nehmen, vulkanartig ein. Seinen Landsleuten ermöglicht sie, sich mit historischer Größe zu identifizieren. Dies ist bemerkenswert, weil er zu seinen Lebzeiten für seine Friedenspolitik vielfach Verachtung und Ablehnung erntete. Nun ist angesichts seiner verblendenden Glorie nicht einmal erkennbar, daß Shimon Peres und eben nicht das Opfer des Attentats beim Zustandekommen des Osloer Vertragswerks die treibende Kraft gewesen ist. So wird ausgerechnet Yitzhak Rabin über Nacht zum Symbol des Friedensprozesses und zum Idol verlorener, besserer Zeiten.

In den Wochen nach dem tragischen Ende des Idols zeigen selbst viele Anhänger der Rechten eine neue Fahne, nämlich den populären Aufkleber mit dem Abschiedsgruß, den US-Präsident Bill Clinton in den Tagen nach der Ermordung, Rabin mehrmals nachruft: »Shalom Haver«, zu deutsch, »Leb' wohl, Freund«. Wenn israelische Gegner des Friedensprozesses dieses Motto übernehmen, ist ihnen freilich der doppelte Sinn von »Shalom« bewußt, das in der politischen und gesellschaftlichen Debatte in Israel vor allem »Frieden« oder gar »außenpolitischer Frieden« heißt.

Vor Rabins Haus in Ramat Aviv wird der plötzliche Stimmungsumschwung nach dem Attentat buchstäblich in Szene gesetzt: Als

[5] Gemeint ist die militärische Operation vom 25.-31.7.1993, siehe S. 271.

Yitzhak Rabin am Tag vor seiner Ermordung zum Shabbat nach Hause kommt, erwarten ihn, wie an jedem Freitag der vorausgegangenen Wochen, rechte Demonstranten mit den bekannten Schildern: »Rabin ist ein Verräter«, »Rabin ist ein Mörder«. Zwei Tage darauf, am Tag nach seiner Ermordung, findet sich eine ungleich größere Menschenmenge zusammen, um Rabins Familie Sympathie zu bezeugen. Lea Rabins bewegte Reaktion gehört zu den Bildern dieses Tages, die von den elektronischen Medien immer wieder ausgestrahlt werden:

> »Schade, daß ihr damals nicht gekommen seid. Aber nun seid ihr jetzt gekommen, und auch das macht mir Freude und Mut, und meinen Kindern und meinen Enkeln, daß ihr sein Gedenken auf diese wunderbare, ehrenvolle und schöne Art in Ehren haltet und daß ihr für den Frieden seid. Vielen Dank, daß ihr hier seid. Ich schätze das, und ich liebe euch in seinem Namen. (...) Zwei Revolverschüsse haben *ihn* getötet. Zwei Revolverschüsse haben diesen wunderbaren, großen Mann getötet. Ich wiederhole noch einmal, ich danke euch sehr, daß ihr gekommen seid. Das bewegt mich sehr.«[7]

»Chronik eines angekündigten Todes«

Erweckt Rabins Ermordung selbst unter seiner Anhängern Schuldgefühle, so stellen sich die Entwicklungen vor dem Verbrechen als »Chronik eines angekündigten Todes« dar. Am Tag nach dem Attentat bezeugt Wohnungsbauminister Binyamin Ben-Eliezer:

> »Rabin wie auch ich hielten nicht für möglich, daß ein Jude versuchen könnte, den Premierminister zu ermorden.«[6]

Aufgrund dieser Überzeugung, so versichert Ben-Eliezer, hätten Rabin Warnungen vor Mordplänen rechter Kräfte nicht erschüttert. Offenkundig steckt der Premier- und Verteidigungsminister den Kopf in den Sand, als die Gefahr bereits in der Luft liegt. Dieses Verhalten ist bis zu den letzten Minuten seines Lebens in seiner unmittelbaren Umgebung die Norm. Das dokumentiert ein Bericht von Amnon Barsilai, der am Tag nach der Ermordung auf der ersten Seite der

[6] Am 5.11.95 im 1. Programm des Israelischen Fernsehens mehrfach gesendet.

Tageszeitung *Ha'aretz* erscheint: Während der Großkundgebung auf dem *Platz der Könige Israels* tauscht sich eine Journalistin entsetzt mit ihrem Kollegen, Barsilai, über die Gefahr aus, der Rabin und Peres auf dem Podium ausgesetzt sind. Nach ihrem Dafürhalten ist es angesichts der Morddrohungen aus rechten Kreisen sträflicher Leichtsinn, daß die beiden Spitzenpolitiker über so lange Zeit zur Menge gewandt in ihrer ganzen Körpergröße aufrecht stehen. Eine knappe Stunde bevor dann die tödlichen Schüsse fallen, wendet sich die Journalistin an Lea Rabin mit der Frage, ob ihr Mann eine kugelsichere Weste trage. Barsilai hält fest, daß Lea Rabin »bestürzt und aggressiv« auf diese unwürdige Verletzung eines Tabus entgegnet:

> »Wozu denn eine kugelsichere Weste? Sind Sie verrückt geworden? Sind wir denn in Afrika?«

Unterdessen stehen Rabin und Peres ohne kugelsichere Westen in aufrechter Haltung auf dem Podium. Es ist ihnen bewußt, daß mit Attentaten rechtsextremistischer Krimineller zu rechnen ist. Erst am Tag zuvor, bei ihrem letzten Arbeitstreffen unter vier Augen, haben sie ausführlich über nachrichtendienstliche Warnungen vor Attentaten auf Spitzenpolitiker gesprochen. Außerdem hatten sie sich in den letzten Wochen mehrfach mit dieser Gefahr auseinanderzusetzen. Auch unter der Menge, die nun den Friedensnobelpreisträgern zujubelt, fehlt es nicht an Menschen, die die Gefährlichkeit der Situation richtig einschätzen. Schließlich soll mit dieser Großkundgebung, »Ja zum Frieden, nein zur Gewalt«, eine Antithese zu den gewalttätigen Aktionen gesetzt werden, die die Gegner des Friedensprozesses in den letzten Monaten organisierten. Eine oberflächliche Sichtung der Berichterstattung in den Medien während dieser Zeit zeigt, daß die impertinente Journalistin, die Lea Rabin aus der Ruhe bringt, weder eine Hellseherin, noch eine einsame Ruferin in der Wüste ist.

Um so erstaunlicher ist das Verhalten Yitzhak Rabins. Dieser nüchtern denkende Militär und Staatsmann, mag sich nicht vorstellen, daß ein Jude sich vornehmen sollte, den mächtigsten Amtsträger im jüdischen Staat zu ermorden... Seine Kabinettskollegen, Ben-Eliezer und Gesundheitsminister Ephraim Sneh, ebenfalls verdiente Generäle, geben einen Tag später vor Fernsehkameras zu, daß auch sie sich diese Niedertracht nicht ausmalen mochten. Bemerkenswert ist ferner, wie verbreitet diese Naivität ist. In den Tagen und Wochen nach der Ermordung wird von prominenten und unbekannten, hochintelligenten und weniger begabten Israeli zugegeben, daß auch sie der Illusion gehuldigt haben, für die ihr Premierminister mit dem Leben bezahlte. So ist man sich am 4. November, als die ersten Nachrichten über die Ermordung durch den Äther gehen, landauf, landab sicher, der Mörder sei ein arabischer Terrorist. Entsprechende Eingeständnisse sind beispielsweise unter den Mitgliedern des Kibbuz Menara dokumentiert, wo Rabin jahrzehntelang aus- und einging. Eine Variante der Illusion, kein Jude werde ein solches Verbrechen vollbringen, ist in religiösen Kreisen anzutreffen. Hier versichert man sich selbst und der Welt, daß diese Tat von keinem jüdisch empfindenden Menschen begangen werden konnte. Freilich dürfte diese Auskunft in nationalreligiösen Kreisen von Schuldbewußtsein zeugen. In einem überlebenstechnisch so erfolgreichen und so erfinderischen Land erscheint die beschriebene Naivität gegenüber der physisch geradezu spürbaren Gefahr äußerst paradox.

Bei der beschriebenen Vogelstraußpolitik und Naivität gegenüber der witterbaren Gefahr dürfte es sich um einen Selbstschutzmechanismus handeln. Man will nicht wahrhaben, daß die Überschreitung eines Rubikon bevorsteht, die dann mit dem ersten Schuß auf Yitzhak Rabins Rücken vollzogen worden ist. In diesem Sinn stellt Innenminister Ehud Barak, noch bevor 24 Stunden ins Land gegangen sind, an Rabins aufgebahrtem Sarg vor der Knesset fest:

> »Wenn in Israel der Regierungschef von einem Juden ermordet wird, dann bleibt nichts in der politischen Kultur unverändert.«

Offenbar verspricht der verführerische Schutzmechanismus des Selbstbetrugs Ruhe vor der Realität, die man nicht ertragen mag. Im Grunde weiß man seit langem, daß dem Staat Israel nicht nur von außen ernste Vernichtungsgefahr droht. Der doppelte juristische Maßstab in den besetzten Gebieten und im israelischen Staatsgebiet, der radikalen Siedlern de facto Straffreiheit sichert, sowie andere Auswüchse der Okkupation werden seit über zwei Jahrzehnten von besorgten Beobachtern als anarchistische, staatsgefährdende Mißstände beurteilt.[7] In jüngster Vergangenheit erntete Baruch Goldstein für das Massaker vom 25. Februar 1994 an 37 betenden Palästinen-

---

[7] Beispielsweise der »Jüdische Untergrund«, siehe S. 270.

sern von rechten Israeli Beifall und posthume Ehrungen, bis hin zu politisch gefährlichem Grabeskult. Das hat Proteste und eindringliche Warnungen zur Folge: Wer, so heißt es, kaltblütig Nichtjuden ermordet oder solche Verbrechen gutheißt, der wird auch keine Skrupel haben, Juden umzubringen. Und doch will man nicht wahrhaben, daß die Überschreitung des Rubikon, an dessen jenseitigem Ufer die Bedrohung durch innere Feinde bevorsteht, im Grunde schon vollzogen ist. Bis zuletzt versucht man, sich das unerträgliche Gespenst der Selbstzerstörung fern zu halten – bis dann am Ende einer hoffnungsvollen Massendemonstration, »Ja zum Frieden, nein zur Gewalt«, Dumdumgeschosse den verdrängten Alptraum Realität werden lassen. Nun ist es zu spät. Wurde die Gefahr bislang ignoriert, so kann jetzt die übertriebene Gegenreaktion nicht ausbleiben. Der Freiraum für Ausgewogenheit und Toleranz wird bedenklich eng. So sehr, daß nach wenigen Wochen Klagen und Kritik am Klima der Hexenjagd laut werden:

> »Wir leben in einer wilden Zeit zwischen dem Kennedymord und McCarthyismus. Das ist einfach Irrsinn. Man muß gezielt jeden, der hetzt, ausfindig machen, ihn dingfest machen und vor Gericht stellen. Aber ganze Bereiche durch kollektive Intellektualstrafen zu liquidieren, das ist gesellschaftlicher Irrsinn. Das muß beendet werden, und wir müssen zu einem Weg der Normalität zurückfinden.«[8]

Das Gespenst der Selbstzerstörung

Zwei Dumdumgeschosse eines Yigal Amir setzten nicht nur dem Leben Yitzhak Rabins ein Ende. Zugleich zerfetzen sie ein Wertesystem, das als lebenswichtig galt. Dieses beruhte auf der Sicherheit, daß dem Staat Israel nur von außen ernstzunehmende Vernichtungsgefahr drohe – zumindest im Rückblick ein fatales Narrenparadies. Denn nach dem Mord an Rabin kann sich niemand mehr Illusionen über das vernichtende Potential der selbstzerstörerischen

---

[8] Avraham Burg am 6.12.95 in der Nachrichtensendung »Mabat« im 1. Programm des Israelischen Fernsehens.

Kräfte hingeben, die in Israel schlummern. Alle sind Zeugen einer fast übernatürlichen Offenbarung geworden, die keinerlei ideologisch motivierte Selbsttäuschungen mehr zuläßt. Die Botschaft des stummen Sarges vor der Knesset ist unmißverständlich: Den selbstzerstörerischen Kräften in Israel ist nichts heilig! Eine instinktive Panik erfaßt das ganze Land. Das Minimum kollektiven Zusammenhalts ist dahin, welches für das Überleben des Staates unverzichtbar ist. »Bürgerkrieg« heißt das Gespenst, das umgeht und jedermann erzittern läßt. Das ist neu. Zwar waren in der pluralistischen israelischen Gesellschaft starke Polarisierungen von je her an der politischen Tagesordnung gewesen. Auch war es eine fast zwangsläufige Entwicklung, daß diese sich durch den Libanonkrieg und die *Intifada* zuspitzten, als über die Vereinbarkeit der militärischen Sicherheit des Landes mit Werten jüdischer Ethik gestritten wurde. So hat die Diskussion über Bürgerkriegsgefahren noch nie ein Tabu verletzt. Die Verbrechen radikaler Siedler und das Massaker eines Goldstein waren für viele gefährliche Alarmsignale gewesen. Jedoch vermochten sie nicht, allen zwingend vor Augen zu führen, wie sehr die Grundlagen der gemeinsamen Existenz im jüdischen Staat durch subversive, despotische Kräfte gefährdet sind. Dagegen läßt die Ermordung des Premierministers durch einen jüdischen Fanatiker, der seine politische Überzeugung mit Gottes Auftrag und dessen heilsgeschichtlichem Willen identifiziert, Traumata aus alter Zeit von neuem aufleben. Denn daß dieser Fanatismus selbstzerstörerische Folgen hat, wurde in der jüdischen Geschichte hinreichend erlebt. So wird in der Zeit nach Rabins Ermordung vielfach die sprichwörtliche talmudische Warnung wiederholt, wonach ungerechtfertigter Haß die Zerstörung des Zweiten Tempels herbeigeführt hat.[9] Die Folge dieser Katastrophe war, daß zweitausend Jahre Exil überlebt werden mußten. Um diese in der Weltgeschichte ungewöhnliche und fast menschenunmögliche Leistung zu vollbringen, mußte ein außergewöhnlich hohes Maß an Solidarität aufgebracht werden. Sie verlangte Toleranz für Menschen, die man nicht selten als widerwärtig erlebte, selbst wenn man sich das freilich nicht immer eingestehen mochte. Vor diesem Hintergrund wird die Ermordung des Premiermini-

---

[9] Yoma 9b.

sters landauf, landab als alarmierendes Auflösungssymptom erlebt. Es löst kollektive Panik aus. Bemerkenswerterweise verknüpft Shlomo Lahat, der als Kind mit seinen Eltern vor den Nazis fliehen mußte, am Tag nach dem Attentat, seine Erfahrung der Hilflosigkeit gegenüber mörderischen Feinden von außen mit dem nun wahr gewordenen Alptraum der inneren Zerstörung:

> »Yitzak war von dem unerwarteten Zulauf zur Demonstration, von dieser enormen Unterstützung des Friedensprozesses überwältigt. Er sagte, es sei der glücklichste Tag in seinem Leben. Ich habe in meinem Leben nur einmal so geweint wie letzte Nacht. Das war in Auschwitz.«[10]

Am Tag nach Rabins Ermordung sitzt der Schock so tief, daß nur wenige den Mut aufbringen, der bedrohlichen Realität ins Gesicht zu schauen, vor der es nun kein Entrinnen mehr gibt. Zu den Ausnahmen zählt Avraham Burg. Neben Rabins Sarg vor der Knesset wird er von einem Korrespondenten an eine Demonstration gegen den Libanonkrieg erinnert, die vor zwölf Jahren nicht weit von der Knesset stattfand. Dabei wurde eine Granate in die Menge geworfen, die dem Friedensdemonstranten Emil Grunzweig das Leben kostete und mehrere andere, darunter Burg selbst, verletzte:[11]

> »Es (sc: der Mord an Rabin) ist das gleiche und es ist zugleich ganz und gar anders. Es ist das gleiche, weil es ein politischer Mord in der israelischen Gesellschaft ist und das ist etwas Furchtbares. Und es ist nicht das gleiche, weil es vor zwölf Jahren ein Mord eines einfachen, in hohem Maße aufgehetzten Menschen war. Dieses Mal ist es religiöser fundamentalistischer Mord; zwischen diesem und Teheran oder dem Fundamentalismus der Hamas besteht überhaupt kein Unterschied, überhaupt gar kein Unterschied: politische Liquidierung auf religiösem Hintergrund. Ich muß Ihnen sagen, daß ich in zwei Dingen nicht bereit bin, mit ihnen im Frieden zu leben. Ich bin nicht bereit, mit denen zu leben, die feststellen, ›Wir alle sind schuld.‹ Ich bin nicht schuld. Meine Freunde in der Friedensbewegung sind nicht schuld. Wer auf den Podien stand und Rabin in der SS-Uniform sah und das

[10] Am 5.11.95 im 1. Programm des Israelischen Fernsehens mehrfach gesendet.
[11] Siehe S. 267.

Podium nicht verließ und die Demonstration nicht platzen ließ, der soll jetzt Rechenschaft ablegen. Wer nur halblaut den Rufen, ›Rabin ist ein Verräter‹, ›Rabin ist ein Mörder‹ widersprach, das sind die Leute, die Schuld tragen und die sich an die Brust schlagen müssen. Und das zweite ist: Ich bin nicht bereit zu akzeptieren, daß man sagt, ›Dieser Mann aus Herzliya (sc: der Mörder, Yigal Amir) ist kein Jude.‹ Er ist Jude. Er ist Bestandteil des jüdischen Gewebes und der Auseinandersetzung damit, der Auseinandersetzung der jüdischen Kultur mit dem bösen Trieb in ihr. Manchmal siegt der Satan gegen unseren Willen.«[12]

Obgleich der Politiker Burg die Brandstifter deutlich identifiziert, nennt er sie nicht namentlich. Anders dagegen der Schriftsteller Meir Shalev, der am Tag nach dem Attentat wie Burg nicht geneigt ist, seine Gegner zu schonen:

»Wer es nicht gemerkt hat, wir befinden uns in Gesellschaft mit diesen Leuten, mit dieser Sorte von Leuten, die auf den Regierungschef geschossen haben und noch schlimmer, mit Leuten, die die Atmosphäre erzeugt haben, die diese Schüsse ermöglicht hat und die gewissermaßen mit diesem Revolver gezielt hat, und wir befinden uns schon sehr lange Zeit in dieser Atmosphäre. (...) Ich meine die Spitzenpolitiker des Likud und Knessetabgeordnete des Likud und Knessetabgeordnete anderer Rechtsparteien, die zuließen, daß Rabin ungeniert ein Verräter und Mörder geschimpft wurde, die zuließen, daß er als Kollaborateur der Nazis und Terrororganisationen hingestellt wurde, die die Mitarbeit solcher Elemente nicht verhindert haben, die sie nicht aus ihrer Mitte gestossen, nicht gegen sie vorgegangen sind. Diese Leute, so stellt sich heute heraus, haben von nichts gewußt und waschen sich jetzt die Hände in Unschuld. Diese Leute haben die Atmosphäre erzeugt, in der diese Schüsse abgegeben worden sind. Ich bin der Auffassung, daß es während unserer ganzen Geschichte noch vor der Staatsgründung, zwei Lager gibt, die sich in grundlegender Weise unterscheiden. Und wenn jetzt gesagt wird, man soll sich zusammengehörend empfinden und trotz dieser Sache zusammenhalten, und sich ja nicht aufsplittern, dann lehne ich das ab. Nun plädiere

[12] Am 5.11.95 im 1. Programm des Israelischen Fernsehens mehrfach gesendet.

ich nicht für einen Bürgerkrieg. Ich plädiere nicht dafür, daß wir auf die Straße gehen sollen, Straßensperren errichten und einander bekämpfen. Aber ich sage, daß ich diese Leute verachte. Ich will mit ihnen keine Zusammengehörigkeit. Ich habe keinerlei Absicht, irgendeine nationale, gesellschaftliche oder irgendeine Zusammengehörigkeit mit Leuten von der Sorte Bibi Netanyahus und von der Sorte Gandis und von der Sorte Tzahi Hanegbis und ihrer Freunde zu empfinden.[13] Das sind Leute, die durch ihre Worte Blut vergossen haben. Ich sage ›durch ihre Worte‹, weil es nicht Leute sind, die den Revolver angesetzt und geschossen haben. Auch haben sie nicht diesen Mann genommen und ihm gesagt, ›Mein Herr, morgen ziehen Sie los und schießen‹. Aber es gibt in diesem Land eine ständig zunehmende Gruppe impulsiver und instabiler und aggressiver Leute, die sehr leicht beeinflußt werden können. Und die Leute, die reden und diese Atmosphäre ermöglichen und diese Atmosphäre erzeugen, wissen offenbar nicht, was für streunende Hunde sie sich in ihrem Hof heranziehen.«[14]

Verlust der moralischen und politischen Legitimität der Rechten

Bis zum Attentat führten nationalreligiöse Kreise eine erbitterte, militante Hetzkampagne gegen die Friedenspolitik der Regierung Rabin. Es mag deshalb überraschen, daß nach seiner Ermordung auch in diesen Kreisen die verbreitete Untergangsstimmung um sich greift – freilich nur vörübergend. Indessen setzt die Schockreaktion im nationalreligiösen Lager paradoxerweise mit der Folgerichtigkeit eines Naturgesetzes ein. Psychologischer Nährboden dieser Reaktion sind die Traditionen des Judentums, in denen die Erfahrungen der Selbstzerstörung, die aus der jüdischen Geschichte zu ziehen sind, fast allgegenwärtig sind. Ist die intensive Beschäftigung mit den jüdischen Überlieferungen für traditionsbewußte Juden, gleich welcher politischen Ausrichtung, eine heilige Pflicht, so ist man auch in

[13] Zu den genannten Personen siehe S. 278ff.
[14] Am 5.11.95 im 1. Programm des Israelischen Fernsehens gesendet.

nationalreligiösen Kreisen mit der Gefährlichkeit der selbstzerstörerischen Kräfte wohl vertraut.

Vor diesem Hintergrund das schlechte Gewissen: In den Monaten und Wochen bevor die zwei tödlichen Schüsse fallen, hat die nationalreligiöse wie auch die säkulare Rechte die politische Auseinandersetzung immer wieder unterhalb der Gürtellinie geführt. Andererseits ist der umgekehrte Vorwurf nicht unbegründet, daß in dieser Zeit Rabin und andere Vertreter der Linken mit ihrer aggressiven Tonart Öl ins Feuer gegossen haben. Indessen erscheint die Aufrechnung, wer mehr gehetzt hat, unergiebig. Jedes Lager wird dem Gegner die Schuld an dem schrecklichen Verbrechen anlasten wollen. Gleichwohl sind in den Tagen und Wochen nach dem Mord in nationalreligiösen Kreisen Schuldgeständnisse an der Tagesordnung. So meint ein prominenter Siedler des nationalreligiösen Lagers am Abend des Attentats:

> »Durch den Mord hat der Kampf gegen das Osloer Vertragswerk seine Moral verloren.«[15]

Obgleich die Vertreter des nationalreligiösen Lagers es selbst nicht aussprechen, sie beklagen anarchische Verhältnisse, in denen sie selbst die staatszersetzenden Kräfte sind. Denn seit dem Sechstagekrieg sind israelische Nationalisten in den besetzten Gebieten längst ein Staat im Staat geworden. Diese Entwicklung haben sämtliche Regierungen zu verantworten, einschließlich die erste Regierung Rabin, wie vorausgehend angesprochen worden ist.[16] In dieser historischen Perspektive scheint Rabin bei den ersten Spatenstichen seines eigenen Grabes mit Hand anzulegen – eine entsetzliche Dynamik, die an biblische Dramen erinnert, in denen ganze Generationen prophetische Warnungen ignorieren und nötigenfalls mit Gewalt abstellen, um dann an den eigenen Fehlern zugrundezugehen. Im modernen Israel genießen Großisraelapostel in Cisjordanien und im Gazastreifen über Jahrzehnte staatsgefährdende Narrenfreiheit, die wiederholt als Straffreiheit für Mord und Totschlag zu Tage tritt. Zwar sind diese dubiosen Rechte nirgends verbrieft. Jedoch sind sowohl das rechte Lager, als auch dessen Gegner eine Praxis gewöhnt, in der es mehr-

---

[15] *Ha'aretz* 5.11.95, S.4A.

[16] Vgl. S. 51

fach zu Tötungen von Palästinensern kommt, ohne daß hinreichend geklärt wird, ob die behaupteten Notwehrsituationen tatsächlich gegeben waren. Oder rechte politische Aktivisten, denen Blut an den Händen klebt, werden auf freien Fuß gesetzt, aufgrund der vorausgehend erwähnten Begnadigungen durch Staatspräsident Chaim Herzog.[17] Die Liste himmelschreiender Mißstände, die das Markenzeichen wohl jeder militärischen Okkupation sind – Landenteignungen, ungerechte Wasserverteilung etc. –, ließe sich verlängern. Vorort, in den besetzten Gebieten, entsteht jedenfalls ein Klima, in dem der Wert von Menschenleben nach relativen Maßstäben bemessen wird. Solche anarchischen Verhältnisse, die säkulare und religiöse Siedler zu nutzen verstehen, dürften ein Faktor sein, als sich nach Rabins Ermordung in nationalreligiösen Kreisen ein schlechtes Gewissen und ein nicht gekanntes Trauma verbreiten. Diese Kreise sind wichtiger Bestandteil der Siedlerszene, das korrumpierte Milieu, in dem der Mörder Rabins gedeihen kann. Im Nachhinein fühlen sie sich nun durch sich selbst bedroht.

Bis zum Mord an Yitzhak Rabin ist der siebenundzwanzigjährige Mörder, Yigal Amir, als Student der Rechtswissenschaften und der Informatik an der orthodoxen Bar-Ilan-Universität immatrikuliert. Diese Hochschule wird von nationalreligiösen Israeli gerne besucht und ist nach Rabins Ermordung durch teilweise unsachliche Pauschalisierungen als Hochburg des nationalreligiösen Lagers in Verruf gekommen. Zumindest ist festzuhalten, daß sowohl unter Studenten als auch unter Lehrenden Vertreter des linken Lagers anzutreffen sind. Unter diesen Gegebenheiten ist nicht erkennbar, ob die Kritik, die ein Kommilitone des Verbrechers äußert, speziell das nationalreligiöse Lager oder das gesamte weitere Umfeld der jüdischen Orthodoxie meint. Jedenfalls faßt er sich am Tag nach dem Attentat an seine *Kipa* und meint:

> »Dieses Ding soll symbolisieren, daß der Mensch in Gottes Ebenbild erschaffen ist. Jetzt hat es eine andere Bedeutung bekommen.«[18]

Tatsächlich kommt es in den Wochen nach dem Attentat im ganzen

[17] Vgl. S. 148 und S. 270.
[18] Am 5.11.95 im 1. Programm des Israelischen Fernsehens mehrfach gesendet.

Land wiederholt zu Zwischenfällen, bei denen religiöse Juden, die eine *Kipa* tragen, angegriffen werden. Es entsteht ein Klima der Hexenjagd. Von religiösen Soldaten wird berichtet, daß sie sich nicht wie bisher trauen, ihre *Kipa* zu tragen, wenn sie sich zu ihren Einheiten melden. Dessen ungeachtet besteht in religiösen Kreisen eine hohe Motivation, sich selbstkritisch zu hinterfragen. So versteht Rabbiner Aharon Lichtenstein, der allerdings zur linksstehenden Friedensbewegung orthodoxer Juden, nicht zu nationalreligiösen Kreisen, zählt, das Attentat gegen Rabin als Scheitern des orthoxen Bildungswesens:

> »Stellen wir uns doch die Frage: In mehrfacher Hinsicht sind wir die Familie des Mörders. Er ist in unseren besten Bildungseinrichtungen herangezogen worden. Es geht nicht an, daß man sich zugute hält, daß die Sonne aufgeht, aber sich plötzlich zurückzieht, sobald es zu regnen anfängt.«[19]

Im nationalreligiösen Lager werden zahlreiche Stimmen laut, die nach der Ermordung des Premierministers des jüdischen Staate eine selbstkritische ideologische Infragestellung für angezeigt halten. Dabei ist auffällig, wie oberflächlich die Erschütterung bei Politikern des nationalreligiösen Lagers ist und daß sie nur einige Monate vorhält. Zunächst sieht jedoch Israel Harel, der Vorsitzende des Siedlerverbandes, *Rat von Judäa, Samaria und Gaza,* am Tag nach dem Attentat die drohende Selbstzerstörung als nachhaltige Gefährdung seines Kampfes für Großisrael. Zwar gibt es keinen Grund anzuzweifeln, daß er die Ermordung Rabins auch aus ethischen Gründen ablehnt. Dennoch ist deutlich, daß es für Harel über die unveräußerbare Ganzheit von Großisrael keine Diskussion geben kann.

> »Derjenige, der auf Rabin geschossen hat, hat tatsächlich auf die Einheit des Volkes geschossen. Nach diesen Schüssen fällt es ohnehin schwer, sich vorzustellen, wie wir zur normalen öffentlichen Routine zurückfinden und als eine einheitliche Gesellschaft zusammenwirken sollen, worauf jede (politische) Anschauung angewiesen ist. Wer meint, er könne Großisrael durch politiche Ge-

[19] Aus einem Gespräch mit Lichtenstein wenige Tage nach Rabins Ermordung, *Memad,* 6 (Dezember-Januar 96), S.6.

walt retten, begeht einen gewaltigen Fehler. Die Schüsse auf Rabin waren zugleich Schüsse auf die Unversehrtheit und Einheit des Volkes Israel. Durch Gewalt erreicht man gar nichts, vor allem nicht in den Herzen der Juden, die auf zwischenmenschlicher Ebene und im Volk von Natur aus friedliebend sind. Diese Schüsse sind ein vernichtender Schlag für das nationale Lager, das sich wegen eines Wahnsinnigen oder einer Gruppe von Wahnsinnigen darauf einstellen muß, den Kampf um Großisrael aus einer Position der Schwäche zu führen.«[20]

In dieser ungünstigen Situation ruft Harel seine Landsleute auf, die Lasten der vergangenen Monate zurückzulassen und sich zu vereinigen, »um die Einheit des Volkes zu retten.« Die Begründung dieses Zieles beweist freilich, wie eng diese Sorge um die innere Einheit Israels und die politischen Ziele Harels beieinander liegen:

> »Ohne Einheit des Volkes wird es auch keinen Zusammenhalt des Landes geben, und es wird uns eine echte nationale Gefahr drohen.«

In diesem Sinne beweint Harel eineinhalb Monate später den schweren Schlag, den Rabins Ermordung für die »Sache der politischen Rechten in Israel bedeutet.«[21] Harel dürfte innerhalb des nationalreligiösen Lagers für eine Mehrheit sprechen, die zwar das Attentat auf den mächtigsten Amtsträger im jüdischen Staat als Mittel der politischen Auseinandersetzung ablehnt, aber die Hinterfragung der eigenen Ideologie meidet. Diese charakterisiert Avi Ravitzky, ein prominenter Vertreter von *Oz veShalom,* des vorausgehend beschriebenen Verbandes linksliberal orientierter religiöser Juden,[22] wie folgt:

> »Das Ziel, das gesamte biblische Land Israel zu befreien, ist zu einer erdrückenden Versessenheit dieser Generation führender religiöser Zionisten geworden, die alle anderen Werte (sc: einschließlich der Heiligung des Lebens) überschattet.«[23]

Mit anderen Worten, nach Auffassung von Ravitzky und anderer Orthodoxer, die links der Mitte stehen, muß die Heiligung des Le-

---

[20] *Ha'aretz,* 5.11.95, S.4A.

[21] In einer Podiumsdiskussion über »Politische Intoleranz in Israel« im *Khan Theatre Jerusalem* am 19.12.95.

[22] Siehe S. 57ff., »Religiöse Zionisten gegen Okkupation und Annektierung«.

[23] *Jerusalem Report* VI, 16, 14.12.95, S.15.

bens größer geschrieben werden als die Verwirklichung des Großisraeltraumes. Andernfalls droht sich die Gesellschaft des modernen Staates Israel von innen aufzureiben, die bereits erlebte Erfüllung eines zweitausend Jahre geträumten Traumes könnte sich in nichts auflösen. Diese Ängste verbreiten sich nach den Schüssen auf Rabins Rücken jedoch auch in jenen orthodoxen Kreisen, die Großisrael größer schreiben als die Heiligung des Lebens. Wie schwer man sich in diesen Kreisen tut, mit der Situation nach dem Mord umzugehen, zeigt sich am Verhalten von Rabbiner Yoel Ben-Nun aus der cisjordanischen Siedlung Ophra. Am Tag nach dem Attentat warnt er eindringlich vor den selbstzerstörerischen Kräften in der israelischen Gesellschaft:

> »Verflucht seien die Mörder und diejenigen, die sie ausschicken. Mir ist klar, daß die einzige Hoffnung für Großisrael über die Einheit des Volkes führt. Wenn es Wahnsinnige gibt, die meinen, daß durch eine solche Aufsplitterung, (...) die versuchen dem Volk Israel in den Kopf zu schießen..., daß sie dadurch etwas erreichen können, daß sie dadurch etwas beitragen, ... dann ist das eine entsetzliche Korrumpierung. Das ist gefährlich. Zweifellos müssen alle Kräfte im Volk Israel vereint werden, um solche Auswüchse aus unserer Mitte auszuspeien.«[24]

Noch vor Rabins Beerdigung kündigt Ben-Nun an, am Ende der nach jüdischer Sitte üblichen siebentägigen Trauerzeit werde er der Polizei die Namen von Rabbinern übermitteln, die Rabins Ermordung für religiös geboten erklärten. Die Folge ist, daß Ben-Nun während der folgenden Woche polizeilich schwer bewacht werden muß, um ihn samt seinem strafrechtlich und womöglich politisch wertvollen Wissen zu schützen. Trotz seiner Zivilcourage und seiner klaren Abgrenzung zu mordrünstigen Fanatikern setzt Ben-Nun jedoch darauf, daß Großisrael und Heiligung des Lebens miteinander vereinbar sind. Damit bleibt die Quadratur des teuflischen Kreises nach wie vor sakrosankt. Der heilsame Schock, den Rabins Ermordung in nationalreligiösen Kreisen auslöste, scheint nur begrenzte Zeit vorzuhalten. Die vereinzelten Anzeichen eines Umdenkens, etwa die

---

[24] *Ha'aretz,* 5.11.95, S.4A.

Reaktion eines Ben-Nun, haben keine nachhaltigen Umwälzungen zur Folge.

Mißbrauch der jüdischen Tradition

Inwieweit der Mörder Yigal Amir als Einzelgänger gehandelt hat, dürfte sich bei seinem Gerichtsverfahren klären. Ebenso die Frage, inwieweit er sich bei seinem Verstoß gegen das fünfte Gebot auf die moralische Billigung oder gar Ermutigung eines oder mehrerer Rabbiner stützte. Zur Zeit ist noch unklar, inwieweit Amir zu recht oder zu unrecht meinte, Rabin sei laut einem *din rodef* oder einem *din mosser* verurteilt gewesen. Dagegen wollen Amirs Landsleute erfahren, welche Rabbiner über solche Verurteilungen diskutiert oder sie gar ausgesprochen haben. Die große Anzahl von Israeli, die ohnehin nicht wissen, unter welchen Umständen solche Urteile verhängt werden können, ist eine weitere Illustration der Entfernung, welche die psychologischen und gesellschaftlichen Welten säkularer und religiöser Juden trennt.

Der *din rodef,* zu deutsch *Verurteilung des Verfolgers (des jüdischen Volkes),* sowie der *din mosser,* zu deutsch *Verurteilung dessen, der Juden an Nichtjuden ausliefert,* sind jeweils in der *Halacha* vorgesehen. Die *Halacha* ist die jüdische Rechtstradition, deren Anfänge in die mosaische Zeit zurückgehen und die in religiösen Kreisen bis heute lebendig ist. Obgleich die Gesetzgebung des Staates Israel im Zivilrecht nicht frei von *halachischen* Einflüssen ist, ist die Gesetzgebung des modernen Staates sonst den Traditionen der europäischen Aufklärung verpflichtet.

Im *halachischen* Kontext kann sowohl ein jüdisches als auch ein nichtjüdisches Individuum mit einem *din rodef* belegt werden. Das heißt, ein Individuum, das als *Verfolger des jüdischen Volkes* identifiziert wird, gilt als todeswürdig. In der jüngsten Geschichte waren Judenräte, die mit den Nazis kooperierten, klassische Kandidaten für *Verurteilungen als Verfolger des jüdischen Volkes.* Zugleich befanden sich jedoch die Judenräte auch in jenen klassischen Grenzsituationen, in denen der Beschuldigte aufgrund von Zweifeln zu verschonen war: Nach der *halachischen* Tradition darf kein *din rodef* ausgesprochen werden, wenn der Beschuldigte der Überzeugung ist, sein Verhalten nütze dem jüdischen Volk, obgleich seine Richter es für destruktiv erachten. Das heißt über Judenräte, die mit den Nazis verhandelten, weil sie meinten, sie könnten mittel- und langfristig den Schaden für ihre Gemeinden auf das unabwendbare Minimum reduzieren, kann kein *din rodef* ausgesprochen werden. Entsprechend stellt sich nach Rabins Ermordung heraus, daß der Mehrheit seiner *halachisch* geschulten Gegner der Gedanke fernliegt, ihm seine positive subjektive Intention abzusprechen, die ihn motivierte, seine umstrittene Friedenspolitik zu machen. Tatsächlich sind jene Rabbiner, die über Rabin einen *din rodef* aussprachen, nicht nur in der Minderheit; auch ihre *halachische* Kompetenz gerät ins Zwielicht. Ebenso verhält es sich mit dem *din mosser,* mit der Verurteilung des Kollaborateurs. Im aktuellen politischen Kontext territorialer Verzichte bezieht sie sich auf Personen, die das Land des jüdischen Volkes preisgeben.[25] Denn laut *halachischen* Grundsätzen kann eine solche Verurteilung allenfalls dann in Betracht kommen, wenn der Handelnde nicht die Mehrheit des jüdischen Volkes vertritt. Somit muß sich Rabins Mörder auf absurde und unhaltbare Verfremdungen der *Halacha* berufen, um sich mit dem Tatbestand eines *din rodef* oder eines *din mosser* zu rechtfertigen.

Tatsächlich scheint jedoch nicht die *halachische* Rechtslage, sondern der Geisteszustand des Mörders den Ausschlag gegeben zu haben. Für ihn schien letztlich unerheblich zu sein, inwieweit er Rabbiner auf seiner Seite hatte. Denn er wußte sich von keinem geringeren als von Gott selbst zu seiner großen historischen Tat berufen, nämlich dem Friedensprozeß Einhalt zu gebieten und der Heilsgeschichte zu ermöglichen, ihren Lauf zu nehmen... Am Abend bevor der Prozeß eröffnet wurde, beschreibt Avraham Burg diesen Fanatismus wie folgt:

»Die ideologische Linie (seiner Verteidigung) wird meines Erachtens sehr klar sein: Yigal Amir wird sich von Gott als seinem Anwalt vertreten lassen, und er wird die Reihe seiner Rabbiner als

[25] Bei dieser Anwendung des *din mosser* handelt es sich um eine Beleihung des herkömmlichen Begriffs von Kollaboration. Dieser hat Menschen im Auge, die *Juden* (nicht *jüdisches Land)* an Nichtjuden ausliefern.

Zeugen vorladen, um eine Frontstellung von Gott und dem Staat Israel zu erreichen, die Theokratie gegen die Demokratie, das Gebot, welches ihm zu morden auftrug gegen die Gerichtsbarkeit, die ihn richtet.«[26]

Symptome dieses Irrsinns traten bereits in der Zeit vor dem Attentat auf. Viereinhalb Wochen vor dem Mord, zelebrierten einige Individuen vor Yitzhak Rabins Wohnung eine Verfluchungszeremonie, indem sie sich auf den *kabbalistischen* Brauch des *pulsa denura* (aramäisch: Feuerschläge) beriefen. Gilt dieser Brauch ohnehin als abstrus, so ist diese Art seiner Anwendung auch in *kabbalistischen* Kreisen umstritten. Dennoch wird man in Israel hellhörig, als am Tag nach dem Attentat, Avigdor Askin, ein persönlicher Freund des Mörders, der an der Zeremonie teilgenommen hat, nun im Israelischen Fernsehen auf höchst provokative Weise triumphiert:[27]

Askin: »Am Vorabend des Yom Kippur (das heißt am 3.10.1995) gingen wir zum Haus des damaligen Premierministers Yitzhak Rabin mit einem Gebetstext, der von drei Kabbalisten verfaßt worden war. Gebetstext war *pulsa denura,* ein Gebet, daß dieser Mensch in dieser Welt von seinen schlechten Taten ablassen soll.«

Fernsehkorrespondent: »Ihr Gebet ist erhört worden, das wollen Sie sagen?«

Askin: *»Ganz und gar.«*

Fernsehkorrespondent: »Freuen Sie sich?«

Askin: »Ich bedaure nicht, daß der *Heilige, gepriesen sei Er,* Frevlern in den Arm fällt. Ich bedaure Rabins Tod nicht, obgleich ich es vorgezogen hätte, wenn er rechtzeitig in den Ruhestand gegangen wäre, wie Teddy Kollek es tat.«

Über die physische und politische Gefährlichkeit solchen Hokuspokus mag man geteilter Meinung sein. Jedenfalls schwingt im Echo der makabren Verfluchung das Hohngelächter der Geschichte mit: David Achselrod, ein berüchtigter israelischer Faschist aus der cisjordanischen Siedlung Kefar Tapu'ah, seines Zeichens Urenkel von Leo Trotzky, soll an dem Ritual vor Rabins Haus teilgenommen haben…

---

26 Am 19.12.95 im 2. Programm des Israelischen Fernsehens.
27 Am 5.11.95 im 1. Programm des Israelischen Fernsehens mehrfach gesendet.

Politisch ist jedenfalls relevant, daß sowohl Rabins Mörder als auch die schwarzen Magier, die den Tod gegen ihn heraufbeschwören, mit der faschistischen *Kahane Hay*-Gruppe in Verbindung stehen.[28] Sie ist die Nachfolgeorganisation der fanatischen *Kach*-Partei. Beide Gruppierungen werden am 13. März 1994 verboten. Letzter Anstoß für diese Maßnahme ist das erwähnte Massaker, das Goldstein zwei Wochen zuvor in der Hebroner Ibrahim-Moschee an muslimischen Betenden verübt.

Indem *Kahane Hay* und *Kach* in den Untergrund geschickt werden, ist rassistisch-faschistisches Gedankengut freilich nicht aus der Welt geschafft. Nach dem Masaker in der Hebroner Ibrahim-Moschee macht denn auch die faschistische *Eyal*-Gruppe immer wieder von sich reden. Nach Rabins Ermordung stellt sich heraus, daß Avishai Raviv, seit Jahren den Behörden als Rassist und Faschist bekannt, seines Zeichens Gründer und Rädelsführer der *Eyal*-Gruppe, vom Nachrichtendienst *Shabak* beauftragt war, sich in der rechtsextremen politischen Szene umzutun. Ob gar die Gründung der *Eyal*-Gruppe vom *Shabak* veranlaßt war, um die Kontrolle über rechtsextreme Elemente zu erleichtern, ist der Öffentlichkeit bisher nicht bekannt geworden. Dagegen ist es kein Geheimnis, daß Raviv ein guter Bekannter von Rabins Mörder ist. Außerdem ist bisher weder erwiesen noch widerlegt worden, daß Raviv für das berüchtigte Plakat von Rabin in SS-Uniform verantwortlich war, das am 5. Oktober auf der stürmischen Demonstration in Jerusalem gezeigt wurde und harte politische Auseinandersetzungen zur Folge hatte, die zunächst von Rabin und Netanyahu geführt wurden. Findet die derzeitige Untersuchung dieser Hintergründe unter Geheimhaltung statt, so ist nicht abzusehen, ob und wann die mutmaßlich dubiose Rolle des *Shabak* in der faschistischen Szene durchleuchtet werden wird. Jedenfalls ist deutlich, daß sich angesichts solcher Eröffnungen Resignation in der israelischen Gesellschaft verbreitet, wie ein zynischer

[28] Auch der aramäische Verfluchungstext, mit dem Rabin verwünscht wird, dokumentiert, wes politischen Geistes Kind die Dunkelmänner sind: »Und über ihn, Yitzhak, Sohn der Rosa, bekannt als Rabin, dürfen wir von den Engeln der Zerstörung erbitten, daß sie ein Schwert zu diesem bösen Menschen bringen…, um ihn umzubringen…, weil er *das Land Israel unseren Feinden ausgeliefert hat, den Söhnen Ismaels.«* (Hervorhebung durch den Autor.)

Witz dokumentiert: Zu seiner Bestürzung trifft Rabin im Jenseits Ibrahim Fatchi Shkaki, den Vorsitzenden des *Islamischen Jihad,* der am 26.10.1995, kaum zwei Wochen vor dem Attentat auf Rabin, in Malta auf offener Straße ermordet wurde, offensichtlich von israelischen Agenten. Auf Rabins Frage, wie er ins Jenseits komme, erwidert Shkaki: »*Mosad..., Mosad...*« Auf Shkakis Gegenfrage entgegnet Rabin: »*Shabak..., Shabak...*«

Nach der anfänglichen Empörung über die skandalösen Enthüllungen von Verbindungen zwischen *Shabak* und *Eyal* erwecken diese nach einigen Wochen kaum noch das Interesse der breiten Öffentlichkeit. Auch dies ist wohl Indiz einer verbreiteten Resignation angesichts vieler bekannter und vermuteter Fehlleistungen des *Shabak* zu verstehen. Dieser ist durch Rabins Ermordung erneut ins Zwielicht geraten, nicht zuletzt wegen der verantwortungslos fahrlässigen Sicherheitsvorkehrungen am Abend des Attentats. Die Verantwortung, die der *Shabak* und die Polizei für letztere tragen, wird derzeit von einem Untersuchungsausschuß unter Vorsitz von Meir Shamgar, Vorsitzender des Obersten Gerichtshofes i.R., geprüft. Obgleich der Shamgar-Ausschuß seinen Bericht noch nicht vorgelegt hat, ist *Shabak*-Chef, Carmi Gilon, bereits freiwillig zurückgetreten.

Nach Rabins Ermordung ist die Auseinandersetzung mit Elementen wie *Kach, Kahane Hay* und *Eyal* von neuem aktuell. Diese Kreise geben sich keinerlei Mühe, Respekt vor der Demokratie des israelischen Staates vorzutäuschen. Von einer breiten Öffentlichkeit werden sie als sektiererische Fanatiker wahrgenommen. Jedoch gibt es in diesem Umfeld Kreise, die sich zum Establishment rechnen, obgleich bei ihnen das Gedankengut der Sektierer salonfähig ist. Bekannte Persönlichkeiten des nationalreligiösen Lagers zählen zu dieser gesellschaftlichen Grauzone, in der die Demokratie geächtet ist: Rabbiner Dov Leor aus Qiryat Arba, Rabbiner Eleazer Melamed aus Beth El, Rabbiner Shmuel Debir aus Carme Zur und Rabbiner Nahum Rabinovitch, Leiter einer *Yeshiva* in Ma'ale Adumim. Diese Personen werden verdächtigt, gegen Rabin einen *din rodef* oder einen *din mosser* verhängt zu haben. Allerdings ist das Beweismittel unzureichend, um sie strafrechtlich zu belangen. Rabinovitch geriet ferner in jüngster Vergangenheit wiederholt ins Zwielicht, weil er seinen

Schülern nahelegte, bei der Räumung von jüdischen Siedlungen durch die demokratisch legitimierte Regierung nicht nur den Befehl zu verweigern, sondern die Räumungstruppen mit Minen zu behindern. Damit nicht genug, es existiert eine Tonbandaufnahme, auf der aus Rabinovitchs Mund die Gleichsetzung der Regierung Rabin mit dem Naziregime dokumentiert ist.

Aufs ganze gesehen hält die politische Unglaubwürdigkeit des nationalreligiösen Lagers und der damit verbundene Vertrauensentzug nicht länger als ein Vierteljahr vor. Ebenso wird inzwischen in säkularen nationalistischen Kreisen hinter mehr oder weniger vorgehaltener Hand bekräftigt, Rabin sei verdienterweise umgebracht worden. In letzter Zeit erinnert man sich in nationalistischen Kreisen säkularer und religiöser Couleur daran, daß kein anderer als Yitzhak Rabin der militärische Befehlshaber war, der am 20.6.1948 auf Ben-Gurions Anweisung das Waffenschiff *Altalena* versenkte.[29] Dabei wurden siebzig Etzel-Angehörige und zwölf Besatzungsmitglieder getötet. Unter hartgesottenen Rechten heißt es nun, endlich habe Rabin die verdiente Strafe für die Ermordung von Juden ereilt…

»Der Frieden wird sein Blut rächen!«

Am frühen Nachmittag des 6. November 1995 wird Yitzhak Rabin in Jerusalem zu Grabe getragen. Außer dem beängstigenden Vakuum, das der Ermordete zurückläßt, ist nichts gewiß. Die Grabreden, die von Shimon Peres, US-Präsident Bill Clinton, König Hussein von Jordanien und anderen prominenten Gästen aus aller Welt gehalten werden, klingen wie Treueschwüre, Rabins friedenspolitisches Vermächtnis vollenden zu wollen. Im Echo dieser Gelübde, das über den Friedhof auf dem Herzlberg und rund um den Globus durch den Äther hallt, scheint Skepsis mitzuschwingen. Inwieweit wird die Befriedung der Region nach dem Erdbeben noch möglich sein?

»Entschuldigen Sie, daß ich nicht über den Frieden reden möchte. Ich möchte über meinen Großvater sprechen.«

[29] Zu den Hintergründen siehe S. 257.

So beginnt schließlich Noa Ben-Arzi, die Enkelin des Ermordeten, die ergreifendste Trauerrede, die an seinem Grab gehalten wird. Trotz der zweifellos ehrlich gemeinten Absichtserklärung der jungen Frau, folgt dann eine Beobachtung, welche die politische Situation Israels nach dem Attentat kaum treffender beschreiben könnte:

»Großvater, du warst die Feuersäule vor dem Lager, und jetzt sind wir nur Lager geblieben. Einsam, in der Finsternis, und es ist uns so furchtbar kalt...«

In den Tagen nach Rabins Ermordung muß die Frage aufkommen, wer in der Lage sein wird, das entstandene Vakuum auszufüllen. Ob Shimon Peres dies wird leisten können, ist angesichts seiner politischen Biographie offen. Die letzten beiden Jahrzehnte beweisen, daß die Rivalität zwischen ihm und Yitzhak Rabin die Mehrheitsfähigkeit ihrer Arbeiterpartei nachhaltig beeinträchtigt hat. Dagegen zeigte sich in den letzten drei, vier Jahren, daß Rabin an erster und Peres an zweiter Stelle eine Spitzenbesetzung war, die einschneidende Kursänderungen ermöglichte, ohne daß dies von der Öffentlichkeit als abenteuerlich erlebt werden mußte: Von »Mr. Security«, dem pragmatischen, zwar nicht mit allzu viel Phantasie gesegneten Militär, sagt man, er sei mit mehr Leidenschaft Verteidigungsminister als Regierungschef gewesen. War Soldatsein seine zweite Natur, so würde er als Premierminister niemals die sicherheitspolitischen Belange seines Landes vernachlässigen. Ebenso galt als zuverlässig, daß er niemals müde wurde, seinen Vize zu zügeln. Denn bei aller Achtung vor Peres ungewöhnlichen diplomatischen Fähigkeiten mochte man ihm nicht allein die Geschicke des Landes überlassen, das mit weiten Teilen seines geopolitischen Umfelds im Kriegszustand lebt: Ein Visionär, von dem es in der tagespolitischen Publizistik heißt, er habe ein fast erotisches Verhältnis zu Büchern und der seine Utopie von einem neuen Nahen Osten in leuchtenden Farben in den Raum zu stellen vermag, ohne daß erkennbar ist, ob es sich um eine Fata Morgana oder um realpolitisch erreichbare Ziele handelt... Zwar genießt Peres als weitsichtiger, kreativer Staatsmann und als erfolgreicher Diplomat draußen in der Welt großes Ansehen. Dennoch ist bemerkenswert, daß es ihm bei allen seinen großen Verdiensten um sein Land noch nie gelungen ist, als Spitzenkandidat seiner Partei eine Wahl zu gewinnen.[30] Dies dürfte mit den Ängsten der israelischen Öffentlichkeit zusammenhängen, die sich von einem Meer äußerer Feinde umstellt sieht. In dieser Situation wirkt die martialische Rhetorik eines Rabin – oder anderer Militärs – auf viele Israeli überzeugend. Dagegen wird das differenzierte politische Weltbild eines Peres mit ausgeprägten intellektuellen Neigungen häufig als realitätsfern aufgenommen. Wie dem auch sei, in den Tagen nach Rabins Ermordung und elf Monate vor den Wahlen besteht Grund zur Befürchtung, daß nur ein Teil der in Finsternis verwaisten Nation die Fackel erkennen wird, die von Peres emporgehalten wird.

»Der Frieden wird sein Blut rächen!«, lautet ein siegessicheres Graffity-Motto auf dem *Yitzhak-Rabin-Platz* in Tel Aviv. Über diese verständliche Hoffnung wird freilich erst bei den inzwischen vorgezogenen Wahlen am 29. Mai 1996 entschieden werden. Sollte es Peres nicht gelingen, die Mehrheit der Wähler davon zu überzeugen, daß nur die Linke in der Lage ist, Rabins Weg fortzusetzen, sind katastrophale Folgen für den Friedensprozeß zu befürchten. Dieser bewegt sich bereits in einer Einbahnstraße, in der Rückwärtsbewegungen destruktive Konsequenzen hätten. Unter diesen Umständen stellen sich die Folgen eines Wahlsieges der Opposition am 29. Mai als bedrückende Szenerie dar: Bei der Interimsregelung mit den Palästinensern mußte die Regierung Rabin aufgrund innenpolitischer Rücksichten davon Abstand nehmen, explosive Reibungsflächen zwischen israelischen Siedlern und der palästinensischen Bevölkerung in Cisjordanien zu beseitigen; deshalb wurden die Siedlungen in diesem Stadium noch nicht angetastet. Diese Schwachpunkte des sogenannten Oslo B-Abkommens haben, zumindest ihrer ursprünglichen Intention nach, den Charakter eines Provisoriums bis zur Dauerregelung, das heißt während einer auf drei Jahre begrenzten Übergangszeit. Für den Fall, daß die Regierungsverantwortung in dieser Situation von der Opposition übernommen werden sollte, zeichnen sich weitreichende Folgen ab: Der neuen Regierung in Israel dürfte aufgrund ihres ideologischen Gepäcks der politische Wille fehlen,

[30] Als Spitzenkandidat der Arbeiterpartei konnte er lediglich in der elften Knesset (1984-88) eine Regierung der nationalen Einheit mit rotierendem Premierministeramt bilden: 1984-86 Shimon Peres, 1986-88 Yitzhak Shamir.

eine koexistenzfähige Dauerregelung mit einem Palästinenserstaat westlich des Jordans zu verwirklichen. Zwar beteuert der Likud, die bestehenden Verträge, nämlich die sogenannten »Oslo A-« und »Oslo B-Abkommen«, im Falle seines Wahlsieges einhalten zu wollen. Jedoch ist nicht absehbar, wie das rechte Lager darüber hinaus, die kommende Etappe aushandeln will, in der es um die Schaffung eines Palästinenserstaates in Cisjordanien geht. Nach allen vorliegenden Erfahrungen mit der Tradition des Likud und mit dessen derzeitigen Hauptdarstellern ist keine Regelung vorstellbar, die für die Palästinesische Autonomieregierung annehmbar wäre. Daß dies, vorsichtig gesagt, viele ungute Folgen hätte, bedarf keiner Ausführungen. Unter anderem dürften sich nicht endende gewalttätige Auseinandersetzungen zwischen Siedlern und Palästinensern abzeichnen, zumal die enttäuschten Hoffnungen der Palästinenser wohl neue Reservoirs von Gewaltbereitschaft schaffen würden. Ferner ist zu befürchten, daß eine rechte Regierung unter mehr oder weniger offener Mißachtung des Osloer Vertragswerks die Besiedlung Cisjordaniens wieder aufnehmen würde. Dies verlangt das politische Weltbild der Rechten in Israel.

Dreieinhalb Monate nach Rabins Ermordung hat sich die Lage vorläufig geklärt. Peres hat derzeit gute Aussichten, die nächste Regierung zu bilden. Laut Meinungsumfragen hat er gegenüber seinem Rivalen, Netanyahu, ca. zehn Prozentpunkte Vorsprung. Trotz dieser für die Regierung positiven Entwicklung könnte die im linken Lager verbreitete Siegesgewißheit jedoch verfrüht sein. Sie stützt sich darauf, daß die Kritik an der Friedenspolitik nach Rabins Ermordung über Nacht an innenpolitischer Relevanz eingebüßt hat.

Wie schwer sich die Rechte tut, die Friedenspolitik der Regierung zu diskreditieren, zeigt sich zu Beginn des vorgezogenen Wahlkampfs im Februar 1996. Kaum fünf Monate sind seit der Unterzeichnung des Interimsabkommens mit den Palästinensern vergangen, das seinerzeit die vorausgehend erwähnten lautstarken und vielfach gewalttätigen Protestaktionen auslöste. Nun kann eine Entwicklung beobachtet werden, die sich niemand vorzustellen vermochte, bis die tödlichen Schüsse auf den Rücken des Regierungschefs abgegeben wurden: Die Rechtsparteien verzichten darauf, die Regierung wegen des Osloer Vertragswerks oder ihrer Friedensdiplomatie mit

Syrien anzugreifen. Nur von persönlichen Angriffen auf Peres und der Thematisierung der noch nicht geklärten Zukunft Jerusalems verspricht man sich noch Aussichten, Wechselwähler zu gewinnen…

Dennoch muß es als höchst fraglich erscheinen, daß die Ermordung des Regierungschefs aus Gegnern des Friedensprozesses überzeugte Befürworter einschneidender territorialer Verzichte machen sollte. Wer vor dem Attentat aufgrund sicherheitspolitischer oder historisch-ideologischer Einwände die Politik, »Land für Frieden«, ablehnte, hat zumindest keinen sachlichen Grund, diese nun zu unterstützen.

Bevor die Schüsse auf den Chef der gewählten Regierung abgegeben wurden, hatte niemand in Israel Anlaß, sich eine so profunde und nachhaltige Delegitimierung der religiösen und säkularen politischen Rechten auszumalen. Bei dieser Reaktion der Öffentlichkeit sind offenbar Erfahrungen wirksam, die weit ins zweitausendjährige Exil zurückreichen, das ohne stark ausgebildetes Solidaritätsgefühl nicht überlebt werden konnte. Nun wird als vernichtend erfahren, daß ein Jude es fertigbringt, den mächtigsten Amtsträger im modernen jüdischen Staat zu ermorden. Auch letzterer wäre ohne ein im Vergleich zu anderen Gesellschaften wohl ungewöhnlich hohes Maß an Solidarität und Opferbereitschaft für das gemeinsame Überleben nicht zustandegekommen. Psychologisch dürfte diese Entwicklung das Ende einer jugendlichen, fast unschuldigen Naivität signalisieren: Mit schonungsloser Deutlichkeit, der sich niemand entziehen kann, erweist sich das alte selbstzerstörerische Potential als staatsgefährdend. Fast wie bei einer übernatürlichen Offenbarung erkennen alle, daß die inneren Feinde nicht weniger gefährlich als die äußeren sind. Das ganze Land wird von einer Welle des Entsetzens erfaßt, das eine instinktive Gegenreaktion auslöst, die nur bedingt mit politischer Logik erklärt werden kann. Dabei werden die Methoden rechter Radikaler mit dem Inhalt des politischen Programms des rechten Lagers insgesamt gleichgesetzt. Zugleich klammert man sich am Gedenken Yitzhak Rabins fest, weil man sich davon den Zusammenhalt der Öffentlichkeit verspricht. Die Fortsetzung des Friedensprozesses, die zu seinen Lebzeiten bis zuletzt umstritten war, wird vorübergehend zu einem Fetisch. Dabei entbehrt es freilich nicht der historischen Ironie, daß ausgerechnet Rabin, der als Militär und Politiker harte Saiten aufzuziehen wußte, über Nacht zum Friedensidol wird...

Obgleich diese Entwicklungen psychologisch nachvollziehbar sind, scheinen sie von einem irrationalem Moment bestimmt zu sein. In diesem Sinne sei an die vorausgehend skizzierten Sicherheitstraumata erinnert, die ihrerseits eine lange Vorgeschichte haben.[31] Auch sie sind in Israel für politische Reaktionen ausschlaggebend, obgleich deren Rationalität außerhalb Israels keineswegs selbstverständlich ist. Diese Sicherheitstraumata sind auch in der Gegenwart lebendig, vor allem in Gestalt akuter Ängste vor terroristischen Angriffen. Angesichts dieser Lage haben Mitglieder von Rabins und Peres Kabinetten im Lauf des letzten Jahres wiederholt laut darüber nachgedacht, daß ein Terroranschlag kurz vor den Wahlen eine Wahlniederlage der Regierung zur Folge haben könnte. Hintergrund dieser Befürchtung ist die Erfahrung der vorletzten Knessetwahlen im November 1988. Damals, kaum ein Jahr nach Ausbruch der *Intifada*, wurde drei Tage vor den Wahlen in Jericho ein Linienbus von *Intifada*-Aktivisten angegriffen. Eine Frau mit drei Kindern sowie ein Soldat, der sie aus den Flammen zu retten versuchte, kamen ums Leben. Mehrere Fahrgäste wurden verletzt. Mutmaßlich hat dieser Zwischenfall die Arbeiterpartei drei bis vier Parlamentsmandate gekostet, so daß die Politik der Regierung Shamir um weitere vier Jahre fortgesetzt werden konnte.[32] Ihrerseits macht auch die politische Rechte in Israel keinen Hehl aus ihrer Einschätzung, daß sie sich von blutigen Aktionen palästinensischer terroristischer Friedensgegner im bevorstehenden Wahlkampf einen Reingewinn versprechen kann. Jedenfalls werfen Oppositionspolitiker der Regierung Peres Anfang des Jahres vor, sie versuche sich für den bevorstehenden Wahlkampf eine Scheinruhe zu erkaufen. Anlaß sind Überlegungen der Regierung,

---

[31] Vgl. S. 32ff., »Historische Hintergründe israelischer Sicherheitstraumata«.

[32] Die Wahlen zur 12. Knesset erbrachten eine parlamentarische Pattsituation. Die Regierung der nationalen Einheit wurde unter Shamirs Federführung zunächst fortgesetzt. Als sie im Frühjahr 1990 auseinanderbrach, war Shamir in der Lage, bis zu den Wahlen im Juni 1992 ohne die Arbeiterpartei weiterzuregieren. Unter Mitwirkung von Wohnungsbauminister Ariel Sharon war dies die Zeit, in der die israelische Siedlungspolitik am intensivsten betrieben wurde und zwar auf Kosten wichtiger politischer Aufgaben im israelischen Staatsgebiet (Gesundheitswesen, Bildungspolitik, Straßenbau u.a.).

Entschädigungszahlungen an die Palästinesische Autonomieregierung für eine ausgedenhte Absperrung der besetzten Gebiete zu leisten. Allerdings ist inzwischen eine präventive Absperrung unabhängig vom Wahlkampf notwendig geworden. Denn nach der Liquidierung des meist gesuchten Hamas-Terroristen, Yehia Ayash, durch den *Shabak* (5. Januar 1996) wird in Israel mit Racheakten islamischer Fundamentalisten gerechnet. In dieser gespannten Ruhe warnt Yossi Beilin, Minister im Amt des Premierminsters, seine Parteifreunde vor selbstbetrügerischer Siegesgewißheit. Erfahrungsgemäß ist ein Vierteljahr in Israel ein langer Zeitraum, in dem manche einschneidende Umwälzung in der politischen Landschaft stattfinden kann.

Interviews

Interview mit Yohanan Meroz

am 3. Februar 1991

Yohanan Meroz wurde 1920 in Berlin geboren; 1933 wanderte er nach Palästina aus, wurde 1948 im belagerten Jerusalem verwundet.

Studium der semitischen Philologie und Geschichte an der Hebräischen Universität Jerusalem. Seit 1950 im diplomatischen Dienst, unter anderem von 1959 bis 1960 stellvertretender Leiter der Israel-Mission in Köln, 1974-81 Botschafter in Bonn, 1981-85 in Bern, seither im Ruhestand.

Das Gespräch wurde in der dritten Woche des Golfkriegs geführt. Es dokumeniert die Stimmung, als fast täglich irakische Scud-Raketen in Israel niedergingen und die Zivilbevölkerung mit angelegten Gasmasken in den sogenannten versiegelten Zimmern zu einer Variante des russischen Roulette gezwungen wurde: Erst nachdem durch die Meldungen der elektronischen Medien verbreitet worden war, wen es dieses Mal getroffen hatte, konnten die Gasmasken abgelegt und die Schutzräume verlassen werden.

Krapf: Herr Meroz, in den letzten vierzehn Tagen haben wir aus Bonn wiederholt Versicherungen gehört, daß die in den zurückliegenden drei Jahrzehnten amtierenden Bundesregierungen für Waffenlieferungen, die aus Westdeutschland in den Irak gingen, keinerlei Verantwortung tragen. Es heißt, seit 1961 sei offiziell keine Genehmigung erteilt worden. Es wird versucht, der Öffentlichkeit das Bild zu vermitteln, die Regierung und deren Behörden hatten von alledem nichts gewußt oder nichts wissen können. Letzte Woche ist allerdings publik geworden, daß die letzte Bundesregierung unter Helmut Kohl und Hans-Dietrich Genscher noch im Mai 1989 die Bürgschaft für ein deutsch-irakisches Projekt übernommen hatte, durch das die Reichweite von irakischen Scud-Raketen so sehr vergrößert wurde, daß sie nun die Ballungsräume in Israel erreichen. Dann wurden in jüngster Zeit, nämlich nach Ausbruch des Golfkriegs und wenige Tage vor dem Israelbesuch von Bundesaußenminister Genscher, in Bonn legislative Initiativen ergriffen, damit in Zukunft der Waffenhandel in den Irak ganz unterbunden werden kann. Was halten Sie von diesen Verstrickungen und Entwicklungen?

Meroz: Zunächst einmal kann ich nur schwer beurteilen, wie weit die Behauptung zutrifft, daß die Bundesregierungen offiziell von Waffenlieferungen in den Irak wie auch in andere Nahoststaaten nichts gewußt haben. Selbst wenn das der Fall gewesen ist, bleibt bestehen, daß auf jeden Fall, das heißt auch im besten Fall, ein unglaubliches Maß an Nachlässigkeit geschehen ist. Es ist unvorstellbar, daß die vielen Lieferungen, die stattgefunden haben, und darüber kann es ja wohl heute keinen Zweifel mehr geben, völlig unbemerkt an einer großen Anzahl von zuständigen Beamten vorbeigegangen sein können. Sie erwähnten zurecht, daß inzwischen klargestellt worden ist, daß vor ungefähr eineinhalb Jahren ganz offiziell eine Bürgschaft erteilt wurde. Bürgschaften dieser Art sind eine Funktion des Öffentlichen Dienstes, sie sind eine Funktion offizieller Entscheidungen auf Regierungsebene, so daß zumindest ein Teil der Behauptungen mit einem recht großen Fragezeichen versehen werden kann. Ich glaube, die Tatsache, daß Lieferungen, nehmen wir mal an, inoffizielle und unautorisierte Lieferungen, stattgefunden haben, diese Tatsache wurde der Bundesregierung in den letzten Jahren bei vielen Gelegenheiten vermittelt, auch von uns, aber auch zum Beispiel von der amerikanischen Regierung. Mit anderen Worten, ich halte das sich heute hinter dem Nichtwissenargument-Verbergen für nicht sehr überzeugend, und ich drücke mich hier sehr zurückhaltend aus. Was nun die neuen Zusicherungen oder Versicherungen betrifft, ich glaube in der Tat, daß die Bundesregierung, zumindest im Augenblick wirklich von der Größe des Vergehens, von der Größe des Verbrechens in den letzten Jahren überzeugt ist, daß auch für die Bundesregierung das Ausmaß der Verletzungen der offiziellen Verordnungen und Anweisungen überraschend kommt, und daß die Bundesregierung heute alles tun wird, um ähnliches zu unterbinden. Aber der Schaden ist bereits passiert, und es ist irgendwo schon eine makabre Ironie, wenn heute die Bundesregierung, die Bundesrepublik Israel Schutzmittel zur Verfügung stellt, die gegen Waffen und Rüstungsgerät gerichtet sind, gegen deutsche Waffen und deutsches Rüstungsgerät, die vor allem ja zunächst einmal nie den Weg in den Irak gefunden haben sollten. Die allerjüngsten Versuche der Bundesregierung, dies gutzumachen, verdienen gewiß einige Anerkennung, sie kommen spät, und ich kann nur hoffen, daß sie zumindest eine Lehre und ein Leitfaden für das sein sollten, was in den nächsten Wochen und Monaten sowohl politisch wie möglicherweise auch militärisch zu erwarten ist.

Krapf: Ich möchte Sie bitten, noch auf den letzten Punkt näher einzugehen. Vor zwei Tagen sagte ein hochgestellter israelischer Militär: »Zum ersten Mal in der Geschichte des Staates Israel richtet Deutschland eine Luftbrücke für militärische Rüstungsgüter nach Israel ein. Zwar schätzen wir dies, jedoch geht Israel nicht stillschweigend zur Tagesordnung über, angesichts der Tatsache, daß deutsche Firmen Saddam Hussein mit Rüstungsgütern und militärischem Knowhow ausgerüstet haben.« Was halten Sie davon, daß die Bundesregierung nach den ersten Raketenangriffen sich beeilt, Israel mit Geld, Hilfsgütern und mit miltärischen Rüstungsgütern zu unterstützen?

Meroz: Ich sagte bereits, daß das Bemühen der Bundesregierung, heute einiges gutzumachen, dieses Bemühen verdient einige Anerkennung. Ich schließe mich den Worten an, die Sie eben zitiert haben. Übrigens ich darf daran erinnern, daß ich im Ruhestand bin, und was immer ich sage, im besten Fall meine eigene Meinung wiedergibt, keineswegs, zumindest nicht automatisch, irgendeine offizielle Stellungnahme. Aber ich teile durchaus die Meinung, daß Israel nicht zur Tagesordnung übergehen kann und wird. Ich habe meine eigenen Vorstellungen bezüglich der Wiedergutmachung mit Geld, ich halte das nicht für das Wichtige, Nützliche und unbedingt Richtigste. Das Zur-Verfügungstellen der Schutzmittel, das schon, aber viel wichtiger ist, daß die Bundesregierung aus dem Geschehen die politische Konsequenz zieht und sich nicht weiter, wie in der Vergangenheit, mit aktiven Politiken innerhalb der europäischen Gemeinschaft und innerhalb anderer Gremien beschäftigt und sich in diesem Sinne auch exponiert. Ich glaube, die Bundesregierung hat gerade aufgrund des jüngsten Geschehens eine zusätzliche Verantwortung im Nahen Osten, die nicht in emsiger Geschäftigkeit ihren Ausdruck finden sollte, sondern in klarem politischen Deck.

Krapf: Herr Meroz, ich möchte noch auf einen anderen Aspekt dieses schwierigen Komplexes zu sprechen kommen. In den letzten Tagen fragen sich viele Menschen in Deutschland, ob Israel mit der deutschen Hilfe zufrieden ist oder ob weitere finanzielle und materielle Hilfeleistungen erwartet werden. Man will wissen, ob die israelische Kritik an Deutschland immer noch so hart ausfällt wie vorher. Denken Sie, daß die Luftbrücke aus Deutschland und die Bereitschaft der Bundesregierung, z.B. zwei U-Boote für die israelische Marine weitgehend zu finanzieren, innerhalb von so kurzer Zeit, nämlich innerhalb einer Woche, das negative Deutschlandbild der Israeli verändern kann?

Meroz: Wir haben in den letzten fünfundzwanzig, dreißig Jahren, und ich sage wir, ich war daran aktiv beteiligt, wir haben in den letzten fünfundzwanzig oder dreißig Jahren zwischen Israel und der Bundesrepublik Deutschland, zwischen dem jüdischen und dem deutschen Volk einige Brücken bauen können. Einige dieser Brücken haben sich bewiesen, andere weniger. Es bestand immer ein gewisses Maß an Zweifel bezüglich der Dauerhaftigkeit und der Zuverlässigkeit dieser Brücken. Die Tatsache daß die Bundesregierung aus der jetzigen Situation, aus der akuten Situation praktische Konsequenzen gezogen hat, diese Tatsache ist durchaus anerkennenswert. Wenn ich meine Zweifel bezüglich der Bedeutung finanzieller Unterstützung zuvor aussprach, dann dachte ich nicht an die Finanzierung beispielsweise von U-Booten, sondern ich dachte eher an Gesten im Sinne von der Überreichung von Schecks in der Öffentlichkeit. Und hier würde ich einen Unterschied machen zwischen ganz spezifischen Dingen, die verteidigungsgebunden sind, denen gegenüber ist meine eigene Haltung durchaus positiv. Ich beanstande oder stelle zumindest ein wenig in Frage, ob mit einem

Scheck in der Öffentlichkeit und unter den Augen der Fernsehkameras nun unbedingt dem Zweck gedient ist, den die Bundesregierung und die Bundesrepublik, ich spreche hier vor allem von der Bundesregierung, erzielen will.

Krapf: Sie meinen Bundesaußenminister Genscher?

Meroz: Das war ja nicht der Bundesaußenminister, ich glaube es war der Bundesminister für wirtschaftliche Zusammenarbeit. Die Absicht, der Zweck war vermutlich positiv, ist positiv einzuschätzen. Ich weiß nicht, ob die Art und Weise, wie es gehandhabt wurde, nun, sagen wir einmal die taktvollste war. Aber wie gesagt, ich ziehe hier einen Trennungsstrich zwischen finanzieller Unterstützung im Rahmen von Verteidigungsunterfangen und Gesten, die sich in Geldgeschenken, um das mal ganz grob auszudrücken...

Krapf: In manchen israelischen Kreisen wird darauf hingewiesen, daß die deutsche Unterstützung für Israel nur einen Bruchteil der Profite ausmacht, die deutsche Firmen aus ihren schmutzigen Geschäften mit dem Irak erwirtschaftet haben. Das läßt sich auch gar nicht bestreiten...

Meroz: Richtig...

Krapf: Es wird deshalb die Forderung laut, keinen Pfennig aus Deutschland anzunehmen. Ich denke beispielsweise an den Schriftsteller und Vertreter der israelischen Friedensbewegung Amos Oz. Andererseits gibt es auch andere Reaktionen, zum Beispiel in Ramat Gan, wo Genscher über das Ausmaß der irakischen Zerstörung sichtlich erschüttert war. Dort haben die Geschädigten zusammen mit ihrem Stadtrat sich Rechtsanwälte genommen, um an deutschen Gerichten die verantwortlichen Firmen auf vollen Schadensersatz zu verklagen. Auch Israels stellvertretender Außenminister Benjamin Netanyahu will diese Klage unterstützen. Könnten Sie diese unterschiedlichen Reaktionen erklären?

Meroz: Ich kann dazu nichts anderes sagen, als daß ich durchaus Verständnis dafür habe, wenn Leute, besonders Leute, die ich sehr schätze, wie Amos Oz, von Grund auf jede finanzielle Geste ablehnen. Ich kann das durchaus verstehen, ich bin nicht sicher, ob das nun die klügste oder die richtigste Reaktion ist, aber diese Dinge sind ja nicht nur mit dem Maßstab von Klugheit und Richtigkeit meßbar. Es gibt ja auch klar psychologische und emotionale Reaktionen, die ebenso Politiker darstellen. Ich habe dafür Verständnis, ich glaube, daß wenn sich Leute heute über Anwälte an die deutschen Gerichte wenden, so ist das ihr gutes Recht. Ich kann mich dazu nicht äußern, zunächst einmal weil ich kein Jurist bin, aber auch davon abgesehen, weil das noch einmal hier irgendwie der individuellen, subjektiven Bewertung und Verarbeitung des einzelnen zu überlassen ist.

Krapf: Herr Meroz, ich möchte noch auf den bereits erwähnten und sehr umstrittenen Besuch des Bundesaußenministers zu sprechen kommen. In der israelischen Presse sowie im Rundfunk wurde Genschers Soldaritätsbekundungen vielfach mißtraut. Was halten Sie denn von seiner Äußerung, die Existenz Israels sei dem vereinten Deutschland so wichtig wie seine eigene?

Meroz: Ich kenne Herrn Bundesaußenminister Genscher seit sehr, sehr vielen Jahren. Während der sieben Jahre, die ich als Botschafter in Bonn verbracht habe, war er der Bundesaußenminister, und wir haben unzählige Gespräche geführt. Er hat in Bezug auf Israel, wie ich meine, wenngleich wir uns nicht immer in unserer Bewertung einig waren... Ich glaube, daß seine Haltung Israel gegenüber an sich grundsätzlich ehrlich und positiv ist. Ich weiß nicht, ob er sich immer in der aller überzeugendsten Form ausdrückt, aber er hat schon vor vielen Jahren, anläßlich des ersten Besuches von Yigal Allon als Außenminister in der Bundesrepublik den Satz geprägt, den er danach oft wiederholt hat: »Israel kann sich auf uns, das heißt auf die Bundesrepublik Deutschland, verlassen«. Im großen und ganzen hat Israel von den Beziehungen mit der Bundesrepublik vieles gehabt, und wenn ich sage »vieles gehabt« denke ich nicht an Materielles, sondern in der Tat an substantiell Politisches. Nicht immer hat die Bundesrepublik... oder ist die Bundesrepublik... oder auch der Bundesaußenminister diesem Vorsatz gerecht geblieben. Innerhalb der europäischen Gemeinschaft sind einige der deutschen Initiativen und Aktivitäten aus israelischer Sicht unerfreulich, überflüssig und schädlich gewesen, aber ich glaube schon, daß wenn Bundesaußenminister Genscher sagt, daß die Sicherheit, die Existenz Israels ihm so wichtig sei wie die der Bundesrepublik, dann bin ich persönlich bereit, ihm das abzunehmen.

Krapf: Durch Genschers Besuch sind die bilateralen Beziehungen zwischen Jerusalem und Bonn belebt worden. Unter anderem hat man sich nun darauf geeinigt, daß das Handelsdefizit in Höhe von einer Milliarde Dollar reduziert werden soll. Zu diesem Zweck ist eine israelisch-deutsche Komission beauftragt worden, ein Konzept zu erarbeiten. Es ist daran gedacht, daß die Auswirkungen des arabischen Boykotts auf Investitionen deutscher Firmen in Israel begrenzt werden sollen. Können Sie sich vorstellen, daß sich deutsche Firmen veranlaßt sehen würden, aus Solidarität zu Israel arabische Kunden zu verlieren? Ist etwa denkbar, daß in der Situation nach Ende des gegenwärtigen Kriegs, in einer Aufbauphase mit guten Investitionsmöglichkeiten im Persischen Golf, deutsche Firmen sich zugunsten Israels zurückhielten?

Meroz: Herr Krapf, ich sagte schon zuvor, ich bin Privatmann und kann mich dazu nur aufgrund früherer Erfahrung äußern. Ich habe immer die Meinung vertreten, daß die Bundesregierung, und zwar alle Bundesregierungen in der Vergangenheit, dem arabischen Boykott gegenüber viel zu kulant waren und viel zu wenig unternommen haben, um ihn mit den Mitteln zu unterbinden, die ihr zur Verfügung stehen. Wie es zum Beispiel die Amerikaner getan haben oder die Franzosen auf dem Weg der Gesetzgebung. Bei vielen anderen Dingen habe ich keinen Grund, über Frankreich Positives zu sagen, aber in diesem Zusammenhang hat sich Frankreich, glaube ich, vernünftiger und zweckentsprechender verhalten als die Bundesregierung. Mir mißfällt an Ihrer Frage etwas, mir mißfällt ein Ausdruck, den ich gelegentlich auch in anderen Gesprächen höre. Was heißt das, sollen sich deutsche Exporteure oder deutsche Industrielle zur Solidarität bekennen auf Kosten des möglichen Kundenverlustes? Ich glaube, wenn man auf dieser Ebene die deutsch-israelischen Beziehungen anfängt zu bewerten, dann ist man bereits am Ende der Beziehungen angelangt. Die deutsch-israelischen Beziehungen haben aufgrund der Vergangenheit, auch wenn man die Vergangenheit nicht in jedem Satz und mit jedem Wort erwähnt, die deutsch-israelischen Beziehungen haben eine ganz besondere Dimension. Und das ist eine Dimension, in die Worte wie »Kundenverlust in der arabischen Welt« einfach nicht reingehören.

Krapf: Ich will darauf hinaus, wie sich Deutschland in Zukunft gegenüber Israel verhalten wird, wie...

Meroz: Ich glaube, daß es in Deutschland Kreise gibt, die sich dieser Vorstellung uneingeschränkt anschließen, sich zu ihr auch in der Praxis bekennen. Dazu gehört wahrscheinlich auch ein gewisses Maß von Einwirkung seitens der zuständigen Politiker. Wenn... ja gut, ich will jetzt keine Namen nennen, aber ich glaube, das ist wichtig, daß hier vor allem auch von oben auf die deutsche Wirtschaft, auf die deutsche Industrie, auf den deutschen Handel in diesem Sinne eingewirkt wird. Ich glaube, das ist machbar und wird gerade aufgrund des jüngsten Geschehens auch Erfolg haben.

Krapf: Verstehe ich Sie richtig, daß in der Vergangenheit eine bestimmte Gruppe, eine Minderheit von maßgeblichen Leuten bereit war oder bereit gewesen wäre, auf arabische Kunden zu verzichten, aufgrund der besonderen deutsch-israelischen Beziehungen, aber die Mehrheit der maßgeblichen Leute, der Leute, die beim Fällen entsprechender Entscheidungen maßgeblich waren, nicht dazu bereit waren, so daß deshalb die Bundesregierung, Sie sagten ja, alle Bundesregierungen, nicht mit dem nötigen Nachdruck...

Meroz: Sie haben nicht genug getan, ich will es mal so formulieren, sie haben nicht genug getan, um durchzusetzen, was aus unserer Sicht eine Selbstverständlichkeit ist. In der Bundesrepublik hätte genau dasselbe geschehen sollen und können, was in Frankreich und in Amerika geschehen ist, auch auf dem Weg der Gesetzgebung. Aber davon abgesehen, möchte ich noch ein Zweites sagen: Die Geschichte der deutsch-israelischen Wirtschaftsbeziehungen nach dem Krieg, das heißt seit Beginn der deutsch-israelischen Beziehungen im Rahmen des sogenannten Wiedergutmachungsabkommens, des Haager Abkommens aus dem Jahre 1952, hat eines bewiesen. Damals hat die ganze arabische Welt sich gegen das Haager Abkommen aufgelehnt und Deutschland mit Boykott gedroht. Genau das Gegenteil ist geschehen. Der Vertrag, den die Bundesrepublik mit Israel 1952 unterzeichnete, bewies der arabischen Welt überhaupt erst einmal, wie wirtschaftlich wichtig und stark die Bundesrepublik ist. Nicht nur folgte darauf kein Boykott, sondern es wurde zum Anlaß genommen, die wirtschaftlichen Beziehungen zwischen der arabischen Welt und Deutschland zu erweitern. Und ich glaube, ganz genau das gleiche würde jetzt passieren. Mit anderen Worten, es ist *Mumpiz*, wenn heute mit dem Boykott gedroht wird, und deutsche Firmen sagen, »Ja wenn wir mit Israel Geschäfte haben oder Israel beliefern, dann verlieren wir unsere Kunden in der arabischen Welt«. Das ist *Quatsch*. Die arabische Welt weiß ganz genau, bzw. die Teile der arabischen Welt, die noch an dem Boykott hängen, die wissen ganz genau, wo ihre eigentlichen Vorteile liegen. Und ich glaube einfach nicht an die Realität, ich spreche jetzt gar nicht von den psychologischen und den politischen und anderen Elementen, die da mitspielen, sondern nur von der wirtschaftlichen Tatsache, die ganze Vorstellung, daß Wirtschaftsbeziehungen mit Israel einen Handelsboykott seitens mancher arabischer Länder auslösen würden, ich glaube, daß diese Vorstellung völlig irrig ist.

Krapf: Ich möchte jetzt noch auf die Demonstrationen der Friedensbewegung in Deutschland zu sprechen kommen. In Israel werden sie sehr kritisch gesehen. In Deutschland weist vor allem die Opposition darauf hin, Hans-Jochen Vogel brachte dies vor zehn Tagen ja auch während seines Besuch in Israel zum Ausdruck, als er sagte, es sei ja nicht das Schlechteste, wenn junge Menschen in Deutschland für den Frieden auf die Straße gehen und für den Frieden beten...

Meroz: Herr Krapf, ich bin nicht weniger friedliebend als der Durchschnittsdeutsche oder der Durchschnittsfranzose, der Durchschnitts..., jeder Weltmensch. Ich kann nur eines nicht ausstehen, ich kann nicht begreifen und lehne es ab, daß Friedensvorstellungen und Friedenswunsch *selektiv* gehandhabt werden. Das heißt niemand, so weit ich weiß, von diesen Herren, von diesen vielen jungen und weniger jungen Menschen, die auf die Straßen gegangen sind, um gegen Amerika zu protestieren, haben protestiert, als Saddam Hussein in Kuwait einmarschiert ist, und als er die Kurden mit Giftgas umgebracht hat, oder als er den Krieg mit dem Iran begann.Wenn kein Wort der Entrüstung und Empörung darüber verlautbar wird, wenn zum Beispiel Israel mit Raketen beschossen wird oder wenn Kuwait angegriffen wird, was immer noch geschieht... aber wenn es sich um die Amerikaner handelt, dann wird man zum großen, selektiven Verbalpazifisten, diese Art von Pazifisten *ekelt mich an,* weil sie unehrlich ist, *unwahr* ist, das hat nichts mit Frieden zu tun, das ist einfach eine... die Suche nach einem bequemen Sündenbock. Sicher, die Amerikaner haben Fehler gemacht, viele andere haben Fehler gemacht, alle Menschen machen Fehler, alle Regierungen machen Fehler, das ist selbstverständlich. Aber daß nur die Fehler der einen gesehen werden und die Vergehen und Verbrechen anderer *nicht,* das, ich sag' es noch einmal, hat mit Friedenswunsch und Friedenswirklichkeit nichts zu tun. Und schließlich, ich meine, daß ist mehr eine Sache für die Amerikaner als für einen Israeli, aber ich meine, daß diese jungen Menschen sich mit diesem Maß an demokratischer Äußerungsfreiheit bewegen können, das schulden sie in nicht allzu kleinem Maße der Freundschaft, der Unterstützung, die das deutsche Volk in den letzten fünfundvierzig Jahren von Amerika, unter anderem von Amerika, empfangen hat. Ich sage noch einmal... gewiß haben die Amerikaner Fehler gemacht, aber es ist auch *Unsinn,* aber darum geht es ja nicht, sondern es geht eben um diese Selektivität, die ich, ich wiederhole das Wort, die ich *ekelhaft* finde...

Krapf: Gewiß. Ich wollte aber mit meiner Frage auch noch auf etwas anderes hinaus. Es gibt einerseits die jungen Leute, bei denen man sagen kann, daß eine gewisse Naivität im Spiel ist, aber andererseits gibt es in Deutschland auch, gerade unter linken Intellektuellen, eine nicht zu übersehende Gruppe, die mit diesem gegenwärtigen Trend enorme Schwierigkeiten hat, gerade wegen der Selektivität und gerade wegen der Dinge, die sie aufgezählt haben, den Kurden, dem vorigen Golfkrieg, mitunter auch wegen Israel... Offenbar geht es einerseits um die jungen Leute, von denen Vogel gesprochen hat, andererseits geht es dann aber auch um Vogel selbst, nämlich um die Leute, die Erfahrung haben...

Meroz: Also ich glaube, daß es innerhalb der sogenannten Linken, die Linke ist ja nichts Einheitliches in Deutschland, das ist auch selbstverständlich so in einer Demokratie, ich glaube, daß da sehr große Unterschiede bestehen... Ich kenne innerhalb der Sozialdemokratischen Partei sehr viele Menschen, die entrüstet sind über diese Selektivität, die sich auch darüber hinaus der sogenannten Friedensbewegung in dieser Form nicht anschließen. Ich bin zu diesem späten Zeitpunkt in meinem Leben kein Reformator und maße mir nicht an, Menschen umzuerziehen, aber ich glaube man darf, ganz besonders von Deutschen, ein Maß von... zunächst einmal von Aufrichtigkeit erwarten, und Aufrichtigkeit schließt nicht Selektivität ein, und darüber hinaus auch vielleicht etwas mehr von der Weisheit, die nicht immer befolgt wird, daß die Erfahrung doch ein wichtiger Meister, ein Lehrmeister ist.

Krapf: Jetzt noch eine letzte Frage, Herr Meroz. Genschers Besuch hat auf diplomatischer Ebene zu einer Intensivierung der bilateralen Kooperation geführt. Es gibt Anzeichen, daß dieser Besuch längerfristig den Handel zwischen Israel und der Bundesrepublik beleben wird und daß die Bundesregierung sich auf EG-Ebene für Israel verwenden wird. Diesbezüglich haben Sie ja Probleme angesprochen, die in der Vergangenheit für Israel sehr unerfreulich waren. Zehn Tage nach Genschers Besuch wird nun Bundestagspräsidentin Süssmuth hier erwartet. Nichtsdestoweniger sind sich Israeli dessen bewußt, daß sie täglich einer Bedrohung durch B- und C-Waffen sowie durch Raketentechnik ausgesetzt sind, die ohne Know-how aus beiden Teilen des vereinten Deutschland nicht gegeben wäre. Verständlicherweise erzeugt die Erfahrung, jetzt von neuem durch deutsches Gas bedroht zu sein, heftigen Zorn auf Deutschland. Zugleich wird in hiesigen Zeitungen aber auch über Empörung vieler Deutsche über die deutschen Waffenexporte in den Irak berichtet. Wie sehen Sie in dieser sehr komplexen Situation die Zukunft der israelisch-deutschen Beziehungen?

Meroz: Ich sehe die Zukunft im Grunde nicht viel anders, als ich sie vor fünfundzwanzig Jahren oder vor zwanzig Jahren gesehen habe. Mit anderen Worten, ohne daß das jeden Tag in Worten ausgedrückt werden muß, wenn sich die Bundesregierung, die Bundesrepublik Deutschland, Bürger der Bundesrepublik zu ihrer einmaligen geschichtlichen Erfahrung und Verantwortung bekennen, dann glaube ich, daß die Beziehungen zwischen den beiden Völkern und den beiden Gemeinschaften, den Menschen dieser Gemeinschaften, eine positive Zukunft haben. Ich wiederhole, das sind Dinge, die nicht in jedem Gespräch zum Ausdruck kommen müssen, aber sie müssen im Bewußtsein vorhanden sein, und alles in allem glaube ich, daß zumindest solange die kleine Bundesrepublik, das heißt die Bundesrepublik bis zum 3. Oktober, ausschließlich das Sagen hatte, dies weitgehend der Fall gewesen ist, nicht ohne Rückschläge, nicht ohne gelegentliches Stolpern, aber alles in allem hat die Bundesregierung diese Erwartung in beträchtlichem Maße erfüllt. Und ich kann nur hoffen, daß diese Erfahrung auch den neuen Bürgern der Bundesrepublik vermittelt wird.

Krapf: Vielen Dank, Herr Meroz.

Interview mit Haim Zadok

am 15. April 1991

Haim Zadok wurde am 2.10.1913 in Polen geboren. Jurastudium in Warschau und Jerusalem. 1930 Beitritt zur Zionistischen Arbeiterbewegung, 1935 Auswanderung nach Palästina. Bis 1948 gehörte er der Haganah an. Im Unabhängigkeitskrieg von 1948 war er Offizier der Armee zur Verteidigung Israels. *Ein Jahr später, im ersten Jahr des Staates Israel, wurde Zadok zum Vizerechtsberater der Regierung*[1] *ernannt. Dieses Amt gab er 1952 auf, und betreibt seitdem eine Anwaltskanzlei in Tel Aviv. 1964-74 Vorsitzender des Exekutivkomitees der Hebräischen Universität. 1959-1977 Knessetabgeordneter der Arbeiterpartei: Von Januar bis November 1966 Handels– und Industrieminister unter Premierminister Levi Eshkol; 1974-77 Justizminister unter Premierminister Yizhak Rabin sowie Mitglied des außen- und sicherheitspolitischen Ausschusses der Knesset.*
Durch die Knessetwahlen im Mai 1977 kam eine von Menachem Begin gebildete Likudregierung ins Amt. Im folgenden Dezember gab Haim Zadok sein Knessetmandat ab und ist seither außerparlamentarisch engagiert. Er hat Gastdozenturen in Öffentlichem Recht und Handelsrecht wahrgenommen und ist seit 1993 Präsident des Israelischen Presserates.

Das hebräisch geführte Gespräch wurde sechs Wochen nach Ende des Golfkriegs aufgezeichnet. Es war bereits absehbar, daß die US-Regierung durch eine Friedensinitiative versuchen würde, den israelisch-arabischen Konflikt zumindest zu entschärfen. Ebenso war bekannt, daß die Regierung Shamir an Siedlungspolitik und nicht an territorialen Verzichten interessiert war.

[1] Siehe S. 285.

Krapf: Herr Zadok, Sie waren bereits vor Ihrer Einwanderung in den dreißiger Jahren in der zionistischen Arbeiterbewegung engagiert. Wie sehen Sie heute die Rolle Ihrer Partei?

Zadok: Der wesentliche Unterschied zwischen der Arbeiterbewegung und dem Likud, dies sind heute die beiden großen politischen Bewegungen in Israel, liegt in ihrer Haltung gegenüber der diplomatischen Friedenslösung. Während der Likud am Großisrael-Dogma festhält, zu allen möglichen Lösungen bereit ist, nur zu keiner, bei der Israel irgendwelche Gebiete westlich des Jordan aus der Hand gibt, verlangt die Arbeiterbewegung eine Lösung, bei der Gebiete in Cisjordanien und im Gazastreifen, die in großer Dichte von einer arabischen, einer palästinensischen Bevölkerung besiedelt sind, ... daß Israel sich von diesen Gebieten trennt, daß sie nicht Teil des Staates Israel werden und daß außerdem Vorkehrungen für die militärische Sicherheit getroffen werden. Wir denken, die einzig wünschenwerte und die einzig mögliche Lösung ist die von uns gewollte Lösung. Wir denken, daß es unmöglich ist, auf lange Sicht eine Situation aufrechtzuerhalten, in der der Staat Israel mittels Zwangsherrschaft 1,7 Millionen Palästinenser regiert, die in diesen Gebieten leben. Die Lösung liegt in einer demographischen und geographischen Trennung. Selbstverständlich muß bei jeder Friedenslösung die militärische Sicherheit garantiert sein, durch verschiedene Vorkehrungen, beispielsweise die Entmilitarisierung der geräumten Gebiete und Frühwarnsysteme, die wir in diesen Gebieten haben würden. Im Prinzip müßten die Sicherheitsvorkehrungen so gestaltet sein, wie mit Ägypten, allerdings erheblich verbessert, weil es sich um ein sehr viel kleineres, viel engeres Gebiet als im Sinai handelt. Unser politisches Ziel möchte ich folgendermaßen formulieren: Wir müssen uns von der Okkupation befreien und dennoch die Sicherheit Israels garantieren. Dies sage ich nicht aus irgendeiner Sympathie für die palästinensische Nationalbewegung. Ich sage dies mit Blick auf das israelische Interesse. Es liegt nicht im Interesse Israels, weiterhin Besatzungsmacht zu sein, die mit Gewalt ihre Herrschaft über 1,7 Millionen Palästinenser ausübt. Es liegt im nationalen Interesse Israels, sich mit Sicherheitsgarantien von dieser Bevölkerung und von diesen Gebieten zu trennen. Ich denke, daß sich im Lauf der Zeit in der israelischen Öffentlichkeit die Überzeugung durchsetzen wird, daß dies die einzig machbare Lösung ist, die für Israel vorteilhaft ist, daß es unmöglich ist, mit Gewalt die Herrschaft Israels über diese Gebiete aufrechtzuerhalten. Ich bin zuversichtlich, daß die israelische Öffentlichkeit die Arbeiterbewegung immer mehr unterstützen wird und uns schließlich wieder ans Ruder setzt. Ich bin mir allerdings nicht sicher, daß dies schon morgen oder schon bei den nächsten Wahlen geschehen wird.

Krapf: Auf diese Dinge möchte ich nachher noch zurückkommen. Bevor wir auf einzelne Aspekte der Außenpolitik der Arbeiterpartei zu sprechen kommen, wäre es gut, noch auf einige spezifische Probleme der Arbeiterbewegung einzugehen. Es gibt in der Arbeiterbewegung Leute, die deren Verlust an Einfluß historisch erklären: Es heißt, die Arbeiterpartei habe ihre historische Aufgabe abgeschlossen – Trockenlegen von Sümpfen, Bewässerung der Wüste, das heißt Pionierarbeit. Danach, so wird gesagt, habe die Arbeiterbewegung keine überzeugenden Konzepte für Israel gehabt, als sich eine Industriegesellschaft entwickelte. Kritiker innerhalb der Arbeiterbewegung weisen ferner darauf hin, daß sie mit dem Abgang der Gründergeneration – das Charisma Ben-Gurions – ihren Einfluß verlor. Mich interessiert, wie Sie erklären, daß die Arbeiterbewegung, die ja lange vor der Staatsgründung die wichtigste tragende Kraft des Zionismus gewesen ist, heute zu einem Hinterbänklerdasein verurteilt ist.

Zadok: Nun, Sie sagen hier Dinge, die meines Erachtens mehr in die Geschichtswissenschaft als in die pragmatische, aktuelle Politik gehören. Wir haben von 1948 bis 1977 regiert. Ich denke, der Machtwechsel steht in keinem Zusammenhang mit dem Übergang von einer vorwiegend agrarischen Gesellschaft zu einer industrialisierten. Die Infrastruktur der israelischen Industrialisierung, der israelischen Industrie wurde durch die politische Führung von zwei Vertretern der Arbeiterpartei, Eshkol und Sapir, geschaffen. Pinhas Sapir gilt bis heute als Vater der israelischen Industrie. Auf den Grundlagen, die er gelegt hat, wird auch jetzt noch weitergebaut...

Krapf: Das wollte ich auch gar nicht bestreiten. Meine Frage zielt auf die Gesellschaftspolitik.

Zadok: Ich denke, es lassen sich eine ganze Reihe von Gründen benennen. Aber vielleicht ist der wichtigste Grund, daß die Arbeiterpartei keinen Zugang zu den neuen Bevölkerungsschichten fand, zur Einwanderungswelle, die bald nach der Gründung des Staats kam, vor allem nicht zur zweiten Generation dieser Einwanderungswelle. Und im Lauf der Jahre, in den ersten Jahren des Staats, als eine große Einwanderung vor allem aus den islamischen Ländern kam, aus dem Irak, aus Nordafrika und anderen Ländern des Islam, bis in die siebziger Jahre. Es fand eine Entfremdung statt zwischen der Arbeiterbewegung und den Kindern dieser Einwanderer, der zweiten Generation dieser Einwanderungswelle. Es gelang der Arbeiterpartei nicht, sie aufzunehmen, ihnen das Gefühl zu vermitteln, daß sie Teil der israelischen Öffentlichkeit und der Arbeiterbewegung sind. Irgendwie spürten diese Gruppen immer mehr eine gewisse paternalistische Einstellung in Kreisen der Arbeiterpartei. Zwar fand sich die erste Generation der Einwanderer damit ab, aber nicht die zweite Generation, die bereits in Israel aufwuchs. Darin sehe ich eine der wesentlichen Ursachen für den Regierungswechsel im Jahr 1977. Das heißt, der Likud verstand es, ihnen sowohl politische Interessenvertretung als auch das Gefühl zu geben, daß sie vollwertiger Bestandteil der israelischen Gesellschaft sind. Und dies kam 1977 zum Ausdruck, als die Arbeiterpartei aus der Regierungsverantwortung abgelöst wurde. Es gab noch einige andere Dinge. In jeder demokratischen Gesellschaft kommt nach einer gewissen Zeit das Verlangen nach Veränderung auf. Seit der Staatsgründung hatte die Arbeiterpartei fast dreißig Jahre regiert. Und es gab Veränderungstendenzen. So kam 1976/77 eine neue Bewegung auf, die es inzwischen schon nicht mehr gibt. Sie hatte großen Erfolg bei den Wahlen, das war Yigal Yadin.[2] Diese Bewegung setzte sich aus Leuten der Arbeiterpartei zusammen. In ihrer Ausrichtung waren sie der Arbeiterbewegung verpflichtet. Aber sie waren unzufrieden mit

[2] Gemeint ist DASH, siehe S. 283.

der Art, in der die Arbeiterbewegung geführt wurde. Und in diesen Wahlen waren sie sehr erfolgreich. Danach gingen sie in Richtung Koalition mit dem Likud und mit Begin. Die Arbeiterpartei blieb in der Minderheit. Aber schon nach den folgenden Wahlen war die Arbeiterpartei wieder eine politische Kraft, ein Gleichgewicht zum Likud. Und in allen Wahlen, die seitdem stattfanden, 1981, '84 und '88, hielten sich die Arbeiterpartei und der Likud mehr oder weniger das Gleichgewicht. Wir haben zwei große Koalitionen zwischen Likud und Arbeiterpartei gehabt. Ich denke, daß in der Regierungskrise '90, als es um die Bildung einer Regierungskoalition ging, der Likud politisch besser manövriert hat als unsere politische Führung. Ich sehe die Unterstützung der Öffentlichkeit immer noch mehr oder weniger gleichmäßig auf diese beiden Bewegungen verteilt. Und heute handelt es sich bei den Differenzen zwischen diesen beiden Bewegungen nicht mehr um die historischen Differenzen, sondern um die aktuellen Meinungsverschiedenheiten der beiden außenpolitischen Konzepte. Danach wird die Öffentlichkeit bei den nächsten Wahlen entscheiden.

Krapf: Ich habe noch eine Frage zum Scheitern der Arbeiterpartei, das Sie angesprochen haben, zur zweiten Generation der Einwanderer aus islamischen Ländern, wozu es ja die bekannte, sehr eindrückliche Beschreibung von Amos Oz gibt.[3] Wie ist zu erklären, daß ausgerechnet eine sozialistische Bewegung gegenüber benachteiligten Schichten mit weniger Geschick als eine konservative Partei, mit gesellschaftspolitischen Konzepten, die nicht so sehr…

Zadok: Ich denke, eine solche Frage gehört eher einem Soziologen oder einem Historiker gestellt, als einem Politiker und Juristen wie mir. Erwarten Sie deshalb von mir keine wissenschaftlich fundierte Auskunft. Tatsache ist, daß die Arbeiterbewegung in den Augen der neuen Generation der Einwanderer den status quo bedeutete, sie bedeutete die alte Führung, die alte Regierung. Gewiß, hier liegt ein Scheitern der Arbeiterpartei vor. Zugleich sind wir Zeugen, nicht nur im Staat Israel sondern auch in anderen Ländern, daß es große Teile der Öffent-

[3] Amos Oz, *Im Lande Israel,* Frankfurt/M. 1984, Kapitel über Beth Shemesh.

lichkeit gibt, eine große Öffentlichkeit von Arbeitern, eine große Öffentlichkeit von Leuten die nicht reich, die nicht vermögend sind, die sich in bestimmten historischen Situationen gerade nicht der sozialistischen Bewegung anschließen, sondern eher nationalistischen, demagogischen Bewegungen. Diese historische Analogie möchte ich nicht weiter ausführen.

Krapf: Wir wären uns über diese Analogie sicher einig. Aber ich habe noch Fragen zur Situation der Arbeiterbewegung, in der es Vertreter gibt, die einen ganzen Komplex von Problemen benennen und auf eine lange Liste von Mißständen verweisen: Es wird auf den Apparat der israelischen Arbeiterbewegung hingewiesen, zum Beispiel auf die *Histadrut*, die es schon vor der Staatsgründung gab und die in gewisser Weise ein Staat im Staat zumindest gewesen ist; es wird auf die Problematik der *Kuppat Holim* (Krankenkasse der *Histadrut*) hingewiesen, deren medizinische Versorgung zwar attraktiv ist oder es zumindest gewesen ist, man aber der *Histadrut* beitreten muß, um sich in der *Kuppat Holim* versichern zu lassen. Oder um noch ein anderes Beispiel zu nennen: Es wird kritisiert, daß der Wahlkampf von riesigen Ausschüssen von hundert oder hundertachtzig Leuten geführt wird, anstatt von vielleicht drei angeheuerten Profis, wie dies im Likud üblich ist. Andere interne Kritiker weisen sogar auf Parteidespotismus in der Arbeiterbewegung hin. Halten Sie diese Kritik für begründet?

Zadok: Sie sprechen hier viele verschiedene Dinge an. Ich werde versuchen, sie zu trennen und auf sie einzugehen. In den ersten Jahren nach der Staatsgründung war *Mapai*, die Zentrumspartei der Arbeiterbewegung, die dominierende Kraft in der israelischen Öffentlichkeit. In jener Zeit war der Staatsapparat weitgehend aus *Mapai*-Leuten zusammengesetzt, in verschiedenen Funktionen, vor allem in führenden Positionen. Nicht nur die politische Führung, was ja in der Natur der Sache liegt, sondern auch die Beamtenschaft, der Staatsapparat war weitgehend aus *Mapai*-Leuten zusammengesetzt. Ben-Gurion und seine Nachfolger kämpften für einen überparteilichen und unpolitischen Staatsapparat. Und im Laufe der Zeit, in der die Arbeiterpartei regierte, kam es zu einer Entpolitisierung des Staatsapparats. Der Likud schwenkte das Ruder um. Seitdem der Likud an die Regierung kam, ist eine neue Politisierung des Staatsapparats zu beobachten, so daß heute die große Mehrheit wichtiger Positionen im Staatsapparat von Likud-Leuten besetzt sind. Und die Arbeiterpartei hat heute kaum eine Basis im Staatsapparat. Dies zum Staatsapparat. Nun zur *Histadrut*: Wie Sie wissen, ist das die große Organisation der Arbeiter. Sie führt alle vier Jahre demokratische Wahlen durch. Interessant ist, daß die Öffentlichkeit der *Histadrut*-Mitglieder weiterhin der Arbeiterpartei die Mehrheit gibt. Vor Staatsgründung und in den ersten Jahren danach, aber vor allem *bis* zur Staatsgründung, nahm die *Histadrut* auch politische Funktionen wahr, als wir noch keine eigene Regierung hatten und unter der britischen Mandatsregierung lebten. Beispielsweise war die *Histadrut* die dominierende Kraft in der *Haganah*. Als der Staat gegründet wurde, gingen nach und nach verschiedene Funktionen der *Histadrut* an den Staat über. Und wiederum, wer diese Politik durchführte, war Ben-Gurion. Beispielsweise hatte die *Histadrut* bis zur Staatsgründung ein Netz von Schulen, einen Arbeitsvermittlungsdienst und anderes mehr unterhalten, Funktionen, die heute vom Staat wahrgenommen werden. Ich bin allerdings der Meinung, daß die *Histadrut* immer noch Funktionen hat, die sie nicht mehr wahrnehmen sollte, oder zumindest nicht so wie bisher. Es ist notwendig, daß sich die *Histadrut* von ihrem historisch bedingten Charakter trennt, Reformen durchführt. Beispielsweise ist die *Histadrut* Eigentümerin verschiedener Industrieunternehmen, sie ist Gesellschafterin. Ich denke, der Status dieser Gesellschaften sollte sich nicht von demjenigen irgendeines anderen Wirtschaftsunternehmens unterscheiden. Wie jedes Wirtschaftsunternehmen sollten sie nach betriebswirtschaftlichen Gesichtspunkten geführt werden ohne politische Beherrschung durch die *Histadrut*führung. Die *Kuppat Holim* stellt der großen Mehrheit der Bevölkerung medizinische Dienstleistungen zur Verfügung. Aber auch das öffentliche Gesundheitswesen muß neu strukturiert werden, um der gesamten Bevölkerung medizinische Dienstleistungen zu gewähren. So unterstütze ich die Tendenz, daß die *Histadrut* sich mehr und mehr von ihren historischen Funktionen trennt, und in einem freiheitlichen Staat nur an ihren zwei, drei wesentlichen Funktionen festhält: Gewerkschaftsarbeit, Kultur- und Öffentlichkeitsarbeit sowie verschiedene soziale Dienste. Aber nichts darüber hinaus. Ich denke, die *Histadrut* muß sich von ihrem wirtschaftlichen Engagement trennen. Und das wird sicher kommen. Sie haben außerdem organisatorische Fragen angesprochen. Zur Wahlkampfführung der Arbeiterpartei kann ich mich nicht äußern, weil ich darin nicht genügend kompetent bin.

Krapf: Herr Zadok, innerhalb der Arbeiterpartei werden Sie verschiedentlich dem Rabin-Flügel zugerechnet. Übernehmen Sie...

Zadok: Nein. Ich gehöre keinem der Flügel an, weder dem Peres-Flügel noch dem Rabin-Flügel. Meines Erachtens muß die Arbeiterpartei bei der Nominierung ihres Spitzenkandidaten für die nächsten Wahlen in Erwägung ziehen, wer unter den potentiellen Führungskräften die besten Erfolgsaussichten verspricht. Und ich bin der Auffassung, daß die Arbeiterpartei mit Shimon Peres keine guten Aussichten hat. Als vor einem halben Jahr ein Konflikt zwischen ihnen ausgetragen wurde, unterstützte ich Rabin, weil ich der Meinung war, daß Rabin, so wie ich die Lage damals beurteilte, der Arbeiterpartei bessere Erfolgsaussichten versprach. Aber ich gehöre nicht dem Rabin-Flügel an, und daß ich ihn vor sechs Monaten unterstützt habe, heißt nicht, daß ich ihn auch in Zukunft unterstützen werde.

Krapf: In ausländischen Arbeiterbewegungen beobachtet man diese Rivalität zwischen Rabin und Peres und fragt sich, ob der dadurch angerichtete Schaden noch reparabel ist. Hat die Partei überhaupt eine Zukunft, so lange diese Rivalität die Tagesordnung der Partei in dieser Weise dominiert. Wie sehen Sie das?

Zadok: Ich stimme Ihnen zu, daß der Kampf zwischen diesen beiden der Arbeiterpartei großen Schaden zufügt. Wir sprachen vorhin über die Ursachen der Wahlniederlage 1977 und betrachteten dies vor dem Hintergrund der historischen Entwicklung. Aber ich denke, daß diese Rivalität, die bereits 1974 begann und vor '77 andauerte, und dieser Streit »spielt sich aus« (auf deutsch), sagt man so?... vor den Augen der gesamten Öffentlichkeit. Ich sehe darin einen der Faktoren, der zur Wahlniederlage der Arbeiterpartei beitrug, bereits '77. Und dieser

Schaden begleitet uns seit damals bis zum heutigen Tag. Ich denke, daß diese beiden Führungspersönlichkeiten, sowohl wegen ihres Alters als auch wegen des Schadens, den das Andauern dieser Rivalität bedeutet und deren Ende ich überhaupt nicht absehe, daß für sie der Zeitpunkt gekommen ist, abzutreten. Heute kann ich nicht auf einen aus der Generation der Jüngeren zeigen, der das Prachtgewand der Führung erben sollte.

Krapf: Ich möchte auf die Außenpolitik zurückkommen. Sie sagten vorhin, und das leuchtet mir ein, daß der Staat keine Zukunft hat, solange er eine so große, so feindliche gesonnene Bevölkerung beherrschen muß...

Zadok: (mit Nachdruck) Ich sagte nicht, »der Staat hat keine Zukunft«. Der Staat hat Zukunft, aber es wird viele Probleme geben, wenn sich in dieser Sache nichts ändert. Der Staat wird sich nicht entwickeln können. Er wird die Einwanderungswelle nicht aufnehmen können. Er wird seine Wirtschaft nicht entwickeln können. Er wird weiterhin alle paar Jahre Krieg führen müssen. Er wird weiterhin enorme Summen seines Haushalts ins Militär stecken müssen. Das heißt, die Zukunft des Staats ist belastet, wenn sich in dieser Sache nichts verändert. Aber der Staat kann mit diesen Problemen leben.

Krapf: Aber... Vielleicht täusche ich mich. Es scheint mir jedoch, daß die inneren, gesellschaftlichen Konflikte den Staat von innen zerfressen werden, solange dieses äußerst umstrittene Problem nicht gelöst ist. Etwa die Frage, ob man den Militärdienst in den besetzten Gebieten verweigert...

Zadok: In all diesen Dingen bin ich mit Ihnen einer Meinung. Ich wollte nur meine Vorbehalte gegenüber Ihrer Formulierung anmelden, »der Staat hat keine Zukunft«. Ich sage, die Zukunft des Staats sieht schlecht aus, ist von vielen Problemen belastet, wenn wir dieses Problem nicht lösen.

Krapf: Sie haben bereits von der Großisrael-Ideologie des Likud gesprochen. Allerdings fragt man sich inner- und außerhalb Israels, worin die Unterschiede zwischen den Konzepten des Likud und der Arbeiterpartei im einzelnen eigentlich bestehen, weil das mitunter gar nicht so klar ist. Ich werde Ihnen ein Beispiel nennen: Vor einer Woche hielt Rabin eine Rede, in der er auf das Thema der militärischen Sicherheit des Staats hinwies, von dem Sie bereits sprachen und dessen Wichtigkeit und Berechtigung mir auch einleuchtet. Er führte dann aber aus, ein Rückzug von den Golanhöhen sei nicht zweckmäßig, mit der PLO könne es keine direkten Verhandlungen geben, ein unabhängiger Palästinenserstaat sei inakzeptabel und daß der Palästinenserstaat Jordanien sei. Das sind alles Dinge, die man auch von Vertretern der politischen Rechten hört. So ist der Unterschied für Außenstehende nicht so klar, nicht so eindeutig. Könnten Sie die Unterschiede hinsichtlich der aktuellen Themen definieren?

Zadok: Ja, das kann ich. Ich stimme Rabin nicht in allem zu. Man darf nicht jede Äußerung Rabins so verstehen, als sei sie die Lehre der Arbeiterpartei. Nun zu den einzelnen Themen, die Sie angesprochen haben. Zunächst kommt der grundsätzliche Unterschied zwischen der Arbeiterpartei und dem Likud in Rabins Äußerungen zum Ausdruck. Das heißt Rabin ist der Ansicht, daß der Staat Israel sich von den Gebieten mit einer großen arabisch-palästinensischen Bevölkerung trennen muß, und daß diese Gebiete nicht Bestandteil des Staates Israel sein müssen. Dies lehnt der Likud ab. Sie sprachen aber auch noch andere Dinge an, auf die ich im einzelnen eingehen will. Über eine Reihe von Dingen gibt es innerhalb der Arbeiterpartei Meinungsverschiedenheiten. Rabin sagte kategorisch: »Von den Golanhöhen werden wir nicht heruntergehen.« In anderen Worten, wenn ich richtig verstehe, bedeuten diese Worte: »Wir werden keinen Teil der Golanhöhen aufgeben.« Ich denke, und ich bin in dieser Sache kein Einzelgänger in der Arbeiterpartei, daß wenn wir dahin kommen, mit Syrien zu verhandeln, und Syrien nicht sagt: »Ihr müßt von vornherein, bevor wir die Verhandlungen beginnen, erklären, daß ihr die gesamten Golanhöhen zurückgebt.« ... Damit bin ich nicht einverstanden. Aber es wird Verhandlungen geben ohne Vorbedingungen. Und in diesen Verhandlungen wird die territoriale Frage zur Diskssion stehen. Ich denke, daß über die territoriale Frage mit den Syrern geredet werden kann. Ich halte nicht für ausgeschlossen, daß Israel auf *Teile* der Golanhöhen verzichtet und an Syrien zurückgibt, wiederum unter einer Bedingung: Daß alle nötigen Vorkehrungen getroffen werden, um unsere militärische Sicherheit zu gewährleisten. Es ist mir nicht heilig, daß Israel an den Golanhöhen bis zum letzten Meter festhalten soll. Aber diese Frage ist noch nicht aktuell. Sie wird erst aktuell, wenn wir an den Verhandlungstisch mit Syrien kommen.

Krapf: Könnten Sie noch ausführen, was die nötigen Vorkehrungen für die militärische Sicherheit sind?

Zadok: Die gleichen Vorkehrungen, wie mit Ägypten: Entmilitarisierung. Auch brauchen wir eine Präsenz dort. Ein solcher Prozeß müßte stufenweise vorgehen, im Laufe mehrerer Jahre, damit wir prüfen können, wie wir unter Bedingungen der Nachbarschaft, des Friedens miteinander leben. Aber ich sage nicht kategorisch: »Niemals und unter gar, gar keinen Bedingungen kommt irgendein Verzicht auf die Golanhöhen in Frage.« Meine Position ist, daß sich darüber in Verhandlungen reden läßt. Nun sprachen Sie noch von der Position: »Keine Verhandlungen mit der PLO.« Auch ich mag die PLO nicht. Ich würde es vorziehen, mit der PLO nicht zu verhandeln. Aber eins muß klar sein: Israel kann nicht bestimmen, wer die Palästinenser vertritt. *Sie* müssen bestimmen, wer sie vertritt. Ich will nicht mit allen Palästinensern auf der Welt verhandeln. Ich muß mit den Palästinensern verhandeln, die in Cisjordanien und im Gazastreifen leben. Aber ich muß mit einer Vertretung verhandeln, in der *sie* ihre Vertreter sehen. Wenn es dort Wahlen gäbe, aus denen eine bestimmte Vertretung hervorginge, würde ich mit dieser Vertretung Verhandlungen führen, und ich würde nicht prüfen, wer von ihnen der PLO nahesteht und wer der PLO ferner steht. Wenn es, sagen wir, Kommunalwahlen in Cisjordanien und im Gazastreifen gäbe, in denen Bürgermeister gewählt würden, die bekanntermaßen der PLO nahestehen, dann wäre ich bereit, mit ihnen zu verhandeln. Denn worauf es mir ankommt, ist nicht PLO, ja oder nein. Worauf es mir ankommt, ist, daß ich Bedingungen von Verhandlungen erarbeiten will mit authentischen Vertretern dieser Bevölkerung. Und ich kann ihnen nicht diktieren, wer ihre authentischen Vertreter sind. Ich sagte Ihnen vorhin, die Hauptsache ist, daß wir uns von der israelischen Zwangsherrschaft über diese Bevölkerung befreien. In dieser Sache habe ich Prioritäten. Ich würde es vorziehen, wenn dies in einem föderativen Rahmen mit Jordanien geschehen würde, oder in einem konföderativen Rahmen mit Jordanien. Aber worauf es für mich nicht ankommt, ist nicht *ihr* Regierungssystem, denn ich kann ihnen nicht diktieren, wie sie sich selbst regieren. Worauf es mir ankommt, ist, daß ich mich von der israelischen Herrschaft über diese Bevölkerung *befreie,* und dann gibt es *Sicherheitsvorkehrungen,* die unsere militärische Sicherheit gewährleisten. Ich nehme an, daß ich mit weniger Schwierigkeit Sicherheitsvorkehrungen erreichen kann, wenn dies im Rahmen eines palästinensisch-jordanischen Staats geschieht, als im Rahmen eines getrennten palästinensischen Staats. Darauf kommt es mir nicht an. Worauf es für mich ankommt, ist: *Beenden der Besatzung und militärische Sicherheit Israels.*

Krapf: Militärische Sicherheit Israels heißt wiederum Entmilitarisierung in Cisjordanien und...

Zadok: Darüber ist schon nachgedacht worden, und es gibt eine ganze Liste von Sicherheitsvorkehrungen. Die politische Führung muß sich an die militärische Führung wenden und nicht fragen, ob dieses Gebiet verzichtbar oder unverzichtbar ist. Vielmehr muß sie anders fragen: »Wir haben eine politische Entscheidung getroffen, daß wir uns von der Herrschaft über diese Gebiete und über diese Bevölkerung befreien müssen. Als Militärspezialisten, sagt ihr mir, auf welchen militärischen Vorkehrungen ich bestehen muß, damit meine Sicherheit nicht in Mitleidenschaft gezogen wird.« So wie Begin, als er eine politische Entscheidung traf, sich aus dem Sinai zurückzuziehen und dann die Militärspezialisten fragte, welche Vorkehrungen er von der ägyptischen Seite verlangen sollte.

Krapf: Herr Zadok, noch eine Frage zum Friedensprozeß. Es gibt auch in der israelischen Linken Leute, die den Likud natürlich nicht unterstützen, aber dennoch eine gewisse Ironie darin sehen, daß bezüglich des Programms, »Gebiete für Frieden«, der dumme Wahlspruch des Likud bei den letzten Parlamentswahlen, »Nur der Likud kann«, ...daß dieser Slogan ironischerweise eine gewisse Berechtigung hat. Das heißt, Vertreter der Linken räumen ein, daß nur der

Likud in der Lage ist, dem Druck standzuhalten, der von rechts ausgeübt werden würde, wenn die Stunde dieser schmerzhaften Entscheidungen kommt...

Zadok: Die historische Erfahrung beweist, daß an dieser Position etwas dran ist. Das heißt, mit Ägypten hatten wir nur Übergangsvereinbarungen geschlossen, Verträge über den Sinai, aber keinen Frieden. Wer den Frieden schloß, wer Ägypten den großen Verzicht leistete, war Begin. Und es ist sehr gut möglich, daß, wenn wir Ende der siebziger Jahre, als Begin den Frieden mit Ägypten schrittweise ausarbeitete, wenn wir damals an der Regierung gewesen wären, daß es dann für uns viel schwerer gewesen wäre, dies zu tun. Denn während die Arbeiterpartei als Opposition Begin unterstützte, hätte Begin als Opposition die Arbeiterpartei bekämpft. Wenn sich nun herausstellen sollte, daß der Likud bereit wäre, den gleichen Weg zu gehen wie mit Ägypten, sowohl auf den Golanhöhen als auch in Cisjor-danien und im Gazastreifen, dann würde ich ihm gratulieren. Ich würde mich dafür einsetzen, daß die Arbeiterpartei den Likud unterstützen müßte. Das würde die Arbeiterpartei sicherlich tun.

Der große Unterschied zwischen Ägypten und Cisjordanien und dem Gazastreifen ist, daß der Sinai für den Likud einen anderen ideologischen Stellenwert hatte. Begin konnte den Sinai zurückgeben, ohne einen Aufstand seines politischen Lagers zu riskieren. Denn der Sinai gehört nicht zum historischen Land Israel, und solange die gesamte Weltanschauung des Likud darauf beruht, daß das ganze Gebiet westlich des Jordan das Land Israel ist, ist es inakzeptabel, auch nur auf eine Handbreit zu verzichten. Wenn sich herausstellen sollte, daß im Likud eine Bereitschaft zu Verzichten in dieser Sache besteht, dann ist dies wichtiger, als daß die Arbeiterpartei an der Regierung ist. In meinen Augen ist der Frieden und die Befreiung des Staats Israel von der Okkupation und der Zwangsherrschaft über diese Bevölkerung wichtiger als das Regieren der Arbeiterpartei. Ich glaube weniger als ich das beim Sinai glaubte, daß beim Likud eine Möglichkeit besteht, diesen Weg einzuschlagen, daß sie sich für den Weg, Sie sagten, »Gebiete für Frieden«, entscheiden werden, weil dies ihrer ganzen Ideologie, ihrem ganzen Dogma widerspricht.

Krapf: Sie sprachen vorhin von den naturgegebenen Verschleißerscheinungen jeder Regierung, die früher oder später ihre Ablösung zur Folge hat. Sehen Sie das...

Zadok: Ich bin sicher, daß das kommt. Aber ich bin kein Prophet und kann keine Prognose stellen. Das wird kommen, vor allem vor dem Hintergrund politischer Uneinigkeit. Im allgemeinen kommt die Opposition nicht an die Regierung aufgrund der Alternative, die sie vertritt, sondern aufgrund der Fehler der amtierenden Regierung. Und der Likud muß nicht nur in der Außenpolitik scheitern, sondern auch auf anderen Gebieten. Zur Zeit sehen wir, daß die vom Likud geführte Regierung einer großen Niederlage entgegengeht, auf dem Gebiet der Aufnahme der Einwanderung aus der Sowjetunion, was eine historische Gelegenheit ist. Die jüdische Geschichte wird keiner Regierung verzeihen, die die Möglichkeit hatte, *diese* Einwanderungswelle aufzunehmen, die den ganzen Charakter des Staates Israel verändert hätte, und darin versagt hat. So wird eines Tages der Regierungswechsel vor dem Hintergrund politischer Differenzen kommen, aufgrund des Versagens des Likud auf anderen Gebieten, und dann wird sich selbstverständlich das Verlangen nach einem Regierungswechsel verbreiten. Aber wann das kommen wird...? *Your guess is as good as mine.*

Krapf: Aber die Einwanderung aus der Sowjetunion, ausgerechnet von Leuten, die Frustrationen mit der sozialistischen Ideologie mit sich herumtragen... Besteht bei dieser Einwanderungswelle nicht gerade die Gefahr eines Rechtsrucks?

Zadok: Niemand kann zum jetzigen Zeitpunkt diese Frage beantworten. Diese Einwanderungswelle ist viel kleiner als die russische Einwanderung vor etwa zehn Jahren. Jene Einwanderung war vielmehr eine Einwanderung von Idealisten, von Regimegegnern. Die jetzige Einwanderungswelle besteht nicht aus Idealisten, aus Pionieren, sondern vielmehr aus pragmatischen Leuten, die Rußland verlassen wollen, und sie kommen nach Israel, weil sie keine guten Aussichten haben, anderswohin auszuwandern. So gehen manche nach Deutschland, manche nach Nordamerika und Australien, aber die meisten kommen hierher. Ich denke, es ist zu früh zu ermessen, wie sie wählen werden. Eines ist klar: Diese Einwanderer sind nicht religiös. Sie sind säkularisiert. Die säkularen Tendenzen spielen bei ihnen eine wichtige Rolle. Der Apparat, mit dem sie zu tun haben, das ist in ihren Augen ein gemischter Apparat. Das ist einerseits die *Sochnut (Jewish Agency)*, an der die Arbeiterpartei beteiligt ist, aber sie haben auch mit dem *Aufnahmeministerium* zu tun, das heißt mit der Likudregierung. Es ist zu früh zu ermessen, wie die Mehrheit dieser Einwanderer wählen werden. Ich gebe nicht von vornherein auf. Denn mit der Zeit werden sie erkennen, daß die rote Fahne der *Histadrut* anders ist als die rote Fahne, an die sie gewöhnt sind, daß unsere Kibbuzim anders sind als ihre Kolchosen, daß, obgleich wir die Internationale singen, das anders ist als bei ihnen, und daß sie es mit einem freiheitlich demokratischen Staat zu tun haben. Zwar gibt es darin gewisse Symbole, die vielleicht abgeschafft werden müssen. Aber die Symbolik ist nicht das Entscheidende. Sie werden nicht aufgrund von Symbolen wählen, sondern aufgrund ihrer Lebenserfahrung in Israel.

Krapf: Herr Zadok, noch eine letzte Frage. Wenn es denn eine Frage der Zeit ist, bis die Arbeiterpartei die Regierung wieder übernimmt, denken Sie, daß die Partei zur Beschleunigung dieses Prozesses etwas beitragen kann? Ich will diese Frage noch präzisieren: Denken Sie, daß die Rivalität zwischen Peres und Rabin die wichtigste Ursache ist oder gibt es noch andere Faktoren, die…

Zadok: Nein, das ist nicht der einzige Faktor und *vielleicht* auch nicht der wichtigste. Das ist einer der Faktoren. Die Arbeiterpartei muß sich im investitionspolitischen und auf dem gesellschaftspolitischen Bereich den bestehenden Realitäten anpassen. Sie muß dies auch in der *Histadrut* tun, damit die Bevölkerung spürt, daß diese Partei den Gegebenheiten gerecht wird. Und die Arbeiterpartei darf nicht müde werden zu erklären, daß ihr außenpolitischer Weg besser ist als der des Likud. Und diesbezüglich bin ich dafür, daß die Arbeiterpartei klare Dinge sagt und nicht verwaschenes Zeug redet. Das heißt, es gibt in der Arbeiterpartei Kreise, die versuchen, den rechtslastigen und nationalistischen Tendenzen in der Bevölkerung gerecht zu werden, indem sie vermeiden, zu sehr als Partei von Tauben zu erscheinen. Ich halte das für einen Fehler. Die Anteile der Bevölkerung, die nationalistische Ansichten haben, werden nicht die Arbeiterpartei wählen, sondern sie werden das Original wählen, und das ist der Likud. Wir müssen der Öffentlichkeit eine klare politische Alternative vorstellen. Meines Erachtens übernimmt die Öffentlichkeit immer mehr unsere Position, daß es für den Staat Israel nicht gut ist, weiterhin diese Bevölkerung zu beherrschen und daß wir uns von ihr trennen müssen. Die Öffentlichkeit ist noch nicht davon überzeugt, daß die Sicherheitsvorkehrungen, die bei einem Verzicht auf die besetzten Gebiete getroffen werden könnten, die militärische Sicherheit des Staates Israel garantieren. Hier haben wir eine wichtige Aufgabe zu erfüllen...

Krapf: Das heißt die psychologischen Hindernisse überwinden, die aus verständlichen Gründen bestehen, die mit der Sorge zusammenhängen...

Zadok: Richtig. Ich habe zu allen Teilen des Landes Israel eine emotionale Bindung. Aber pragmatisch-politisch muß ich meine Zukunft auf den bestehenden politischen Gegebenheiten aufbauen, um in Frieden und Sicherheit zu leben.

Krapf: Vielen Dank, Herr Zadok.

Interview mit Yeshayahu Leibowitz[1]

14. Februar 1993

Yeshayahu Leibowitz wurde am 19.1.1903 in Riga geboren, kam 1919 nach Berlin, wo er Chemie studierte und einundzwanzigjährig zum Dr. phil. promovierte. Ab 1928 Medizinstudium in Köln und Heidelberg, 1934 Promotion zum Dr. med. in Basel. Ab 1935 lehrte und forschte er an der Hebräischen Universität Jerusalem auf den Gebieten der Biochemie, der organischen Chemie, der Neurophysiologie, der Krebsforschung sowie der Geschichte und Philosophie der Naturwissenschaften. Außerdem genoß er Ansehen als Talmudist und Maimonides-Interpret. Er starb am 18. August 1994 in Jerusalem.

Bereits zu seinen Lebzeiten hat es heftige politische Debatten über die Frage gegeben, ob und inwieweit der politisch und gesellschaftlich leidenschaftlich engagierte Leibowitz zeitgenössische Entwicklungen in Israel geprägt hat. Sieht man von den jeweiligen politischen Ausrichtungen ab, läßt sich bei einem Mindestmaß an intellektueller Aufrichtigkeit kaum bestreiten, daß Leibowitz während des ersten halben Jahrhunderts des modernen jüdischen Staates aus dessen politischer Kultur nicht wegzudenken ist.

Als orthodoxer Jude trat Leibowitz seit den fünfziger Jahren für die Trennung von Religion und Staat in Israel ein. Damit machte er sich in orthodoxen Kreisen zahlreiche Feinde. Dagegen versteht sich Avraham Burg[2], ein charismatischer Politiker der kommenden Generation der Arbeiterpartei, als Leibowitz-Schüler. Als solcher setzt er sich aufgrund seines Selbstverständnisses als religiös-orthodoxer Jude für die Trennung von Religion und Staat ein.

---

1 Aus Leibowitz' umfangreichem Werk liegen zwei Titel in Deutsch vor: Yeschaiahu Leibowitz, Vorträge über die Sprüche der Väter. Auf den Spuren des Maimonides, Obertshausen 1984; Jeshajahu Leibowitz mit Michael Shashar, Gespräche über Gott und die Welt, Frankfurt 1990.

2 Siehe S. 278.

Es scheint eine historische Ironie darin zu liegen, daß der orthodoxe Leibowitz zu einer geistigen Vaterfigur der friedensbewegten israelischen Linken geworden ist, die überwiegend aus säkularen Israeli besteht und sich parteipolitisch mit dem linken Flügel der Arbeiterpartei und den Fraktionen des Meretzblocks identifiziert. Indessen hat Leibowitz mit seiner Kritik am sicherheits- und gesellschaftspolitischen Kurs Israels seit Jahrzehnten immer wieder für die Friedensbewegung Pionierarbeit geleistet: In den frühen sechziger Jahren hatte er sich für nukleare Abrüstung im Nahen Osten eingesetzt. Nach dem Sechstagekrieg im Juni 1967 hatte er von Anfang an vertreten, Israel müsse im eigenen Interesse die besetzten Gebiete kampflos aufgeben, weil andernfalls der jüdische Charakter des Staates gefährdet würde: Wie andere kolonialistische Regime sei auch der jüdische Staat gegen die korrumpierenden Auswirkungen der Okkupation nicht gefeit. Nach Leibowitz' Auffassung waren die arabischen Parteien bis 1967 für den israelisch-arabischen Konflikt verantwortlich gewesen, weil sie 1947 den UN-Teilungsplan abgelehnt hatten. Dagegen trägt Israel seit 1967 die Verantwortung, weil die andauernde Okkupation der besetzten Gebiete seit über einem viertel Jahrhundert die Beendigung des Konflikts vereitelt.

Im Januar 1993, kurz vor Yeshayahu Leibowitz' neunzigstem Geburtstag, wurde der Beschluß der zuständigen Kommission bekannt, Leibowitz den Israelpreis jenes Jahres, die höchste Auszeichnung des Staates Israel, zu verleihen: »Der Israelpreis wird Professor Yeshayahu Leibowitz verliehen für seinen Beitrag zu originellem Denken in Israel, für sein wissenschaftliches Werk und für sein Stehvermögen gegenüber der Gesellschaft als Gesellschaftskritiker und als Mahner, der für das Recht eintritt. Über vierzig Jahre hat Prof. Leibowitz dem geistigen, religiösen, gesellschaftlichen und politischen Leben in Israel seinen Stempel aufgedrückt...« Mit der dem biblischen Amosbuch (5,10) entliehenen Formulierung, »Mahner, der für das Recht eintritt«, gaben die Gutachter ihrer Überzeugung Ausdruck, daß der vielseitige Leibowitz – der den Vornamen eines der großen biblischen Propheten trägt (Yeshayahu zu deutsch Jesaja*) – Israels höchste Auszeichnung speziell für seine Verdienste als prophetischer Gesellschaftskritiker verdient habe.*

Ebenfalls in gut prophetischer Tradition folgte dann eine harte Auseinandersetzung unter Leibowitz' Zeitgenossen. Strittig war, ob sich hinter dem provozierenden Gesellschaftskritiker nicht ein subversiver Anarchist verberge. Beispielsweise wurde Leibowitz verübelt, daß er seine wehrpflichtigen Landsleute seit Jahren aufgefordert hatte, den Wehrdienst in den besetzten Gebieten zu verweigern. Deshalb hielten es seine Gegner für gesellschaftspolitischen Selbstmord, ihn mit der höchsten Auszeichnung des Staates zu ehren. Dagegen argumentierten seine Bewunderer, Israel würde sich selbst ein Qualitätszeugnis ausstellen, indem es die Verdienste dieses unbequemen Kritikers anerkenne. Seinerseits schien Leibowitz nicht frei von Beklemmungen, als er sich bereit erklärte, den Israelpreis anzunehmen. Denn die Ironie, daß der Gesellschaftskritiker von jenem staatlichen Establishment dekoriert werden sollte, gegen das er seit Jahrzehnten sturmgelaufen war, mochte er nicht leugnen.

Leibowitz, der bis zum letzten Tag über einen messerscharfen Intellekt verfügte, pflegte bis zuletzt bequeme Illusionen erbarmungslos und mit unerbittlicher Konsequenz zu zerstören. Der Vorwurf mancher Zeitgenossen, er habe die Rolle des enfant terrible *genossen und seine Gegner gewohnheitsmäßig zum Überkochen gebracht, ist wohl nicht gegenstandslos. Selbst unter seinen wohlmeinenden gesellschaftspolitischen Weggefährten wurde er kritisiert, weil er in verantwortungsloser Weise den Begriff* nazistisch *als rotes Tuch verwendet habe, um seine Gegner vernichtend zu treffen. Über viele Jahre benutzte er diese Terminologie, um eine in Israel anzutreffende faschistoide Mentalität als »judo-nazistisch« an den Pranger zu stellen. Dies löste manchen Leibowitz-Skandal aus und war im Streit über seinen Israelpreis das Hauptargument jener, die ihm die Auszeichnung mißgönnten. Dennoch wies Leibowitz es über viele Jahre unbeirrbar von sich, diesen problematischen Sprachgebrauch zu revidieren. Um so bemerkenswerter war es, daß er im nachfolgenden Gespräch zum ersten Mal Argumenten zugänglich war und einräumte, diese Terminologie sei verfehlt.*

Das Interview fand statt, kurz nachdem Leibowitz seinen Verzicht auf den Israelpreis erklärt hatte. Für seine Bewunderer war dieser Ausgang des Skandals enttäuschend: Premierminister Rabin hatte ankündigte, er werde bei der Preisverleihungszeremonie seine vom Protokoll vorgesehene Funktion nicht wahrnehmen, dem Preisträger die Hand zu geben und ihm die Auszeichnung zu überreichen. Darauf hin gab Leibowitz seinen Verzicht bekannt. Seine Anhänger empfanden, Israels Sokrates hätte statt des Schierlingsbechers den Lorbeerkranz der höchsten Auszeichnung des Staates verdient.

Krapf: Herr Professor Leibowitz, Sie sind für Ihre leidenschaftliche Opposition gegen die Okkupation Cisjordaniens und des Gazastreifens bekannt. Wie begründen Sie Ihre Opposition gegen die Politik Israels?

Leibowitz: Wir haben hier den furchtbaren Konflikt zwischen dem Staat Israel und dem palästinensischen Volk. Dieser Konflikt kann *nur* durch Teilung des Landes zwischen den zwei Völkern gelöst werden. Die Aufrechterhaltung des seit fünfundzwanzig Jahren bestehenden Zustandes untergräbt den Staat Israel im Inneren, und wird zu... und *könnte* zu seinem Untergang im Äußeren führen.

Krapf: Inwiefern untergräbt er den Staat Israel im Inneren?

Leibowitz: Das ließ sich alles schon vor fünfundzwanzig Jahren voraussehen und ist von vielen vorausgesehen worden, unter anderem von mir. Aber heute breitet sich dieses Verständnis immer weiter aus. Ein Staat, der die Gewaltherrschaft über ein anderes Volk aufrechterhält, kann sie nur mit Gewaltmitteln aufrechterhalten, wird notwendigerweise innerlich korrumpiert.

Krapf: Woran macht sich das für Sie fest, diese innere Korruption?

Leibowitz: Tagtäglich. Das ist heute geradezu unser Wesen geworden. Der Staat Israel ist noch kein faschistischer Staat. Aber Sie verstehen den Sinn des Wortes »noch«.

Krapf: Ich verstehe die Aussage dahingehend, daß Sie meinen, der Staat Israel ist auf dem Weg dazu, ein faschistischer Staat zu werden.

Leibowitz: Er steht in *Gefahr,* ein faschistischer Staat zu werden.

Krapf: Woran machen Sie diese konkreten Gefahren fest?

Leibowitz: Zunächst mal, wir halten zwei Millionen Menschen unter unserer Herrschaft ohne bürgerliche und politische Rechte. Denken Sie mal daran, zwei Millionen Menschen bar ihrer bürgerlichen und politischen Rechte.

Krapf: Und wie wirkt sich das jetzt auf den Staat Israel, auf die israelische Gesellschaft aus?

Leibowitz: Das korrumpiert alles. Alles! Das ist unvermeidlich.

Krapf: Könnten Sie einige Bereiche nennen, in denen diese Korruption sichtbar ist.

Leibowitz: Ich kann keine Beispiele anführen, denn das *Wesen*, das Staatswesen, ist hier korrupt geworden.

Krapf: In der Jurisdiktion, in der Legislation oder…

Leibowitz: Selbstverständlich. Wir haben ja die Ungeheuerlichkeit erlebt, daß der vorige Präsident des Obersten Gerichtshofes[3] bei uns die Anwendung von Folter bei Befragungen von Gefangenen legalisiert hat. Ich glaube, das ist der einzige Staat in der westlichen Welt, … die Polizei benutzt immer Gewaltmittel, um Geständnisse zu erpressen, aber es ist ungesetzlich. Hier ist es gesetzlich.

Krapf: Sehen Sie das auch noch in anderen Bereichen außer der Jurisdiktion.

Leibowitz: Ja auch. In allem. Das ist innenpolitisch. Und außenpolitisch, wenn es nicht zu einem Frieden zwischen uns und dem palästinensischen Volk kommt, dann wird es zu einem Krieg auf Tod und Leben zwischen dem Staat Israel und wahrscheinlich der ganzen arabischen Welt kommen, und in dem Krieg wird die Sympathie der *ganzen* Welt auf der arabischen Seite stehen. (Lange Pause) Die Katastrophe kann nur auf *einem* Wege vermieden werden: Teilung des Landes zwischen den zwei Völkern.

Krapf: Ganz abgesehen von den Großisrael-Ideologen gibt es doch Leute, die die Teilung des Landes aus sicherheitspolitischen, aus militärischen Erwägungen ablehnen. Wie…

Leibowitz: Das ist eine bewußte Lüge, eine bewußte Lüge.

---

[3] Siehe Landau-Bericht, S. 284.

Krapf: Das militärstrategische Argument?

Leibowitz: Ja.

Krapf: Denken Sie, daß es in der Bevölkerung, in der Öffentlichkeit als bewußte Lüge empfunden wird?

Leibowitz: In der Öffentlichkeit denkt man gar nicht an die Sicherheitsfrage. Die große Masse denkt überhaupt gar nicht an die Sicherheitsfrage. Das ist eben der Wille, unsere Herrschaft über das ganze Land und über das andere Volk aufrechtzuerhalten. Aber das ist die große Spaltung hier.

Krapf: Es gibt natürlich politische Kreise, wo es klar ist, daß dieser Wille besteht, diese Gewaltherrschaft, diese Okkupationsherrschaft aufrechtzuerhalten. Aber...

Leibowitz: Für die Regierung Shamir war das das bewußte Programm: Die Gewaltherrschaft über das ganze Land und das palästinensische Volk aufrechtzuerhalten. Die Regierung Rabin hat einen gewissen Willen zu einer Verständigung mit dem palästinensischen Volk. In dieser Hinsicht ist eine gewisse Wende eingetreten. Aber sie können sich nicht entschließen anzuerkennen, daß die Endlösung (wörtlich) nichts anderes sein kann als die Teilung des Landes.

Krapf: Wie verstehen Sie die Ursachen dieser Schwerfälligkeit, sich dazu durchzuringen?

Leibowitz: Kennen Sie gar nicht den Begriff Patriotismus, Nationalismus usw.? Sind Ihnen diese Begriffe vollkommen fremd, ja? Das deutsche Volk hat sie nicht gekannt, nein?

Krapf: Also, Sie meinen, es sind patriotische Verirrungen, die...

Leibowitz: Selbstverständlich, selbstverständlich.

Krapf: Das heißt, die Motivation, die besetzten Gebiete nicht aufzugeben, ist dann im letzten Grund doch mehr großisrael-ideologisch motiviert.

Leibowitz: Was ist denn die Großisrael-Ideologie anderes als Ausdruck des Patriotismus und des Nationalismus?

Krapf: Mir scheint eine Unterscheidung möglich, vielleicht sogar nötig zwischen diesem Patriotismus, also dieser Großisrael-Ideologie und eben diesen sicherheits...

Leibowitz: Ich sage Ihnen, das Sicherheitsargument ist ein Vorwand.

Krapf: Aber hängen damit nicht besondere Empfindlichkeiten zusammen, die im jüdischen Volk aufgrund der jüdischen Erfahrung lebendig sind? Daß man besonders empfindlich ist, gerade weil das jüdische Volk über Jahrhunderte unter Bedrohung gelebt hat...

Leibowitz: Hier handelt es sich doch nicht um die Bedrohung in Ihrem Sinn, sondern um die Tatsache, daß *wir* die Gewaltherrschaft über ein anderes Volk ausüben.

Krapf: Also Sie empfinden nicht, daß Israel von den arabischen Nachbarn bedroht ist?

Leibowitz: Selbstverständlich ist es bedroht. Diese Drohung besteht.

Krapf: Wenn Sie aber die Drohung anerkennen...

Leibowitz: Die Sowjetunion und Amerika haben sich fünfundvierzig Jahre bedroht, und es ist kein Schuß gefallen. Sie haben sich gegenseitig bedroht, *furchtbar* bedroht. Sie hatten sogar Todesangst voreinander. Und es ist fünfundvierzig Jahre kein Schuß gefallen. Denken Sie an diese paradoxe Tatsache. Der Kalte Krieg war die längste Periode des Friedens in Europa. Kennen Sie in der Geschichte Europas fünfundvierzig Jahre, in denen es keine Kriege gegeben hat? Der Kalte Krieg war die Periode des Friedens in Europa!

Krapf: Oder der Abwesenheit militärischer Auseinandersetzungen.

Leibowitz: Was verstehen Sie unter Frieden? Daß es keinen Krieg gibt. – Der Staat Israel und der zukünftige palästinensische Staat werden eben *nebeneinander* existieren müssen.

Krapf: Ich möchte doch noch auf die Situation 1967 zurückkommen. Aus heutiger Sicht, sagen Sie, ist das Sicherheitsargument verlogen, es ist ein Vorwand und in Wirklichkeit steckt patriotischer Wahnsinn dahinter, das steht auf dem einen Blatt. Davon jetzt mal abgesehen, war es denn 1967, angesichts der Vorgeschichte des Sechstagekriegs, realistisch zu erwarten, daß...

Leibowitz: Realistisch ist die Situation am 14. Februar 1993. Die Situation am 13. Februar 1993 ist nicht mehr realistisch. Denken Sie an das Wort realistisch: Realistisch ist die Situation am heutigen Tag, am 14. Februar 1993.

Krapf: Bloß hat der 14. Februar seine Vorgeschichte.

Leibowitz: Das ändert aber gar nichts am 14. Februar, daß er eine Vorgeschichte hat. Er hat eine Vorgeschichte von vielen Millionen Jahren. Aber unser Problem ist das Problem des heutigen Tages. Dieses Problem besteht *seit* dem Sechstagekrieg. *Seit* dem Sechstagekrieg. Ich pflege das so auszudrücken, das Problem besteht seit dem siebten Tag, seit dem Tag *nach* dem Sechstagekrieg. Seit diesem siebten Tag üben wir die Herrschaft über das palästinensische Volk aus und entziehen ihm das Recht auf seine nationale und politische Selbständigkeit. Diese Situation bestand nicht bis zum siebten Tag.

Krapf: Sie sagen, für die Realität zählt nur der 14. Februar...

Leibowitz: Die Situation in den letzten fünfundzwanzig Jahren, sagen wir mal.

Krapf: Gut. Aber gibt es denn in der Geschichte ein Beispiel, in dem ein Staat, der schwer zu verteidigende Grenzen gehabt hat, der dann durch eine militärische Auseinandersetzung die Möglichkeit bekam, sich einen territorialen Puffer zuzulegen, darauf verzichtet hat, um eben nicht durch Okkupation korrumpiert zu werden.

Leibowitz: Ich kenne keinen Fall, wo eine Eroberung zur Sicherheit nötig war. Ich kenne keinen solchen Fall. Aber allgemein, daß Staaten eroberte Gebiete nicht gutwillig wieder abgegeben haben, ja das kennen wir. Das beste Beispiel ist das Bismarckreich. Das Bismarckreich ist daran zugrunde gegangen, auch nach... ja siebenundvierzig Jahren, weil es Elsaß-Lothringen behalten wollte. Bismarck selbst wollte es ja gar nicht. Hätte Deutschland nach dem Sieg, nach dem glänzenden militärischen Sieg 1870/71, Frieden mit Frankreich unter Rückgabe von Elsaß-Lothringen gemacht, dann wäre es nicht zum Weltkrieg gekommen. Und Sie sehen, das deutsche Volk, Deutschland kann sehr gut ohne Elsaß-Lothringen bestehen. Es war also gar nicht notwendig.

Krapf: Nur, es besteht da ein Unterschied...

Leibowitz: Den Unterschied verstehen wir alle. Aber verstehen Sie die innere Logik. – Franz Grillparzer warnte 1848, im Jahr des Völkerfrühlings, vor einem Weg von der Humanität durch die Nationalität zur Bestialität:[4] Von der Humanität durch die

Nationalität zur Bestialität, das ist der Weg, den das deutsche Volk tatsächlich bis zu Ende gegangen ist.

Krapf: Haben Sie das Gefühl, daß...

Leibowitz: Wir in Israel stehen in Gefahr, diesen Weg zu betreten.

Krapf: Wenn Sie diesen Weg verfolgen: Humanität – Nationalität – Bestialität, würden Sie da schon sagen wollen, wo wir im Augenblick stehen, wo Israel im Augenblick steht?

Leibowitz: Zu Beginn dieses Weges, den wir *noch nicht* gegangen sind, aber die Gefahr besteht. Der Staat Israel heute ist *noch* kein faschistischer Staat, durchaus nicht, obwohl er seit fünfundzwanzig Jahren keine Demokratie mehr ist. Wir halten zwei Millionen Menschen ohne bürgerliche und politische Rechte. Aber er ist *noch* kein faschistischer Staat. Den Beweis haben Sie: Alles, was ich Ihnen jetzt hier sage, kann ich auf der Straße sagen. Das ist also ein Beweis, daß der Staat *noch* kein faschistischer Staat ist. Aber er ist in Gefahr, es zu werden.

Wir haben hier eine Tatsache, die jenseits aller Theorie, jenseits aller Ideologie und jenseits allen Glaubens existiert: Die Tatsache ist, daß wir hier zwei Völker haben, von denen jedes in seinem tiefsten Bewußtsein dieses Land als sein Heim ansieht. Diese Tatsache kann durch keine Theorie und durch keine Ideologie und durch keinen Glauben aus der Welt geschafft werden. Wie gesagt, gibt es nur eine von zwei Möglichkeiten: entweder die Gewaltherrschaft des einen Volkes über das andere oder die Teilung des Landes zwischen den zwei Völkern. Es gibt keine dritte Möglichkeit. Es ist entweder oder. Und Yitzhak Rabin versucht zu lavieren. Shamir wollte diese israelische Gewaltherrschaft über das palästinensische Volk wirklich aus einer ausgesprochen klaren und eindeutigen faschistischen Einstellung aufrechterhalten. Im Gegensatz dazu erhebt Rabin es nicht zum Prinzip, daß wir die Gewaltherrschaft aufrechterhalten, was Shamir ausdrücklich und bewußt getan hat. Das ist immerhin eine Wende. Nur verstehe ich, und verstehen viele andere, daß

---

[4] »Der Weg der neueren Bildung geht von Humanität durch Nationalität zur Bestialität.« Epigramm von Grillparzer (Hessische Ausgabe, Leipzig 1919, II, 186.)

die Alternative eben nur die Teilung des Landes zwischen den zwei Völkern sein kann. Und Rabin versucht zu lavieren.

Krapf: Wie sehen Sie denn Rabins Ziel? Sie sagen, Shamirs erklärtes Ziel war die Aufrechterhaltung der Gewaltherrschaft über das palästinensiche Volk, und Rabin will lavieren. Aber mit welchem Ziel will er denn lavieren? Oder ist das nicht erkennbar?

Leibowitz: Das ist eben seine politische Schwäche.

Krapf: Daß er kein Ziel hat?

Leibowitz: Ja. Es gibt ja kein Dazwischen.

Krapf: Also, sich durchwursteln von einem Tag auf den anderen?

Leibowitz: Diese Idee, wir wollen doch irgendwie zu einer Verständigung mit dem palästinensischen Volk kommen, Autonomie und dergleichen, aber nicht die Anerkennung eines palästinensischen Staates *neben* dem Staat Israel.

Krapf: Dann ist das also ein Selbstbetrug, oder...

Leibowitz: In gewissem Sinn, wahrscheinlich auch ein Selbstbetrug, ja.

Krapf: So zu tun, als ob man zu einer Lösung, zu einer Koexistenz kommen kann, ohne...

Leibowitz: ...ohne eine klare und eindeutige politische Teilung, ja. – Nun gibt es aber vielleicht noch einen anderen Faktor und der wird vielleicht, ich betone aber sehr das Wort »vielleicht«, der entscheidende sein. Dieser Faktor ist weder Yitzhak Rabin, noch auch Yassir Arafat, sondern Bill Clinton.

Krapf: Wie schätzen Sie diesen Faktor ein?

Leibowitz: Ja, das müssen Sie ihn fragen. (Lächelnd) Ihn oder Hilary Clinton. Aber es ist durchaus denkbar... es erscheint mir durchaus nicht unwahrscheinlich, daß er hier die Lösung aufzwingen wird. Die Lösung kann nur Teilung sein. Denken Sie daran, wir haben seit fünfzehn Jahren Frieden mit Ägypten, nachdem wir *dreißig* Jahre lang mit Ägypten Krieg geführt haben. Dreißig Jahre lang. Seit fünfzehn Jahren haben wir Frieden. Wer hat ein Verdienst dafür? Carter.

Krapf: Nur, als Carter diesen Frieden arrangiert hat, aufgezwungen hat, da...

Leibowitz: Aufgezwungen hat, das Wort kann man ruhig benutzen.

Krapf: ...das haben Sie ja vorhin selbst erwähnt,...

Leibowitz: Ich weiß, das Problem ist jetzt viel schwieriger. Eigentlich ist es dasselbe Problem, nur die Lösu*ng* ist hier viel schwieriger.

Krapf: Sie haben ja vorhin gesagt, daß das Problem bei Kompromissen ist, daß es um patriotische Empfindlichkeiten, patriotischen Irrsinn oder patriotische Sensibilitäten...

Leibowitz: »Irrsinn« ist kein schlechter Ausdruck...

Krapf: Es geht aber jedenfalls um Dinge, die...

Leibowitz: Es geht um Leben und Tod.

Krapf: Trotzdem, können Sie sich vorstellen, daß Israel unter einer von Rabin geführten Regierung sich überhaupt eine Lösung von außen aufzwingen lassen könnte?

Leibowitz: Wenn Sie das Wort »aufzwingen« benutzen, dann wird es eben aufgezwungen, wenn es dazu kommt.

Krapf: Woran würde das liegen? Am Willen Clintons? Am Willen derjenigen, die es aufzwingen würden?

Leibowitz: In erster Linie natürlich an Clinton.

Krapf: Also an Clintons politischem Willen?

Leibowitz: Ja.Ich könnte den Amerikanern sogar den machiavellistischen Gedanken zutrauen, daß sie diesen Zustand des Dauerkonflikts zwischen Israel und der arabischen Welt aufrechterhalten wollen. Dann blieben alle von Amerika abhängig. Aber wie gesagt, möglicherweise wird das die Lösung sein. Nicht gleich in Form eines Beschlusses der UNO. Dem Wesen nach eine Entscheidung Amerikas, aber formell in Form einer Entscheidung der UNO. Wenn wir jetzt wirklich vom 14. Februar 1993 absehen und etwas geschichtlich denken, dann gehen wir mal 46 Jahre zurück, 1947. Da war dieses Land plötzlich gewissermaßen politisch herrenloses Gut. Das britische Mandat erledigt und da entschied die UNO, das war beinahe der einzige Fall in der Periode des Kalten Krieges, 1947, in Übereinstimmung zwischen Truman und Stalin, die Teilung dieses Landes zwischen den zwei Völkern. Ein jüdischer Staat und ein arabischer Staat. Der Name Israel besteht damals ja noch nicht, denn Israel kannten wir nur aus unserer Geschichte. Für die Welt waren es die Juden, der Judenstaat. Die Teilung des Landes zwischen den zwei Völkern zur Errichtung von zwei Staaten. Und wir akzeptierten diesen Plan, der außerordentlich ungünstig für uns war. Aber wir sahen überhaupt keine andere Möglichkeit, zu einer eigenen Staatlichkeit, zu einem eigenen staatlichen Leben zu kommen, als eben aufgrund dieses von der UNO aufgeworfenen Planes. Die Araber lehnten ihn ab. Sowohl die palästinensischen Araber als auch alle arabischen Staaten. Und sie versuchten, es gewaltsam zu verhindern, und deswegen kam es zum Krieg, 1948, den sie verloren haben. Ich glaube, man kann objektiv sagen, die Verantwortung für den Krieg 1948 tragen die Araber. Wenn sie damals die Teilung angenommen hätten, dann wäre der jüdische Staat, den wir nachher Israel nannten, und der palästinensische Staat nebeneinander entstanden, und es hätte wohl keinen Krieg gegeben. Dafür tragen die Araber die Verantwortung. Natürlich auch für alle Folgen dieses Krieges. Es kam ja zu keinem Friedensschluß, sondern nur zu einem Waffenstillstand. Das wird heute vielleicht gar nicht mehr verstanden. Jedenfalls, statt zu einem Frieden, kam es nur zu einem Waffenstillstand, und der wurde gerade von der UNO erzwungen. Im Vertrag von Rhodos, 1949, erzwang die UNO einen Waffenstillstand aufgrund einer Teilungslinie, die überhaupt nicht geplant war, sondern das war einfach die Frontlinie am..., ich glaube am 8. Februar 1949 um zwölf Uhr. Da stand die Frontlinie so, und das war eben die Waffenstillstandslinie. Es kam zu keinem Frieden. Denn die arabischen Staaten lehnten die Anerkennung des Staates Israel ab. Sie erkannten überhaupt die Existenz Israels nicht an. Das heißt, sie sind für alles verantwortlich, was zwischen 1948 und 1967 vorgefallen ist.

Krapf: Das heißt, 1967 wohl auch für den Ausbruch des Sechstagekrieges.

Leibowitz: Auch, ja. Aber zwischendurch gab es auch den 56er Krieg, für den wir verantwortlich sind.

Krapf: Inwiefern trägt Israel...

Leibowitz: Hundertprozentig.

Krapf: Inwiefern trägt Israel die Verantwortung für...

Leibowitz: Selbstverständlich. Wir fielen doch über die Ägypter her.

Krapf: Ja, aber…

Leibowitz: Das ist ein… Kapitel der jüdischen Geschichte. Wir waren sozusagen die Söldner der Aktionäre der Suezgesellschaft. Die Kapitalisten der Suezgesellschaft, denen Nasser den Kanal enteignet hat, haben uns, die Armee Israels gemietet, ihnen das zurückzubringen. Wir waren einfach die Söldner der englisch-französischen Kapitalisten.

Krapf: Ich verstehe, was Sie meinen. Aber Israel hatte doch auch ein legitimes eigenes politisches Interesse daran, weil der Zugang zum Hafen Eilat abgeschnitten wurde.

Leibowitz: Selbstverständlich, wir hatten Interessen daran, selbstverständlich. Die Aktienbesitzer der Suezgesellschaft hatten auch ihr Interesse daran. Aber jedenfalls, auch dieser Krieg war nur die Folge dessen, daß es keinen Frieden zwischen uns und den arabischen Staaten gegeben hat, sondern nur einen Waffenstillstand. Einen sehr ungesunden Waffenstillstand, dauernd Zwischenfälle, die beinahe unvermeidlich waren. Wenn zwei Feinde nebeneinanderstehen und kein Friedensvertrag zwischen ihnen besteht, dann sind selbstverständlich die sogenannten Grenzzwischenfälle unvermeidlich. Aber wie gesagt, dafür tragen die Araber die Verantwortung. Die Tatsache, daß eine halbe Million palästinensischer Araber ihr Heim verloren haben, nicht nur im politischen Sinne, sondern im wirklichen Sinne, ist auch die Folge dieses Krieges. Wenn sie damals die Teilung angenommen hätten, nicht ein Araber hätte sein Heim verloren. Das ist auch die Ursache des 67er Krieges, den wieder Nasser provoziert hat. Hier liegen die Dinge viel komplizierter. Er hat uns den Vorwand gegeben, den Krieg zu beginnen. Denn wir begannen den Krieg, als Präventivkrieg. Denn er *drohte* ja, uns zu vernichten. In seiner Dummheit, seiner verbrecherischen Dummheit, drohte er uns mit Vernichtung. Tatsächlich hatte er überhaupt keine Möglichkeit, uns zu gefährden. Aber formal, er drohte uns mit Vernichtung, und da haben wir losgeschlagen. Jetzt haben wir das ganze Land in unserem Besitz, die Herrschaft über das palästinensische Volk, und jetzt weigern wir uns, die Teilung vorzunehmen. Das heißt, für alles, was *seit* 1967 geschehen ist, und noch weiter geschieht, dafür tragen wir die Verantwortung.... eine Teilung die historische Verantwortung. Die Araber tragen die Verantwortung für alles, was zwischen 1947 und 1967 vorgefallen ist, für alle Greuel, die da vorgefallen sind. Denn das war die unvermeidliche Folge ihrer Weigerung, die Teilung anzuerkennen, und ihres Wunsches, nicht zur Teilung zu kommen. Das heißt, überhaupt nicht die Existenz des Staates Israel anzuerkennen. Seit 1967...

Krapf: Das heißt, ab dem siebten Tag?

Leibowitz: Ja, seit dem siebenten Tag, seit 1967 weigern wir uns, das Recht des palästinensischen Volkes auf Selbständigkeit anzuerkennen. Deshalb sind wir für die *Intifada* verantwortlich und für alles, was hier geschehen ist. Und das führt uns wieder zu der Antwort: Die Teilung ist unvermeidlich. Beide Parteien müssen eben anerkennen, daß weder unser Staat, noch der andere Staat das gesamte historische Palästina umfassen kann.

Krapf: Das heißt, bei einer Friedenslösung, also bei einer Teilung müßte einerseits Israel bereit sein, die palästinensische Souveränität anzuerkennen, und die Palästinenser müßten andererseits...

Leibowitz: Das Palästinensische Nationalabkommen[5] annullieren. Sonst kommt es unweigerlich noch mal zu einem furchtbaren Krieg, der dann zu einem Frieden aufgrund einer Teilung führt, oder diese Teilung könnte ohne Krieg, durch den Druck der UNO und Amerikas zustande kommen.

Krapf: Ich möchte aber noch einmal auf diesen Weg zurückkommen, den Sie angesprochen haben, den Weg, Humanität – Nationalität – Bestialität, den Sie ja nicht nur in Bezug auf Israel, sondern als Modell eines historischen Prozesses...

Leibowitz: Nicht Nationalität als solche. Was Grillparzer meinte, wenn für gewisse Denker oder auch Nichtdenker die Humanität sich in der Nationalität äußert... Worin besteht mein Menschentum? Daß ich Deutscher bin, daß ich Jude bin, daß ich Araber bin. Dahinter steht mein Menschentum, dann führt das notwendigerweise zur Bestialität.

Krapf: Ich möchte das Modell dieses historischen Prozesses als politischen Hintergrund für eine Frage aufgreifen, die Ihnen oft ge-

---

[5] Siehe S. 259.

stellt wird, oft in einer Art, die Sie sicherlich ärgert. Es geht darum, daß Sie manche Kreise in Israel als »judo-nazistisch«...

Leibowitz: Ich sprach von einer judo-nazistischen Mentalität. Ausdruck dieser Mentalität ist diese Entscheidung des Präsidenten unseres höchsten Gerichtes, daß man Folter anwenden darf, um Geständnisse von Gefangenen zu erhalten. Das ist... das ist Nazimentalität.

Krapf: Also Nazimentalität im Sinne von faschistischer Mentalität.

Leibowitz: Ja. – Ich weiß nicht, hat Mussolini gesetzlich Folter erlaubt? Ich weiß es nicht.

Krapf: Ich weiß es auch nicht. Sie meinen aber speziell vor dem Hintergrund der Folter?

Leibowitz: Das ist der Ausdruck dafür. Der Ausdruck dafür, was ich nazistische Mentalität nenne. Im Interesse des Staates darf man Folter anwenden.

Krapf: Ich sollte wohl den Hintergrund erklären, vor dem ich diese Frage anschneide. Wenn ich die empfindliche Reaktion von Israeli auf Ihre Anschuldigung des Judo-Nazismus beobachte, dann verstehe ich, daß dies mit traumatischen Erinnerungen und Erfahrungen zusammenhängt. Wenn jetzt darüber eine Auseinandersetzung stattfindet zwischen Ihnen und Israeli, dann ist das eine Auseinandersetzung, in die ich mich ja nicht einmischen kann. Aber ich erlebe auch unter Nichtjuden Bestürzung über diese Terminologie, wenn sie von einem jüdischen Intellektuellen kommt und dann in den Propagandaarsenalen von Antisemiten benutzt wird. Und davon abgesehen ist mir...

Leibowitz: Da will ich Ihnen einen sehr klaren und deutlichen Satz sagen: Antisemitismus ist ein Problem für Goyim. Das ist kein jüdisches Problem.

Krapf: Darum geht es mir jetzt nicht. Ich will nur die Voraussetzungen klären, unter denen ich Ihre umstrittene Terminologie anspreche. Ich frage mich, ob diese Terminologie stimmt. Sie sagten einmal, die Nationalreligiöse Partei ist so religiös wie die Nationalsozialisten sozialistisch waren...

Leibowitz: Ja, ja (lächelnd).

Krapf: Möglicherweise lassen sich auf psychologischer Ebene Parallelen aufzeigen. Nur für Europäer, wohl nicht nur für Deutsche, kommt bei der Terminologie »nazistisch« im Unterschied zu »faschistisch« die Assoziation…

Leibowitz: Die… die Assoziation ist natürlich Auschwitz.

Krapf: …und Endlösung, die betriebswirtschaftlich…

Leibowitz: Die Assoziation ist Auschwitz.

Krapf: Der Begriff »Endlösung«, die betriebswirtschaftlich organisierte, durchorganisierte Todesindustrie. Ich kann sehen, daß es in Israel die Mentalität gibt, es gibt Kreise, die Arabern zumindest den Tod wünschen, es gibt die zugelassene Folter, es gibt diese sehr problematische Begnadigung jüdischer Terroristen durch Staatspräsident Herzog[6]. Aber mir ist trotzdem unklar, weshalb »nazistisch« die zutreffende Terminologie sein sollte.

Leibowitz: Da haben Sie wahrscheinlich… da haben Sie wahrscheinlich recht. – Die Terminologie, die ist nicht korrekt. Aber die Wirklichkeit, die ist eben so.

Krapf: Gerade weil Sie ja selber in den zwanziger und dreißiger Jahren in Deutschland gelebt haben, möchte ich fragen, wie Sie das Nachkriegsdeutschland sehen, insbesondere jetzt in den letzten zweieinhalb Jahren seit der Vereinigung. Wie erleben Sie das?

Leibowitz: Da bin ich tatsächlich absolut unfähig, es zu beurteilen. – Die Wiedervereinigung Deutschlands ist natürlich eine naturgegebene und geschichtliche Gegebenheit. Das ist doch klar: Diese Teilung konnte ja nicht weiterexistieren. Hier haben Sie gerade das Gegenstück zu unserer Situation. Die Teilung hier ist gewissermaßen durch Natur und Geschichte vorgeschrieben. Die Teilung Deutschlands war künstlich, widernatürlich und widergeschichtlich.

Krapf: Und die Teilung des Verheißenen Landes, die ist…

Leibowitz: Naturgegeben, denn es gibt eben die zwei Völker hier. – Aber wie jetzt das neue Deutschland aussehen wird, darüber kann ich mir keinen klaren Begriff machen. Ich kann das wirklich nicht beurteilen. Ich glaube, viele Deutsche können es auch nicht beurteilen. Es kam ja auch völlig unerwartet. Noch vor fünf, sechs Jahren glaubte ja kein Mensch daran.

---

[6] Vgl. S. 270.

Krapf: Man hätte es vielleicht absehen können, aber tatsächlich war man politisch und psychologisch unvorbereitet. Die von Gorbatschow ausgelösten Entwicklungen hatten ja schon dazu geführt, daß die Grenzen entlang des Eisernen Vorhangs durchlässiger wurden, womit das Ende der deutsch-deutschen Grenze wohl vorprogrammiert war.

Leibowitz: Sagen wir symbolisch. Die Berliner Mauer, man dachte, daß sie noch Jahre lang bestehen würde. Habe ich recht?

Krapf: Ja, sicher. Es war niemand darauf vorbereitet. Es lagen keine Pläne in der Schublade.

Leibowitz: Wir hatten ja hier auch die Mauer, quer durch die Stadt. Neunzehn Jahre lang, von 1948 bis 1967. Aus dem Fenster meines Arbeitszimmers, im Abstand von fünfzig Metern, war die Grenze. Da konnten wir die jordanischen Soldaten sehen, auf der Mauer. Und dieser Zustand bestand neunzehn Jahre lang, es fiel kein Schuß.

Krapf: Ich möchte Sie noch etwas anderes fragen. Bleiben wir noch bei dieser Entwicklung, Humanität zur Bestialität über die Nationalität. Das sehen Sie doch als universale Gefahr...

Leibowitz: Das ist eine universale Gefahr, ja.

Krapf: Sehen Sie, daß die heute, in den letzten Jahren seit Ende des Kalten Krieges, daß diese Gefahr in Europa bedrohlicher geworden ist?

Leibowitz: Es sieht ja nicht danach aus, als ob diese, sagen wir mal in Deutschland die, wie heißen sie doch, die Republikanische Partei, oder wie nennen sie sich?

Krapf: Die Republikaner.

Leibowitz: Ja, die Republikaner oder die Le Pen-Leute in Frankreich, es sieht doch nicht danach aus, daß sie zur Macht getragen werden, aber wie gesagt, in der Geschichte ist alles möglich. Etwas, was *ich* noch sehr in Erinnerung habe, Sie können es nicht in Erinnerung haben, daß 1932, *kein Mensch* in Deutschland daran geglaubt hat, daß Hitler zur Macht kommen würde. *Kein Mensch!* Kaum Hitler selbst.

Krapf: Das qualifiziert natürlich Einschätzungen, daß es nicht danach aussieht.

Leibowitz: Eben. Es sieht nicht danach aus. Es sieht so aus, daß heute überhaupt, fast überall in der Welt, was die Herrschaft hat, das ist die, sagen wir mal die korrupte Demokratie. Die herrscht heute... überall. Aber kein Faschismus, jedenfalls.

Krapf: Einerseits haben Sie die Demokratie als das Stabilität versprechendste System und dann haben Sie auf der anderen Seite dieses »all power tends to corrupt and absolute power corrupts absolutely«, diese von Acton beobachtete Gesetzmäßigkeit.

Leibowitz: Dieses demokratische System in der ganzen Welt macht keinen sympatischen Eindruck.

Krapf: Gibt es denn ein System, das einen sympathischeren Eindruck macht?

Leibowitz: Nein. Ich glaube, objektiv kann man Demokratie nur aus einem Grunde vorziehen. In der Demokratie, wenn sie wirklich funktioniert, kann man die Herrschenden auswechseln. Es ist natürlich keine Bürgschaft dafür, daß die Neuen besser sein werden als die Alten. Dafür besteht *gar keine* Bürgschaft. Aber eben die Tatsache, daß man die Alten auswechseln kann gegen Neue. Die Neuen können nachher wieder ausgewechselt werden. Ich glaube, das ist der *objektive* Vorzug der Demokratie.

Krapf: Dadurch können Machtauswüchse eingegrenzt werden.

Leibowitz: Besteht denn eine geringste Sicherheit dafür, daß Clinton besser ist als Bush? Aber das amerikanische Volk hatte Bush satt, und da haben sie ihn eben durch Clinton ersetzt.

Krapf: Vielen Dank, Herr Leibowitz.

Interview mit Naomi Chazan

10. August 1993

Naomi Chazan wurde am 18.11.1946 in Jerusalem geboren. Sie absolvierte ein Studium an der Columbia University, New York und der Hebräischen Universität Jerusalem und ist Professorin für afrikanische Geschichte und Politikwissenschaft an der Hebräischen Universität Jerusalem. 1990-92 Leitung des Harry S. Truman Research Institute for the Advancement of Peace. *Mit seinem Interesse an der Nord-Südproblematik gilt das* Truman Institute *als das einzige Friedensforschungsinstitut im Nahen Osten mit einer „außerwestlichen" Orientierung. In der 13. Knesset (13.7.1992 - 13.8.1996) war Naomi Chazan Abgeordnete des linksliberalen Meretz-Blocks, der mit zwölf Mandaten die zweitstärkste Fraktion der Regierungen Rabin und Peres stellte. Bei den Wahlen am 29.5.1996 wurde sie als eine von neun Meretz-Abgeordneten wiedergewählt.*

Das hebräisch geführte Gespräch wurde am 10. August 1993 aufgezeichnet, zehn Tage nach dem Ende der israelischen militärischen Operation im Libanon – genannt din ve heshbon *(„Abrechnung"), 25.-31.7.93*[1] *– und drei Wochen bevor die Geheimverhandlungen über den Osloer Vertrag publik wurden.*[2]

Krapf: Frau Chazan, der Meretzblock gilt in weiten Teilen der israelischen Öffentlichkeit als die zuverlässigste parlamentarische Interessenvertretung der Friedensbewegung in Israel. Wie steht es heute um den Friedensprozeß, ein gutes Jahr nach Amtsantritt der Regierung Rabin, einer Regierung, die nicht zuletzt wegen Meretz an einer Friedenslösung Interesse hat?

Chazan: Dies ist eine sehr komplexe Frage, die ich in zwei Fragen unterteilen möchte. Einerseits spreche ich jetzt als Friedens-

[1] Siehe S. 271.
[2] Vgl. »Oslo I« S. 271 und S. 285.

bewegte im Staat Israel: Zwar haben wir eine Regierung von »Tauben«, die Dinge getan hat, an denen wir beteiligt gewesen sind und für die wir mitverantwortlich sind, welche nach unserer Auffassung nicht auf jeden Fall dem Frieden förderlich sind. Nämlich die Ausweisung der Hamasleute (im Dezember 1992), der sich manche von uns widersetzt hatten, sowie Probleme, die mit der Absperrung der besetzten Gebiete zusammenhängen (seit 1.4.1993), und jetzt kürzlich die Militäraktion im Libanon. All dies ist für uns sehr, sehr problematisch. Es gibt unter uns solche, die meinen, daß dies nicht nur nicht den Frieden voranbringt, sondern dessen Aussichten verschlechtert. So gesehen ist hier Raum für eindringliche Selbstkritik gegeben. All dies steht auf der einen Seite. Auf der anderen Seite habe ich nicht den geringsten Zweifel, dies sage ich in aller Eindeutigkeit, daß es beim Friedensprozeß im zurückliegenden Jahr echte Fortschritte gegeben hat und daß dies sehr, sehr schnelle Fortschritte gewesen sind. Dies unter zwei Gesichtspunkten: Erstens, was vollkommen neu ist für diese Regierung, ist die Eröffnung der Gesprächsschiene mit Syrien sowie die Fortschritte bei den Verhandlungen mit Syrien, so sehr, daß es jetzt in der Öffentlichkeit sogar Reaktionen auf die Verhandlungen mit Syrien gibt. Unter diesem Gesichtspunkt gibt es viele Fortschritte. Und was am wichtigsten ist, ist die Entwicklung mit den Palästinensern und alles, was zu einer Übergangsregelung führt, die dann zu einer Autonomieregierung der Palästinenser führt, wobei es sich um den Kern des Konflikts handelt. Zwar gibt es noch keine Übereinstimmung, aber es gibt sehr, sehr große Fortschritte. Zunächst ist diese Regierung unter der Voraussetzung angetreten, daß Autonomie kein Weg ist, um die israelische Herrschaft über die besetzten Gebiete fortzuschreiben. Vielmehr hat sie verstanden, daß Autonomie ein Stadium auf dem Weg zu einer gerechten Lösung ist. Sie hat das Programm, »Frieden für Gebiete«, mit dem Programm, »Gebiete für Frieden« ausgetauscht. Das heißt, die Konzeption ist eine vollkommen andere. Über diese Verhandlungskonzeption hat es viele Differenzen gegeben, manche von ihnen waren echte Probleme, andere waren überflüssig. Aber mit diesen Grundsätzen, mit dieser Einstellung war vollkommen klar, daß eine (palästinensische) Selbstverwaltung für eine Übergangszeit beabsichtigt ist. Ebenso, daß Autonomie nicht nur über Menschen, sondern auch über das Gebiet, in denen sie leben, gewährt werden muß und daß Regierungskompetenzen abgegeben werden müssen. Und daß mehr und mehr mit den legitimen Vertretern geredet werden muß. Es gibt jetzt sehr intensive Kontakte zur PLO, teilweise indirekte, ich glaube, sie werden mehr und mehr direkt geführt werden. Es wird verstanden, daß die gemäßigten Kräfte gefördert werden müssen, weil deren palästinensische Alternative eine Alternative ist, die den Friedensprozeß nicht fördern will. So wie wir auch glauben, daß in Israel eine Alternative zur gegenwärtigen Regierung eine Regierung wäre, die nicht willens wäre, in diesen Dingen schwere Entscheidungen zu treffen. Was die Verhandlungen betrifft, gibt es Meinungsverschiedenheiten über gewisse Punkte. Jedoch sind aus den Verhandlungen echte, sachliche und substantielle Verhandlungen geworden, und so gesehen hat es Fortschritte gegeben. Was die Probleme auf diesem Weg betrifft, ist wichtig, daß diese Regierung heute dem Friedensprozeß in höherem Maß verpflichtet ist, als sie dies vielleicht am Anfang gewesen war. Denn alle wissen, daß auf lange Sicht der Prüfstein dieser Regierung, nämlich die Probe an der Wahlurne, letztlich nur die Frage ist, ob sie einen Friedensvertrag zustande bringt. Als Eröffnung dürfte das Ihre Frage beantworten.

Krapf: Um konkreter zu werden, möchte ich eine Frage aufgreifen, die das spezielle Dilemma von Meretz[3] betrifft – im Grunde ein Problem, mit dem sich viele liberale Parteien auf der Welt konfrontiert sehen: nämlich der Konflikt, ob und inwieweit Meretz die eigenen liberalen Werte bei deren Umsetzung im politischen Alltag preisgeben kann, ohne sich selbst untreu zu werden. Sie haben ja bereits sehr heikle, konkrete Situationen im vergangenen Jahr angesprochen, nämlich die Ausweisung der Hamasleute, die Absperrung der besetzten Gebiete sowie die Militäraktion im Libanon, bei

[3] Das heißt. der *Meretzblock,* der sich aus den Oppositionsparteien *Raz, Shinui* und *Mapam* zusammensetzt.

denen Meretz äußerst unwohl gewesen ist. Was sind unter diesem Gesichtspunkt die Grenzen der Kompromißfähigkeit von Meretz?

Chazan: Meretz ist im Grunde eine Partei, die weitgehend in der Opposition entstanden und gewachsen ist, mit sehr entwickelten Positionen und – ich denke – mit sehr weit entwickelten Werten. Parteien wie unsere sehen sich in solchen Fragen immer mit schweren Dilemmata konfrontiert. Aber ich will vom Ende her beginnen: Man kann die ganze Zeit recht haben, aber dann ist man nicht in der Regierung. Denn in der Opposition hat man von seiner eigenen Sicht aus immer recht. Aber man muß sich entscheiden zwischen Rechthaben und Einflußnehmen auf Veränderungen. Willst du immer recht haben – bitte schön. Aber dann kannst du nicht in der Regierung sein und Verantwortung übernehmen. Wenn du aber Einfluß nehmen willst, weil du glaubst, daß jetzt die historische Stunde dazu gegeben ist, dann tust du Dinge, aber du hast nicht immer recht. Und dann hat man das Dilemma auszugleichen: nämlich einerseits zwischen seinen Werten, das heißt rechtzuhaben und den eigenen Werten treu zu bleiben, und andererseits Dinge zu fördern, die einem wichtig sind. Das wird ein Dauerproblem einer Partei wie Meretz sein. Wir haben uns entschieden, in dieser Regierung zu sein, weil diese Regierung den Dingen am nächsten steht, die wir für richtig und gerecht halten. Deshalb schlucken wir Dinge, die uns sehr schwer fallen. Aber wenn es zum kritischen Stadium kommt – und wir alle stellen uns unentwegt die Frage nach dem kritischen Stadium – werden wir aussteigen. Aber dann werden wir wissen, daß wir nur noch die Macht haben zu schreien, aber nicht mehr Einfluß nehmen können. Solange wir aber noch glauben, die Möglichkeit zu haben, Einfluß zu nehmen, werden wir weiterhin in dieser Regierung bleiben. Ich sage dies in aller Eindeutigkeit, bei allen Dilemmata: Ich möchte immer rechthaben. Und ich werde auch nicht meinen Werten zuwider handeln. Aber ich weiß, daß der höchste Wert zur Zeit ist – und manchmal muß ich eine Prioritätenskala meiner Werte einführen –, daß ich mir sicher sein will, daß wir *alles* getan haben – und sollten wir nicht Erfolg gehabt haben, so können wir zumindest mit uns im Reinen sein – daß wir alles getan haben, um einen gerechten Friedensvertrag zu erreichen, der für uns gut ist, der für die Palästinenser gut ist und für die Araber gut ist. Ich möchte nicht in der Lage sein, mir in zwei Jahren sagen zu müssen, ich hätte mehr tun können, aber ich habe auf die Möglichkeit verzichtet. Denn wir wissen, was hier die Alternativen sind: Wenn es keine Regierung mit Meretz gibt, wird es keine Fortschritte beim Friedensprozeß geben. Denn die Alternative zu einer Regierung mit Meretz ist eine Regierung, die die Okkupation fortschreiben wird. Es geht hier um eine erstrangige moralische und öffentliche Verantwortung. Ich werde mich an einem Aussteigen nicht beteiligen, es sei denn, wir hätten jede Möglichkeit genutzt, dieser Verantwortung gerecht zu werden.

Krapf: Angesichts des angesprochenen Dilemmata ist mir noch nicht klar, wo für Sie nun die Grenzen liegen…

Chazan: Sobald nach unserer Einschätzung eine Situation eintritt, in der wir denken, daß keine Möglichkeit besteht, Friedensverträge zu erreichen, werden wir die Regierung verlassen. Das ist die Grenze, und das ist auch unser höchster Wert. Das löst nicht die anderen Dilemmata. Ich bin im zurückliegenden Jahr sehr viel im Bereich der Menschenrechte tätig gewesen, und ich tue dies unentwgt, und ich werde dies auch weiterhin unentwegt tun, denn dies ist mit ein Grund, aus dem ich mich in der Politik engagiere. Aber Sie fragen nach der Grenze. Die Grenze ist, daß wir zu dem Schluß kommen, daß dieser Prozeß nicht vorankommen kann. Dann werden wir aussteigen. Das ist eine echte Grenze. Aber vorläufig, und das ist unser großes Dilemma, übernehmen wir kollektive Verantwortung für Dinge, denen wir uns widersetzt hatten: Wir waren gegen die Vertreibung von einer viertel Million Zivilisten im Libanon, und wir haben uns auch anderen Dingen widersetzt – Dingen, die mit unserer Weltanschauung vollkommen unvereinbar sind. Wir haben in der Regierung Widerstand geleistet, wir haben in der Knesset Widerstand geleistet. Wir haben für Dinge kollektive Verantwortung übernommen, die mit unserer Überzeugung unvereinbar sind. Wir werden dies auch weiterhin tun, bis wir zu der Überzeugung gelangen, und ich hoffe, daß wir nicht in eine

Shavei Zion
Blüte in Israel aus schwäbischer Wurzel.
Ein Bericht in Wort und Bild von Günther und Leslie Petzold
3., überarbeitete und erweiterte Auflage
100 S., 32 Farb- und 41 s/w-Abb.
Gebunden, mit Schutzumschlag
DM 28,–/ öS 204,–/ sFr 28,–
ISBN 3-88350-316-9

Shavei Zion, eine Siedlung im westlichen Galiläa an der israelischen Mittelmeerküste, wurde 1938 von schwäbischen Juden aus Rexingen gegründet. Dieses Buch gibt einen lebendigen, reich illustrierten Bericht über die Geschichte und den jetzigen Stand der Gemeinde Shavei Zion.

on
den und einsenden an Ihre Buchhandlung
ıer Verlag, Postfach 10 01 23, 70826 Gerlingen

er die Buchhandlung:

ISBN	Autor/Titel

ren Sie mich bitte regelmäßig über Ihre Neuerscheinungen.
ıkreuzen)

name | Straße/Hausnummer

Datum/Unterschrift

7.000/07.96/3-88350-775-X

Blickpunkt Israel

Kultur
Literatur
Politik
Geschichte

Bleicher Verlag

Ralph Giordano (Hrsg.)
Deutschland und Israel: Solidarität in der Bewährung
Bilanz und Perspektive der deutsch-israelischen Beziehungen
2. Auflage
280 Seiten
Broschiert
DM 28,- / öS 204,- / sFr 28,-
ISBN 3-88350-029-1

Zahlreiche engagierte Autoren, u. a. Ralph Giordano, Hildegard Hamm-Brücher, Niels Hansen und Konrad Weiß, analysieren in diesem Buch das weitgefächerte Spektrum der deutsch-israelischen Beziehungen und plädieren für eine unzweideutige Unterstützung der Lebensinteressen Israels. Ein fundiertes Sachbuch zu einem aktuellen Thema von großer politischer und moralischer Bedeutung.

Anat Feinberg (Hrsg.)
Kultur in Israel
Eine Einführung
240 Seiten, 37 s/w-Abbildungen
Broschiert
DM 28,- / öS 204,- / sFr 28,-
ISBN 3-88350-031-3

In den fünf Jahrzehnten seines Bestehens hat sich in Israel ein vielfältiges, dynamisches kulturelles Leben entwickelt, das bei uns noch wenig bekannt ist. Mehrere namhafte Kenner stellen in dieser Einführung erstmals die Entwicklung und die Besonderheiten der israelischen Kultur in den Bereichen Bildende Kunst, Literatur, Theater, Tanz, Musik, Film und Medien dar. Mit Beiträgen von: Oded Assaf, Dan Feinaru, Anat Feinberg, Michael Handelsalts, Giora Manor, Gideon Ofrat, David Witzthum.
»... gut illustriert, gründlich informierend, notwendig.«
Elisabet Plünnecke, Freiburger Rundbrief

Anat Feinberg (Hrsg.)
Rose unter Dornen
Frauenliteratur aus Israel
288 Seiten
Gebunden, mit Schutzumschlag
DM 32,- / öS 234,- / sFr 31,40
ISBN 3-88350-723-7

An den drei Teilen dieser Anthologie – »Auf dem Weg in die Moderne«, »Klassische Moderne« und »Stimmen der Gegenwart« – läßt sich recht eindrucksvoll der Weg verfolgen, den die israelische Frauenliteratur seit Beginn dieses Jahrhunderts genommen hat. Mit dem wachsenden Selbstbewußtsein der Autorinnen und der fortschreitenden Emanzipation werden auch die Themen nicht nur vielfältiger, sondern gewinnen an sozialer und politischer Aussagekraft.
Christine Badstöber, Freiburger Rundbrief

a
d
Ir
»E
de
sic
die
eine
Bibli
Büch

Bestellcoup
Bitte ausschne
oder an: Bleic

Ich bestelle ü

Ex.	

○ Informi
(Bitte a

Name/Vo

PLZ/Ort

(Preisstand: Juli 1996, Änderungen vorbehalten)

solche Situation kommen werden, daß wir den Friedensprozeß nicht voranbringen können. Das ist für uns die Grenze.

Krapf: Wenn von Ihrer Partei zur Zeit Bestandsaufnahmen über das erste Jahr in der Koalitionsregierung vorgenommen werden, so ist das freilich eine sehr kurze Zeit. Angesichts dessen, was Sie über Dilemmata und zumutbare Verzichte darlegten, erscheint naheliegend, daß die Möglichkeiten, die Koalition fortzusetzen, in Ihrer Partei skeptisch beurteilt werden.

Chazan: Gewiß. Bei der Ausweisung der Hamasleute, das war ein gravierender Fehler, gab es große Zweifel. Bei der Absperrung der besetzten Gebiete etwas weniger, weil die Absperrung die unterschiedlichsten Auswirkungen gezeitigt hat. Beim Libanonkrieg war die Ablehnung stark, und wenn dieser Krieg noch zwei Tage gedauert hätte, hätte mit großer Wahrscheinlichkeit die Mehrheit entschieden, daß sie die Verantwortung dafür nicht übernehmen will. Aber ich möchte dazu noch etwas Grundsätzliches sagen: Hätten wir diese Zweifel nicht, so wären wir nicht die Partei, die wir sind. Daß wir diese Zweifel haben, ist ein Charakteristikum unserer Partei. Es gehört zu unserem Selbstverständnis, im Zwiespalt zu stehen. Wir müssen zweifeln und jedes Mal unser Engagement in der Regierung erneuern, indem wir unsere Zweifel aussprechen. Deshalb sind wir Meretz und nicht die Arbeiterpartei. Das gehört zu unserem Selbstverständnis. Wir werden weiterhin unsere Zweifel haben, und wir werden weiterhin in der Regierung unseren Einfluß geltend machen. Ich hoffe, daß dies nicht zur Entscheidung führen wird, aussteigen zu müssen. Denn unser Prüfstein ist *eine* Frage – dies ist eine Situation, die in der Politik allgemein sehr selten ist, daß eine Partei ihre Zukunft an einem Punkt festmacht –, nämlich der Erfolg des Friedensprozesses.

Krapf: Ich möchte noch einmal auf Aspekte der eingangs angesprochenen Thematik zurückkommen, nämlich auf Meinungsverschiedenheiten innerhalb der Regierung, ob ausschließlich palästinensische Vertreter aus den besetzten Gebieten oder ob, wie von Meretz und den »Tauben« in der Arbeiterpartei vertreten wird, auch die PLO Ansprechpartner sind. Könnten Sie dazu etwas sagen?

Chazan: Es gibt keine Meinungsverschiedenheiten darüber, nicht einmal unter den Gegnern des Friedensprozesses, daß die PLO an einem israelisch-palästinensischen Friedensvertrag beteiligt sein wird, wenn er zustande kommt. Alle wissen, daß die Entscheidungen von der PLO getroffen werden und zwar im wesentlichen von der PLO-Führung in Tunis. Zu sagen, daß man die PLO beim Friedensprozeß nicht dabei haben will, heißt, daß man keinen Frieden will, jedenfalls denke ich so. Diese Antwort ist einfach, sogar einfältig, aber es ist eine Auffassung, von der ich völlig überzeugt bin. Deshalb denke ich, ist die Ablehnung der PLO-Beteiligung ein kindisches Spiel. Die palästinensiche Delegation berät sich mit der PLO, die von der PLO bestellten Berater sitzen in Hotels in Washington. Wir wissen daß die palästinensische Delegation im April an der neunten Verhandlungsrunde teilgenommen hat, weil die PLO-Führung in Tunis einen entsprechenden Beschluß gefaßt hat. Wir wissen, daß es dann zu keiner Einigung gekommen ist, weil ein entsprechender Beschluß von der PLO-Führung in Tunis gefaßt worden war. Es ist vollkommen klar, daß mit der PLO verhandelt werden muß. Die Frage ist heute lediglich, wann das geschehen wird. Die jüngste Krise, wobei es um eine halbe oder um eine ganze Neuentwicklung ging, hängt weitgehend mit dem Entscheidungsprozeß innerhalb der PLO zusammen und nicht mit der Problematik, von der wir gerade reden. Über diese kann nicht klar genug gesagt werden: Die Gegner des Friedensprozesses wissen, daß ihr Widerstand gegen Verhandlungen mit der PLO Widerstand gegen den Frieden bedeutet, denn sie wissen, wer den Ausschlag gibt. Es wird Zeit, nicht in dieser Weise mit denen zu reden, die unseres Wissens den Ausschlag geben, sondern mit ihnen zu klären, ob wir mit ihnen zu einer Einigung kommen können. Es hat keinen Sinn über die nicht substantiellen Fragen zu reden. Denn es gibt umstrittene Fragen, und, wie gesagt muß man sehen, ob man zu einer Einigung kommen kann oder nicht. Aber darin liegt das Absurde: Wenn ich mich mit jemandem streite, und ich will mit ihm eine Einigung erzielen, dann gehe ich nicht zu einem Dritten, sondern ich gehe direkt zu ihm, wenn ich tatsächlich eine Einigung mit ihm suche.

Krapf: Das heißt, Sie akzeptieren nicht die Position der zur Zeit wohl tonangebenden Kräfte in der Arbeiterpartei, daß die Vertreter aus den besetzten Gebieten bei den Verhandlungen über eine Lösung des israelisch-palästinensischen Konflikts die authentischeren Vertreter der Palästinenser als die PLO-Führung in Tunis sind?

Chazan: In der Vergangenheit habe ich nationale Befreiung gründlich erforscht. Ich habe die britische Position nicht akzeptiert – damals war ich freilich ein Säugling – als sie versuchten, für uns zu entscheiden, wer für die jüdische Bevölkerung im Land Israel repräsentativ sei. Ich lehne entschieden jeden Versuch ab, für mich und für Israel festzulegen, wer unser *authentischer* Partner ist oder wer *authentisch* die Leute vertritt, mit denen wir in Verhandlungen eintreten. Die Palästinenser müssen entscheiden, wer ihre *authentischen* Vertreter sind. Dazu haben sie noch keine Gelegenheit bekommen. Nun sehen die Bewohner der besetzten Gebiete in der palästinensischen Delegation ihre authentische Vertretung während die Delegation sich außerdem als die Vertretung der PLO sieht. Sie sehen sich als Vertreter der PLO. Ich habe nicht festgelegt, was sie sagen. Sie sagen, sie sind die PLO. *Sie* kommen zu uns und sagen: »Beteiligt die PLO.« Wenn wir also wollen, daß sie authentisch sind, und sie sagen uns, sie sind die PLO, dann ist die echte Authentizität eine Delegation von Bewohnern der besetzten Gebiete, die zugleich auch PLO-Vertreter einschließt, weil *sie* sagen, daß sie authentisch sind. Und die einzige Art, dies zu prüfen, ist, wenn im Zusammenhang mit einer Übergangsregelung Wahlen stattfinden, die zeigen werden, wer wirklich authentisch ist. Aber es ist eine Anmaßung, wenn wir für jemand anderen entscheiden und wenn wir sagen, daß wir nicht akzeptieren, daß der, den wir zuvor als authentisch anerkannt hatten – schließlich hatten wir die Palästinenserdelegation aus den besetzten Gebieten als authentisch anerkannt – nicht mehr authentisch seien. Denn wenn sie authentisch ist, müssen wir sie ernst nehmen, und sie sagt, sie vertritt die PLO und identifiziert sich mit dieser. Auch hier muß man konsequent sein.

Krapf: Könnten Sie darlegen, wie sie die Übergangsregelung sehen? Wie sehen Sie die politische Zukunft der Dauerregelung? Und wie stellen Sie sich die Übergangsregelung zu einem Palästinenserstaat vor?

Chazan: Sie stellen wieder eine sehr komplexe Frage, die ich zerlegen muß. Wir sprechen derzeit über eine Übergangszeit, über die im übrigen in den Grundsatzverträgen (Camp David) in allen Punkten Einigkeit besteht, mit Ausnahme von zwei Dingen, die freilich sehr wichtig sind. Zum einen geht es natürlich um den Status von Jerusalem, sowohl in den Verhandlungen, als auch während der Übergangszeit und die Meinungsverschiedenheiten unter den Palästinensern ergeben sich daraus, daß die PLO-Führung in Tunis bereit ist, die Jerusalem-Frage zu verschieben. Sie ist in dieser Frage gemäßigter als die Palästinenserdelegation. Ich denke, wir werden über die Jerusalem-Frage eine Einigung finden. Es gibt Lösungen. Das ist zum einen das Verschieben der Jerusalem-Frage bis zur Einigung über die Dauerregelung. Und zum anderen freier Zugang der Palästinenser zu Jerusalem, was die Realität ohnehin erforderlich macht, weil achtzigtausend Palästinenser in Jerusalem leben. Die zweite umstrittene Frage ist die Frage der Jurisdiktion, für die es im Grunde bereits Lösungen gibt. Wir sind einer Übergangsregelung nahe. Jetzt will ich zunächst auf die Übergangsregelung während einer Autonomie eingehen, bevor ich den zweiten Teil ihrer Frage aufgreife.

In den bilateralen Beziehungen müssen neue Dynamiken der Interaktion entwickelt werden, die sich von den zurückliegenden sechsundzwanzig Jahren der Okkupation unterscheiden. In diesem Sinn ist die Übergangszeit eine Zeit der Prüfung, des Sichkennenlernens, in der verschiedene Ebenen der Zusammenarbeit ausprobiert werden. Dies ist eine Zeit, in der nicht überprüft wird, ob Frieden sein wird, sondern es geht um den Charakter des Friedens. Jeder will für sich die optimale Lösung. Meretz vertritt die ganze Zeit, und ich bin davon vollkommen überzeugt, daß die Lösung des israelisch-palästinensichen Konflikts die gegenseitige Anerkennung im Kontext der Selbstbestimmung ist. Dabei vertreten wir, daß das Recht auf Selbstbestimmung heißt, daß die Palästinenser, bei Wahrung der Interessen des Staates Israel, das Recht haben, zu entscheiden, wie sie ihren politischen Wünschen Ausdruck verleihen möchten. Nun sagen sie heute, daß sie einen palästinensischen Staat wollen. Wenn sie das wollen, und ich bin von ihrem Recht auf Selbstbestimmung überzeugt, dann unterstütze ich auch die Schaffung des Palästinenserstaats. Wenn sie diesen im Rahmen einer Konföderation mit Jordanien wollen, so ist das das Recht des Palästinenserstaats. Worauf es grundsätzlich ankommt, ist, daß wenn wir von palästinensischer Selbstbestimmung reden, so müssen wir *ihnen* das Recht geben, im Rahmen unserer Verträge mit ihnen selbst zu entscheiden, welche Eigenart ihre Selbstbestimmung haben wird. Ich lehne einen Palästinenserstaat in keiner Weise ab, im Gegenteil denke ich, daß dies langfristig auch Vorteile für Israel hat. Aber innerhalb dieser Möglichkeit, Föderation-Konföderation des Palästinenserstaats, ist alles, was für sie akzeptabel ist, im Rahmen der Verträge mit uns, auch für mich akzeptabel. Ich habe damit kein Problem.

Krapf: Vielen Dank, Frau Chazan.

Interview mit Shimon Peres

am 31. Januar 1995

Shimon Peres wurde am 1.8.1923 im polnischen Vishniva als Shimon Perski geboren. 1934 Einwanderung in Palästina. 1940-47 mit Unterbrechungen im Kibbuz. 1943 erstes politisches Amt in der Histadrut. *1947 Chef der Personalabteilung der Haganah. 1948 Chef der Marine. 1949-52 Leiter einer militärischen Delegation in den USA; Studium: New York University, Harvard University. 1953-59 Generaldirektor des Verteidigungsministeriums. Seit 1959 Knessetabgeordneter, 1959-65 stellvertretender Verteidigungsminister; 1969-70 Minister für die Integrierung von Einwanderern; 1970-74 Minister für Transport- und Kommunikationswesen; März-Juni 1974 Informationsminister; 1974-77 Verteidigungsminister. 1977-92 Spitzenkandidat der Arbeiterpartei, 1978 Vizepräsident der Sozialistischen Internationale. 1984-86 Premierminister, 1986-88 Außenminister und stellvertretender Premierminister, 1988-90 Finanzminister und stellvertretender Premierminister. 1992-5.11.1995 Außenminister und stellvertretender Premierminister, nach Rabins Ermordung am 22.11.1995 von der Knesset als Premier- und Verteidigungsminister bestätigt. 1994 mit Yitzhak Rabin und Yassir Arafat Träger des Friedensnobelpreises.*

Das hebräisch geführte Gespräch wurde im Januar 1995 aufgezeichnet ein halbes Jahrhundert nach der Shoa und dreißig Jahre nach Aufnahme der diplomatischen Beziehungen zwischen Israel und der Altbundesrepublik.

Krapf: Was außer Zeit ist notwendig, damit die Beziehungen zwischen der größten Macht in Europa und Israel normal sein können?

Peres: Normal werden sie niemals sein. Es existiert eine schwere historische Belastung, und es existiert eine schwere ethische Belastung. Es hat keinen Sinn, dies zu übertünchen. Es ist unmöglich, die Vergangenheit zu ändern. Jedoch spielt sie auch in der Zukunft eine Rolle. Was notwendig ist, ist die Beteiligung Deutschlands am Friedensprozeß, an dem Versuch, einen neuen Nahen Osten zu bauen, und in den Stunden der Not zu Israel zu stehen – in Zukunft. Außerdem muß ein Dialog geführt werden, sowohl über Werte als auch im kulturellen Bereich, vor allem zwischen jungen Menschen, um mit Blick in die Zukunft Verständnis zu schaffen.

Krapf: Ich möchte verschiedene Aspekte aufgreifen, die Sie angesprochen haben. Was haben Sie im Yom-Kippur-Krieg empfunden, als Sie Minister für Transport- und Kommunikationswesen waren und als Bundeskanzler Willi Brandt, in der Sozialistischen Internationale Ihr Weggefährte, in einer Stunde, in der die Existenz Israels auf dem Spiel stand, gegenüber der arabischen Welt politisches Kapital schlug, indem er die Lieferungen amerikanischer Waffen beanstandete, weil sie über amerikanische Militärstützpunkte in der Bundesrepublik erfolgten, als diese in Israel dringend gebraucht wurden?

Peres: Dies ist Ausdruck der Schwäche, die manchmal selbst für Staatsmänner charakteristisch ist, die gegenüber Israel eine moralische Verpflichtung empfinden. Das war ein gravierender Fehler von Bundeskanzler Brandt.

Krapf: Fünfzig Jahre nach der Shoa ist die überwiegende Mehrheit der Deutschen zu jung, um am Genozid des jüdischen Volkes beteiligt gewesen zu sein. Was empfinden Sie, wenn heute Deutsche kollektive Verantwortung ablehnen?

Peres: Ich glaube, Deutschland, wie jedes andere Land, hat die Pflicht, sich mit seiner Vergangenheit auseinanderzusetzen, um die Wiederholung solcher Dinge in der Zukunft zu verhindern. In meinen Augen sind Antisemitismus und Rassismus keine jüdische Krankheit, sondern eine Krankheit von Nichtjuden. Und das Problem ist nicht nur, warum die Juden gelitten haben, sondern das Problem ist auch, welchen Charakter die Gesellschaft haben wird, – in jedem Staat – wenn sie außerstande ist, sich vor solchen krankhaften, gefährlichen Erscheinungen zu schützen. Schließlich ist die Hitlerei aus der deutschen Geschichte hervorgegangen: ein Fleck, der nie mehr ausgelöscht werden kann. Das ist der Wahnsinn, dem sich zu meinem großen Bedauern Millionen von Menschen verschrieben haben. Ich bitte um keinerlei Gefallen, den sie anderen Völkern tun sollen. Nur denke ich, sie schulden es sich selbst, Deutschland schuldet es sich selbst, sich mit dieser Entwicklung, die stattgefunden hat, auseinanderzusetzen. Auch hat es mich gefreut, mitunter zu sehen, wie die Parteivorsitzenden an die Öffentlichkeit getreten sind, um Erscheinungen des Rassismus, des Antisemitismus sowie Angriffe auf Ausländer zu bekämpfen. Ich denke, diese Leute haben ihre Aufgabe erfüllt, und sie müssen sie weiterhin erfüllen und auf der Hut sein.

Krapf: In dieser Sache, möchte ich Sie fragen, was Sie am 5. Mai 1985 empfanden, als der deutsche Bundeskanzler und der US-Präsident die Gräber von SS-Leuten auswählten, um der Opfer des Krieges zu gedenken?

Peres: Ich möchte nicht zu sehr Kritik üben. Darüber ist schon viel gesagt worden.

Krapf: Das kann ich verstehen. Wenn Sie es vorziehen, kann die nächste Frage übergangen werden. Jedenfalls wäre interessant zu erfahren, wie Sie die deutsche Einheit erlebt haben. Wie sehen Sie den Einigungsvertrag, in dem die historische Verantwortung für die Shoa mit keiner Silbe erwähnt wird?

Peres: Ich denke, dies ist ein Versäumnis, das mit der politischen Linie Deutschlands zusammenhängt. Ich denke, mehr als andere hat Deutschland die Pflicht, die Vergangenheit zu tragen. Sie darf nicht ignoriert werden. Dies ist eine Pflicht sowohl gegenüber den Zeitgenossen, als auch gegenüber den künftigen Generationen.

Krapf: Ich möchte Sie auf eine andere Situation vor nicht so langer Zeit ansprechen, als Sie Vorsitzender der Opposition waren: Wie erlebten Sie die Situation im Golfkrieg, als Israel durch deutsche Kriegstechnologie bedroht wurde? Finden Sie, daß die deutschen Behörden seitdem genug getan haben, um die Bedrohung Israels durch deutschen Technologieexport zu verhindern?

Peres: Das läuft auf eine Anklageschrift gegen Deutschland hinaus. Ich möchte das nicht weiter verfolgen.

Krapf: Nicht im Sinne einer Anklage, sondern mit Blick auf die Beziehungen zwischen Israel und Deutschland stellt sich dennoch eine weitere Frage: Diese Beziehungen werden besonders von deutscher Seite gerne als »besondere Beziehungen« gesehen. Welche Auswirkungen hat der Rechtsradikalismus, den es zwar auch außerhalb Deutschlands gibt – jedenfalls wie wirkt sich speziell der Rechtsradikalismus in Deutschland auf die politischen Beziehungen zwischen beiden Ländern aus?

Peres: Ich sehe auch die andere Seite. Ich sehe das Verhalten von Adenauer, der sich sowohl für Zahlungen entschied, als auch für das Projekt, den Negev zu entwickeln. Das Verhalten von Brandt, der im Warschauer Ghetto auf die Knie ging. Den Moment des Verhaltens von Kohl sehe ich als die andere Seite der Medaille. Adenauer, Brandt und viele andere, die die historische Verantwortung verstehen und sie weiterhin tragen, vertreten ein anderes Deutschland.

Krapf: Sie haben von der Möglichkeit und der Pflicht Deutschlands gesprochen, bei der Beilegung des israelisch-arabischen Konflikts zu helfen. In welcher Weise kann Deutschland hier eine Rolle spielen?

Peres: Wie die Vereinigten Staaten Europa, einschließlich Deutschlands, dabei geholfen haben, den Ruin des Zweiten Weltkriegs zu überwinden, so hat Europa dieses Mal die Pflicht, dem Nahen Osten zu helfen, um aus der Krise herauszukommen, in der die Region steckt. Dies ist sowohl eine politische Krise, als auch eine wirtschaftliche Krise. Wie Sie sagten, Deutschland ist heute die größte Macht in Europa. Deutschland kann sowohl in einem europäischen Rahmen, als auch in einem deutschen Rahmen dazu beitragen, – so wie es die Vereinigten Staaten von Europa geben kann – die Vereinigten Staaten des Nahen Ostens zu gründen. Es müßte dazu beigetragen werden, im Nahen Osten eine Struktur einzurichten, die der Struktur Europas sehr ähnlich wäre – die wirtschaftliche Struktur und die politische Struktur.

Krapf: Im letzten Jahr hieß es, Sie hätten Bundeskanzler Kohl vorgeschlagen, daß deutsche Truppen im Rahmen einer Entflechtung auf den Golanhöhen eine Rolle spielen könnten…

Peres: Nein, davon habe ich nicht gesprochen.

Krapf: Letzte Woche haben Sie an der Europäischen Union Kritik geäußert, weil sie zu wenig tut, um gegenwärtig den Friedensprozeß zu fördern. Könnten Sie das ausführen?

Peres: Europa hat 1994 etwa siebenhundert Millionen Dollar Hilfe für die Palästinensische Autonomie bereitgestellt. Nur zweihundertvierzig Millionen sind angekommen. Natürlich hat das zu Verzögerungen bei der Realisierung von Projekten geführt, durch die der Aufbau der Wirtschaft gefördert werden soll. Das ist der Kern meiner Kritik.

Krapf: Sie haben von der Pflicht zu helfen gesprochen, die die Europäer haben. Könnten Sie vertiefend ausführen, worauf diese gründet?

Peres: Auf den historischen Verbindungen, auf den geographischen Bezügen und auf der politischen Situation. Historisch hat Europa eine sehr große Rolle gespielt bei der Gestaltung des Nahen Ostens und bei allem, was ihm passiert ist. Geographisch ist Europa dem Nahen Osten und dessen fundamentalistischen Kräften, die mit nuklearen Waffen ausgerüstet sind, sehr, sehr nahe. Das ist mehr und mehr auch für Europa ein Problem, nicht nur für den Nahen Osten. Außerdem leben schon heute zehn Millionen Moslems in Europa, zum Teil auch in Deutschland. Keiner von uns will, daß sie alle sich dem Fundamentalismus zuwenden. Politisch muß in der Welt Frieden gemacht werden, und wer Frieden genießt, muß zum Friedenmachen beitragen.

Krapf: Gibt es aufgrund der Belastungen der Vergangenheit, Grenzen für Deutschland? Gibt es im Bereich des Friedenmachens im Nahen Osten Dinge, die Deutschland tun oder nicht tun kann?

Peres: Nein. Ich sehe keine Grenzen.

Krapf: Gibt es keine Bereiche…

Peres: Wir sprechen nicht von der militärischen Seite. Wir sprechen von der wirtschaftlichen Seite und von der politischen Seite. Auf diesem Sektor gibt es keine Grenzen.

Krapf: Da Sie Adenauer erwähnt haben, möchte ich noch auf den Beginn der israelisch-deutschen Beziehungen zurückkommen: Anfang der fünfziger Jahre, als die ersten Kontakte geknüpft wurden zwischen Israel und Deutschland, zählten Sie zu Ben-

Gurions engen Mitarbeitern. Woran erinnern Sie sich aus jener Zeit?

Peres: Ich erinnere mich an sehr viel. Ich habe Adenauer zweimal in Ben-Gurions Auftrag getroffen. Ich erinnere mich sehr gut an sein Weltbild und an das von Ben-Gurion. Sie hatten sehr viel Phantasie. Zum Beispiel die Sicht der Rolle Chinas in der Welt, die sich neu gestaltete. Die Überzeugung, daß der Kommunismus fallen würde, kollabieren würde, und selbstverständlich die gute Einstellung gegenüber dem Staat Israel. Ich hatte auch die Verhandlungen mit Kurt Birnbach geführt, als er nach Israel kam, was dazu führte, daß Deutschland in Israel anerkannt wurde. Damals beauftragte mich Premierminister Levi Eshkol, die Verhandlungen zu führen, die zur Anerkennung Deutschlands in Israel führten. Ich habe mit allen Bundeskanzlern, mit allen Bundesaußenministern und mit allen Bundesverteidigungsministern Verhandlungen geführt: mit Strauß, Brandt, Schmidt, Kohl. In sehr vielen Fällen habe ich positiv reagiert.

Krapf: An welche eindrücklichen Momente erinnern Sie sich vor dreißig Jahren, als die diplomatischen Beziehungen aufgenommen wurden?

Peres: Ich erinnere mich, als Birnbach hierher kam, stellte er fest, daß er keinen Code hatte, um an die deutsche Regierung zu telegraphieren. Wir sagten ihm zu, daß wir ihm alle möglichen Kanäle zur Verfügung stellen würden. Er brauchte Zeit. Damals war Erhard Regierungschef. Insgesamt bin ich sehr froh, daß wir in der Lage waren, das Abkommen über die Erneuerung der Beziehungen zwischen Deutschland und Israel zu schließen.

Krapf: Sie haben vorher die Bedeutung des Dialogs und von Verbindungen, besonders unter jungen Leuten angesprochen. Wie sehen Sie den Jugendaustausch?

Peres: Es findet Jugendaustausch statt, den ich für sehr wichtig halte. Ebenso wichtig ist der Austausch zwischen jungen Intellektuellen, die von Zeit zu Zeit einen Dialog führen.

Krapf: Denken Sie, daß hier mehr getan werden müßte?

Peres: Das muß vertieft werden, ja sicherlich. Jede Generation muß den Dialog von neuem aufnehmen. Der Dialog wird nicht automatisch weitergegeben. Wir leben in einer Welt, in der nicht viel Geduld für Erinnerung aufgebracht wird. Die schnellebige und die neue Botschaft verdrängt die kollektive Erinnerung, die dann schon abgetan wird. Deshalb ist es sehr wichtig, sie immer wieder aufzufrischen, vor allem bei jungen Leuten. – Ich muß Schluß machen, der Tag ist kurz.

Krapf: Vielen Dank Herr Minister.

Anstelle eines Epilogs

Nachfolgender Text entstand zwischen Dezember 1994 und Juni 1995. Es war die Zeit, als in Israel und in Deutschland viel Energie in die Feierlichkeiten investiert wurde, die anläßlich des dreißigsten Jubiläums der diplomatischen Beziehungen zwischen Jerusalem und Bonn stattfanden. Die politische und psychologische Bedeutung dieser Beziehungen ist damals vielfach thematisiert worden. Verständlicherweise gab es Stolz auf eine ungewöhnliche historische Leistung: Trotz der Shoa waren bereits zwei Jahrzehnte darauf diplomatische Beziehungen hergestellt worden. In den folgenden drei Jahrzehnten waren dann die Verbindungen zwischen beiden Ländern auf verschiedenen politischen und gesellschaftlichen Ebenen gefestigt worden. Erfolgsbilanzen dieser Art wurden 1995 in beiden Ländern vorgewiesen – nicht nur von Politikern, sondern auch von engagierten, in der weiteren Öffentlichkeit unbekannten Menschen, die sich um die israelisch-deutsche Verständigung verdient gemacht hatten.

Dabei ging jedoch unter, daß diese Entwicklungen für das Bewußtsein einer breiten Öffentlichkeit in Israel ohne Bedeutung sind. Denn in Israel dürfte das Leugnen der Shoa schwerwiegender sein als die politischen Beziehungen zur Bundesrepublik. Dieser Zusammenhang scheint in Deutschland vielfach unbekannt zu sein. Unter diesen Voraussetzungen sollte auf eine psychologische Realität in Israel eingegangen werden, die 1995 für manchen in Deutschland nicht mehr wahrnehmbar sein konnte. Freilich ist inzwischen, nach über fünfzig Jahren, am 27. Januar 1996 zum ersten Mal in Deutschland ein Gedenktag für die Opfer der Shoa begangen worden. Jedoch hat dies die im folgenden beschriebene psychologische Wirklichkeit nicht nachhaltig zu verändern vermocht.

Groteske Konstellation – zwischen Erinnern und Verdrängen

Anmerkungen über Israel und Deutschland ein halbes Jahrhundert nach der Shoa

Juni 1995

»Ein anderer Planet.« Diese lakonische Auskunft ist von den ganz wenigen zu Protokoll gegeben, die in Auschwitz oder anderswo die von Deutschen inszenierte Hölle überlebt haben. Sie fühlen sich außerstande, Menschen, die nie in der Hölle gewesen sind, ihre Erfahrungen zu vermitteln. Das Erzählen, das Schreiben, das Filmemachen – jedes Medium menschlichen Ausdrucks wird den Überlebenden zur Erfahrung von Sprachlosigkeit. Das gewählte Mittel ist immer verkehrt: Macht ein Überlebender einen Dokumentarfilm, so kritisiert ein anderer, daß dies untauglich, weil unwirksam ist... Dreht er selbst einen Spielfilm, so empfindet der erste Leidensgenosse, die Shoa ist kein Gegenstand für Kunst...

Am Ende eines von Wahnsinn und Destruktion geprägten Jahrhunderts, in dem der größte und wie kein anderer durchorganisierte Völkermord stattgefunden hat, ist eine ungeheuerliche historische Aktennotiz erforderlich: Bei allen Schwierigkeiten, welche die Opfer der Shoa beim Mitteilen ihrer Leiden erleben, ist der rassistisch motivierte Völkermord an einem Drittel des jüdischen Volkes sowie an Menschen anderer ethnischer Gruppen hinreichend dokumentiert! Dies veranlaßt einzelne, deren Eltern und Großeltern Henker und Zeugen gewesen sind, sich der kollektiven Verantwortung zu stellen. Indessen ist diese Haltung nicht für das psychologische Klima bestimmend, in dem Deutsche fünfzig Jahre nach der Shoa Juden begegnen. Vielmehr scheinen im ganzen die Nachkommen von Henkern und Zeugen in einem Planetensystem zu denken und zu empfinden, von dem es keine Bahn zum Erfahrungshorizont der Opfer gibt, so daß Vermittlung zwischen den beiden Welten immer wieder mißlingt.

Traumata und Verhaltensweisen eines Nachkommen

»Daß jetzt an Universitäten in Warschau und Krakow Judentum gelehrt wird, ist empörend! Wozu müssen die Polaken Judentum studieren? Nachdem wir dort kaputtgemacht worden sind, werden wir zum Gegenstand von Ethnographie und Geschichtsschreibung! Das ist Hitlers Sieg...«

So Daphna, eine vierzigjährige Dozentin für Jiddisch, die vor kurzem eine Gastdozentur in Polen abgelehnt hat. Vielleicht ist ihr klar, daß ihre Reaktion für Außenstehende nicht nachvollziehbar ist, denn ohne eine Pause einzulegen, erzählt sie über sich:

»Ich bin in Gegenwart meiner ermordeten Verwandten aufgewachsen, die ich nie gesehen habe. Meine Mutter hat sie mir so lebendig geschildert, daß ich genau weiß, wer intelligent, wer unzuverlässig, wer extrovertiert gewesen ist, wer von ihnen Humor hatte, wer gerne aß usw. Großeltern, Onkel, Tanten, Vettern, Kusinen, sie alle waren mit ihren Stärken und Schwächen für mich gegenwärtig. Bestattet wurden sie nie, aber unsere täglichen Erinnerungen wurden ihre Gräber. Ich weiß genau, daß, wenn ich einmal in das Dorf meiner Großeltern kommen werde, daß da, wo der Bäcker ist, das Haus meiner Großeltern ist.«

Ihre Muttersprache, das weitgehend ausgelöschte Jiddisch, hat Daphna auf vier Kontinenten gelehrt. Nun erzählt sie, daß sie bisher noch nicht in der Lage gewesen ist, das Haus ihrer Großeltern aufzusuchen.

»Hast du die Pässe der Kinder schon abgeholt?« wendet sie sich an ihren Mann. Dann fährt sie lächelnd fort: »Selbst wenn ich nur für ein Wochenende verreise, nehme ich immer Paß und alle meine Zeugnisse mit. Man kann ja nie wissen, vielleicht kann man nicht mehr nach Hause zurückkehren. Ich weiß, das ist irrational, aber es gibt mir ein besseres Gefühl.«

Der Zorn auf Täter und Mittäter, die ermordeten Verwandten, die persönlichen Gewohnheiten, die dem Nachkommen subjektive Sicherheit verschaffen – jähe Wechsel in einem fließenden Übergang, die in Daphnas Erleben selbstverständlich sind. So auch ihr Deutschlandbericht:

»Das erste Mal war 1980. Es war Nacht. Wir fuhren bei Singen über die Grenze. Das erste, was wir sahen, waren abgerichtete Schäferhunde. Das war ein schreckliches Bild. Dann fuhren wir durch Wälder. Überall sah ich Menschen auf der Flucht, im Versteck. Diese Bilder bedrängten mich, ich war wehrlos. Spät nachts hatten wir in Tübingen eine Panne. Ein Student hielt an, um uns beim Radwechseln zu helfen. Das war der erste menschliche Kontakt. Er paßte überhaupt nicht zu meinen Ängsten und ermöglichte mir, meine Umgebung rational zu betrachten. Drei Jahre später machte ich dann in Frankfurt Zwischenstation, um eine gute Freundin wiederzusehen. Ich kam von einem Kongreß, wo ich ein gutes Echo erfahren hatte. Ich freute mich auf meine Freundin, und ich freute mich, in zwei Tagen nach New York heimzukehren. In dieser gehobenen Stimmungslage nahm ich gar nicht wahr, daß ich in Deutschland war. Als ich zwei Jahre darauf wieder meine Freundin besuchte, war dann alles anders. Ich hatte mehr Zeit, um mich umzusehen. Ich ging durch die Straßen, sah mir die Häuser an und dachte: ›Wer hat in euch gewohnt? Was ist unter euren Dächern passiert?‹ Die Leute um mich herum beschäftigten mich kaum. Ich glaube, ich hatte nicht die Kraft, mir vorzustellen, was sie wohl getan hatten. Jedenfalls hatte ich wieder Bilder und Assoziationen. In Köln gab es einen Wettlauf gegen die Zeit, um den Zug nach Holland zu bekommen. Wie anderswo auf der Welt, fahren die Züge nach Möglichkeit pünktlich. Trotzdem war es mit diesem Zug anders. Dessen Pünktlichkeit war unmenschlich. Es war eben die gleiche deutsche Genauigkeit wie... Dann die Gleise, die am fahrenden Zug vorbeizogen. Ein schreckliches Bild. Das alles war unerträglich für mich...«

»Hör mal, das sind aber starke Bilder...«, wird sie von ihrem Mann unterbrochen. Darauf Daphna:

»Gewiß, aber sie leben mit mir. Auch wenn das nicht rational ist, ich kann es nicht ändern.«

Der von Daphnas Mann erhobene Einwand tönt wie eine Stimme aus einer anderen Wirklichkeit. Eine surrealistische Situation, man weiß nicht, wo man sich befindet: Hier? Auf dem anderen Planeten? Vielleicht irgendwo dazwischen? »Rational« und »irrational«, »nüchtern« und »phantasiereich«, »realitätsnah« und »-fern«, verschwimmende Gegensätze. Keine lebendigen Menschen, sondern Häuser und deren Geschichten bedrängen Daphna in Frankfurt. Sie hat keine

Kraft, sich die Vergangenheit der Passanten vorzustellen. Durchaus irrational: Wer in den achtziger Jahren einem Deutschen die Hand gibt, hat nur noch selten Anlaß zu überlegen, ob er mit einem mitgelaufenen, ergebenen oder kriminellen Untertanen Hitlers Körperkontakt herstellt. Die Biologie hat bereits das Ihre getan. Und dennoch stehen die Häuser – stumme Zeugen schrecklicher Geschichten. Sie sind nicht vom Erdboden verschluckt worden, sie schweigen und bieten Nachkommen von Tätern und Zeugen ein bequemes Heim. Himmelschreiend!

Die Shoa im Gegenwartsbewußtsein

Nach dem israelisch-deutschen Verhältnis gefragt, meinte ein israelischer Psychologe: »Manche Israeli versuchen, Nazistisches und Deutsches zu trennen. Aber es erweist sich immer wieder als unmöglich, die Geschichte aus dem Kontext der Gegenwart herauszulösen. Es hängen so viele Emotionen damit zusammen, daß man oft nicht objektiv bleibt.«

Diese generelle Beschreibung einer in Israel zu beobachtenden gesellschaftlichen und psychologischen Dynamik sei anhand eines Votums veranschaulicht, das Orit Linor, eine israelische Journalistin, im Sommer 1994 abgab, als sie sich mit zwei israelischen Deutschlandspezialisten, Moshe Zuckermann und Moshe Zimmermann, auseinandersetzte. Linor bekannte offen, daß sie Deutschland haßt, daß sie deutschen Sportlern ihre Leistungen mißgönnt, daß sie deutsche Konsumgüter boykottiert, daß sie sich weigert, Deutschland zu bereisen und ähnliches mehr. Sahen sich die Hochschullehrer, Zuckermann und Zimmermann, zu reagieren veranlaßt, so ist dies möglicherweise nicht nur als Erwiderung auf Linors Angriff gegen sie persönlich zu bewerten. Zumindest laut eigener Aussage fühlten sie sich als Deutschlandkenner gefordert, Linors Sicht nicht widerspruchslos stehen zu lassen, »weil viele in Israel wie Linor empfinden.« Diesbezüglich ist allerdings anzumerken, daß es wohl eine Mehrheit von Israeli sein dürfte, die Linors pauschale Ablehnung von allem Deutschen nicht teilt. Dagegen sind Zimmermanns wiederholt provokativ angemeldete und nicht selten beschönigend wirkende Voten für deutsche Versäumnisse ebenfalls ungewöhnlich. Jedenfalls erscheint es unter diesem Vorbehalt statthaft, einzelne Ausschnitte von Linors Äußerungen wiederzugeben, um die psychologischen Hintergründe *eines* israelischen Deutschlandbildes zu beleuchten:

»Mein Deutschlandhaß grenzt an Unverschämtheit, da keiner meiner näheren Verwandtschaft Überlebender der Shoa ist. Alle meine Großeltern wanderten in Palästina ein, bevor die Nazis zur Macht kamen. In unserem Wohnzimmer wurde von keinen Erlebnissen in Auschwitz erzählt. Nur hatten die Brüder meiner Großmütter ein kleines Überlebensproblem, ebenso die Brüder meiner Großväter und auch ihre Vettern usw. Und weil ich Bilder von ihnen habe, und sie mir wie Leute erscheinen, die recht in Ordnung sind, das heißt sie sind nicht so abstoßend, daß ich verstehe, weshalb es für jemanden dringend war, sie zu ermorden, habe ich heute ein ganz kleines Problemchen mit Deutschland, mit Deutschen und mit Deutschsein... Die überhebliche Art (sc.: von Israeli wie Zuckermann und Zimmermann) gegenüber Leuten, deren Rechnung mit Deutschland noch offen ist und noch blutet, ist empörend, boshaft und historisch fahrlässig. Hat die Shoa denn vor zweihundert Jahren stattgefunden? Muß man sie denn sehen wie die Ausweisung der Juden aus Spanien (sc.: im Jahr 1492)? Gibt es denn schon einen zeitlichen Abstand, der gegenüber Deutschland eine neue Bestandsaufnahme rechtfertigt? Aus uns machen sie Rassisten und die Sünden Deutschlands legen sie zu den Akten der Geschichte... Gewiß, nicht alle Deutsche sind Antisemiten. Aber auch im Jahr '33 waren nicht alle Antisemiten, und das half uns herzlich wenig. Die Vernichtung der Juden in Europa ist nicht das Ergebnis eines Prozentsatzes von Antisemiten in Deutschland, und sie ist zu gewaltig und zu unerklärbar, um fünfzig Jahre später zu sagen, daß alles okay ist, und alles Vergangenheit ist. Außerdem ist Zimmermanns Definition der Vergangenheit besonders eng. Denn die Nazis der dreißiger und vierziger Jahre leben noch, die Betriebe, die für die Nazis arbeiteten und Öfen und Chemikalien produzierten, existieren noch, sogar mit ihren alten Namen. Erstens ist das noch nicht ›vergangen‹. Zweitens ist es in meinen Augen nicht logisch anzunehmen, daß alle diese Leute ihre Kinder im Sinne der Gebote und zu guten Taten erzogen haben... Heute können die Deutschen behaupten, sie alle seien Schindler (sc: Oskar Schindler) gewesen, außer einigen Irren, die kein Mensch kannte, und ein deutscher Richter kann das Strafmaß eines Shoa-Leugners mindern und ihn sogar als intelligenten, verantwortungsbewußten Menschen bezeichnen.«[1]

Linors Gründe, Kontakt mit Deutschen abzulehnen, sind subjektiv nachvollziehbar. Trotz mancher, hier nicht zitierter, unsachlicher Ausführungen, ist die Legitimität ihres Anliegens unbestreitbar: Nämlich, daß es ein menschlicher und historischer Fehler ist, nach der Shoa zur Tagesordnung übergehen zu wollen, als sei nichts geschehen, als sei alles nur ein böser Traum gewesen, als sei alles »vorbei«. Bei allem Respekt für Linors Empfindungen muß jedoch die Frage aufkommen, ob die Tabuisierung des Austauschs zwischen Juden und Deutschen historisch oder psychologisch weiterhilft. Andererseits zeigt sich vor allem auf der psychologischen Ebene, wie unmöglich das Anliegen ist, die Shoa aus dem Kontext der Gegenwart herauszulösen, wenn es zu Kontakten zwischen Opfern der Shoa und Nachkommen von Tätern und Zeugen kommt. Etwa als der Auschwitz-Überlebende und israelische Schriftsteller Yehiel De-Nur – unter dem Pseudonym »Ka-Tzetnik« (das heißt KZ-Mensch) bekannt – in den siebziger Jahren zu einer Therapie in die Niederlande reist, wo er an einem Meeresstrand eine ungeheuerliche Begegnung hat:

»Ich bemerkte eine Gruppe glücklicher, junger deutscher Touristen, mit seltsamen Tätowierungen auf der Brust und den Armen. Belustigt und fasziniert starrten sie auf die schlichte, ungeschmückte Nummer auf meinem Unterarm. Für sie war die schlichte blaue Nummer etwas Neues, und sie schienen wie angewurzelt, als sie versuchten sich klarzuwerden, was sie bedeutete. Schließlich kam einer von ihnen auf mich zu. Das Blut pochte in meinen Adern. Dies war das allererste Mal, daß die Nummer auf meinem Arm offen lag. Während der dreißig Jahre, seitdem sie in mein Fleisch gebrannt worden war, hatte ich mit großer Vorsicht vermieden, sie von Fremden se-

---

[1] Orit Linor in Beilage von *Ha'aretz* 19.8.94, S.110. – Auf die Reaktionen von Zimmermann und Zuckermann (Beilage von *Ha'aretz* 2.9.94, S.11-12) wird hier nicht eingegangen, weil es um den psychologischen, nicht den sachlichen Aspekt von Linors Votum geht.

hen zu lassen. Seit dreißig Jahren hatte ich kein kurzärmliges Hemd im Kleiderschrank gehabt. Ich hatte nie gelernt, mit diesen sechs Ziffern zu leben, die in mein Fleisch und in meine Seele gebrannt worden waren. Bis zu diesem Tag weiß ich die Nummer nicht auswendig – ich muß auf meinen Arm schauen. Tatsächlich kann mein Geist wegen dieses Traumas keine Nummern behalten. Nur an jenem Strand in Noordwijk legte ich schließlich meinen Arm vor der Sonne frei. Vielleicht war ich dort dazu in der Lage, weil mich niemand kannte. Es war nicht Israel, wo jedes Kind die Bedeutung einer schlichten, blauen Nummer auf einem Arm kennt und weiß, wo jene Person gewesen ist. Ich weiß, daß ich die Nummer nicht aus Scham oder Schuld versteckte. Überhaupt nicht. Warum dann? Nur der Satan von Auschwitz weiß das. Und dort in Noordwijk, wo mein Geist sich darauf vorbereitete, frei von dem Fluch zu sein, der auf meinem Leben lag, da war ein Deutscher, ausgerechnet ein Deutscher, er stand über mir und starrte die Nummer an und murmelte etwas. Ich hörte ihn nicht, ich nahm meine Umgebung nicht wahr. Jeden Augenblick würde etwas Schreckliches passieren, ich wußte es. Eine besessene Bestie erwachte in meinem Inneren, bereit, ihre Fänge in den Hals dieser Kreatur über mir zu bohren. Ich sprang auf die Füße, stieß Flüche aus und rannte. Ich sehe immer noch das lächelnde Gesicht jenes Deutschen, dem die Tätowierung auf meinem Arm so schlicht und deshalb so einzigartig vorkam. Ich frage mich, ob künftige Generationen meine Zeit in der deutschen Geschichte als eine schlichte, einzigartige Tätowierung sehen werden.«[2]

Ein banales Ereignis aus dem Alltag nachgeborener Deutscher... Die Shoa als kuriose Tätowierung in der deutschen Geschichte... Kurz vor der Jahrhundertwende liefert weltweit anzutreffender historischer Revisionismus – man denke an die Historikerdebatte in

2 Zitiert aus Tom Segev *The Seventh Million. The Israelis and the Holocaust,* New York 1993, S. 9-10. (Es wird nach der amerikanischen Ausgabe zitiert, welche der mit irreführenden Mängeln behafteten deutschen Publikation als Vorlage gedient hat: Tom Segev, *Die siebte Million. Der Holocaust und Israels Politik der Erinnerung,* Reinbek 1995. Es findet hier keine Auseinandersetzung mit Segevs Buch statt, in dem es um das Verhalten der Israeli zur Shoa geht und das in Israel durchaus kontrovers aufgenommen worden ist. Gegenstand der vorliegenden Überlegungen sind Versäumnisse der Nachkommen von Henkern und Zeugen und nicht die Probleme, mit denen die Nachkommen der Opfer leben müssen.

Deutschland – den ideologischen Überbau dieser Geisteshaltung.

Anders dagegen im Umfeld jenes anderen Planeten, wo Opfer und deren Nachkommen leben: Daß das Herauslösen der Shoa aus dem Kontext der Gegenwart im israelischen Erfahrungshorizont unvorstellbar ist, beweisen Banalitäten des Alltags, wie etwa unsachliches Stammtischgerede. So wiederholt es sich immer wieder einmal, daß in einer Talkshow des israelischen Fernsehens die Bemerkung fallen kann, die Hauptsache sei, daß das deutsche Team dieser oder jener Sportart in dieser oder jener Meisterschaft geschlagen wird. Es ist verführerisch, derartige Beschränktheiten, die in einem so trivialen Kontext wie Sport geäußert werden, von vornherein zu ignorieren. Gleichwohl dürfte der Kontext des sportlichen Wettkampfs auf psychologischer Ebene alles andere als unerheblich sein: »Dieses Land, das vor kurzem ein Drittel unseres Volks ermordet hat, besiegt schon wieder die ganze Welt. Himmelschreiend!«

Freilich ist die psychologische Bewertung von Stammtischgerede keine zureichende Grundlage, um das komplexe israelische Deutschlandbild zu erschließen. Um unnötigen Mißverständnissen zu wehren, sei am Rande angemerkt, daß verallgemeinernde Verwünschungen deutscher Sportler in Fernsehtalkshows in aller Regel nicht widerspruchslos hingenommen werden. Dabei kommt es häufig zu Grundsatzdiskussionen über antideutsche Ressentiments. Sie knüpfen an die bereits angesprochene Einsicht an, daß die Bundesrepublik Deutschland soziologisch und politisch nicht mit Nazi-Deutschland gleichgesetzt werden kann. Trotz dieser verbreiteten rationalen Erkenntnis, ist zugleich ein tiefsitzendes Mißtrauen gegenüber Deutschland allgegenwärtig. Das Nebeneinander dieses Mißtrauens und der Bereitschaft, rational zwischen dem Deutschland der zwanziger und dreißiger Jahre und der zeitgenössischen Bundesrepublik zu unterscheiden, mutet mitunter paradox an. Es ist in unterschiedlichsten Situationen anzutreffen, oftmals völlig unverhofft. Etwa wenn eine dreißigjährige nichtjüdische Israelin aus Deutschland mitteilt, weshalb sie sich in Israel lieber als ehemalige Französin ausgibt: »Wenn ich sagte, ich stamme aus Deutschland, ist man mir bisher noch nie mit offener Feindseligkeit begegnet. Aber es legt sich dann immer gleich dieses *peinliche* Schweigen auf die Runde...« Ferner tritt das Nebeneinander von Mißtrauen und intellektuell-differenzierendem Deutschlandbild in politischen Diskussionen an den Tag. Unterstützt der Staat Israel aus realpolitischem Eigeninteresse die Aufnahme der Bundesrepublik Deutschland in den Weltsicherheitsrat, so ist dieser politische Kurs in Israel und in der Diaspora äußerst umstritten: Selbst wenn es Israel in einer nicht absehbaren Zukunft einmal gelingen sollte, mit deutscher Hilfe eine wie auch immer geartete Anbindung an die EU zu erlangen... wie können Juden ein erstarkendes, sich oft arrogant gebärdendes vereintes Deutschland in der UNO unterstützen?[3]

Wie tief das Mißtrauen gegenüber Deutschland verankert ist, zeigt die Kette von Fragen und Antworten, mit der ein Israeli die lange Geschichte der Rechnung zwischen Deutschen und Juden veranschaulicht: »Wer hat im Jahr 70 n.d.Z. den Zweiten Tempel zerstört? – Die zehnte Legion des Titus. – Und wer waren die zehnte Legion? – Germanische Söldner...«

Ausgrenzung der Shoa aus der Gegenwart

Nach einer in der Bundesrepublik unangefochtenen Sprachregelung wären an einzelne Opfer sowie an den Staat Israel geleistete Zahlungen als »Wiedergutmachung« für Völkermord zu verstehen. Zugleich ist es eine Eigenheit von Bundeskanzler Kohl, die deutsche Gegenwart aus dem Kontext ihrer nazistischen Vorgeschichte herauslösen, isolieren, unschädlich und ungeschehen machen zu wollen. Denn es darf zumindest als offen gelten, ob die Motivation seiner neuerlichen Tonart, wonach »der 8. Mai 1945 für uns Deutsche ein Tag der Befreiung ist«, mehr als eine PR-Taktik ist.[4] Bei seinem Besuch in Yad Vashem am 6. Juni 1995 beklagte er nach seiner bekannten Ge-

---

[3] In *Haaretz*, 11.8.94, 1A, wurde das Entsetzen amerikanisch-jüdischer Organisationen über eine solche Initiative des American Jewish Committee berichtet.

[4] Der Bundeskanzler unterschlägt hier eine historisch unverzichtbare Differenzierung: Im Jahr 1945 wurde der 8. Mai von der Mehrheit der Deutschen als *Niederlage* erlebt. Denn es war doch wohl nur eine Minderheit, die damals die Naziherrschaft als Katastrophe wahrnahm. Ist der Bundeskanzler für schlampigen Sprachgebrauch berüchtigt, so könnte er möglicherweise meinen, der 8. Mai 1945 sei aus heutiger Sicht für Deutsche ein Tag der Befreiung. Dann fragt sich allerdings, warum er dies erst in seinen Sonntagsreden zum 50. Jubiläum

wohnheit »Verbrechen in deutschem Namen«. Das Weltbild, in dem weder »deutsche Verbrechen« vorkommen, noch »Verbrechen, die von Deutschen begangen worden sind«, bleibt offenbar von der neuen Rhetorik unberührt.

Nach gängigen Erfahrungen sind bei Parlamentswahlen in demokratischen Staaten wirtschafts-, sozial- und innenpolitische Fragen ausschlaggebend, nicht der Umgang mit Vergangenheit und mit der kollektiven Verantwortung dafür. Ferner ist in Deutschland jene Öffentlichkeit nicht zu übersehen, die sich beispielsweise von jenem Gedenkzeremoniell für deutsche Kriegsopfer unmißverständlich distanzierte, das der Bundeskanzler mit diplomatischem Protokoll und mit Hilfe eines historisch unbedarften und hollywooderfahrenen US-Präsidenten als zweitem Hauptdarsteller an den Gräbern von SS-Angehörigen inszenierte. Wie groß die Öffentlichkeit tatsächlich ist, die von der Haltung Abstand nimmt, die der Bundeskanzler mit der längsten Amtszeit seinerzeit in Bitburg an den Tag legte, bleibt ungeklärt. Diese Situation verdeutlicht, daß eine mehr oder weniger große Anzahl der Nachkommen von Tätern und Zeugen psychologisch in anderen Welten leben als Nachkommen von Opfern. Dadurch kommt es zu surrealistischen Konstellationen: Während die Ehrung von SS-Leuten in Bitburg durch den Äther geht, ereifert sich in Jerusalem, fern des Rampenlichts der Fernsehanstalten, in Yad Vashem eine deutsche Pädagogin mittleren Alters. Sie ist außerstande zu verstehen, daß einer der Direktoren der Gedenkstätte für die namenlosen Ermordeten der Shoa – er selbst ist ein Überlebender – an diesem Tag keine deutsche Reisegruppe empfangen mag. Der nachgeborenen Pägdagogin leuchtet eine elementar humane Reaktion nicht ein: nämlich die Sprachlosigkeit der Opfer angesichts unentschuldbarer Unsensibilität und der Arroganz der Macht, die dem mächtigsten Amtsträger in Deutschland nahelegen, sich nicht von den Mördern abzugrenzen.

Allerdings ist in diesem Tableau nicht zu übersehen, daß auch unter den Nachkommen von Henkern und Zeugen nicht wenige Indivi-

---

Fortsetzung Anmerkung 4:
des Kriegsendes feststellt, nachdem er sich jahrzehntelang mit der »Gnade seiner späten Geburt« auszuweisen pflegte.

duen in ganz anderen Kategorien denken und empfinden als die Beteiligten in Bitburg und Yad Vashem. So hält Richard von Weizsäkker ganze drei Tage darauf *die* Rede, die schon jetzt als Meilenstein in der deutschen Nachkriegsgeschichte bewertet und herausgestellt wird. Unter diesen Umständen ist im Sinne einer historiographischen Notiz und ohne jeden Zynismus über die Situation jener Tage festzustellen: Kein Wunder, daß diese Rede als Dokument von Sinn für die historische Realität und menschlichen Anstand weltweit mit Erleichterung aufgenommen wird. Nach dem vorausgegangenen Akt muß die zwar nicht explizit als Einspruch ausgesprochene, aber dennoch für jedermann unmißverständliche Antithese des Bundespräsidenten wie eine Bombe einschlagen: die Würdigung des 8. Mai 1945 als Befreiung für die Menschheit sowie das unumwundene Akzeptieren der historischen Verantwortung Deutschlands. In den Jahren danach (möglicherweise auch jetzt noch) erweist sich von Weizsäckers Rede für die Öffentlichkeitsarbeit der deutschen Botschaft in Israel als äußerst nützlich: Während die unvertretbare Politik des Bundeskanzlers dennoch vertreten werden muß, kann von Weizsäckers Rede zumindest auf deutsch und hebräisch verbreitet werden. Inwieweit sich auf diese Weise deutsche Verhältnisse wie mit einem welk gewordenen Feigenblatt verdecken lassen, mag fraglich erscheinen. Denn aus israelischer Perspektive scheint der Kern der Diskussionen über die Qualität des zeitgenössischen Deutschlands die strittige Gretchenfrage zu sein: Wer sind denn die Repräsentativsten in jenem Land, wo ein Richard von Weizsäcker oder ein Roman Herzog als Gewissen der Nation verkauft werden, während der Bundeskanzler über viele Jahre kraft der Gnade seiner späten Geburt unbeirrbar systematische Geschichtsfälschung betreibt und kollektive Verantwortung ablehnt?

Während in Israel unterschiedlichste Antworten auf diese Frage gegeben werden, taucht in der Diskussion immer wieder die hebräisch fast schon idiomatisierte Wendung »das andere Deutschland« auf. Über diesen Begriff kommt es häufig zu unlösbaren Grundsatzdiskussionen, auf die in diesem Zusammenhang nicht eingegangen werden muß. Hier kann lediglich festgehalten werden, daß mit dem »anderen Deutschland« beispielsweise Sympathiekundgebungen für die Opfer von rechtsextremistischem Rassismus in Mölln und Solingen gemeint sind – man versteht unter dem »anderen Deutschland« jede Art von Antithese zum Historikerstreit und zum Einigungsvertrag, in dem das klare Bekenntnis zur Verantwortung für die Verbrechen Nazi-Deutschlands fehlt. Trotz dieser Offenheit für das »andere Deutschland« ist in einer breiten israelischen Öffentlichkeit ein undifferenziertes Deutschlandbild verbreitet. Zum einen dürfte dies mit dem Umstand zusammenhängen, daß eine emotionslose Auseinandersetzung mit der Shoa letztlich menschenunmöglich ist. Zum anderen läßt die deutsche Tagespolitik immer wieder die Traumata der Shoa lebendig werden, wodurch das Gesicht des »anderen Deutschland« zumindest verdeckt, wenn nicht zur Unkenntlichkeit entstellt wird. Letzteres wird beispielsweise während des Golfkriegs von der breiten Öffentlichkeit in Israel erlebt, als die Bedrohung des jüdischen Staats durch Deutschland sowohl wirtschafts- als auch außenpolitisch erfolgt. Ist Raketenalarm Bestandteil der Abendroutine, so werden die noch frischen Traumata zur Alltagsrealität. Unterdessen scheint die tonangebende Öffentlichkeit in Deutschland auf einem anderen Planeten zu leben: Von Deutschland an den Irak gelieferte Waffen bedrohen Israel… Israeli können keinen Schritt tun, ohne die Gasmaske bei sich zu tragen… *Gas* – im Bewußtsein von Juden Symbol der Shoa… Die von den irakischen Raketen angerichteten Trümmerhaufen geben die Kulissen ab für geschmacklose Scheckdiplomatie deutscher Bundesminister… All dies untermalt vom Geschrei deutscher Verbalpazifisten: Sie ereifern sich, weil die USA aus wirtschaftlich motiviertem Eigeninteresse gegen irakischen Expansionismus initiativ geworden sind, ohne sich Rechenschaft abzulegen über das eigene selektive, pazifistische Engagement… Wird letzteres von einem nach Israel gereisten Hans-Jochen Vogel als Beweis politischer Reife der jungen Generation in Deutschland hingestellt, so fragen Israeli, ob in Deutschland denn die richtigen Lehren aus dem Nationalsozialismus gezogen worden sind…[5]

[5] Zur damaligen Stimmung in Israel siehe S. 172, das Gespräch mit Yohanan Meroz, das in der dritten Woche des Golfkriegs geführt wurde.

Israels Identität im Schatten der Shoa

Aus dem Mund von Nichtjuden wirkt das Dictum vom »Recht des Staates Israel zu existieren« auf manchen Israeli als Ausdruck von politischem Antisemitismus: Bei keinem anderen Staat der Welt steht dessen Existenzrecht überhaupt zur Debatte. Wird indessen gegenüber Israel ein anderer Maßstab angelegt, so wird dem jüdischen Volk implizit das seit Urzeiten in der Völkerwelt selbstverständliche Gewohnheitsrecht bestritten, sich staatlich zu organisieren. Unabhängig von dieser Reaktion ist festzustellen, daß dieser doppelte Maßstab auch der Kern anderer Formen von Antisemitismus ist. Diesbezüglich sei an die zwar banale, aber dennoch klassische Situation erinnert, in der es nicht heißt, »Meyer ist ein Verbrecher, weil er mir die Scheibe eingeschlagen hat«, sondern *»Der Jude* Meyer ist ein Verbrecher, weil er dieses oder jenes verbrochen hat«. Was den doppelten Maßstab und die Rede vom Existenzrecht Israels betrifft, so hängt damit freilich das äußerst komplexe Problem des Antizionismus als Ausdruck von Antisemitismus zusammen – auch dies eine Frage, die hier nicht zur Diskussion steht. Vielmehr geht es um die Schwierigkeiten, die Juden haben, im Schatten der Shoa ihr Selbstverständnis als Bürger des Staates Israel zu bestimmen.

Während sich Israeli gegen die Infragestellung ihres Staates durch Außenstehende verwahren, findet in ihren eigenen Reihen eine intensive Auseinandersetzung mit dem Recht Israels auf seine staatliche Existenz statt. Aus israelischer Sicht ist dies nur scheinbar ein Widerspruch und keineswegs ein Paradox. Denn tatsächlich unterscheidet sich der Staat Israel von anderen Ländern, insofern dessen jüdische Bürger vielfach empfinden, daß sie das Existenzrecht ihres Staates rechtfertigen müssen, vor allem gegenüber sich selbst. Dies hängt zunächst mit der lebensgefährlichen Situation Israels zusammen, von feindlichen Nachbarn umgeben zu sein, die es vernichten wollen. Zwar dürfte sich dieser Zustand mittel- und langfristig ändern, wenn der Friedensprozeß einmal Früchte trägt. Gleichwohl ist die mehrere Jahrzehnte lang gemachte Erfahrung, von allen Nachbarn bedroht zu sein, als psychologischer Faktor nach wie vor noch wirksam. Ferner ist der starke politische Legitimationszwang durch den historischen Umstand bedingt, daß der Anspruch der zionistischen Ideologie noch längst nicht eingelöst ist: Fast ein halbes Jahrhundert nach Gründung des jüdischen Staats lebt die Mehrheit des jüdischen Volks außerhalb seiner politischen Heimstätte. Unter anderem hängt dies mit den kriegerischen Auseinandersetzungen zwischen Israel und äußeren Feinden zusammen, die im rechnerischen Durchschnitt alle fünf Jahre stattfinden. Die Folge ist, daß viele Juden sich in der Diaspora sicherer als in einer der explosivsten Weltregionen fühlen. Wird auf diese Weise die *raison d'être* des zionistischen Staats von der Empirie in Frage gestellt, so ist eine ideologische Defensivhaltung ein Gesicht Israels.

Im Schatten der Shoa – in diesem durch eigene Ideologie und durch erfahrene Vernichtung vorgezeichneten Koordinatenkreuz muß Israel seine Identität bestimmen: Psychologischer Nährboden der zionistischen Idee ist die seit der Antike weltweit gemachte Erfahrung des Antisemitismus. Ist der Treibstoff der nach Auschwitz rollenden Züge bereits in der Zeit des Neuen Testaments und der Vertreibung der Juden aus ihrem Land entstanden, so macht sich der Zionismus zur Aufgabe, unausrottbarem Antisemitismus eine verläßliche Abwehr entgegenzusetzen. Angesichts dieses weit gesteckten Ziels erleben Zionisten die Shoa als erdrückenden Beweis ihrer Machtlosigkeit: Die von der britischen Kolonialmacht beherrschten jüdischen Siedler sind außerstande, ihre verlorenen Brüder und Schwestern rechtzeitig nach Palästina zu holen. Dies untermalt vom schamlosen Hohngelächter der Geschichte: Sowohl die nach 1945 durch die Shoa ausgelösten Sympathien für das jüdische Volk als auch die Einwanderungswellen jener Jahre erweisen sich als vorteilhaft für den zionistischen Staat (obschon die nichtzionistisch motivierten Einwanderer manches Problem mitbringen). In diesem Sinne, pflegt General Yossi Peled a.D. israelischen Jugendlichen einzuschärfen: »Dieser Staat wurde auf einem Silbertablett aus sechs Millionen Kadavern gegründet.«[6]

Die Erfahrung der Shoa ist weltweit zu einem integralen Bestandteil der kollektiven Identität des jüdischen Volks geworden. Damit nicht genug: Dieses Schicksal stürzt die israelische Gesellschaft in eine tiefe Krise, da die Identität des Staats unlöslich mit Auschwitz

---

[6] Segev, *The Seventh Million,* S.513.

verstrickt ist: Gewollt oder nicht, die Shoa hat zum Aufbau des Staates beigetragen, zu dessen Selbstverständnis es gehört, Entwicklungen wie Auschwitz zu verhindern... Die Ungeheuerlichkeit dieses Zusammenhangs zeigt sich etwa an verbreiteten Kommentierungen dramatischer Rettungsaktionen von in Not geratenen Juden. Als etwa 1991 im Zuge der »Aktion Shlomo« mehrere tausend äthiopische Juden innerhalb von wenigen Stunden nach Israel gebracht werden, ist eine verbreitete Reaktion unter Israeli: »Hätten wir in den vierziger Jahren einen Staat gehabt, so hätten wir auch die europäische Judenheit gerettet...« Klaffen hier Realität und Wunschdenken auseinander, so scheint der berechtigte Stolz auf erbrachte Leistungen des Staats es zu erleichtern, mit der erdrückenden historisch-schicksalhaften Verknüpfung des Staats mit Auschwitz umzugehen. Wie schwer dies zu ertragen ist, klingt an, als Ehud Barak, dessen Großeltern in Auschwitz ermordet wurden, am 7. April 1992 in der Uniform des Generalstabschefs des jüdischen Staates nach Auschwitz kommt: »Wir, die Soldaten der *Armee zur Verteidigung Israels,* sind fünfzig Jahre später, vielleicht fünfzig Jahre zu spät, an diesen Ort gekommen.«[7]

Hier kann nicht ausgeführt werden, inwieweit historische und psychologische Auswirkungen der Shoa Hintergrund von Israels wehrhaftem Gebaren sind. Wichtig ist festzustellen, daß aufgrund historischer Zusammenhänge, die weit hinter die Shoa zurückreichen, gut nachvollziehbare Sicherheitstraumata für den jüdischen Staat in einer Weise charakteristisch sind, daß sie, wenn denn diese Ausdrucksweise statthaft ist, als eine Art psychologisches Markenzeichen des Staates Israel in Erscheinung treten: Sollte mit dem Staat der zweitausendjährigen Leidensgeschichte des jüdischen Volks ein Ende gesetzt werden, so gibt es bereits unmittelbar vor der Staatsgründung und auch in den Jahren danach wieder Situationen, in denen Erinnerungen an die Shoa wach werden. Seinerzeit weigern sich beispielsweise die Alliierten, Auschwitz zu bombardieren, während sie wenige Kilometer weiter Luftangriffe auf Industrieanlagen des Feindes fliegen. Diese Gegenwartserfahrung, von der ganzen Welt ans Messer des Todfeinds geliefert zu werden, macht der junge Staat aufs

[7] Zitiert nach Segev, *The Seventh Million,* S.514.

neue: etwa in den Wochen vor dem Sechstagekrieg, als er von sämtlichen Verbündeten im Stich gelassen wird.

Verschiedene Planetensysteme – Erinnern oder Verdrängen

Erinnern ist von Alters her ein zentrales Geschehen in der jüdischen Religion und Kultur. Die positiven wie auch die negativen Erfahrungen der Geschichte – theologisch gesprochen der Heilsgeschichte – werden rekapituliert und von jeder Generation neu erlebt, als sei sie in ihrer Zeit dabei gewesen. Jeder Jude soll empfinden, er persönlich sei von Mose aus der Sklavenherrschaft des Pharaos befreit worden. Ebenso wird jede Generation von Juden daran erinnert, daß die Amalek-Erfahrung so alt ist wie das jüdische Volk: Amalek, wiederum an eine alte biblische Tradition aus der Mosezeit[8] anknüpfend, ist die Verkörperung von Israels Todfeind, der das Volk Israel vernichten will. Es bedarf keiner Phantasie, um die Aktualität der Amalek-Erfahrung in der Shoa nachzufühlen.

Wie sehr der existentielle Umgang mit den Erfahrungen früherer Generationen das politische Bewußtsein der Öffentlichkeit in Israel bestimmt, verdeutlichen die nie endenden innenpolitischen Grundsatzdiskussionen, bei denen alle Lager von der Sorge um die Zukunft des Staates umgetrieben werden. Beispielsweise über die realpolitische Zweckmäßigkeit des Programms, »Land für Frieden«: Dabei vertritt das nationalistische Lager, nur ein militärisch starkes, bis an die Zähne bewaffnetes und durch geographisch vorgegebene Grenzen (Golanhöhen, Jordantal) abgesichertes Israel werde in der Lage sein, sich angesichts globaler Indifferenz in dieser mörderischen Weltregion zu behaupten. Demgegenüber hat die politische Linke ganz andere Zukunftsvorstellungen: Zwar teilt sie die Auffassung, daß Israel sich keine militärischen Sicherheitsrisiken leisten kann. Gleichwohl hält sie politische Kompromisse für die realpolitisch einzig versprechende Lösung. Denn sie wird Israel von der Notwendigkeit befreien, eine millionenstarke palästinensische Bevölkerung unter militärischer Besatzung zu halten, wodurch die is-

[8] Exodus 17,8-16; Deuteronomium 25,17-19.

raelische Gesellschaft korrumpiert und zersetzt wird. Zwar besteht neuerdings Grund zur Hoffnung, daß der derzeitige Friedensprozeß Veränderungen zeitigen wird. Dennoch wäre es verfrüht, diese positiven Entwicklungen als *fait accompli* zu betrachten. Deshalb kann auch unter den gegenwärtigen geopolitischen Verhältnissen im Nahen Osten weder dem nationalistischen noch dem kompromißbereiten Lager in Israel entgegengehalten werden, daß ihre Position in sich unlogisch sei.[9] In diesem Gegenwartskontext ist ein traumatisiertes Volk gespalten, wobei jeder dem anderen entgegenhält, er ziehe die falschen Lehren aus der Shoa.

---

9 Dazu ausführlicher vgl. vorausgehend: „Ein Element im Nahostkonflikt: Das Erbe des Staates Israel als psychologischer Faktor" sowie »Nach dem Massaker«.

Anhang

Chronologische Eckdaten des israelisch-arabischen Konflikts

Nachfolgender selektiver Überblick hält Eckdaten des Zionismus vor und nach der Gründung des Staates Israel sowie Etappen des israelisch-arabischen Konflikts fest. Kriterien für die Auswahl und Akzentuierung sind die historischen Hintergründe der vorausgehenden Beiträge. Verwendete hebräische und arabische Ausdrücke und Bezeichnungen sind in den »Sachererklärungen« erschlossen.

1880 - 1903 Erste Aliyah.
1904 - 1914 Zweite Aliyah.

16.05.1916 Sykes-Picot-Abkommen Übereinkunft zwischen Großbritannien und Frankreich über die Aufteilung der arabischen Teile des Osmanischen Reiches: Großbritannien soll die Kontrolle über einen Teil von Mesopotamien und des Persischen Golfs, den größten Teil von Transjordanien und Südpalästina überlassen werden; Frankreich soll die südliche Türkei, Syrien und Obermesopotamien kontrollieren.

02.11.1917 Balfour-Erklärung Der britische Außenminister Lord Arthur James Balfour teilt der Zionistischen Föderation mit:
»Die Regierung seiner Majestät sieht die Errichtung einer nationalen Heimstätte für das jüdische Volk in Palästina mit Wohlgefallen und wird seine besten Bestrebungen einsetzen, um die Verwirklichung dieses Zieles zu ermöglichen, in dem klaren Einvernehmen, daß nichts unternommen werden soll, das die bürgerlichen und religiösen Rechte der in Palästina lebenden nichtjüdischen Gruppen oder die Rechte und die politische Stellung von Juden in irgendeinem anderen Land beeinträchtigen könnte.«

1919 - 1923 Dritte Aliyah.

April 1920 Antijüdische Pogrome in Jerusalem (»Nebi-Musa-Unruhen«); mehrere Tote und mehrere hundert Verletzte.
25.04.1920 Übertragung des Mandats über Palästina an Großbritannien auf der Konferenz der Entente-Staaten in San Remo.
13.06.1920 Gründung der *Haganah* (wörtlich: Verteidigung); jüdische Selbstverteidigungsorganisation, eng mit der Gewerkschaft *Histadrut* verbunden.
15.12.1920 Gründung der *Histadrut.*
Mai 1921 Arabische Unruhen in Jaffa.
24.07.1922 Bestätigung des britischen Mandats über Palästina durch den Völkerbund.
07.03.1923 Pariser Friedenskonferenz, Signierung des Vertrages zwischen

der britischen Mandatsregierung von Palästina und der französischen Mandatsregierung von Syrien und Libanon in Paris. Darin werden der Verlauf der internationalen Grenze zwischen beiden Gebieten sowie Wasser- und Fischereirechte geregelt.

1924 - 1931 Vierte Aliyah.

August 1929 Gründung der *Jewish Agency,* deren Anfänge in die frühen zwanziger Jahre zurückreichen. Die Organisation nimmt in der Mandatszeit die politische Interessenvertretung des *Yishuv* wahr; nach Staatsgründung behält sie Kompetenzen im Bereich der Besiedlung, Einwanderung und der Beziehungen zur Diaspora.

24.08.1929 Pogrom in Hebron Kurz vor dem Yom Kippur (Versöhnungstag) am 24.9.1928 wollen Juden an der *Klagemauer* in Jerusalem gemäß orthodoxem Brauch eine Trennwand zwischen männlichen und weiblichen Betenden anbringen. Moslemische Stellen beschweren sich bei der britischen Mandatsmacht, die die Trennwand verbietet. Der Vorfall löst einen langwierigen Streit aus, in dem moslemische Vertreter in der weiteren arabischen Welt zum Widerstand gegen vermeintliche jüdische Bestrebungen aufrufen, die Kontrolle über den Tempelplatz mit der al-Aqsa-Moschee zu erlangen.
Am 16.8.1929 führt eine politisch rechtsstehende jüdische Jugendgruppe eine Demonstration an der *Klagemauer* durch. Daraufhin kommt es zu einer turbulenten moslemischen Gegendemonstration unweit der Mauer, wobei kleinere Zwischenfällen registriert werden. In der folgenden Woche rufen moslemische Agitatoren landauf, landab die Landbevölkerung auf, »al-Aqsa gegen jüdische Angriffe zu verteidigen«.
Am 23. und 24.8.1929 kommt ein bewaffneter Mob im Hof der Moschee zusammen, wo er vom Mufti, Haj Muhammad Amin al-Husseini (siehe S. 279), aufgehetzt wird. Von blindem Haß getrieben, dringen die Horden in Jerusalem, Haifa, Jaffa, Tel Aviv und zahlreichen Siedlungen in jüdische Häuser ein und morden wehrlose Kinder, Frauen und Männer. In Hebron werden sechzig Tote und fünfzig Verletzte gezählt. Als die Mandatsmacht schließlich am 28. August für Ruhe sorgt, sind in Palästina 133 Juden und 87 Araber getötet und 399 Juden und 91 Araber verletzt worden.

1932 - 1938 Fünfte Aliyah.

1936 - 1939 Arabischer Aufstand April bis 11.10.1936: Der politische Hintergrund des arabischen Unmuts in Palästina ist die seit Hitlers Machtübernahme verstärkte Einwanderung und das relative Florieren des *Yishuv.* Rundfunkpropaganda aus Nazideutschland und aus dem faschistischen Italien sowie die Demagogie des Mufti von Jerusalem, Haj Muhammad Amin al-Husseini, schaffen das psychologische Klima des Aufstands. Der Mufti organisiert einen siebenmonatigen Generalstreik und einen Steuerboykott gegen die britische Mandatsmacht. Der Streik fügt der arabischen Bevölkerung schweren wirtschaftlichen Schaden zu und hat die Unabhängigkeit des *Yishuv* von arabischen Arbeitskräften zur Folge. Guerillakämpfer aus anderen Teilen der arabischen Welt nehmen teil. Bei den fast täglichen bewaffneten Auseinandersetzungen werden in der ersten Phase 187 Araber, 80 Juden und 28 britische Soldaten getötet und weitere 900 Menschen verletzt.

September 1937 bis Oktober 1938 Erneutes Aufleben des Aufstandes. Angriffe auf jüdische Siedlungen, Busse und Zivilisten. Durch zunehmende Gewalt (auch gegen britische Armeeangehörige) und Sabotage wird die Infrastruktur des Landes lahmgelegt. Britische Vergeltungsmaßnahmen nehmen zu (1938: 58 Todesurteile), der Aufstand wird mit Gewalt niedergeschlagen. Ingesamt kommen mehrere tausend Menschen um. – Im Frühjahr 1939 kommt es zu letzten Zwischenfällen.

17.05.1939 Weißbuch der britischen Regierung: Mit sofortiger Wirkung ist Juden untersagt, Land zu kaufen. Während der nächsten fünf Jahre wird die Einwanderung jüdischer Immigranten auf jährlich 10.000 reduziert; außerdem dürfen in diesem Zeitraum 25.000 jüdische Flüchtlinge immigrieren. Danach soll die jüdische Einwanderung ganz unterbunden werden.

1939 - 1947 Legale und illegale Einwanderung von Verfolgten des Nationalsozialismus.

15.05.1941 Gründung der *Palmach.*

09.-11.05.1942 Biltmore-Konferenz in New York. Eine von Ben-Gurion ad hoc organisierte zionistische Konferenz, an der 600 amerikanische Delegierte teilnehmen. Die verabschiedete Resolution fordert, in ganz Palästina »einen jüdischen Staat zu gründen, der in die Struktur der neuen demokratischen Welt integriert ist«.

22.07.1946 Sprengung eines Flügels des Jerusalemer King David Hotels, Sitz der Mandatsverwaltung, durch Etzel. 91 Tote, 45 Verletzte.

14.02.1947 Beschluß der britischen Regierung, das Palästina-Problem der UNO zu übergeben.

Juli/Aug. 1947 Tragödie des Flüchtlingsschiffes »Exodus«.

29.11.1947 Resolution der UNO-Vollversammlung 181(II) über die Gründung eines jüdischen und eines arabischen Staates in Palästina sowie über die Internationalisierung Jerusalems – der sogenannte Teilungsplan: Der arabische Staat soll ca. 7.100 Quadratkilometer Fläche mit 804.000 Arabern und 10.000 Juden umfassen; der jüdische Staat soll 8.700 Quadratkilometer groß sein mit 538.000 Juden und 397.000 Arabern. Beide Staaten sollen eine Wirtschaftsunion mit gemeinsamer Währung, Straßen-, Schienen- und Telefonnetz bilden. Der jüdische Staat soll dem arabischen jährlich £ 4.000.000,-- als Ausgleich für die besseren Zitrusgebiete und die höhere technologische Leistungsfähigkeit auszahlen. In den folgenden Monaten emigrieren ungefähr 30.000 Araber, überwiegend der Mittelschicht, aus Palästina. In den letzten zweieinhalb Monaten des britischen Mandats wandern weitere 250.000 Araber aus.

1948 Unabhängigkeitskrieg

14.05.1948 Beendigung des britischen Mandats. Unabhängigkeitserklärung Israels in Tel Aviv; Bestätigung David Ben-Gurions als Premierminister der provisorischen Regierung. De-facto-Anerkennung Israels durch US-Präsident Harry Truman.

15.05.1948 Beginn des Unabhängigkeitskrieges: ca. 10.000 ägyptische, 7.000 syrische, 8.000 irakische, 3.000 libanesiche sowie 4.500 gut ausgerüstete Truppen der transjordanischen arabischen Legion greifen den Staat Israel von Norden, Osten und Süden an. Bei Kriegsausbruch hat die *Haganah* kaum 30.000 schlecht bewaffnete Männer und Frauen mit hoher Kampfmoral aufzubieten. In den folgenden Wochen treffen Waffen ein, die die *Haganah* vor allem in Arsenalen in Osteuropa aufkauft.

16.05.1948 Chaim Weizmann wird Präsident des provisorischen Staatsrats.

18.05.1948 De-jure-Anerkennung Israels durch die UdSSR, Guatemala, Polen, Tschechoslowakei, Nikaragua, Uruguay und Jugoslawien.

26.05.1948 Bildung der *Armee zur Verteidigung Israels*: Aus der *Haganah* wird die Armee des Staates gebildet, in die *Palmach* und Etzel integriert werden.

11.06.-09.07.1948 Erster Waffenstillstand. Israel unterläuft die Vereinbarung und nutzt die Pause, um Waffen und Einwanderer im wehrfähigen Alter ins Land zu lassen und die Armee zu reorganisieren.

20.06.1948 Ben-Gurion läßt die *Altalena,* ein Waffenschiff des Etzel vor Tel Aviv versenken. 12 Besatzungsmitglieder und 70 Etzel-Angehörige werden getötet. – Entgegen der ursprünglichen Abmachung weigerte sich Etzel, die gesamte Ladung der *Armee zur Verteidigung Israels* zu überlassen. Ben-Gurion betrachtet dies als Meuterei und fürchtet um die Disziplin der Streitkräfte. Die Versenkung der *Altalena* wirkt über Jahrzehnte nach, indem sie die Polarisierung zwischen der israelischen Linken und Rechten verschärft.

29.12.1948 Der Weltsicherheitsrat der UN, der im vorausgegangenen halben Jahr wiederholt Waffenruhen für Palästina angeordnet hat, ruft zu einem sofortigen und dauerhaften Waffenstillstand in ganz Palästina auf. In den Wochen danach kommt es noch zu sporadischen Kämpfen. Angesichts einer drohenden britischen militärischen Intervention sieht Ben-Gurion von weiteren militärischen Aktionen ab.

24.02.1949 Unterzeichnung eines Waffenstillstandsabkommens mit Ägypten in Rhodos.

23.03.1949 Unterzeichnung eines Waffenstillstandsabkommens mit Libanon im Grenzort Rosh HaNikrah.

03.04.1949 Unterzeichnung eines Waffenstillstandsabkommens mit Jordanien in Rhodos. (Jordanien ist bevollmächtigt, auch den irakisch-israelische Waffenstillstand zu unterschreiben.) Jerusalem wird zwischen Israel und Jordanien aufgeteilt.

20.07.1949 Unterzeichnung eines Waffenstillstandsabkommens mit Syrien im israelisch-syrischen Niemandsland. Nach den Waffenstillstandsabkommen umfaßt Israel eine Fläche von ca. 10.500 Quadratkilometern (ca. 20% mehr als der Teilungsplan der UNO vorgesehen hatte). Die arabischen Flüchtlinge werden von Israel auf 538.000, von der UNO auf 720.000 (ca. 70% der arabischen Bevölkerung Palästinas) beziffert.

25.01.1949 Wahlen zur 1. Knesset.

16.02.1949 Wahl von Chaim Weizmann zum Staatpräsidenten.

10.03.1949 - 01.11.1950 Erste Regierung unter Premierminister David Ben-Gurion.

11.05.1949 Aufnahme Israels in die UNO

15.09.1949 Verabschiedung des Wehrdienstgesetzes.

13.12.1949 Erklärung David Ben-Gurions über Jerusalem als Hauptstadt Israels.

1948 - 1951 Masseneinwanderung aus arabischen Staaten, Polen und Rumänien.

23.01.1950 Knessetbeschluß über Jerusalem als Hauptstadt Israels.

05.07.1950 Verabschiedung des »Gesetzes der Rückkehr«. Der junge Staat gibt sich lange Zeit keine Verfassung. Indessen ist das »Gesetz der Rückkehr« das politische und gesellschaftliche Programm des jungen Staates: Es sieht vor, daß jeder Jude einen Rechtsanspruch auf die israelische Staatsbürgerschaft hat.

30.07.1951 Wahlen zur 2. Knesset.

01.11.1950 - 08.10.1951 Zweite Regierung unter Premierminister David Ben-Gurion.

08.10.1951 - 24.12.1952 Dritte Regierung unter Premierminister David Ben-Gurion.

01.04.1952 Gesetz über Staatsbürgerschaft.

10.09.1952 Unterzeichnung des »Wiedergutmachung«-Abkommens zwischen der Bundesrepublik Deutschland und Israel in Luxemburg.

24.12.1952 - 26.01.1954 Vierte Regierung unter Premierminister David Ben-Gurion.

26.01.1954 - 29.06.1955 Fünfte Regierung unter Premierminister Moshe Sharett.

29.06.1955 - 03.11.1955 Sechste Regierung unter Premierminister Moshe Sharett.

26.07.1955 Wahlen zur 3. Knesset

Sinai-Krieg

1953 Ägypten verschließt israelischen Schiffen die Straße von Tiran.

1954 - 56 Ägyptische Grenzüberfälle vom Gazastreifen nehmen drastisch zu; selbst Außenbezirke von Tel Aviv sind in Mitleidenschaft gezogen. Die wirtschaftliche Entwicklung der südlichen Landesteile Israels ist gefährdet.

Sept. 1954 Ägypten verschließt ausländischen Schiffen, die den israelischen Hafen Eilat anlaufen, die Straße von Tiran.

1955 - 56 Französische Waffenlieferungen an Israel.

Nov. 1955 Kabinettsbeschluß: Präventivschlag gegen Ägypten; der Zeitpunkt wird offengelassen.

03.11.1955 - 07.01.1958 Siebte Regierung unter Premierminister David Ben-Gurion.

26.07.1956 Nasser verstaatlicht den Suezkanal. Großbritannien und Frankreich bereiten eine militärische Reaktion vor.

24.10.1956 Vertrag von Sèvres zwischen Großbritannien, Frankreich und Israel: Israel verpflichtet sich, Ägypten anzugreifen, um Großbritannien und Frankreich einen Vorwand für eine militärische Intervention in der Suezkanal-Zone zu liefern. Im Gegenzug verpflichtet sich Frankreich zu umfangreichen Waffenlieferungen an Israel und zu Israels Verteidigung vor ägyptischen Luftangriffen.

29.10. - 04.11.1956 **Israels Sinai-Krieg** (»Operation Kadesh«). Israel besetzt den Gazastreifen und die Sinai-Halbinsel. 180 israelische und 2.000 ägyptische Soldaten werden getötet, 4 israelische und 6.000 ägyptische Soldaten geraten in Gefangenschaft. Israel erbeutet Rüstungsgüter im Wert von US-$ 50.000.000,--.

Aufgrund internationalen Drucks zieht Israel in den folgenden drei Monaten seine Truppen nach und nach zurück. Dabei ist es bemüht, sich Sicherheitsgarantien für freie Schiffahrt und eine beruhigte Grenze zum Gazastreifen zu sichern.

29.10. - 06.11.1956 Britisch-französische Suez-Intervention; angesichts zunehmenden internationalen Drucks sehen Paris und London davon ab, die Eroberung der Kanalzone zu vollenden und ziehen sich zurück.

04.03.1957 Abzug der letzten israelischen Truppen vom Gazastreifen und Sharm el Sheikh und Einzug von UN-Truppen. 16 Schiffahrtsnationen (einschließlich USA, Großbritannien und Frankreich) geben informelle Garantien für die Passierbarkeit der Straße von Tiran.

07.01.1958 - 17.12.1959 Achte Regierung unter Premierminister David Ben-Gurion.

03.11.1959 Wahlen zur 4. Knesset.

17.12.1959 - 02.11.1961 Neunte Regierung unter Premierminister David Ben-Gurion.

14.03.1960 Treffen zwischen David Ben-Gurion und Konrad Adenauer in den USA.

15.08.1961 Wahlen zur 5. Knesset.

02.11.1961 - 26.06.1963 Zehnte Regierung unter Premierminister David Ben-Gurion.

26.06.1963 Rücktritt David Ben-Gurions als Premierminister.

26.06.1963 - 22.12.1964 Elfte Regierung unter Premierminister Levi Eshkol.

Mai 1964 Palästinensisches Nationalabkommen, Verfassung der PLO, auch »PLO-Charta« genannt: Sie verlangt die Rückkehr sämtlicher in Palästina lebenden Juden in »ihre Ursprungsländer«. Ausgenommen sind lediglich Juden und deren Nachkommen, die vor der »zionistischen Okkupation« in Palästina lebten. Letztere meint die Entwicklungen seit der Balfour-Erklärung 1917.

22.12.1964 - 12.01.1966 Zwölfte Regierung unter Premierminister Levi Eshkol.

12.05.1965 Aufnahme diplomatischer Beziehungen zwischen Israel und der Bundesrepublik Deutschland.

12.01.1966 - 17.03.1965 Dreizehnte Regierung unter Premierminister Levi Eshkol.

Dez. 1966 Aufhebung der Militärverwaltung über die arabische Bevölkerung Israels, die in die zivile israelische Verwaltung überführt wird.

05. - 10.06.1967 Sechstagekrieg

seit 1962 Häufige Angriffe auf israelische Zivilisten in Obergaliläa durch syrische Artillerie von den Golanhöhen. Israelische Landwirte sind außerstande, ungefährdet ihre Felder zu bestellen. Zahlreiche Todesopfer auf israelischer Seite. Im Verlauf zunehmender Eskalierung kommt es 1962 - 1963 zu häufigen Artillerieduellen und Luftkämpfen entlang der Grenze.

Februar 1964 Syrien und Libanon beginnen, auf ihrem Gebiet die Jordanquellflüsse Chizbani und Banias umzuleiten, wodurch die israelische Wasserwirtschaft gefährdet wird. Israelische Artillerie zerstört die Baumaschinen. Als Syrien und Libanon im Sommer 1965 einen neuen Versuch unternehmen, wird er durch Angriffe der israelischen Luftwaffe vereitelt.

1966 Mit Unterstützung von Damaskus operieren palästinensische Fatahverbände von syrischem Gebiet gegen israelische Ziele. Mehr und mehr erfolgen die Guerilla-Angriffe zusammen mit syrischen Truppen.

07.04.1967 Bei einem Zwischenfall schießen israelische Kampfflugzeuge sechs syrische MIG-Flugzeuge ab und kreisen über Damaskus. Syrien läßt Truppen in die entmilitarisierte Zone einmarschieren. Im Gegenzug konzentriert Israel Truppen und Waffen an der Grenze.

11.05.1967 Israel teilt dem UN-Sicherheitsrat mit, es werde sich nötigenfalls gegen Syrien verteidigen.

15.-18.05.1967 Unter Nassers Drohungen Abzug der UN-Truppen aus dem Gazastreifen und Sharm el Sheikh und Einzug ägyptischer Truppen. Mobilmachung in Syrien und Irak. Kuwait, Jemen und Algerien kündigen Bereitschaft an, Truppen und Flugzeuge nach Ägypten und Syrien zu entsenden.

19.05.1967 Radio Kairo kündigt »Vergeltungsangriffe« auf israelische Städte und Militärstützpunkte an. Andere arabische Regierungen geben ihre Absicht bekannt, »den Juden die Hälse abzuschneiden«.

20.05.1967 Allgemeine Mobilmachung in Israel.

22.05.1967 Ägypten schließt die Straße von Tiran für Schiffe, die den israelischen Hafen Eilat anlaufen, was – wie in den fünfziger Jahren – eine lebensgefährliche Bedrohung für die israelische Wirtschaft (Ölimporte u.a.) darstellt. Frankreich weigert sich, seine Garantien von 1957 einzulösen. Großbritannien und die USA ziehen sich hinter den Weltsicherheitsrat der Vereinten Nationen zurück, in dem sich die arabischen Staaten der Unterstützung der Sowjetunion gewiß sind.

25.05.1967 König Hussein von Jordanien läßt irakische und eigene Truppen an der Grenze zu Israel aufmarschieren. Saudi-Arabien, Kuwait, Irak, Algerien und Marokko (am 3.6.) stellen Ägypten Truppen zur Verfügung. Nasser teilt dem ägyptischen Parlament mit:

»Das Problem, das die arabischen Staaten jetzt lösen müssen, ist nicht ob oder wie der Hafen von Eilat zu blockieren ist, sondern wie der Staat Israel ein für alle Mal ausgelöscht werden wird.«

Diese und ähnlich lautende Drohungen führender arabischer Politiker sowie deren Aufrufe zum *Jihad* gegen Israel erwecken in der westlichen Welt Sympathien für Israel.

30.05.1967 Ägyptisch-jordanischer Verteidigungspakt.

01.06.1967 Bildung der Regierung der nationalen Einheit in Israel.

05.-10.06.1967 **Sechstagekrieg** Israels gegen Ägypten, Jordanien und Syrien: Besetzung des Sinai, des Gazastreifens, der Golanhöhen und Cisjordaniens einschließlich Ostjerusalem. – 759 Israeli werden getötet, ca. 2300 verwundet; auf arabischer Seite ca. 30.000 Tote. Israel verliert 40 Flugzeuge und 80 Panzer, die Gegner mindestens 450 Flugzeuge und 1.000 Panzer.

10.06.1967 Die Sowjetunion bricht die diplomatischen Beziehungen mit Israel ab. Mit Ausnahme Rumäniens ziehen sämtliche kommunistischen Regierungen nach.

22.11.1967 Resolution 242 des UN-Sicherheitsrates. Darin werden der Rückzug der israelischen Armee aus den im Sechstagekrieg besetzten Gebieten, Verzicht auf weitere Gebietsansprüche, Beendigung des Kriegszustands, Sicherung freier Seewege, gegenseitige Anerkennung sicherer Grenzen und die Lösung des Flüchtlingsproblems verlangt. – Dieser Forderungskatalog ist für Israel und für die arabische Welt in gleicher Weise nur partiell erfüllbar. Jahrzehntelang haben beide Konfliktparteien unterschiedliche Vorstellungen über »die Erfüllung von 242«.

17.03.1969 - 15.12.1969 Vierzehnte Regierung unter Premierministerin Golda Meir.

28.10.1969 Wahlen zur 7. Knesset

Juni 1967 - 07.08.1970 Abnützungskrieg Israel - Ägypten

Juni 1967 - April 1969 Seit dem Sechstagekrieg kommt es immer wieder zu ägyptischen Artillerie- und Infantrieangriffen auf das israelische Ostufer des Suezkanals. Diese werden von Israel hart beantwortet. Als Ägypten am 21.10.1967 den israelischen Zerstörer *Eilat* an der Sinaiküste versenkt, zerstört Israel 80% der ägyptischen Ölindustrieanlagen in Suez, Zehntausende von Menschen müssen aus Suez und Ismailia evakuiert werden.

Oktober 1968 Unruhen in Ägypten: Die Moslemische Bruderschaft und linksextreme Gruppen lehnen sich gegen Nasser auf. Als Reaktion wird der Krieg gegen den gemeinsamen äußeren Feind intensiviert.
In einem ägyptischen Artillerieangriff werden 15 Israeli getötet. Bis zum Sommer 1969 werden die ägyptischen Angriffe immer häufiger und zum »Abnützungskrieg« deklariert.

März 1969 Fertigstellung der israelischen Bar-Lev-Linie (nach dem damaligen Generalstabschef Chaim Bar-Lev): Eine teilweise unterirdische Befestigungsanlage auf dem Ostufer des Suezkanals, die Artillerieangriffe abwehren soll.

23.04.1969 Kairo erklärt die Waffenstillstandslinie vom Juni 1967 für ungültig. Eine Woche später gibt Nasser bekannt, Ägypten fühle sich nunmehr berechtigt, zivile Ziele in Israel anzugreifen.

15.12.1969 - 10.03.1974 Fünfzehnte Regierung unter Premierministerin Golda Meir.

Ende Juli 1969 Trotz der Bar-Lev-Linie steigt die monatliche Verlustrate der fortgesetzten ägyptischen Angriffe auf 70 israelische Todesopfer; zugleich nimmt die Gefährdung der Nachschubwege der Bar-Lev-Linie stetig zu. Während der nächsten drei Monate unternimmt die israelische Luftwaffe anhaltende Angriffe auf die ägyptischen Artilleriestellungen auf dem Westufer des Suezkanals. Indem nach und nach die ägyptischen Stellungen ausgeschaltet werden, gehen die israelischen Verluste merklich zurück.

Januar 1970 Israelische Luftangriffe auf militärische Ziele in der Nähe von

Kairo nehmen zu. Dabei werden auch zivile Ziele getroffen und Hunderte von Zivilisten getötet. – Die Sowjetunion schickt Abwehrraketen, Flugzeuge, Techniker und Piloten nach Ägypten. Israel verfügt über keine technischen Mittel, um sich gegen die Raketen zu schützen. Die Bar-Lev-Linie ist erneut in Gefahr. Die USA befürchten eine Konfrontation mit der Sowjetunion.

30.07.1970 In einem Gefecht über dem Suezkanal werden fünf sowjetische MIG-Flugzeuge von israelischen Kampfflugzeugen abgeschossen.

07.08.1970 Waffenstillstand.

Seit dem Sechstagekrieg sind an allen israelischen Fronten 600 israelische Soldaten und 127 Zivilisten gefallen.

06. - 16.09.1970 Schwarzer September

»Schwarzer Sebtember« in Jordanien: bürgerkriegsähnliche Auseinandersetzungen zwischen den Truppen des Haschemitischen Königreichs und PLO-Guerillas; bei den Gefechten in den Flüchtlingslagern werden 2.000 PLO-Guerillakämpfer und mehrere tausend unschuldige Flüchtlinge getötet. – Für den Haschemitenkönig besteht doppelte Veranlassung, die Anwesenheit der PLO in Jordanien zu beenden: Die Überfälle der PLO-Guerillas auf Israel (seit 1968) werden mit harten Vergeltungsschlägen beantwortet, von denen die jordanische Zivilbevölkerung schwer betroffen ist. Noch staatsgefährdender sind jedoch die Bestrebungen der PLO, einen Staat im Staat zu bilden und mit Hilfe der palästinensischen Bevölkerung die Haschemiten zu entmachten. – Mit Rückhalt der Sowjetunion schickt Syrien während des »Schwarzer Sebtember« eine Einsatztruppe gegen Hussein von Jordanien; der Irak droht ähnliche Maßnahmen an. Hussein schlägt die syrischen Angreifer; ein amerikanisch-israelischer Plan, Hussein militärisch zu unterstützen, bleibt in der Schublade. – Mit 30 Millionen Dollar amerikanischer Militärhilfe vernichtet Hussein in den folgenden Monaten die letzten Zellen der PLO-Kämpfer; die letzte militärische Aktion findet im Juli 1971 im nordwestlichen Gebirgsland des Landes statt. Danach verlagern die PLO-Gruppen ihre Operationsstützpunkte in den Libanon und nach Syrien.

06. - 26.10.1973 Yom-Kippur-Krieg

Seit Ende des Sechstagekrieges findet eine umfangreiche Aufrüstung Ägyptens und Syriens durch die Sowjetunion statt. Zugleich verbreitet sich in Israel die Sicherheit, daß dieser Sieg nötigenfalls wiederholbar ist. Im Generalstab werden miteinander unvereinbare Strategien (Abbau der Bar-Lev-Linie u.a.) vertreten, und die Qualität der nachrichtendienstlichen Aufklärung läßt nach. In den Streitkräften greifen Politisierung, Nachlässigkeit und vereinzelt auch Korruption um sich – Faktoren, die die Schlagfähigkeit beeinträchtigen. Aufgrund einer mangelhaften Auswertung nachrichtendienstlicher Daten in den Wochen vor dem Yom-Kippur-Krieg wird der konzertierte Angriffsplan Syriens und Ägyptens lange Zeit verkannt und die Mobilmachung zu spät veranlaßt. Am 6. Oktober um 14.00 Uhr Ortszeit, als die Mobilmachung in Israel noch nicht abgeschlossen ist, erfolgt der ägyptische und syrische Überraschungsangriff am Suezkanal und auf den Golanhöhen. Zu diesem Zeitpunkt begehen Juden in aller

Welt den Yom Kippur (Versöhnungstag), den höchsten jüdischen Feiertag. In Israel werden Reservisten und Zivilbevölkerung von aufheulenden Sirenen aus den Synagogen geholt.

06.-07.10.1973 Auf dem östlichen Ufer des Suezkanals ist die Bar-Lev-Linie, die Verteidigungsanlage, die seit dem Abnützungskrieg vernachlässigt worden ist, mit nur 436 israelischen Soldaten besetzt. Sie wird von einigen zehntausend gut ausgerüsteten ägyptischen Soldaten überrannt. Die israelischen Verbände hinter der Bar-Lev-Linie müssen weiter zurückgezogen werden.

06.-08.10.1973 Die syrischen Angreifer (verstärkt von irakischen Verbänden) überqueren mühelos die Waffenstillstandslinie auf den Golanhöhen. Ein ganzes israelisches Panzerbattaillon (ca. 50 Panzer) hält den Angriff von 800 Panzern und anderen Verbänden auf, bis nach über 48 Stunden Verstärkung eintrifft. Politiker und Militärs in Israel befürchten die zweite Shoa des 20. Jahrhunderts.

08.10.1973 Erste amerikanische Waffenlieferungen während des Krieges: In der Zeit vom 14.10.-14.11.1973 landen 566 Transportflugzeuge in Israel mit 22.000 Tonnen Rüstungsgüter.

09.10.1973 Errichtung einer sowjetischen Luftbrücke, über die umfangreiche Waffenlieferungen (in den ersten 10 Tagen 8.000 Tonnen Rüstungsgüter) nach Ägypten und Syrien gelangen.

09.-10.10.1973 Unter Einsatz von Verbänden, die von der Sinaifront abkommandiert werden, werden an der Nordfront die syrischen Angreifer sowie ein marokkanischer und ein jordanischer Verband – obgleich König Hussein von Jordanien davon absieht, die Jordanfront gegen Israel zu eröffnen – auf die Waffenstillstandslinie vom 6.10. zurückgeworfen. Am 18.10. stehen israelische Truppen 30 km vor Damaskus.

15.-18.10.1973 Israelische Gegenoffensive an der ägyptischen Front: Israelische Verbände setzen zum Westufer des Suezkanals über, wodurch die Dritte Armee Ägyptens auf dem Ostufer umstellt ist. Staatspräsident Anwar Sadat befürchtet einen israelischen Vormarsch auf das ca. 100 km entfernte Kairo.

22.10.1973 Resolution 338 des UN-Sicherheitsrates: Darin wird ein Waffenstillstand, die Erfüllung der UN-Resolution 242 vom 22.11.1967 sowie eine Nahostfriedenskonferenz verlangt.

24.10.1973 Zweiter Waffenstillstand, nachdem der erste vom 22.10. ignoriert wird. Als die Waffen schweigen, kontrolliert Israel den gesamten Suezkanal sowie ein Gebiet auf dessen Westufer.

26.10.1973 Erfolgloser Ausbruchsversuch der Dritten ägyptischen Armee. Kriegsverluste: 2.552 israelische Tote, über 3.000 Verwundete; 7.700 ägyptische Tote, 3.500 syrische Tote.

28.10.1973 Israel gibt amerikanischem Druck nach und läßt einen ersten Konvoi des Roten Kreuzes mit Nahrungsmitteln und Medikamenten zur eingeschlossenen Dritten ägyptischen Armee und nach Suez passieren.

18.11.1973 Ernennung der Agranat-Kommission unter Vorsitz von Shimon Agranat, Vorsitzender des Obersten Gerichtshofes. Aufgabe der Kommission ist es, die Ursachen zu klären, die dazu führten, daß Israel nachrichtendienstlich und militärisch auf den Überraschungsangriff nicht vorbereitet war.

22.-23.12.1973 Nahostfriedenskonferenz in Genf unter Schirmherrschaft der UNO und Teilnahme der Außenminister Israels, Ägyptens, Jordaniens, der USA und der Sowjetunion. Es wird vereinbart, daß israelische und ägyptische Militärs ein Truppenentflechtungsabkommen aushandeln sollen.

31.12.1973 Wahlen zur 8. Knesset.

18.01.1974 Unterzeichnung des Entflechtungsabkommens, das nicht durch Direktverhandlungen von Militärs, sondern durch die Pendeldiplomatie von US-Außenminister Henry Kissinger zustande kommt. Das Ergebnis ist ein einseitiger israelischer Gebietsverzicht, der durch amerikanischen Druck durchgesetzt wird: Israel gibt östlich der Bar-Lev-Linie einen ca. 10 km breiten Streifen auf und verringert seine Truppen entlang der neuen Grenze. Ägypten wird auf dem Ostufer des Suezkanals eine begrenzte Truppenpräsenz zugestanden. Zwischen beiden Parteien werden UN-Friedenstruppen stationiert. Erstmals dürfen Handelsschiffe von und nach Israel den Suezkanal benutzen, sofern sie nicht unter israelischer Flagge fahren und keine Rüstungsgüter transportieren.

10.03.1974 - 03.06.1974 Sechzehnte Regierung unter Premierministerin Golda Meir.

02.04.1974 Die am 18.11.1973 ernannte Agranat-Kommission veröffentlicht einen ersten Zwischenbericht. Darin wird die Entlassung von Generalstabschefs David Elazer und hochrangiger Militärs verlangt. Die Öffentlichkeit fordert darüber hinaus den Rücktritt von Verteidigungsminister Moshe Dayan.

10.04.1974 Premierministerin Golda Meir tritt zurück, um die Einheit der Arbeiterpartei zu retten, die durch den Skandal um Dayan gefährdet ist.

31.05.1974 Unterzeichnung des Entflechtungsabkommens mit Syrien. Grundlage ist ein einseitiger israelischer Gebietsverzicht, der durch amerikanischen Druck durchgesetzt wird: Israel tritt die neuen Gebietsgewinne in Syrien sowie einen kleinen Teil der Golanhochebene an Syrien ab. Entlang der Grenzen werden UN-Beobachtertruppen stationiert. Beide Staaten reduzieren ihre militärische Präsenz auf den Golanhöhen.

03.06.1974 - 20.06.1977 Siebzehnte Regierung unter Premierminister Yitzhak Rabin.

04.09.1975 Unterzeichnung des 2. Sinai-Abkommens mit Ägypten: Israel tritt einen weiteren ca. 30 km breiten Streifen des Sinai an Ägypten ab. Dieser wird weitgehend entmilitarisiert und von UN-Beobachtertruppen überwacht. Der Gidi- und der Mitlapaß werden von amerikanischen Technikern überwacht.

26.-29.10.1974 Auf dem Gipfeltreffen der arabischen Staaten in Rabat wird fast einstimmig (Enthaltung Iraks) der Rabat-Beschluß gefaßt: Darin wird die PLO »als die einzige rechtmäßige Vertretung des palästinensischen Volkes« anerkannt.

10.11.1975 Resolution 3379 der UN-Vollversammlung, die den Zionismus als »eine Form von Rassismus und rassistischer Diskriminierung« charakterisiert.

30.03.1976 *Tag des Landes*: Unruhen vor dem Hintergrund von Enteignungen von 2000 Hektar Land in Galiläa (d.h. innerhalb des israelischen Staatsgebietes), das Palästinensern israelischer Staatsangehörigkeit gehörte: Die zunächst als militärisches Sperrgebiet deklarierten Liegenschaften werden von israelischen Landwirten bewirtschaftet. Daraufhin kommt es am Tag des Landes zu blutigen Auseinandersetzungen mit der Polizei, wobei sechs Demonstranten getötet und ca. fünfzig verletzt werden. In den folgenden Jahren wird der *Tag des Landes* weltweit zum de facto palästinensischen Nationalfeiertag, im israelischen Staatsgebiet und in den besetzten Gebieten meist von Protestdemonstrationen begleitet, wobei es nicht selten zu Ausschreitungen kommt. (Mitte der achtziger Jahre werden die enteigneten Grundstücke ihren Eigentümern zurückerstattet.)

03.07.1976 Israelische Eliteeinheiten befreien die Geiseln eines Air France Flugzeuges, das von Terroristen der Volksfront zur Befreiung Palästinas nach Entebbe (Uganda) entführt worden ist: 101 Geiseln werden lebend befreit, vier Geiseln und ein israelischer Offizier kommen um. Das Ereignis ist ein psychologischer Meilenstein: In Israel kommt es zu Stürmen der Begeisterung – nach dem Trauma des Yom-Kippur-Krieges wieder ein Anlaß, nationalen Stolz zu empfinden.

17.5.1977 Wahlen zur 9. Knesset, Regierungsübernahme durch den Likud.

20.6.1977 - 5.8.1981 Achtzehnte Regierung unter Premierminister Menachem Begin.

19.11.- 21.11.1977 Besuch des ägyptischen Staatspräsidenten, Anwar Sadat, in Jerusalem.

März 1978 Anfänge der Friedensbewegung, *Shalom Achshav* (»Frieden jetzt«): Reserveoffiziere und Knessetabgeordnete organisieren Protestaktionen gegen Begins Hinhaltetaktik bei den israelisch-ägyptischen Friedensverhandlungen.

Anfang 1978 Um die israelisch-ägyptische Annäherung zu stören, läßt Syrien den PLO-Guerillas im Südlibanon freie Hand. Anfang 1978 geraten die Stadt Nabatiyeh und die strategisch wichtige Kreuzfahrerfestung Beaufort, oberhalb von Nordwestgalliläa, unter die Kontrolle der PLO. – Am 11.3.1978 landen PLO-Terroristen an der israelischen Küste nördlich von Tel Aviv und entführen einen Linienbus; der Anschlag kostet 35 Zivilisten das Leben (der schwerste Terrorangriff in der Geschichte des Staates).

16.03.1978 Israel reagiert mit der »Operation Litani«: 8.000 israelische Soldaten versuchen, die PLO-Positionen im Südlibanon zu vernichten. Wenige Terroristen werden gefaßt, Dutzende von libanesischen Zivilisten fallen israelischen Bombardierungen zum Opfer; der UN-Sicherheitsrat beschließt, 3.000 UNIFIL-Soldaten im Südlibanon an der israelischen Grenze zu stationieren.

17.09.1978 Unterzeichnung der Camp-David-Abkommen, die eine »Rahmenvereinbarung für Frieden im Nahen Osten« sowie eine »Rahmenvereinbarung für einen Friedensvertrag zwischen Ägypten und Israel« enthalten. Mit ersterer soll »die Lösung des Palästina-Problems in all seinen Aspekten« erreicht werden. Zu diesem Zweck soll eine Einigung über eine fünfjährige Autonomieregelung in Cisjordanien und dem Gazastreifen sowie über die danach einsetzende Dauerregelung erarbeitet werden.

10.12.1978 Auszeichnung Menahem Begins und Anwar Sadats mit dem Friedensnobelpreis.

26.03.1979 Unterzeichnung des Friedensvertrags zwischen Israel und Ägypten in Washington.

30.07.1980 Die Knesset beschließt ein sogenanntes Grundgesetz, wonach Jerusalem die vereinigte und unteilbare Hauptstadt Israels ist.

07.06.1981 Zerstörung des irakischen Atomreaktors in Bagdad durch die israelische Luftwaffe.

30.06.1981 Wahlen zur 10. Knesset.

05.08.1981 - 10.10.1983 Neunzehnte Regierung unter Premierminister Menachem Begin.

06.10.1981 Ermordung Anwar Sadats durch islamische Fundamentalisten.

14.12.1981 Knessetbeschluß, die Golanhöhen zu annektieren.

26.02.- 23.04.1982 Im Zuge der Rückgabe des Sinai an Ägypten nimmt die Regierung Begin die Ausweisung von ca. 5000 Siedlern des *Gush Emunim* aus Yamit im nördlichen Sinai vor. Da diese ideologisch kompromißlosen Siedler territoriale Zugeständnisse prinzipiell ablehnen, werden die wirtschaftlich lukrativen Umsiedlungsangebote der siedlerfreundlichen Begin-Regierung zurückgewiesen.

25.04.1982 Abschluß der Rückgabe der Sinaihalbinsel an Ägypten.

Libanonkrieg

03.06.1982 Attentat auf den israelischen Botschafter, Shlomo Argov, in London durch ein dreiköpfiges Kommando der PNLM (Palestine National Liberation Movement). – Begin verschweigt seinem Kabinett, was er aus israelischen Geheimdienstquellen über die Hintergründe erfuhr: nämlich, daß Israel mit dem Attentat zu einer Offensive gegen den Libanon provoziert werden sollte.

06.06.1982 Beginn der *Operation Frieden für Galiläa.* Am Vortag hat Verteidigungsminister Ariel Sharon seine Kabinettskollegen über den Umfang der Aktion hinters Licht geführt. Angeblich sollen die PLO-Militionäre im Südlibanon lediglich 40 km von der Grenze fern gehalten werden, um der Zivilbevölkerung in Nordisrael weitere Raketenangriffe *(Katyuschas)* zu ersparen. Die Aktion soll in 48 Stunden durchgeführt werden. Sharon soll angeblich selbst Premierminister Begin über die tatsächlichen Ziele der militärischen Aktion getäuscht haben; dies muß zumindest als ungeklärt gelten, da außer Sharon hochgestellte Militärs eingeweiht sind. – Von Sharon getäuscht, unterstützen selbst die Spitzenpolitiker der Opposition, Peres und Rabin, den Plan, die PLO-Militionäre in einer kurzen Aktion aus dem Südlibanon zu vertreiben. Tatsächlich verfolgt Sharon jedoch von Anfang an das Ziel, Beirut einzunehmen und die PLO und Syrien aus dem Libanon zu vertreiben. So täuscht Sharon mit Hilfe von Generalstabschef Rafael Eytan die Öffentlichkeit, die Opposition und selbst das Kabinett über das geplante Ausmaß des Krieges. – Begin gibt sich gekränkt und erbost, weil selbst er von Sharon systematisch belogen worden sei; dabei ist freilich bemerkenswert, daß er die naheliegendste personelle Konsequenz nicht zieht – noch nicht einmal, als der Kahan-Bericht im Februar 1983 Sharons Entlassung empfiehlt. Tatsächlich beginnt Begin im Lauf des Libanonkriegs Hoffnungen zu hegen, Libanon werde als zweiter arabischer Staat einen Friedensvertrag mit Israel schließen.

03.07.1982 Großdemonstration von *Shalom Achshav* in Tel Aviv gegen den Krieg; mit 100.000 Teilnehmern ist dies die bisher größte Protestdemonstration in Kriegszeiten.

21.08.- 04.09.1982 Abzug der PLO-Guerillakämpfer aus Beirut. Yassir Arafat verlegt sein Operationszentrum nach Tunis.

16./18.09.1982 Unter Billigung von Verteidigungsminister Sharon und Generalstabschef Eytan nehmen christliche Milizen in den palästinensischen Flüchtlingslagern Sabra und Shatila bei Beirut eine »Reinigungsaktion« der verbliebenen Guerillakämpfer vor, wobei absehbar ist, daß dies in ein Massaker ausarten dürfte: Es kommt zu ca. 2.000 Toten. – Die israelische Öffentlichkeit verurteilt die Aktion einhellig; Staatspräsident Yitzhak Navon droht seinen Rücktritt an, sollte keine »gründliche, unparteiische und gerichtsbare Untersuchung« stattfinden.

24.09.1982 Protestdemonstration von 400.000 Israeli (fast ein Siebtel der jüdischen Bevölkerung Israels) gegen die Massaker auf dem *Platz der Könige Israels* in Tel Aviv.

28.09.1982 Unter dem Druck der Öffentlichkeit ernennt Premierminister Begin den Präsidenten des Obersten Gerichtshofes, Yitzhak Kahan, zum Vorsitzenden einer Untersuchungskommission. Nach sechzig Sitzungen wird im Februar 1983 der sogenannte Kahan-Bericht vorgelegt. Darin wird Begin und Außenminister Yitzhak Shamir keine direkte Verantwortung angelastet und die Entlassung der direkt verantwortlichen Entscheidungsträger empfohlen: nämlich Verteidigungsminister Sharon und drei Generäle. Obgleich Generalstabschef Eytan ebenfalls als verantwortlich erachtetet wird, werden für seine Person keine Konsequenzen empfohlen, da seine Dienstzeit ohnehin wenige Wochen später endet.

10.02.1983 Ermordung Emil Grunzweigs in Jerusalem: Begin entläßt drei Generäle, mißachtet aber sonst den Kahan–Bericht. Dies löst eine Welle von Protesten und Demonstrationen von Gegnern der Regierung (50% der Öffentlichkeit) sowie Gegendemonstrationen von deren Anhängern (30%) aus. Bei einer Konfrontation während einer Demonstration, wirft ein als geistesgestört diagnostizierter Mann, Yona Avrushmi, eine Handgranate in die Demonstrantenmenge der Friedensbewegung. Der dreiunddreißigjährige Emil Grunzweig, der als Offizier einer Fallschirmtruppe am Libanonkrieg teilgenommen hat, wird getötet. Zehn weitere Demonstranten der Friedensbewegung werden verletzt, darunter Avraham Burg, der Sohn von Innenminister Josef Burg. Eine Woche später läßt sich Begin zu einem »Kompromiß« herbei: Sharon tritt als Verteidigungsminister zurück, verbleibt aber als Minister ohne Geschäftsbereich im Kabinett. Einige Wochen darauf wird er, möglicherweise aufgrund einer geheimgehaltenen Zusatzabmachung, in den maßgeblichen Sicherheitsrat des Kabinetts berufen.

Seit Oktober 1982 Israel gerät in den sogenannten »libanesischen Morast«; Anschläge und Angriffe von Scharfschützen verschiedenster Milizen gehören zum Alltag israelischer Soldaten. In der israelischen Öffentlichkeit wächst die Opposition gegen den Krieg. Zum ersten Mal in der Geschichte des Staates macht die Vermeidung des Resevedienstes Schule. Die Regierung ist selbst gegen den amerikanischen Wunsch zu einem einseitigen Rückzug entschlossen.

17.05.1983 Unterzeichnung eines von US-Außenminister George Shultz vermittelten Abkommens zwischen Israel und Libanon. Danach soll sich Israel aus dem Libanon zurückziehen. Der libanesische Staatspräsident Amin

Gemayel versichert, er habe von Asad ein »schriftliches« Versprechen, daß im Gegenzug auch die syrischen Truppen aus dem Libanon abgezogen werden sollen. Jedoch deklariert Asad seinerseits die Vereinbarung als »Kapitulationsabkommen« und fordert alle Parteien im Libanon auf, es zu mißachten.

Juli 1983 Beginn des Rückzugs israelischer Truppen zum Awali-Fluß. Damit wird der syrischen Armee der Weg nach Beirut geebnet. Die Regierung in Beirut wird mehr und mehr zur Marionette Syriens.

August 1983 Vergebliche Versuche von Finanzminister Yoram Aridor der kriegsbedingten Wirtschaftsprobleme Herr zu werden: rapide Zunahmen von Arbeitslosigkeit, Staatsverschuldung, Handelsdefizit und galoppierender Inflation (Ende 1983: 200%, Ende 1984: 400%).

28.08.1983 Premierminister Menahem Begin kündigt seinen Rücktritt an und geht in seiner Privatwohnung in Klausur. Das juristisch notwendige Rücktrittsgesuch wird dem Staatspräsidenten erst am 15. September zugeleitet.

10.10.1983-13.09.1984 Zwanzigste Regierung unter Premierminister Yitzhak Shamir.

März 1984 Unter Asads Druck kündigt der libanesische Staatspräsident Amin Gemayel das israelisch-libanesische Abkommen auf.

23.07.1984 Wahlen zur 11. Knesset.

13.09.1984 - 20.10.1986 Einundzwanzigste Regierung unter Premierminister Shimon Peres. (Regierung der nationalen Einheit unter Beteiligung von Arbeiterpartei und Likud und mit rotierender Besetztung des Premierministeramtes: der Spitzenkandidat des Likud, Yitzhak Shamir, ist während der ersten Hälfte der elften Legislaturperiode Außen- und stellvertretender Premierminister.)

14.01.1985 Nach langem Widerstand der Likud-Minister beschließt das Kabinett, die Streitkräfte aus dem Libanon abzuziehen.

Februar - Juni 1985 Abzug der israelischen Streitkräfte aus dem Libanon. Israel behält jedoch auf libanesischem Gebiet die Kontrolle über eine mehrere Kilometer breite Sicherheitszone entlang der israelischen Grenze. Sie wird seither von Einheiten der *Armee zur Verteidigung Israels* sowie von der von Israel unterhaltenen Südlibanesischen Armee patrouilliert. Angesichts der andauernden Terrorangriffe auf die israelische Zivilbevölkerung in Nordisrael wird die israelische Kontrolle der Sicherheitszone von der Mehrheit der Friedensbewegung in Israel bejaht. Seit Beginn des Libanonkriegs am 6. Juni 1982 sind 652 Israeli ums Leben gekommen.

20.10.1986 - 22.12.1988 Zweiundzwanzigste Regierung unter Premierminister Yitzhak Shamir. (Shimon Peres, der Spitzenkandidat der Arbeiterpartei ist während der zweiten Hälfte der elften Legislaturperiode Außen- und stellvertretender Premierminister in der Regierung der nationalen Einheit mit rotierendem Premierministeramt.)

11.04.1987 Außenminister Peres und König Hussein von Jordanien unterzeichnen in London ein Dokument, in dem sie sich einigen, in einem (nicht definierten) internationalen Forum eine Nahostfriedensregelung zu erstreben. Dabei sollen die Palästinenser ihre Interessen als Mitglieder der jordanischen Delegation vertreten können. Der Vertrag wird jedoch von der Regierung Shamir abgelehnt.

09.12.1987 Ausbruch der *Intifada* (arabisch: »Abschütteln«, »Erwachen«). Konkreter Anlaß ist ein Auffahrunfall, den ein israelischer Lastwagenfahrer im Flüchtlingslager Jeballia im Gazastreifen verursacht und bei dem mehrere Palästinenser verletzt werden. Die Bewohner von Jeballia sind davon überzeugt, daß es sich bei dem Zwischenfall um ein vorsätzlich verübtes Verbrechen handelt. Es brechen Unruhen aus, die wie ein Lauffeuer in wenigen Stunden den gesamten Gazastreifen und dann Cisjordanien erfassen. In den ersten Tagen wird die Tragweite der Unruhen von der politischen und militärischen Führung in Israel unterschätzt. Als die *Intifada* mehrere Wochen andauert, beginnt sich in der israelischen Öffentlichkeit die Einsicht zu verbreiten, daß die Okkupation Cisjordaniens und des Gazastreifens auf Dauer unhaltbar sein wird.

29.10.1988 Anschlag auf einen israelischen Linienbus in Jericho durch *Intifada*-Aktivisten. Fünf Israeli werden getötet. (Nach Schätzungen in der Arbeiterpartei verlor sie aufgrund dieses Zwischenfalls bei den Knessetwahlen drei Tage darauf ca. 3 - 4 Mandate.)

01.11.1988 Wahlen zur 12. Knesset.

Nov. 1988 Beschluß von Algier: Der Palästinensische Nationalrat der PLO erkennt in seiner Unabhängigkeitserklärung die UN-Resolution 242 an; implizit wird damit zum ersten Mal der UN-Teilungsplan vom 29.11.1947 angenommen. Infolge dieser Entwicklung nimmt Washington den Dialog mit der PLO auf.

22.12.1988 - 11.06.1990 Dreiundwanzigste Regierung unter Premierminister Yitzhak Shamir. (Regierung der nationalen Einheit unter Beteiligung von Likud, Arbeiterpartei und drei religiösen Parteien.)

15.03.1990 Rücktritt der Regierung der nationalen Einheit aufgrund eines Mißtrauensvotums.

01.04.1990 Staatspräsident Saddam Hussein von Irak gibt in einer Rede zu, daß sein Land im Besitz binärer Chemiewaffen sei und daß »das irakische Feuer die Hälfte Israels verschlingen wird«, falls es den Irak angreifen sollte.

11.06.1990 - 13.07.1992 Vierundwanzigste Regierung unter Premierminister Yitzhak Shamir.

17.01. - 28.02.1991 Golfkrieg

02.08.1990 Staatspräsident Saddam Hussein von Irak besetzt Kuwait, das er zur »19. Provinz« seines Landes machen will. Internationaler politischer und wirtschaftlicher Druck auf Hussein vermögen keinen irakischen Rückzug zu erwirken; eine Koalition bestehend aus den USA, Großbritannien, Frankreich, Saudi-Arabien, Ägypten, Marokko, Syrien u.a. lassen über eine halbe Million Soldaten an der kuwaitisch-saudischen Grenze aufmarschieren. Zu Husseins Verbündeten zählen Jordanien, Jemen, Sudan und die PLO.

29.11.1990 Ultimatum des UN-Sicherheitsrates: Sollte sich der Irak bis zum 15. Januar nicht aus Kuwait zurückziehen, müßten alle notwendigen Mittel eingesetzt werden, um den Rückzug zu erzwingen.

25.12.1990 In Israel Freilassung von Menachem Livni, Shaul Nir und Uzi

Sharabaf, Angehörigen des »Jüdischen Untergrundes«. Diesem wurden mehrere Morde, die Verstümmelung (01.06.1980) von Bassam al Shak'a, Bürgermeister von Nablus, und Qarim Khalef, Bürgermeister von Ramallah, sowie Anschläge auf arabische Busse zur Last gelegt. Jedoch wurde die strafrechtliche Verfolgung aus politischem Vorsatz über Jahre vereitelt und dann erst im Mai 1984, nach dem Rücktritt von Verteidigungsminister Sharon, nachgeholt. Livni, Nir und Sharabaf wurden zu lebenslänglichen Haftstrafen verurteilt. – Unter politischem Druck von rechts und trotz heftiger Proteste von links spricht Staatspräsident Chaim Herzog drei Begnadigungen aus: Die Haftstrafen werden drei Mal zu jeweils 24, 15 und 10 (im Juni 1990) Jahren verkürzt. Damit wird die weitere Reduzierung um ein Drittel der Haftzeit »für gute Führung« ein formaler Akt, den ein Ausschuß der Strafvollzugsbehörde vollzieht. Die Verbrecher werden nach knapp sieben Jahren hinter Gittern freigelassen und sind sich sicher, daß »die Regierung Israels sie eines Tages um Vergebung bitten wird«.

17.01.1991 **Beginn der »Operation Wüstensturm«** der anti-irakischen Koalition – aus Saddam Husseins Sicht, »die Mutter aller Schlachten«.

18.01.1991 Beginn der irakischen Scud-Angriffe auf Israel. In den nächsten sechs Wochen ist Israel fast jede Nacht Raketenangriffen ausgesetzt. 13 Zivilisten werden getötet und 239 verletzt, ca. 20.000 Wohnungen werden zerstört oder beschädigt. Um ein Auseinanderbrechen der wackligen anti-irakischen Koalition zu verhindern, nimmt Israel zum ersten Mal in seiner Geschichte einen militärischen Angriff kampflos hin. Die USA entsenden *Patriot*-Raketen samt Mannschaften nach Israel. Wie sich nachträglich herausstellt, bieten sie keinerlei Abwehr. Der relative geringe Schaden der irakischen Scuds ist ausschließlich durch deren schlechte technische Qualität bedingt.

28.02.1991 Einstellung der Kampfhandlungen. In Israel verbreitet sich Entsetzen, weil auf die Entmachtung Saddam Husseins verzichtet wird.

30.10.- 01.11.1991 **Nahostfriedenskonferenz in Madrid**. Unter der Schirmherrschaft der USA und der Sowjetunion findet in Madrid eine Eröffnungskonferenz eines umfassenderen Friedensprozesses statt. Dabei treffen Regierungsvertreter von Israel, Syrien, Libanon, Jordanien und PLO-Vertreter zum ersten Mal in aller Öffentlichkeit zusammen. Inhaltlich wird vereinbart, daß Israel und die genannten Parteien ihre Interessenkonflikte in bilateralen Verhandlungen lösen sollen. Zugleich sollen multilaterale Verhandlungen zwischen den Staaten der Region unter Beisein von Vertretern der internationalen Gemeinschaft über den Aufbau des künftigen Nahen Ostens stattfinden. Zu diesem Zweck wird in getrennten Foren über Wasser, Umwelt, Rüstungskontrolle und regionale Sicherheit, Flüchtlinge sowie über wirtschaftliche Zusammenarbeit und Entwicklung verhandelt.

23.06.1992 Wahlen zur 13. Knesset.

13.07.1992 - 22.11.1995 Fünfundwanzigste Regierung unter Premierminister Yitzhak Rabin. (Koalitionsregierung der Arbeiterpartei, des Meretzblocks und der religiösen Shasspartei).

03.08.1992 Aufhebung des Gesetzes, das Israeli untersagt, sich mit Vertretern der PLO zu treffen.

13.12.1992 Ausweisung von 415 Hamas-Aktivisten in verschneites Gebirgsland jenseits der israelisch-libanesischen Grenze. Damit reagiert die Regierung Rabin auf eine Terrorwelle der Hamas. Letzte Veranlassung der drakonischen Maßnahme ist die Entführung eines israelischen Polizisten unweit von Tel Aviv, dessen Mißhandlung und Ermordung. Wollte Rabin innenpolitisch mit der Massenausweisung seine Handlungsfähigkeit unter Beweis stellen, so nimmt das Ansehen der Regierung innen- und außenpolitisch schweren Schaden.

24.03.1993 Wahl von Ezer Weizmann zum Staatspräsidenten.

25.07. - 31.07.1993 **Militärische Operation Israels im Libanon**, genannt *»din veheshbon«* (»Abrechnung«). Dadurch soll die Beschießung nordisraelischer Siedlungen durch die vom Iran weitgehend gesteuerte islamisch-fundamentalistische Hizbullah-Miliz beendet werden, die mit syrischer Deckung vom Libanon gegen Israel operiert. Über eine viertel Million libanesischer Zivilisten fliehen während din ve eshbon aus den Südteilen des Landes nach Beirut. In Israel werden Zivilisten aus dem nördlichen Grenzgebiet evakuiert. – Durch amerikanische Vermittlung kommt eine mündliche Vereinbarung zustande, die das Ende von *»din veheshbon«* ermöglicht: Israel, Syrien und der Libanon einigen sich, daß die Hizbullah ihren Raketenbeschuß auf israelisches Hoheitsgebiet sowie auf den von Israel kontrollierten Sicherheitsstreifen im Südlibanon einstellen werde. Im Gegenzug sagt Israel zu, den Artilleriebeschuß und die Bombardierung südlibanesischer Dörfer einzustellen. Ihrerseits erklärt jedoch die Hizbullah-Organisation, diese Vereinbarung verpflichte sie nicht, im Sicherheitsstreifen keine Angriffe auf die israelische Armee oder auf die von Israel unterstützte Armee des Südlibanon zu unternehmen. Auch ist der Charakter der syrischen und libanesischen Bürgschaft unklar. Infolge der Vereinbarung bleibt die israelische Nordgrenze zweieinhalb Jahre, bis zur »Operation Früchte des Zornes« (siehe S. 276) relativ ruhig.

09.09.1993 Gegenseitige Anerkennung von PLO und Israel durch Briefwechsel zwischen Yitzhak Rabin und Yassir Arafat. Dieser historische Durchbruch war in Geheimverhandlungen in Oslo vorbereitet worden.

13.09.1993 Außenminister Shimon Peres und Mahmud Abas (auch als Abu Masen bekannt) sowie US-Außenminister Warren Christopher und Rußlands Außenminister Andrej Kosirev unterzeichnen auf dem Rasen des Weißen Hauses die Prinzipienerklärung über vorübergehende Selbstverwaltung im Gazastreifen und Jericho. (Der De-facto-Außenminister der PLO, Farouk Kadumi – auch als Abu Lutf bekannt – vertritt innerhalb der PLO-Spitze eine kompromißlose Linie und weigert sich, den Vertrag zu unterschreiben.) –
In der Prinzipienerklärung (**»Oslo I«**) wird ein Zeitplan für den israelischen Abzug festgelegt: Israel soll sich bis Ende des Jahres aus dem Gazastreifen und Jericho zurückziehen. Bis Juli 1994 sollen die Wahlen zum Palästinensischen Rat stattgefunden haben. (Aufgrund von Verzögerungen, die von beiden Vertragspartnern verursacht werden, finden die Wahlen jedoch erst am 20.1.1996 statt.)

25.02.1994 Massaker des Siedlers Baruch Goldstein an moslemischen Betenden in der Hebroner Ibrahim-Moschee; 37 Todesopfer. Der Mörder überlebt das Verbrechen nicht.

13.03.1994 Verbot der rechtsextremistischen Parteien Kach und Kahane Hay.

06.04.1994 Ein Angehöriger der Hamas sprengt sich in der nordisraelischen Stadt Afula in die Luft, indem er ein mit Sprengstoff beladenes Auto in einen Linienbus steuert: 8 Todesopfer, 51 Verletzte.

13.04.1994 Ein Angehöriger der Hamas sprengt sich in Hadera (zwischen Tel Aviv und Haifa) in einem Linienbus in die Luft: 5 Todesopfer, 30 Verletzte.

04.05.1994 Premierminister Yitzhak Rabin und PLO-Vorsitzender Yassir Arafat unterzeichnen in Kairo das Autonomieabkommen für den Gazastreifen und Jericho (»**Oslo I**«).

Mai 1994 Abzug der israelischen Truppen aus dem Gazastreifen und Jericho.

23.05.1994 Zum ersten Mal seit der Annäherung an Israel ruft Yassir Arafat in einer Moschee in Johannesburg zum Jihad für Jerusalem auf. Wie auch nach späteren gleichlautenden Äußerungen gibt er gegenüber der nichtarabischen Öffentlichkeit vor, keinen bewaffneten Kampf zu meinen.

01.07.1994 Yassir Arafat trifft im autonomen Gazastreifen ein.

25.07.1994 Premierminister Yitzhak Rabin, König Hussein und US-Präsident Bill Clinton unterzeichnen auf dem Rasen des Weißen Hauses die Washingtoner Erklärung. Darin wird das Ende des Kriegszustandes zwischen Israel und Jordanien festgeschrieben. Ferner enthält das Dokument einen in der arabischen Welt äußerst strittigen Passus:
»Israel respektiert die derzeitige besondere Rolle des Haschemitischen Königreichs Jordanien hinsichtlich der moslemischen heiligen Stätten in Jerusalem. Wenn Verhandlungen über den dauerhaften Status stattfinden, wird Israel der historischen Rolle Jordaniens hinsichtlich dieser Stätten hohe Priorität einräumen.«

08.08.1994 Eröffnung des ersten Grenzübergangs Ein Avrona zwischen Israel und Jordanien in der Arava-Wüste.

29.08.1994 Unterzeichnung des Abkommens über die vorbereitende Übertragung von Befugnissen und Verantwortlichkeiten zwischen Israel und der Palästinensischen Autonomiebehörde: im Bildungs-, Gesundheits-, Fremdenverkehrs-, Sozial-, Steuer- und Gesetzgebungswesen sowie in der Rechtsprechung.

19.10.1994 Ein Angehöriger der Hamas sprengt sich in Tel Aviv in einem Linienbus in die Luft: 22 Todesopfer, 48 Verletzte.

26.10.1994 Unterzeichnung des Friedensvertrags zwischen Israel und Jordanien durch Premierminister Yitzhak Rabin, Premierminister Salam al-Madjali und US-Präsident Bill Clinton am israelisch-jordanischen Grenzübergang Ein Avrona in der Arava-Wüste.

30.10. - 01.11.1994 Nahost/Nordafrika-Wirtschaftsgipfeltreffen in Casablanca: Auf Einladung von König Hassan II. von Marokko und mit Unterstützung von US-Präsident Clinton und des russischen Präsidenten Boris Yelzin treffen Vertreter aus 61 Staaten und 1.114 führende Repräsentanten der Wirtschaft aus aller Welt zusammen. Neben Maßnahmen zur Beendigung des arabischen Wirtschaftsboykotts gegen Israel wird vereinbart, vier regionale Zentren zu schaffen: eine Entwicklungsbank für den Nahen Osten und Nordafrika, ein Fremdenverkehrsamt, eine regionale Handelskammer sowie einen Ausschuß zur Weiterverfolgung von Fragen, die in Casablanca aufgeworfen worden sind.

01.11.1994 Eröffnung einer israelischen diplomatischen Vertretung (»bûreau de liaison«, nach Auskunft des israelischen Außenministeriums eine »Quasibotschaft«) in Rabat. Die marokkanische Vertretung in Tel Aviv wird am 15.3.1995 eröffnet.

11.11.1994 An einer Straßensperre der israelischen Armee im Gazastreifen sprengt sich ein Angehöriger des Islamischen Jihad in die Luft: 3 Todesopfer, 6 Verletzte.

25.12.1994 Ein Angehöriger der Hamas sprengt sich in Jerusalem an einer Bushaltestelle in die Luft: 12 Verletzte.

22.01.1995 Zwei Angehörige des Islamischen Jihad sprengen sich an einem kleinen Busbahnhof in Bet Lid (bei der Küstenstadt Netanya) in die Luft; 21 Totesopfer, 61 Verletzte.

09.04.1995 Im Gazastreifen sprengt sich ein Angehöriger des Islamischen Jihad in die Luft, indem er ein mit Sprengstoff beladenes Auto in einen israelischen Linienbus steuert: 8 Todesopfer, über 30 Verletzte.

24.07.1995 Ein Angehöriger der Hamas sprengt sich in Ramat Gan (eine an Tel Aviv angrenzende Stadt) in einem Linienbus in die Luft; 6 Todesopfer, 31 Verletzte.

21.08.1995 Ein Angehöriger der Hamas sprengt sich in Jerusalem in einem Linienbus in die Luft; 4 Todesopfer, 106 Verletzte.

28.09.1995 Unterzeichnung des Interimsvertrags zwischen Israel und der PLO in Washington durch Premierminister Yitzhak Rabin, PLO-Vorsitzenden Yassir Arafat und US-Präsidenten Bill Clinton.
Das Interimsabkommen (**»Oslo II«**) löst die Verträge von »Oslo I« (vgl. Sachregister, »Osloer Vertragswerk«) ab und sieht einen etappenweisen Rückzug Israels aus Cisjordanien vor: Israel übergibt den »Bereich A« (nämlich die Städte Jenin, Qualqilya, Tulqarem, Nablus, Ramalla und Bethlehem an die PLO, Hebron soll im März 1996 übergeben werden). Zugleich behält Israel die Kontrolle über den »Bereich B« (mehrere tausend Dörfer), obgleich dort palästinensische Polizeikräfte nach Absprache mit Israel aktiv sein können. Nach diesem israelischen Teilrückzug (von 30% des Territoriums mit 70% der palästinensischen Bevölkerung) werden im Gazastreifen und in Cisjordanien Wahlen des Präsidenten der Palästinensischen Autonomie und des Palästinensischen Nationalrates stattfinden. Ihrerseits verpflichtet sich die PLO, innerhalb von zwei Monaten nach der Konstituierung des Palästinensischen Nationalrates dafür Sorge zu tragen, daß jene Passagen des Palästinensischen Nationalabkommens annulliert werden, die die Vernichtung Israels verlangen. Vertragsgemäß ist dies die Voraussetzung für den Beginn der Verhandlungen über die Dauerregelung im Gazastreifen und Cisjordanien. Letztere sollen im Mai 1996 aufgenommen werden, damit die Dauerregelung im Mai 1999 in Kraft treten kann.

Okt. - Dez. 1995 Etappenweiser Abzug der israelischen Truppen aus sechs cisjordanischen Städten (Jenin, Qualqilya, Tulqarem, Nablus, Ramalla und Bethlehem).

26.10.1995 Ibrahim Fatchi Shkaki, Vorsitzender des Islamischen Jihad, wird in Malta auf offener Straße erschossen, allen Anzeichen nach von Agenten des Mosad.

29.10.- 31.10.1995 Nahost/Nordafrika-Wirtschaftsgipfeltreffen in Amman. Auf Einladung von König Hussein von Jordanien wird die Konferenz von Casablanca (30.10. - 1.11.1994) – regionale Kooperation u.a. – fortgesetzt.

04.11.1995 Premierminister Yitzhak Rabin wird vor dem Tel Aviver Rathaus von dem jüdischen Extremisten Yigal Amir erschossen.

05.11.1995 Als stellvertretender Premierminister übernimmt Shimon Peres kommissarisch die Nachfolge Rabins.

19.11.1995 Erste Sitzung der Untersuchungskommission unter Vorsitz von Meir Shamgar, Vorsitzender des Obersten Gerichtshofes, i.R.: Aufgabe der Kommission ist es, die Hintergründe der mangelhaften Sicherheitsvorkehrungen zu klären, durch die Rabins Ermordung möglich wurde.

22.11.1995 Amtsantritt der sechsundwanzigsten Regierung unter Premierminister Shimon Peres.

24.11.1995 Ankündigung, daß Israel und Mauretanien in Tel Aviv und Nouakchott in der spanischen Botschaft Interessenbüros eröffnen werden.

27.-29.12.1995 und 03. - 05.01.1996 Erste Wye-River-Konferenz (bei Washington) zwischen israelischen und syrischen Diplomaten. Angesichts unerwarteter Fortschritte, macht sich die israelische Regierung Hoffnungen auf einen Friedensvertrag noch vor den Wahlen in Israel (für den 29.10.1996 vorgesehen, am 20. Februar auf den 29.05.1996 vorgezogen).

05.01.1996 Liquidierung des meist gesuchten Hamas-Terroristen, Yehia Ayash, durch den Shabak. Ayash (Jg. 1963), der aufgrund seines technischen Könnens in Israel als der »Ingenieur« bekannt war, fertigte seit 1992 die Sprengsätze für mehrere der vorausgehend erwähnten Selbstmordattentate gegen israelische Zivilisten an. In der Geschichte des israelisch-arabischen Konfliktes werden keinem anderen Terroristen so viele Menschenleben zur Last gelegt: nach vorsichtigen Schätzungen 67 Tote und 390 Verletzte.

20.01.1996 Wahlen im Palästinensischen Autonomiegebiet, im von Israel kontrollierten Gebiet von Cisjordanien sowie in Ostjerusalem: In direkten, mehr oder weniger freien Wahlen wählen 1.130.000 Wahlberechtige Yassir Arafat zum Präsidenten des Palästinensischen Rats sowie dessen 88 Mitglieder. Arafat verfügt über eine klare Mehrheit im Autonomierat.

22.01.1996 Ankündigung, daß Israel und Tunesien in der belgischen Botschaft in Tel Aviv und Tunis Interessenbüros eröffnen werden.

27.01.1996 Ankündigung, daß Israel und Oman in Tel Aviv und Muscat Handelsvertretungen eröffnen werden.

24. - 26.01.1996 und 29. - 31.1.1996 Zweite Wye-River-Konferenz (bei Washington) zwischen israelischen und syrischen Diplomaten. Für Israel ist der Ausgang ernüchternd: Die letzten Hoffnungen, noch vor den für Oktober vorgesehenen Wahlen einen israelisch-syrischen Friedensvertrag auszuhandeln, werden begraben. Dennoch sollen die Wye-River-Konferenzen fortgesetzt werden.

20.02.1996 Vorverlegung der Wahlen auf den 29.5.1996.

25.02.1996 Zwei Selbstmordterroristen der Hamas sprengen sich in die Luft, der eine in einem Jerusalemer Linienbus – 26 Todesopfer, 50 Verletzte, der andere an einer Anhalterstation für Soldaten in einem Außenbezirk der Küstenstädt Ashkelon – 1 Todesopfer, 34 Verletzte.

25.02.1996 Abreise der israelischen Delegation zur dritten Wye-River-Konferenz (bei Washington). Da Syrien eine unzweideutige Verurteilung der Terroranschläge in Jerusalem und Ashkelon verweigert, wird die Konferenz abgesagt.

26.02.1996 An einer Bushaltestelle in Jerusalem steuert ein als Einzelgänger handelnder islamischer Extremist sein Fahrzeug in wartende Fahrgäste: Ein Toter, über 20 Verletzte, der Terrorist wird aus Notwehr erschossen.

03.03.1996 Ein Angehöriger der Hamas sprengt sich in Jerusalem in einem Linienbus in die Luft: 19 Todesopfer, 6 Verletzte.

04.03.1996 Ein Angehöriger des Islamischen Jihad sprengt sich im Zentrum von Tel Aviv auf offener Straße in die Luft: 13 Todesopfer, über hundert Verletzte. Infolge dieses Anschlags stellt Peres der Palästinensischen Autonomie ein Ultimatum: Ohne Änderung des Palästinensischen Nationalabkommens wird sowohl der israelische Abzug aus Hebron als auch der für Mai vorgesehene Beginn der Verhandlungen über die Dauerregelung ausgesetzt.

07.03.1996 Konstituierende Sitzung des Palästinensischen Rates in Gaza. Laut dem Interimsabkommen (»Oslo II«) muß das Palästinensischen Nationalabkommens nunmehr innerhalb von 60 Tagen revidiert werden.

13.03.1996 **Gipfeltreffen der Friedensmacher** im ägyptischen Sharm el Sheikh. Nach den Terroranschlägen auf die israelische Zivilbevölkerung der vorausgegangenen zwei Wochen finden sich weite Teile der arabischen Welt zum ersten Mal dazu bereit, mit Israel über Terrorismusbekämpfung zu beraten.

Im Beisein von US-Präsident Bill Clinton und Regierungs- und Staatschefs aus Rußland, Großbritannien, Frankreich, der Bundesrepublik Deutschland, Italien, Spanien, Norwegen, Kanada, des Außenministers von Japan sowie von UN-Generalsekretär Butrus Butrus Ghali treffen dreizehn Spitzenpolitiker aus dem Nahen Osten und Nordafrika mit Israels Premierminister Shimon Peres zusammen: Hosni Mubarak, Staatspräsident von Ägypten; Yassir Arafat, Vorsitzender der Palästinensischen Autonomiebehörde; König Hussein von Jordanien; König Hassan II. von Marroko; Ahmad Ataf, Außenminister von Algerien; Sheikh al-Afaya Walad Muhmad Quna, Premierminister von Mauretanien; Sheikh Sabah el-Ahmed a-Sabah, Außenminister von Kuwait; Saud el-Faisal, Außenminister von Saudi-Arabien; Sheikh Ahmed ben-Isa al Kalifa, Kronprinz von Bahrain; Rashid Abdallah a-Nueini, Außenminister der Vereinigten Arabischen Emirate; Abed al-Qarim el Irini, Außenminister des Jemen; Suleiman Demirel, Staatspräsident der Türkei. Im gemeinsamen Schlußkommuniqué stimmen die Teilnehmer zwar überein, daß sie den Friedensprozeß fördern und den Terror bekämpfen wollen. Jedoch läßt sich in diesem Forum die Absicht Israels und der USA nicht durchsetzen, den Iran als Anstifter islamisch-fundamentalistischen Terrors anzuklagen.

27.03.1996 Yigal Amir, der Mörder von Yitzhak Rabin, wird zu zwei Haftstrafen verurteilt: lebenslänglich (die Höchststrafe für Mord) und sechs Jahre Freiheitsentzug, für Körperverletzung, die Amir Rabins Leibwächter beibrachte.

28.03.1996 Veröffentlichung von zwei Dritteln des Berichts der Shamgar-Komission. (Ein Drittel wird geheimgehalten, um die Sicherheit des Landes zu schützen.) – Der Bericht wirft dem Shabak Fahrlässigkeit und schwerwiegende Versäumnisse vor, ohne die die Ermordung Rabins nicht möglich gewesen wäre. Es werden Entlassungen auf höchster Ebene empfohlen, einschließlich des Shabakchefs, Carmi Gilon. Dieser hat jedoch bereits Anfang Januar freiwillig seinen Abschied genommen.

02.04.1996 Anläßlich des Besuches von Premierminister Shimon Peres in Qatar – der erste Besuch eines israelischen Politikers in diesem Golfstaat – wird angekündigt, daß Israel und Qatar in Tel Aviv und Doha Handelsvertretungen eröffnen werden. Vertragsgemäß werden die Vertretungen jeweils drei Diplomaten aufnehmen und auch politische Interessen vertreten.

11.-27.04.1996 Israelische militärische Operation im Libanon, genannt »inve sa'am« (»Früchte des Zornes«). Das erklärte Ziel der Operation sind »neue Spielregeln«, da die durch »Operation *din veheshbon*« (»Abrechnung«) vom 25.-31.07.1993 (siehe S. 271) erreichte Vereinbarung der Zivilbevölkerung im Norden Israels keinen Schutz mehr gewährt. Etwa 150.000 libanesische Zivilisten fliehen gen Norden, während sich auf der israelischen Seite der Grenze ca. 70% der Bevölkerung vor den Katyuscha-Raketen der Hizbullah (über 700) in südlichen Landesteilen in Sicherheit bringt. In der weitgehend entvölkerten Schußlinie in Israel werden 3 Soldaten und 26 Zivilisten verletzt, 1450 Wohnungen zerstört und Sachschaden in Höhe von 50 Millionen Mark angerichtet. – Unterdessen gelingt es Israel weder militärisch, die Hizbullah aus dem Südlibanon zu vertreiben, noch deren Entwaffnung auf diplomatischem Weg durchzusetzen. – Da die Hizbullah unter Mißachtung internationalen Rechts die Zivilbevölkerung und Unifil-Stützpunkte als lebendige Schutzschilde mißbraucht, fallen über 170 libanesische Zivilisten israelischer Beschießung zum Opfer. – Dank der Pendeldiplomatie von US-Außenminister Warren Christopher kommt es nach 17 Tagen zu einer Waffenruhe und zu einer Vereinbarung, die dieses Mal schriftlich festgehalten wird; aufgrund der syrischen Weigerung wird sie jedoch nicht unterzeichnet. Ihr Inhalt ist eine Erneuerung der Vereinbarung, die infolge der »Operation *din veheshbon*« (»Abrechnung«) getroffen wurde. Darüber hinaus soll der israelisch-syrische und in dessen Schlepptau der israelisch-libanesische Friedensprozeß neu belebt werden; schließlich soll die Einhaltung der Vereinbarung von einer amerikanisch-israelisch-syrisch-libanesisch-französischen Kommission überwacht werden. Da die Hizbullah jedoch nicht ausgeschaltet wird, ist in Israel die Befürchtung verbreitet, daß die erreichte Waffenruhe von vornherein befristet ist. (In »Früchte des Zornes« werden im Libanon über 50 Hizbullah-Kämpfer, ca. zwanzig libanesische und zwei syrische Soldaten getötet.)

24.04.1996 Der Palästinensische Nationalrat beschließt die Annullierung jener Passagen des Palästinensischen Nationalabkommens (von 1964), die die Zerstörung des Staates Israel fordern.

05.05.1996 Israel und die Palästinensische Autonomie eröffnen im ägyptischen Taba die Verhandlungen über die künftige Dauerregelung im Gazastreifen und in Cisjordanien (»Oslo III«). Die Palästinensische Autonomie ist erbost, weil Israel den letzten Schritt des Interimsvertrages (»Oslo II«) vom 28.9.1995, nämlich den Abzug israelischer Truppen aus Hebron, bis nach den bevorstehenden Wahlen verschiebt. Die Fortsetzung der »Oslo III«-Verhandlungen wird ebenfalls bis nach den Wahlen verschoben.

29.05.1996 Wahlen zur 14. Knesset. Aufgrund einer Änderung des Wahlrechts vom 17.3.1992 werden die 120 Knessetabgeordneten und der Premierminister erstmals in separaten Wahlgängen gewählt. Mit einer Mehrheit von 29.457 Stimmen, das heißt von 0,9% der gültigen, abgegebenen Stimmen wird der Likud-Vorsitzende, Benjamin Netanyahu, zum ersten direkt gewählten Premierminister gewählt: Auf Netanyahu entfallen 1.501.023 (50,4%) Stimmen, der amtierende Premierminister Shimon Peres erhält 1.471.566 (49,5%) Stimmen.

Personenverzeichnis

Shlomo Argov
Am 14.12.1929 in Jerusalem geboren. 1950 - 52 Studium der Politologie, Wirtschaftswissenschaften, Geschichte und Philosophie an der George Town University, 1952 - 54 an der London School of Economics. Seit den sechziger Jahren im diplomatischen Dienst, seit 8.11.1979 als Botschafter in London akkreditiert. Dort wird er am 3.6.1982 Opfer eines Attentats und ist seitdem gelähmt. Der von einem dreiköpfigen PNLM-Kommando (Palestine National Liberation Movement) verübte Mordanschlag wird von Premierminister Menahem Begin zum Anlaß für den Libanonkrieg genommen (vgl. S. 266 f).

Ehud Barak
1942 im Kibbuz Mishmar Hasharon geboren. Ab 1959 Soldat und Befehlshaber einer Eliteeinheit, danach Befehlshaber in Nachrichtendienst- und Panzereinheiten sowie Aufgaben im Generalstab der *Armee zur Verteidigung Israels.* 1968 Diplom in Physik und Mathematik der Hebräischen Universität Jerusalem; 1978 Magister in Betriebswirtschaft der Stanford University, California. April 1991 - Dezember 1994 Generalstabschef: in dieser Funktion ist er für die erste Etappe des Rückzugs der israelischen Streitkräfte aus dem Gazastreifen und Jericho nach dem »Oslo I«-Vertrag (vgl. »Osloer Vertragswerk«, Seite 285) verantwortlich und führt Verhandlungen mit Syrien und Jordanien. Am 19.7.1995 von Premierminister Rabin zum Innenminister ernannt. Nach Rabins Ermordung übernimmt er am 22.11.1995 das Amt des Außenministers in der Regierung Peres, die am 29.5.1996 abgewählt wird.

Avraham Burg
1955 in Jerusalem geboren (Sohn von Josef Burg). Teilnahme am Libanonkrieg als Offizier einer Fallschirmspringereinheit. In der Friedensbewegung engagiert, wird Burg am 10.2.1983 auf einer Demonstration gegen den Libanonkrieg und gegen die Regierung Begin von der Granate verletzt, die Emil Grunzweig das Leben kostet. (Siehe Chronologie). 1985-88 Berater von Premierminister Peres in Angelegenheiten des Judentums und der Diaspora. 1988 - 95 Knessetmitglied der Arbeiterpartei. Vor den Knessetwahlen 1992 wird er nach Yitzhak Rabin und Shimon Peres auf Platz drei der Kandidatenliste der Arbeiterpartei gewählt – in seinem jungen Alter ein israelischer Rekord. Seit 1995 Vorsitzender der *Jewish Agency.*

Josef Burg
1909 in Dresden geboren. 1933 Promotion zum Dr. phil. an der Universität Leipzig. 1938 Ordinierung zum Rabbiner in Berlin. In den dreißiger Jahren für die Zionistische Bewegung in Deutschland tätig. 1939 Emigration nach Palästina. 1949 - 88 Mitglied der Knesset: 1949 - 51 stellvertretender Knessetvorsitzender; 1951 - 52 Gesundheitsminister; 1952 - 58 Postminister; 1959 - 70 Wohlfahrtsminister; 1970 - 77 Innenminister; 1977 - 84 Innen- und Polizeiminister; 1984 - 86 Religionsminister. Im Gefolge des Camp-David-Abkommens 1979 - 81 Vorsitzender der israelischen Delegation bei den Autonomieverhandlungen mit Ägypten und den USA.

Naomi Chazan siehe Interview S. 218.

Tzahi Hanegbi
Am 26.2.1956 in Jerusalem geboren; Studium internationaler Beziehungen und der Rechtswissenschaften an der Hebräischen Universität. Als Sohn von Geula Cohen, Vorsitzende einer rechten Siedlerpartei *(Tehia)*, die sich nach den Wahlen zur 13. Knesset (1992) jedoch auflöst, beginnt Hanegbi seine politische Karriere in den Jugend- und Studentenorganisationen des Likud, wechselt später zu *Tehia* über, bevor er schließlich zum Likud zurückkehrt. 1984 - 86 Berater von Außenminister Yitzhak Shamir, 1986 - 88 Leiter von Premierminister Shamirs Büro. Seit 1988 Abgeordneter der *Knesset* (Likud) und Vertrauter Benjamin Netanyahus.

Haj Muhammad Amin al-Husseini
1895 in Jerusalem geboren. Gilt als einer der geistigen Väter des palästinensischen Nationalismus. Profiliert sich sein Leben lang als antisemitischer Agitator, der unter anderem mit Hitler gemeinsame Sache macht. Seit 8.5.1921 Mufti von Jerusalem, 1922 - 1937 Präsident des Moslemischen Oberrates; im August 1929 zählt er zu den maßgeblichen Hetzern, die zu den landesweiten Pogromen aufrufen, die 133 Juden das Leben kosten. 1937 im arabischen Aufstand Flucht nach Beirut; vom Exil aus veranlaßt er die Ermordung von über 3.000 und die Auswanderung von ca. 20.000 Gegnern aus dem eigenen Lager. 1941 Teilnahme an einem pronazistischen Staatsstreich in Bagdad und Organisation von Pogromen gegen irakische Juden; danach Fluc +ht nach Italien und Deutschland, Kooperation mit Mussolini und Hitler. 28.11.1941 Treffen mit Hitler in Berlin; al-Husseini hofft, im Falle eines deutschen Sieges auf den Trümmern des *Yishuv* einen Palästinenserstaat zu gründen; 1946 Flucht aus französischer Haft nach Kairo; steht möglicherweise hinter der Ermordung von Abdullah von Jordanien (König Husseins Großvater) am 30.7.1951; stirbt am 4.7.1974 in Beirut.

Teddy Kollek
Am 27.5.1911 in Nagyvaszony (bei Budapest) geboren, aufgewachsen in Wien. Ab dem 12. Lebensjahr Mitglied der zionistischen Jugendorganisation. 1938 - 39 in Europa für die Rettung jüdischer NS-Verfolgter tätig. 1940 - 41 Vertreter des Zentralfonds der zionistischen Bewegung in England. 1942 - 45 Angehöriger der politischen Abteilung der *Jewish Agency*, ab 1943 in Istanbul, um jüdische Widerstandsgruppen und Flüchtlingshilfeorganisationen zu unterstützen. 1947 - 48 im Auftrag der *Haganah* in den USA, um Waffen zu besorgen, die ein entscheidender Faktor für den Ausgang des Unabhängigkeitskrieges sind. 1949 von Ben-Gurion zum Leiter der USA-Abteilung des Außenministeriums berufen; 1950 - 52 Gesandter des Staates Israel in den USA. 1952 - 64 Generaldirektor des Ministeriums des Premierministers. 1965 - 93 Oberbürgermeister von Jerusalem. Seither Vorsitzender der *Jerusalem Foundation*, die er 1966 gründete und von Anfang an leitete.

Shlomo Lahat
1927 in Berlin als Shlomo Lindner geboren. Als im November 1933 seinem Vater Internierung in Dachau droht, flieht die Familie nach Palästina. In den

vierziger Jahren tritt Shlomo Lahat der *Haganah* bei und wird 1948 einer der jüngsten Kompaniechefs in der *Armee zur Verteidigung Israels,* aus der er 1973 als Generalmajor ausscheidet. 1973 als Kandidat der Likudpartei zum Oberbürgermeister von Tel Aviv gewählt. Gleichwohl plädiert er in aller Öffentlichkeit für einen Ausgleich mit den Palästinensern und den arabischen Staaten. Bei den vier folgenden Wahlen wird er als unabhängiger Kandidat wiedergewählt. Sein Interesse gilt vor allem sozial-, bildungs- und kulturpolitischen Belangen. 1993 stellt er sich nicht mehr zur Wahl und gründet eine Maklerfirma. Obgleich er der Arbeiterpartei nicht angehört, unterstützt er deren Friedenspolitik: Er ist einer der Hauptorganisatoren der Großkundgebung, »Ja zum Frieden, nein zur Gewalt« am 4.11.1995, an deren Ende Yitzhak Rabin von einem Fanatiker erschossen wird. Im Wahlkampf 1996 betreibt er eine Kampagne zugunsten des Friedensprozesses und der Wiederwahl von Shimon Peres.

Yeshayahu Leibowitz siehe Interview S. 200.

Yohanan Meroz siehe Interview S. 172.

Yitzhak Navon
1921 in Jerusalem geboren; Studium der arabischen Literatur an der Hebräischen Universität; Direktor der Arabienabteilung der *Haganah*; politischer Sekretär von Außenminister Moshe Sharett, später von Premierminister Ben-Gurion; 1963 in die Knesset gewählt; 1978 - 1983 Staatspräsident; 1984 - 88 Bildungs- und Kultusminister.

Benjamin Netanyahu
Am 21.10.1949 in Jerusalem geboren, wird am 29.5.1996 in den ersten direkten Wahlen eines Regierungschefs mit einer Mehrheit von 0,9% in das Amt des Premierministers des Staates Israel gewählt. – Netanyahu verbringt seine Jugend in Israel und in den USA. Mit knapp 18 Jahren, zwei Monate nach dem Sechstagekrieg, tritt er seinen Wehrdienst an und wird 1972 bei einem Antiterroreinsatz verletzt. Im gleichen Jahr scheidet er als Hauptmann aus der Armee aus und nimmt in den USA ein Hochschulstudium auf. Als im Oktober 1973 der Yom-Kippur-Krieg ausbricht, kehrt er nach Israel zurück und nimmt an Kampfeinsätzen teil. Danach setzt er seine Studien der Architektur und Betriebswirtschaft am Massachusetts Institute of Technology und der Harvard University fort.
Als erster nach der Gründung des Staates Israel geborener Premierminister ist Netanyahu der bisher jüngste Regierungschef seines Landes und hat eine in der israelischen Politik beispiellose Karriere hinter sich. So beweist er als Knessetabgeordneter in zwei Legislaturperioden Tatkraft und Durchsetzungsvermögen. Zugleich legt er als Parteivorsitzender des Likud Bedenkenlosigkeit bei der Wahl der Mittel seiner innerparteilichen Machtkämpfe an den Tag, wodurch der Zusammenhalt seiner Partei wiederholt in Frage gestellt wird. Ebenso geht ihm als Parlamentarier bisweilen der Sinn für politische Realitäten ab. So warnen Netanyahus Kritiker vor seiner mangelnden politischen Erfahrung, Shimon Peres vermißt bei ihm die Fähigkeit, langfristige politische Strategien zu entwerfen. Indessen werden Netanyahus telegenen

Talente einhellig anerkannt. Sie gelten als wesentlicher Faktor seiner erfolgreichen Kandidatur gegen Peres. Ebenso ist die Bereitschaft von Rechtsparteien ausschlaggebend, nach der Ermordung Yitzhak Rabins Differenzen zu ignorieren und mit vereinten Kräften die Wahl des Likudvorsitzenden zu erreichen.
In der israelischen Öffentlichkeit wird Benjamin Netanyahus Name zum ersten Mal genannt, als sein älterer Bruder, Oberstleutnant Yonatan Netanyahu, am 3.7.1976 bei der erfolgreichen Befreiung von 101 Geiseln auf dem Flughafen von Entebbe in Uganda ums Leben kommt. Benjamin Netanyahu gründet in Jerusalem das »Yonathan Institut zur Erforschung des Terrorismus«.
Nach seinem Studium hat Benjamin Netanyahu leitende Positionen in Firmen in den USA und Israel inne. Als Protegé des damaligen israelischen Botschafters in Washington, Moshe Arens, wird Netanyahu 1982 politischer Referent in der Botschaft. In dieser Position erregt er erstmals mit seinen PR-Fähigkeiten Aufsehen und gehört während des Libanonkrieges in den amerikanischen Medien zu den gefragtesten Interviewpartnern. Von 1984 - 88, als israelischer Botschafter in den Vereinten Nationen, verwendet sich Netanyahu (gegen harte Widerstände von Kurt Waldheim und anderen) für die Öffnung der UN-Archive über nazististische Kriegsverbrechen. Vor den Knessetwahlen 1988 kehrt Netanyahu nach Israel zurück und kandidiert erfolgreich für ein *Likud*-Mandat. Auf Betreiben von Arens wird er 1990 stellvertretender Außenminister.
Im israelisch-arabischen Friedensprozeß hat sich Netanyahu das Profil eines Falken zugelegt. Gleichwohl wird nicht ausgeschlossen, daß er als Pragmatiker sein Wahlversprechen wahrmachen will, geschlossene Verträge zu respektieren. Dabei ist allerdings unklar, wie die Einhaltung der Osloer Verträge (»Oslo I und II«) mit Netanyahus anderslautenden Wahlversprechen vereinbar sein wird, wonach die Besiedlung Cisjordaniens wieder aufgenommen werden soll. Was die geplante, noch nicht ausgehandelte Dauerregelung in den besetzten Gebieten (»Oslo III«) betrifft, so weist Netanyahus politische Biographie keinerlei Anhaltspunkte dafür auf, daß er den politischen Willen zu seriösen Verhandlungen über einen Palästineserstaat im Gazastreifen und in Cisjordanien besitzt. Unter diesen Umständen gilt nach seiner Wahl als offen, wie und wann die vertraglich noch nicht festgelegte Dauerregelung mit der Palästinensischen Autonomie zustande kommen wird.

Ehud Olmert
Jahrgang 1945, Studium der Psychologie, Philosophie und Rechtswissenschaften. Seit 1973 Mitglied der Knesset (Likud). 1988 - 90 Minister für Minderheiten, 1990 - 92 Gesundheitsminister. Seit November 1993 Oberbürgermeister von Jerusalem.

Shimon Peres siehe Interview S. 228.

Yitzhak Rabin
Geboren am 1.3.1922 in Jerusalem; tritt 1940 der *Palmach* bei; 1948 Befehlshaber der Harel-Brigade; 1949, als Oberstleutnant, Mitglied der israelischen Delegation bei den Waffenstillstandsgesprächen von Rhodos; 1964 - 68 Generalstabschef, erringt im Sechstagekrieg (5. - 10.6.1967) den größten

militärischen Sieg Israels; 1968 - 73 Botschafter in Washington; 31.12.1973 Wahl zur Knesset (Arbeiterpartei), März 1974 Arbeitsminister unter Premierministerin Golda Meir; 3.6.1974 - 17.5.1977 Premierminister; 1977 - 84 Knessetabgeordneter in der Opposition; 1984 - 90 Verteidigungsminister in großen Koalitionsregierungen unter Premierminister Shimon Peres und Yitzhak Shamir; März 1990 - Juni 1992 Knessetabgeordneter in der Opposition; seit Juni 1992 Premier- und Verteidigungsminister; 1994 mit Shimon Peres und Yassir Arafat Träger des Friedensnobelpreises; am 4.11.1995 von Yigal Amir ermordet.

Itamar Rabinovich
Am 8.10.1942 in Israel geboren. Professor der Orientalistik und ehemaliger Rektor der Universität Tel Aviv. Seit 5.2.1993 Israelischer Botschafter in Washington und Unterhändler mit Syrien. Kündigt nach Benjamin Netanyahus Wahlsieg am 29.5.1996 seinen Rücktritt an.

Haim Zadok siehe Interview S. 184.

Rechavam Zeevy,
genannt Gandi, am 20.6.1926 in Jerusalem geboren. Seit 1944 Soldat, zunächst in der *Palmach,* später in der *Armee zur Verteidigung Israels;* in letzterer ist er überwiegend mit nachrichtendienstlichen Aufgaben betraut, bevor er 1974 als General aus der Armee ausscheidet. 1974 - 77 Berater von Premierminister Yitzhak Rabin in Fragen der Terrorismusbekämpfung. 1988 gründet Zeevy die rechts außen stehende Partei, *Moledet* (d.h. »Heimat«), die sich den »Transfer« (so wörtlich) der Araber über den Jordan zu ihrem erklärten Ziel macht. Als Vorsitzender der *Moledet* ist Zeevy seit 1988 Knessetabgeordneter. Vom 5.2. - 19.11.1991 Minister ohne Geschäftsbereich – Rücktritt, weil die Regierung Shamir im Rahmen der Madrider Friedenskonferenz mit der PLO verhandelt.

Sacherklärungen

In dieser Liste sind Begriffe erklärt, deren Bedeutung im Text nicht erläutert ist. Erklärungen, die im Text vorkommen, lassen sich mit Hilfe des Registers lokalisieren.

Aliyah (Plural: Alyioth) hebräisch für »Aufstieg«, »Hinaufgehen«, daraus »Einwanderung« (nur ins Land Israel); Aliyoth ist die Bezeichnung für die Einwanderungswellen bis zum Ausbruch des Zweiten Weltkriegs:

		Einwanderer-anzahl	Wichtigste Herkunftsländer
Erste Aliyah	1880 - 1903	20. - 30.000	Rußland
Zweite Aliyah	1904 - 1914	40.000	Rußland, Polen
Dritte Aliyah	1919 - 1923	35.000	UdSSR, Polen
Vierte Aliyah	1924 - 1931[1]	82.000	UdSSR, Polen
Fünfte Aliyah	1932 - 1938	200.000	Polen, Deutschland
Aliyah Bet[2]		15.000	

DASH Zentrumspartei 1976 - 78.

Etzel »Nationaler Armeeverband«, gegründet 1931, durch Abspaltung von der *Haganah;* besteht aus fanatischen rechten nationalistischen Kräften, die von vornherein den jüdischen Staat militant und unter Verzicht auf diplomatische Mittel erkämpfen wollen; wird ab Dezember 1943 von Menachem Begin befehligt.

Eyal »Jüdische Kampforganisation«

Fatah »Palästinensische Nationale Befreiungsbewegung«, (wahrscheinlich) am 10.10.1959 von Yassir Arafat gegründet; wichtigste Fraktion der PLO, gilt bis zum israelisch-palästinensischen Friedensprozeß als die treibende Kraft des »bewaffneten Kampfes« gegen Israel.

Fedayeen arabisch für Freiheitskämpfer.

Gush Emunim Im Februar 1974 als Ableger der *Nationalreligiösen Partei* gegründet: Organisation fanatisierter, militanter Siedler für die Israels Anspruch auf Cisjordanien nicht zur Diskussion steht.

---

[1] Das Ende der vierten Aliyah wird mitunter auf 1928 und der Beginn fünften Aliyah auf 1929 datiert. – Angesichts der wirtschaftlichen Not in den zwanziger Jahren wandern bis 1931 23.000 Juden aus dem britischen Mandatsgebiet ab.

[2] »B-Einwanderung«, bezeichnet die im britischen Mandatsgebiet illegale Einwanderung: Zwischen Juli 1934 und September 1939 bringen 43 Schiffe 15.000 Flüchtlinge nach Palästina.

Gush Ezion Ein cisjordanisches Gebiet südlich von Jerusalem. Der UN-Teilungsplan vom 29.11.1947 sah vor, daß der *Gush Ezion* Bestandteil des jüdischen Staates werden sollte. Jedoch fiel die Enklave im Unabhängigkeitskrieg Jordanien zu. Zwar hat die Regierung Rabin die Besiedlung Cisjordaniens vollkommen eingestellt, aber dennoch die ehrgeizigen Straßenbauprojekte, die den *Gush Ezion* mit Jerusalem verbinden, fortgesetzt. Dies gilt als Indiz, daß auch eine Regierung der Arbeiterpartei dieses Gebiet nicht abgeben wollen wird (vgl. Alpher-Plan, S. 290).

Halacha Die jüdische Rechtstradition, deren Anfänge in die mosaische Zeit zurückgehen und die in religiösen Kreisen bis heute lebendig ist.

Hamas »Islamische Widerstandsbewegung«, wird in der *Intifada* zu einer politischen Kraft. In einer Grundsatzerklärung vom 18.8.1988 stellt sie sich vor als »einzigartige palästinensische Bewegung (...) die dafür Sorge trägt, daß die Fahne Allahs auf jeder Parzelle palästinensischen Bodens weht.«

Jihad Heiliger Krieg im Islam.

Kabbala Jüdische Mystik.

Kach Eine faschistische Partei, am 13. März 1994 verboten.

Kafia Traditionelles arabisches Kopftuch. In der *Intifada* wird es zum inoffiziellen Emblem der Palästinenser.

Kahane Hay Eine faschistische Partei, am 13. März 1994 verboten.

Kipa Kopfbedeckung männlicher (meistens) Juden: Orthodoxe Juden tragen sie immer, traditionelle Juden in der Regel nur beim Gebet und Studium der *Tora*.

Knesset Parlament des Staates Israel mit 120 Mandaten.

Landau-Bericht Im Mai 1987 beauftragte die Regierung eine Kommission unter Vorsitz von Moshe Landau, Vorsitzender des Obersten Gerichtshofes i.R., Verhörpraktiken des *Shabak* zu untersuchen. Im November 1987 wurde der sogenannte Landau-Bericht von der Regierung angenommen. – Im veröffentlichten Teil des Berichts wird die Anwendung von »maßvollem physischen und psychologischen Druck« beim Verhören von Personen, die des Terrorismus oder der Spionage verdächtigt werden, für statthaft erklärt. Diese als unklar und in einem Rechtsstaat als untragbar kritisierte Bestimmung löst immer wieder öffentliche Kontroversen aus. Ebenso der Umstand, daß der geheimgehaltene Teil des Landau-Berichts mit den einschlägigen Ausführungsbestimmungen nicht offengelegt wird.

Lehi »Kämpfer für die Freiheit Israels«; 1939 gegründete nationalistische paramilitärische Organisation faschistisch orientierter Fanatiker. Nach der Ermordung des UN-Vermittlers Graf Folke Bernadotte am 17.9.1948 wird *Lehi* entwaffnet.

Mapai Fraktion der Arbeiterbewegung, Hauptkraft der Sozialdemokratie in Israel.

Meretz(block) seit 1992, Koalition linksliberaler Parteien *Raz, Shinui* und *Mapam*, die der Friedensbewegung nahestehen.

Mosad 1951 gegründeter Geheimdienst; Aufgaben: Spionage und Spionageabwehr.

Osloer Vertragswerk zwischen Israel und den Palästinensern (vgl. S. 271ff).

Oslo I: 9.9.1993: Gegenseitige Anerkennung von PLO und Israel; 13.9.1993: Prinzipienerklärung über vorübergehende Selbstverwaltung im Gazastreifen und Jericho; 4.5.1994: Kairoer Autonomieabkommen für den Gazastreifen und Jericho.

Oslo II: 28.9.1995: Interimsvertrag.

PNLM Palestine National Liberation Movement; untersteht Sabri al-Banna, der unter dem Namen *Abu Nidal* bekannt ist.

Rechtsberater der Regierung: Der Träger dieser Funktion hat nicht nur die Aufgabe, die Regierung in Rechtsfragen zu beraten, sondern ist zugleich auch Generalstaatsanwalt. Der Träger des Titels Generalstaatsanwalt (»attorney general«) ist ihm unterstellt.

Shalom Hebräisch für Frieden.

Shoa Hebräisch »Katastrophe«: Der Völkermord an sechs Millionen Juden, ein Drittel des jüdischen Volkes durch NS-Deutschland. (Der unglückliche englische Begriff »Holocaust« für »Ganzopfer«, der lexikalisch längst etabliert ist, wird von Juden mitunter als verletzend zurückgewiesen.)

Shabak Geheimdienst; Kompetenzen: innere Sicherheit.

Tora wörtlich »Weisung, Lehre«, meint in der religiösen jüdischen Tradition im engeren Sinne die biblischen fünf Bücher Mose. Im weiteren Sinne meint *Tora* die gesamte biblische (»alttestamentliche«) und postbiblische Überlieferung, die auch die rabbinische Tradition einschließt.

Yishuv Hebräisch »Bevölkerung«. Die Gesamtheit der jüdischen Bewohner von Palästina vor Gründung des Staates Israel.

Zabar (im Deutschen häufig auch als Sabre bezeichnet) Kaktusfrucht. Im übertragenen Sinn Bezeichnung für im Land geborene Israeli; letztere gelten nach einem Mythos, zu dem jedoch seit den siebziger Jahren ein distanziertes Verhältnis verbreitet ist, als äußerlich stachlig und unnahbar und innerlich weich, süß und angenehm, wie die Kaktusfrucht.

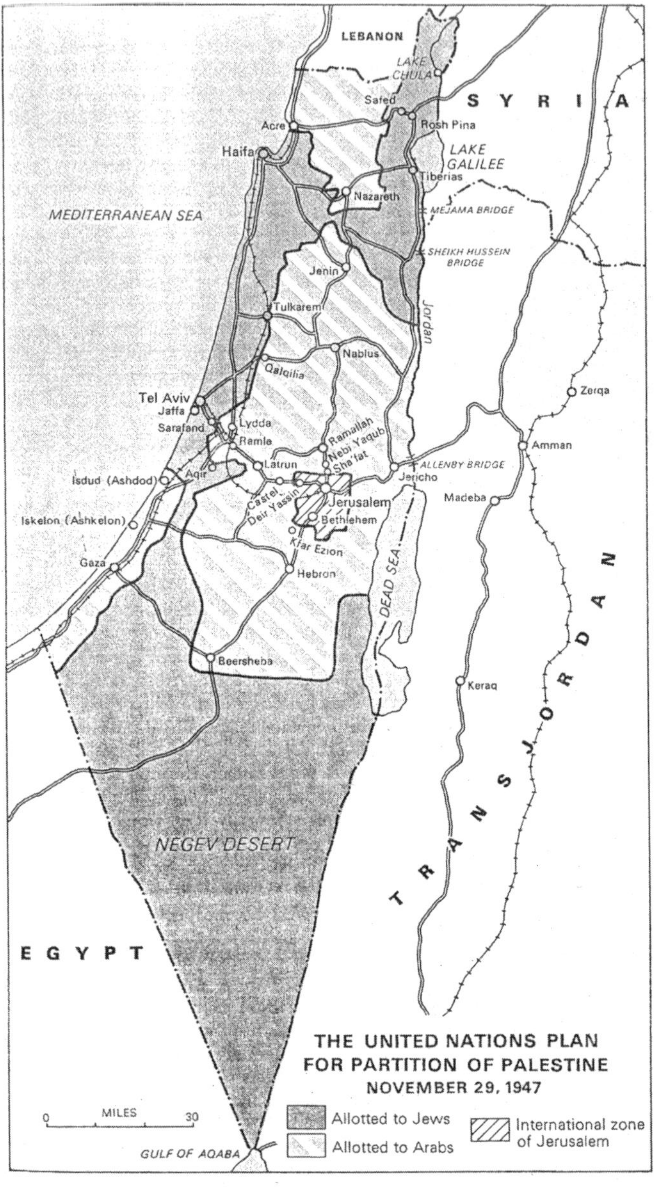

Teilungsplan der Vereinten Nationen vom 29.11.1947

Arabische Invasion in Palästina, Mai/Juni 1948

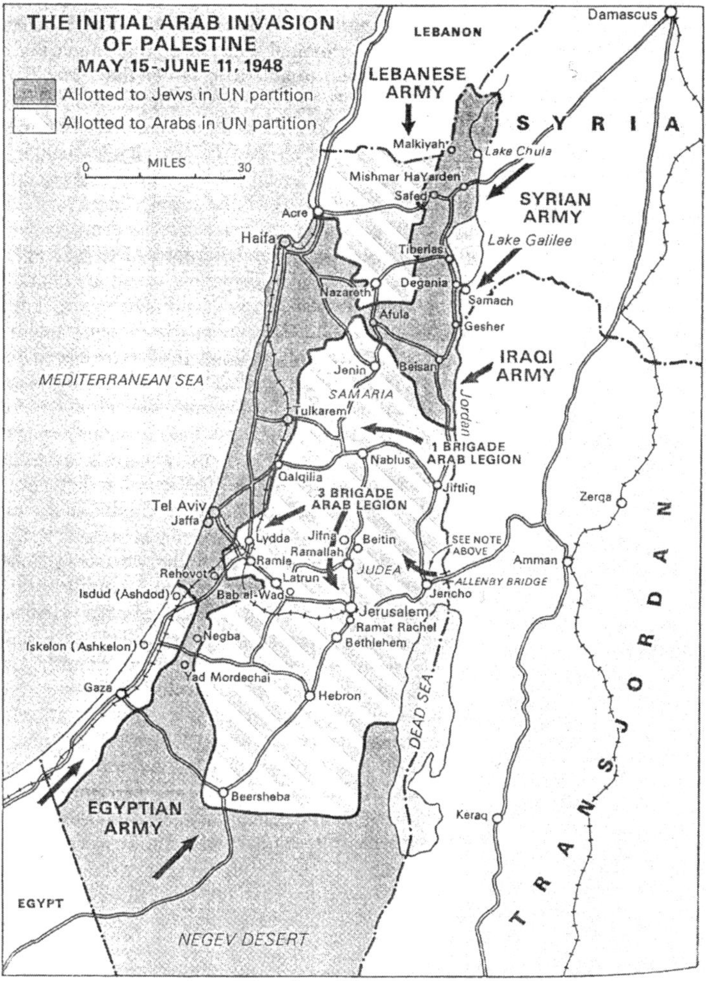

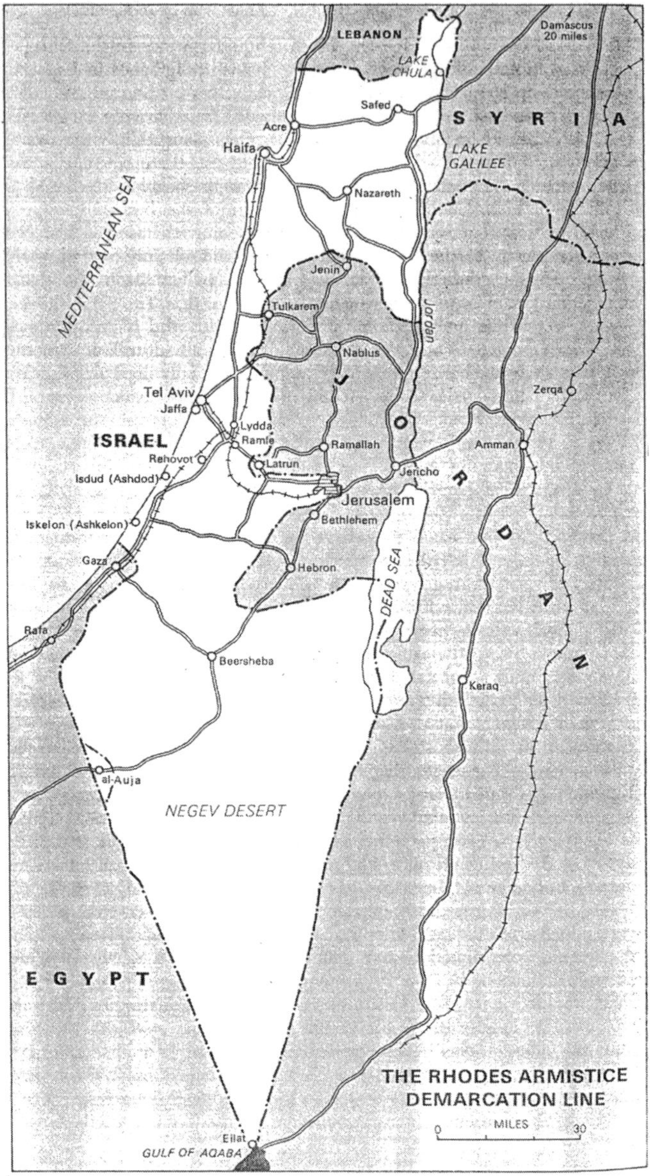

Israel nach dem Unabhängigkeitskrieg

Israel nach dem Sechstagekrieg, 5.-11. Juni 1967

Territorium des Staates Israel, 1949 - 5. Juni 1967

Seit 11. Juni 1967 von Israel besetzte Gebiete

Etappenweise bis zum 25 April 1982 an Ägypten zurückgegeben

Ein Plan für die Dauerregelung in Cisjordanien

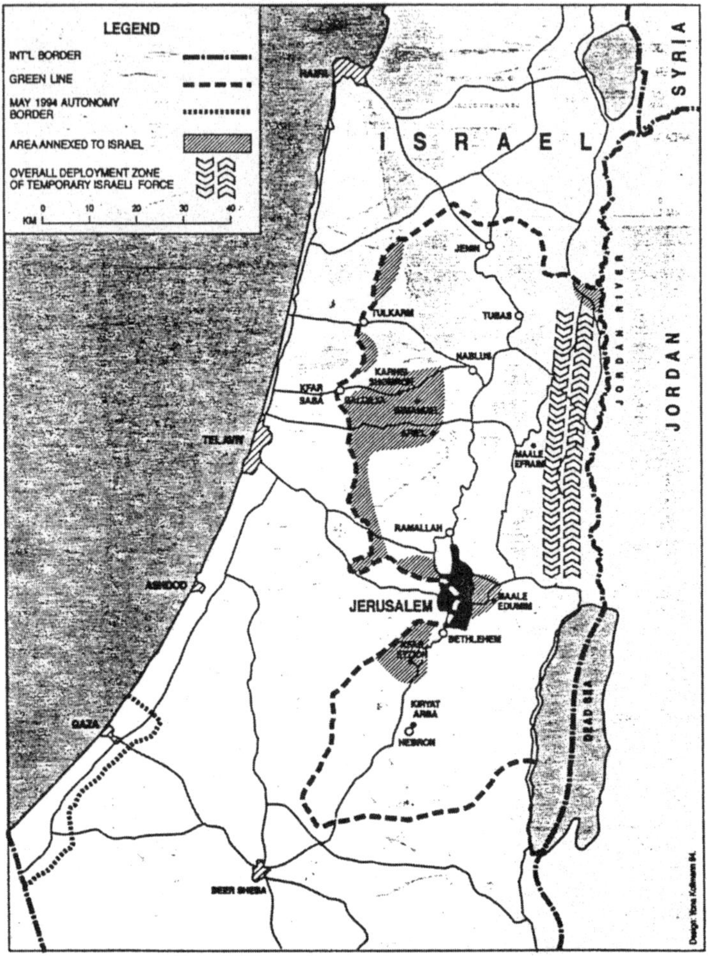

Der Abdruck der Karte erfolgt mit freundlicher Genehmigung von Joseph Alpher.

Register

Erläuterungen zum Plan für die Dauerregelung in Cisjordanien
1994 legte Joseph Alpher, seinerzeit Dirketor des *Jaffee Center for Strategic Studies* der Universität Tel Aviv seine Studie, *Settlement and Borders, Final Status Issues: Israel-Palestinians, Study No 3,* vor. Gegenstand der Studie sind die Grenzen zwischen Israel und dem palästinensischen Gebiet in Cisjordanien nach der noch nicht ausgehandelten israelisch-palästinensischen Dauerregelung. Die Verhandlungen über letztere haben am 5.5.1996 begonnen und sollen laut Osloer Vertragswerk innerhalb von drei Jahren abgeschlossen werden. Allerdings gilt nach dem Wahlsieg von Benjamin Netanyahu der weitere Verlauf dieser Verhandlungen sowie die Zukunft des israelisch-palästinensischen Friedensprozesses insgesamt als offen.
Yitzhak Rabin soll den Alpher-Plan gutgeheißen haben, obgleich er sich dazu in der Öffentlichkeit nicht geäußert hat. Ebenso hat die Arbeiterpartei in dieser Sache noch keinen Parteibeschluß gefaßt. Jedoch ist die Auffassung verbreitet, daß ein derzeit in der Arbeiterpartei mehrheitsfähiges Konzept israelisch-palästinensischer Koexistenz dem Alpher-Plan verpflichtet wäre.